葉靈鳳新傳

中華書局

李廣宇 著

| 葉靈鳳。

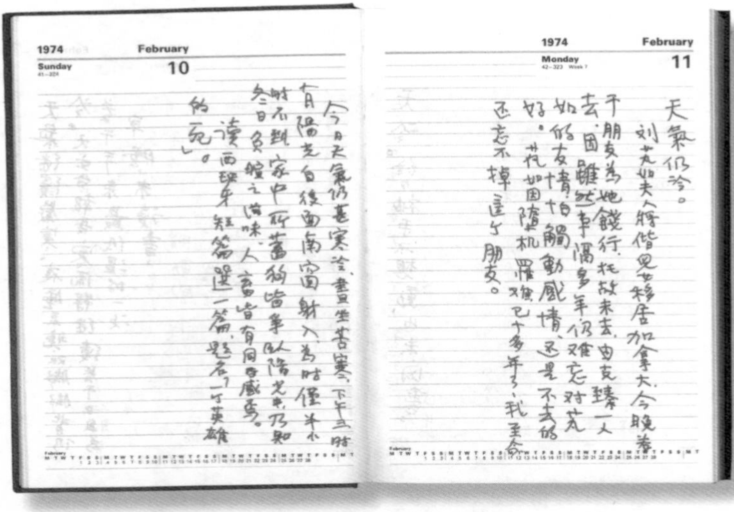

| 葉靈鳳日記手跡。

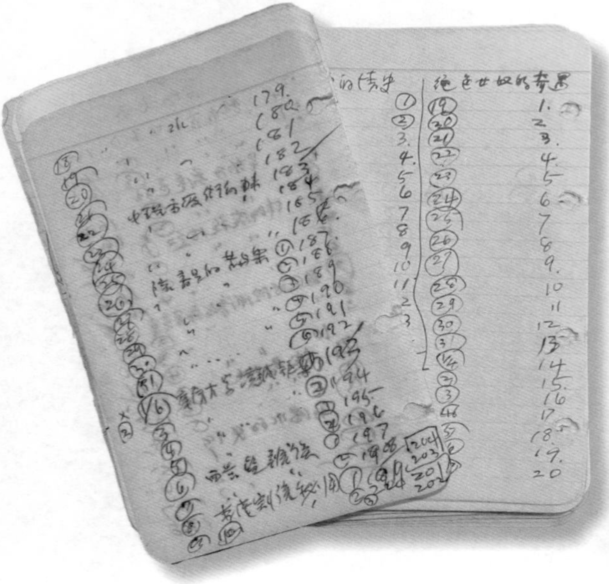

| 葉靈鳳的稿費單。

| 葉靈鳳與家人的合照。

| 葉靈鳳（左）與戴望舒（右）及日本記者平澤（中）於淺水灣蕭紅墓前。

葉靈鳳自己設計的藏書票。

葉靈鳳夫人捐贈給香港中文大學的葉靈鳳藏書。

目錄

上篇

中篇

下篇

上篇

釋名

葉靈鳳原名葉蘊璞，靈鳳是他的筆名。他的生前友好羅孚說：「靈鳳這個名字常常被人誤會為女性，就在他工作多年的那間報社裏，也有過這種誤會。事實上這的確是一位女性的名字……為了紀念這位女性的故人，就以她的名字為名了。」這位「女性的故人」，指的是葉靈鳳的第一位夫人郭林鳳。據說葉靈鳳曾有一個印章「雙鳳樓」，還寫過一組〈雙鳳樓隨筆〉，紀念這位「女性的故人」的用意很明顯，但取名「靈鳳」，時間上卻是在結識「同名的她」之前。所以，家人解釋，靈鳳之名出自李商隱詩篇〈無題〉中的「身無彩鳳雙飛翼，心有靈犀一點通」，似乎更為可信。

像許多作家一樣，時間久了，筆名就不再是筆名，而成為正式的名字。在與第二任夫人趙克臻的結婚證書上，用的名字就是葉靈鳳，而不是葉蘊璞。在五十餘年的寫作生涯裏，他還用過許多其他筆名，早期用得較多的，有曇華、雨品巫、佐木華、秦靜聞、徐懷霜等。在封面和插繪設計上，早期都是署上一個西文的 LF，看起來很像一個「正」字。周全平發表於《洪水周年增刊》的〈關於這一周年的洪水〉就說：「不特 LF 是洪水的新同人，LF 的畫更是洪水中的新作品。」稍後也會在封面設計上署 Von，這個德語國家多用於貴族的名字，被他拿來做了「鳳」的諧音。謝其章在〈封面畫的署名〉（《春明談往》，新星出版社 2019 年版）一文中曾說：「葉靈鳳多才多藝，編過幾種文藝雜誌，其中《六藝》雜誌創刊號的封面畫又是『Von』，其風格與《現代》那幅如出一轍。」

晚年用得較多的筆名是霜崖和葉林豐，以及葉靈鳳和葉林豐的拆分或者衍生品，如葉林風、葉、林風、臨風、任風、鳳、鳳兮、風、豐等。香港淪陷時期，被迫寫一些違心之作或無聊之作，署名也是忽真忽假，變化莫測，有時甚至署上夫人的名字，如趙克臻、克臻、克、趙克進、進。為了謀生，葉靈鳳在上海和香港都寫過不少《書淫豔異錄》、《歡喜佛盦叢談》之類的專欄，習慣署秋郎、秋生、白門秋生，有時也署番僧等。葉靈鳳好像並不願意被人知道「秋生」的真實身份，一九四七年的一則日記寫道：「以『秋生』筆名所寫的稿，已成公開秘密，很覺無趣。」羅孚對此頗有會意，他認為：「他當年要以白門秋生的筆名寫這一類文章，恐怕也多少認為這些東西有些不雅，或有些無聊，才用筆名而不用真名的吧。」而據方寬烈考證，葉靈鳳在淪陷時期主編《大眾周報》時，還用過另外兩個筆名，方氏的文章說：「翻譯方面他用筆名青樓蕭史譯寫中篇小說《香豔浮生記》，描述一個鄉村少女到城市墮落的過程，內容相當猥褻，據說原書名叫《丘芳年回憶錄》，作者是約翰克里·蘭。還有一篇中篇連載《香港海盜史話》，用鮫人的筆名發表，可能亦是葉氏所寫。」葉靈鳳用過的其他筆名還有很多，這可能緣於他主編報紙副刊，常常要一個人填滿版面，所以要變換不同的筆名；也有的，可能他認為屬於「為稻粱謀」的性質，有意不露真容。比如《星島周報》一九五五年曾經刊出過一個《風流婦人史話》，譯者署名「天民」，從題材和文筆來看，都很似《書淫豔異錄》的同類文字，只不過話題更為系統單一而已。可惜這一年的日記闕如，無法查證是否出自葉靈鳳手筆。好在稿費收入賬目還在，一九五五年三月的確有一筆記載：「周報七十四元（175 止）。」「175」正是刊有這個連載的期號，加之在其他場合葉靈鳳亦使用過「天民」的筆名，這就可以確定是他無疑。

後期使用過的筆名還有：任訶、任柯、鳳軒、曉風、座上客、燕樓、魚樓、史魚、柿堂、南村、南冠、東郭、香客、龍隱、江山、羽金、金沙、曼洛、文牛、柳岸、柳庵、柳眉、秋柳、梅德、青木、西梅、淑水、敏居、敏如、叔東、秦靜、靜聞、靜生、懷霜、霜簃、霜禾、龍霜、徐果、斯人、雨相、金翰、哥瀚、戈漢、班遜、彼德、伊萬、天民等。這一長串筆名確實令人眼花繚亂，但更加「亂花漸欲迷人眼」的是，他還與別人共用筆名。他有一個本家老友，也是他主編的《星島日報．星座》的常客，叫做葉苗秀，同樣筆名很多。葉苗秀的身世很神秘，香港文學史料大家盧瑋鑾曾說：「我曾請教高貞白先生，他也無法說清楚苗秀生平，似極隱秘。說他不參加公開活動，筆名甚多，如呂芳、江湖、藏園、澹生等，有時更會與其他作者共用『苗秀』之名。」羅琅〈源克平與《文藝世紀》〉一文說出了更多他的筆名：「葉苗秀用過呂芳、江湖、花菴、歐閣、藏園、朱翠、吉金、靈珠、澹生等不同筆名寫不同內容的文章。」可是，葉靈鳳也用過朱翠、江湖、鷗閣、藏園等筆名，加之他們寫作的題材極為相似，都集中於外國作家作品逸話和美術賞析，這就造成甄別上的很大困難。

晚年，「葉林豐」這個名字使用頻率很高，大有取代「葉靈鳳」之勢。香港作家慕容羽軍很感好奇，曾專門向他請教。見於《看路開路》一書的〈從張弓，侶倫說到葉靈鳳〉：

一次，我曾問他，為何不用葉靈鳳的名字發表文章，而用諧音的「林豐」？他忽然笑了起來說：「你相信風水嗎？」我搖頭說：「我懂風水，但不相信風水。難道你用這筆名與風水有關？」

他又笑了，他說：「如果信風水，一定說我用這筆名與風水有關，因為樹林豐茂才枝繁葉蒼，是不是？」

「如果不用風水角度呢？」

「你真行，」他翹起拇指說我：「我正要從這個角度去解說，你想過『鳳棲梧』是『棲』在『梧』的哪一部位？」

「哈，我明白了，」我說：「鳳不可能棲在梧的葉子之上，是不是？」

「所以，」他重重的拍了我的肩膀，說：「必需林木豐茂，才襯托得起靈鳳與葉的兼美。」

聽了葉老這番妙論，令我也樂了半天。

事實上，「靈鳳」與「林豐」，恰恰代表了他前後兩個半生的形象。翩翩靈鳳終將結束鉛華，進入根深葉茂的境界。

家鄉南京

葉靈鳳是江蘇南京人。在他和夫人趙克臻的結婚證書上，註明籍貫是「江蘇省江寧縣人」。他自己曾寫過一篇〈家鄉名稱沿革的小考證〉，說：「自從秦始皇改金陵為秣陵以後，我的家鄉的名字就不斷的被人一改再改。繼秣陵之後，曾改稱建業、建康。後來又改稱江寧。」「不過，江寧不是南京的全部，只是其中的一部分。直到清末為止，南京或金陵，是由兩個縣組成的，除了江寧之外，還有一個『上元』。」

他的老家在南京城內九兒巷。葉靈鳳曾自述：「《白下瑣言》有一處提及『九兒巷』，這是我家的祖居所在，我就是在巷內的一座古老大屋內出世的。」很多年之後，他曾「回鄉一行，想起兒時所住過的老屋，要想去看看，問了一下，連那街名也不再有人知道，使我一時悵然」。那座古老大屋，葉靈鳳在〈家鄉的吉慶剪紙〉中曾有描述：「那是一座至少該有四五進深的大屋，據說在太平天國時代曾經作過王府。五開間的大廳屏門上，還殘留着班駁的漆繪彩畫。……第三間是我們住的正房，在正房和兩旁廂房的明瓦窗、紙窗和玻璃窗上，便常常貼着各樣的窗花」。據清《同治上江兩縣志》載：「九兒巷，有魏國公退朝時更衣別墅，花石位置極精巧」。至於作過太平軍王府的那個，按照清代張德堅主編的《賊情匯纂》的說法，踞者係「偽殿前丞相右四檢點張潮爵」，當時屬於「前直隸按察使周開麒宅」。

無論如何，能夠在九兒巷擁有一座「王府」舊宅，葉靈鳳的祖上總不是一般人物。他的姊夫周尚曾說：「祖父葉鑫、叔祖父葉開都是翰林。姑母於歸於合肥李鴻章兄李翰章之子。」（〈精神乳汁育靈鳳——作家葉靈鳳與昆山的緣〉，《昆山文史》第十三輯）母王氏、繼母呂氏，亦都是名門之後。葉靈鳳曾自述：「《白下瑣言》有一幅江南製造局的插圖，其題字署名『古虞呂福倓厚庵』，這乃是我的外祖父。（呂氏繼母。我自己的親生母親是王氏，住明瓦廊，呂家則住評事街富德巷）。」在〈讀枝巢回憶篇〉一文中，葉靈鳳還說：「我生得晚，不及見到點過翰林、又放過學政的祖父，但是卻見過母親的王家外祖父和繼母的呂家外祖父。呂家外祖父也是官京曹的，與潘復、鄭洪年、譽虎先生都有來往。」在〈鄉邦文獻〉裏，葉靈鳳又說：「《白下瑣言》的著者是甘熙。我記得我們家裏同甘家還有一點親戚關係，可惜我已經記不起是怎樣的關係了。除了甘家以外，還有濮家，都是親戚，他們都是書香世家。但這些都是祖父手裏的事了，只是在孩子時代聽見講起過，已經無法能知道詳細。」

在葉靈鳳的幼年，家道無疑已不如從前，「生活不僅過得很清苦，而且也很寂寞」。這時，很可能已經搬離了九兒巷。因為在〈夏天的花〉中，他這樣說：「記得有一年夏天，家裏住在故鄉城北很冷落的一條街上，父親好像出外謀生去了，家裏就剩下我們幾個孩子，……我就在小小的天井裏種了一些蔦蘿，打發了一個夏天。」

葉靈鳳的父親，根據趙克臻手寫的葉靈鳳小傳，名「葉醒甫」，而在葉靈鳳、趙克臻結婚證書上卻寫作「葉性甫」，葉靈鳳的姊夫周尚說是叫「葉醒甫」，「曾任北洋政府安徽宿松縣知事」。葉靈鳳在〈叔父和叔父的朋友們〉一文中說，我父親是老大，「讀書不成」，靠了「祖蔭」和「八行書」

到處去謀小差使，帶着我們一家人東奔西走。「我至今還記得，辛亥光復那歷史的一瞬間，竟是在安徽省一個小縣宿松經歷的，因為父親那時正在做宿松縣屬下的巡檢。」「巡檢「屬於武官，明清的巡檢多設於離州、縣城稍遠的地方，管理當地的治安等事。

在初入文壇的時候，葉靈鳳曾經寫過一篇〈鄉愁〉：

並不是故園寥落，不堪回首，也不是蜀道難行，有家歸未得。家園是雍雍穆穆，依舊保持着世家的風度；假若立意回家，而遙遙長途，也只消一列征車，指日可達。然而我總不敢聽到旁人說起家中的事，我也從沒有回過家鄉。我之所以不願回家，我是為……

寫到此地，突然聽見前面我的朋友的妹妹喊「母親」的聲音，我是什麼也不敢再寫下去了。

在香港淪陷期間，葉靈鳳又寫過一篇〈鄉愁〉，可以成為前一篇的註腳：

正如高爾基在自傳中所描寫的那樣，家鄉所給與我的第一個印象，也就是人生的第一個印象，是一種使我終身苦痛的印象：

一個夏天的深夜，在一間古老而陰沉的大屋內，煤油燈光下，躺着一個中年婦人，旁邊睡着一個五六歲的孩子。有誰將這沉睡的孩子從大床抱了起來，他醒了，睜開眼來，看見桌上有一堆的黃豆，有人正在用紅頭繩縛着這個婦人的腳。

> 這個小孩便是我，床上躺着的是我的母親。母親是染了當時流行的急症突然死去的，據姊姊後來告訴我，當晚晚飯過後，母親還揹了我哄着我入睡，卻不料半夜得了急症，醫生還沒有請到就斷了氣了。桌上的黃豆是救急用的，腳上縛的紅頭繩是一種迷信，預防有什麼意外。
>
> 這陰鬱的記憶支配了我的童年生活，也影響了我的性格，更使我對於家鄉的印象染上了一層灰黯。在我的記憶中，家鄉是沒有春天的。

帶着這種記憶，葉靈鳳自小就離開故鄉。「我們的那個古老的大家庭，早已經不起時代浪濤的衝擊，四分五裂，放棄了那座大廳屏門上還留着『長毛』畫的壁畫的大屋，各奔前程。」（〈叔父和叔父的朋友們〉）一直到戰後的一九四六年初，他才得到一些家鄉的音訊。這年的二月四日，他接得姊夫君尚自南京來信，「知在近數年中，繼母已在鎮江因無人照應去世，大哥嫂則流為小販。因近年每見街邊無家可歸的老弱，總幻想自己的家人也難免是這樣。今果然如此。」六月十五日，又接大哥來信，「訴年來顛沛苦況，現暫時住在紫眉表弟處。中年手足，境況如此淒涼可慨也。」七月一日，葉靈鳳「由上海銀行匯十萬元與大哥，另發一信」。半年之後的舊曆除夕，他似乎還沉浸在對家鄉親人的牽掛之中，這一天他未出門，只寫下這樣一句話：「故鄉今夜思千里，雙鬢明朝又一年。」

童年和少年

葉靈鳳在發表於一九四四年的〈鄉愁〉中說：「很少人知道我的家鄉是南京。我不大提起我的家鄉，並不是因為這家鄉不值得我的憶念，而是因為我對於家鄉的事情實在知道得太少。從小以來，我就承受了父親的命運，開始離開了南京，最初是為了知識，後來是為了衣食，在長江上游和下游的幾個城市裏消磨了我的童年和少年。」

「長江上游和下游的幾個城市」，指的是安徽的宿松、江西的九江、江蘇的昆山和鎮江。葉靈鳳在〈老同學成慶生先生〉裏說：「我自己是南京人，卻不曾在南京念過書。我的私塾啟蒙教育是在安徽一個小縣宿松開始的。念初等小學時卻到了江西九江。後來又到上海附近的昆山念高等小學。在昆山縣立高小畢業後，就到鎮江去念那間教會中學。」

宿松縣位於安徽省西南邊陲的皖、鄂、贛三省的結合部，地處長江下游之首的北岸。葉靈鳳在此讀私塾時年歲尚小，描寫這個地方的文字並不多，只是在〈叔父和叔父的朋友們〉一文中這樣描述他父親「履職」的情形以及他所親歷的「改朝換代」：「我那時當然根本不知道『光復』是怎樣一回事，所以能夠清晰記得那一瞬間情形的原因，是因為父親坐堂審案，忽然不戴拖花翎的紅纓帽了，改戴了一頂由繼母連夜給他趕製好的平頂軍帽，接着我腦後的小辮子也被剪掉了。」

九江則頻頻地出現在葉靈鳳的筆端，這是因為，「我在九江曾經消磨了七八年的童年歲月」

（〈難忘的南門湖〉）。跟南京不一樣的是，那裏的一山一水都投入了他幼小的身影。〈九江通信和一棵桃花〉說：「九江並不是我的故鄉，但是在我的心中同我的故鄉一樣的親切。我的十二三歲以前的童年生活，都是在這座城市裏過的。」他寫到了西園，那是「我的家所在地」；寫到了倉巷，那是「我讀書的那座學校的地方」；寫到了軍米倉，那是「父親任職的地點」。〈西園和鬼屋〉說：「我那時剛進私塾讀《千字文》一類的書，認識了不少字，而且已經很喜歡『舞文弄墨』了。」「雖然讀書不成」，「卻很希望子女能讀書」的父親很樂見自己的兒子「喜歡畫畫看書弄筆墨」。國文老師也對他高看一眼，〈南門湖的夏天〉說：「我因為自幼就喜歡胡亂的看書，做起國文課卷來自然較為容易對付，因此，舉人老師曾經一再在他兒子的面前對我特別誇獎。」

葉靈鳳是和大姊葉華一起投奔住在昆山的三叔的。他有一兄二姊：長兄葉獻之（蘊琛），大姊葉華，二姊葉芬。三歲喪母後，賴年長他六歲的大姊葉華左提右攜而長大。關於他的三叔，周尚曾在〈精神乳汁育靈鳳〉一文中說：

> 靈鳳的二叔早謝世。三叔葉正叔緊跟孫中山身邊有宏才偉略，盡大力於革命。一九〇二年留學日本時，認識辛亥革命黨人曹亞伯，兩人意氣相投，引為知己，相約推翻滿清政權後，事成身退，同隱於昆山，以實踐其「做大事業不做大官」的心志。三叔比曹亞伯提前十一年於一九一四年遷住昆山。三叔一到昆山，首先把大侄女葉華和小侄子靈鳳前後接到昆山。當時葉華已被姑母養在合肥李翰章家，準備親上親嫁給李表兄。三叔知道後義憤填膺，拍桌說：葉家上代有人嫁給一貫媚外賣國鎮壓革命的劊子手之家，這一代怎

可再蹈覆轍鑄成大錯！遂借祖母壽慶名義，讓葉華脫離李家來到昆山。葉華生於一八九九年，來昆時十五歲，肄業於昆山高等小學。她溫婉端莊，雍容華貴，身材略高，一口南京話音。不久，長兄葉猷之考取海關外勤班，不時調換工作地點，常常搬家。這時，葉靈鳳在九江廬山腳下過着孤苦伶仃的生活，乏人照料。三叔知道後，於一九一六年接當時才十一歲的靈鳳來到昆山，秋季負笈於昆山高等小學。從此，葉華、靈鳳姊弟兩人形影相依，姊代母職，循循教誨，鳳弟對華姊的感情日益深厚，甚至達到難以分離的程度。記得抗日戰爭爆發第二年，葉華準備遷往香港，當時筆者正由教育部返回陷入魔爪下的上海工作，衝鋒陷陣，結果是葉華遭汪偽拘禁，在極司菲爾路特工總部的「七十六號」魔窟作「人質」。當時在香港的靈鳳，得悉後痛不欲生，設法營救。不到一年，葉華被釋放，遂攜雛直奔香港。

葉靈鳳曾談到他就讀的昆山高等小學。「這間小學就在城邊那座有名的大橋附近，面對着的那灣河水，稱為『滄潭』，校門內有一株大銀杏樹」，「祠堂同時也是課堂」。在〈我的讀書〉一文中，他寫道：

> 父親的手上沒有什麼書，我有機會讀到更多的書，是到了昆山進高等小學時期。住在叔父家裏，這就是寄《新青年》給我大哥的那位三叔。我在那裏讀到了《吟邊燕語》、《巴黎茶花女遺事》一類的小說，也讀到了《南社叢刊》。學校裏也有一個小小的圖書室，使

我有機會讀到了一些通俗的名人傳記。書籍世界的大門，漸漸地被我自己摸索到，終於能夠進去了。

在〈五四的記憶〉一文中，他還説：「叔父給我的教育和影響，比學校更大。」無論他書房案上放着的《南社詩文集》、顧炎武的《天下郡國利病書》，還是他和朋友們慷慨激昂談論的天下事，都給葉靈鳳留下了深刻印象。早年他從上海寄給大哥看的《新青年》雜誌，也給葉靈鳳翻過了。在昆山，葉靈鳳也到民眾教育館看《少年雜誌》，「自己也悄悄地去投稿，發表過幾篇故事和一幅圖畫」。五四運動那年，葉靈鳳正是三年級，雖然還只是個小學生，卻也用借來的油印機，「印了一幅自己所畫的宣傳畫，拿到街上去張貼」。

鎮江是葉靈鳳來上海之前的最後一站，因為大哥獻之自九江調任鎮江海關工作，他也就離開昆山來到鎮江。葉靈鳳有多篇文章記敘這個舊遊之地，例如〈鎮江的鰣魚〉、〈談鎮江的餚〉、〈金山憶舊〉、〈小樓裏的生活〉、〈雜憶李公樸先生〉、〈老同學成慶生先生〉。那時，家裏住在有名的大茶樓「朝陽樓」附近，葉靈鳳就讀的則是潤州中學。這所學校係基督教美國長老會創辦，始建於一八九五年，一九二九年停辦。雖然歷史算不上悠久，但也出了不少名人。諾貝爾文學獎獲獎者賽珍珠就曾在該校任教，只不過葉靈鳳來的時候她已經走了。「七君子」之一的李公樸雖然低他一班，卻有幸成為「同桌」。葉靈鳳在〈雜憶李公樸先生〉中這樣回憶：

我們所讀的這間學校，是要寄宿的，因此校中除了課室以外，另有一座很大的自修大廳，每一個學生都在那裏有一個編號的固定座位，兩個人共用一張書桌。公樸初來的那一個學期，他的座位恰巧同我的編在一起。我那時已經喜歡看筆記小說，自己也學着用林琴南那樣的古文筆調寫記事文，曾將自己的作文簿題了一個什麼齋筆記的名目，被國文老師狠狠的罵了一頓。可是李公樸來了以後，他見我在作文簿上題了這樣的名目，以為這是合法的舉動，竟在自己的作文簿上也大大的題了「讜論」兩字，這大約是表示他的志趣和我的不同，是以天下為己任的。結果，卿卿我我也好，天下也好，彼此都同樣挨了先生一頓罵，只有相對苦笑。

後來大家到了上海，也經常見面。他創辦《讀書生活》時，為他介紹到上海雜誌公司出版的正是我，因此在那一份出版合同上，我竟成了雙方訂約的保證人。這已經是一九三四年或一九三五年的事了。

鎮江時期之所以重要，是在這時候塑造了一個文畫兼修的葉靈鳳。他在〈能不憶江南〉、〈小樓裏的生活〉等文章中說：「……我的夢魂總是牽縈着鎮江的一間小樓。幾扇玻璃窗，一隻掛了布帳的小床，從牆上的氣窗可以望見人家的屋背。在那裏不僅有我的春天，還有我的夢，也有我的詩。」正是在這間小樓中，少年靈鳳做起他的文學夢。「我在裏面開始看雜書看筆記小說；……甚至還開始學做舊詩。」「那時在感情上所做的夢，全是『禮拜六』派的，全是『鴛鴦蝴蝶』式的。一間小樓，已經盡夠我的感情去馳騁了。」他這時還開始學習新文藝的寫作，「老師」是當時新出版的冰心的《繁星》，他被冰心那種婉約的文體和輕淡哀愁氣氛所迷住，曾模仿她的體裁寫了兩篇散文，從此「便對新文藝的寫作熱心起來了」。

也是在這間小樓中，少年靈鳳做起他的美術夢。「學刻圖章和畫中國畫，都是沒有師承，自己摸索的。一部廉價的石印《六書通》，成了我唯一的老師。一把普通的刻字刀，幾塊青田石，就使我刻了又磨，磨了又刻。」至於中國畫，「所用的範本還不是《芥子園畫譜》，而是上海出版的石印《古今名人畫譜》之類，我就整天對了臨摹，自己設色，從花卉翎毛一直畫到山水」。「在那間小樓上，畫好了的畫，都拿來貼在玻璃窗上。自己畫，自己題字，再蓋上自己刻的圖章。『二十以前』的我，就曾經這麼消磨了一個暑假。」

這段如夢似詩的生活，對日後畫家而兼作家的葉靈鳳的形成，無疑產生了深遠的影響。長江的濤聲，金山的夕照，不僅充實了少年靈鳳的生活，更造就了他的畫眼情心。難怪他多年以後仍難以忘懷「課餘總是揹了畫架，到金山腳下來寫生」的舊事，難怪他「就是在紙面上見到金山兩字，也令我分外感到一種親切」。

但是，到了中學畢業要升學時，他還是在文學和美術兩者當中選擇了美術。他的三叔從上海來鎮江探望他時，把他帶到了上海美術專科學校。「我就從江南城市的一間小樓，走進十里洋場的亭子間了。」

美專學生

一九二四年，葉靈鳳隨三叔來到十里洋場的上海，進入上海美術專科學校學習。參與創辦上海美專並長教務的丁悚曾在〈上海美專的原名〉（《四十年藝壇回憶錄》）裏說：

我國自有設置最完備、歷史最悠久、造就人才最眾的藝術學府，大概除了上海美專之外，誰也比不上它了吧？……它初名「圖畫美術學院」，民元成立，第一學期校址在乍浦路七號（即過橋不到幾武），第二學期遷愛爾近路十號，三遷北四川路橫濱橋，四遷海寧路（北四川路東），五遷西門方斜路白雲觀東的寶隆裏，六遷同路南洋女子師範原址，七遷即現在的菜市路自建的校址了。上海美術專門學校的定名，也就在自建校址的時候改的。

葉靈鳳入學的時候，大概是在丁悚所說的「五遷」。他晚年曾寫過一篇〈上海美專的校舍〉，文中說：

至於校舍，本來是錫金公所。大約由於當時法租界斜橋一帶，已成為市區，錫金公所是「丙舍」性質，所以要遷移到更偏僻的地方去，於是遂由美專租用作校舍。

自然，主要部分已經過了改建。如西洋畫系和國畫系的畫室，都是設在兩層樓的一長列的課室內，僅一面有窗，以便容易處理畫面上的光暗。人體寫生畫室內，冬天設有火爐，國畫系作畫的長桌，都是硃紅漆的。

這可說是上海美專校舍和設備的精華所在。到了音樂系，就差得多了，課室都在樓下，供學生練琴的地方，設在一列平房內，每一間房內有一架鋼琴。光線雖然很充足，不知怎樣總令人有一種陰暗之感。

這一列平房很長，除了作音樂系的課室之外，最末的兩間是校中的「美術用品社」和圖書館。用品社的售價比外間貴，光顧的人很少，我更不用說了。至於圖書館，我則成了熟客，而且由於來看書的人很少，往往只有我一個坐在那裏面對着那個管理員，雖然明知道這裏過去是什麼地方，是作什麼用途的，但我依然能很安靜的消磨一個下午。

有一時期，學校擴充校舍，將街對面的公所房屋也租了下來，那一排一排落地長窗的平房，幾乎什麼也不曾改動就用作了課室和宿舍。白天有學生上課，很熱鬧，當然不覺得什麼，但是一到夜晚，一定靜得令人透不過氣來。倪貽德就曾經在那裏住過，我問他有何感想，他苦笑了一下不作回答。

在〈老朋友倪貽德〉裏，葉靈鳳說：

在上海美專校門上的那間過街樓上，他已經是回到母校來教書的先生，我則仍是每天提了畫箱來學畫的學生，可是我們兩人在那間小樓上談得多麼起勁。繪畫、文學、戀愛，兩人的意見都十分融洽，同時遭遇又有點相近，再加之彼此都窮得可以，這就更促進了大家的友情。他的八塊錢一個月的包飯，有時也分一半出來招待我。

葉靈鳳不住校，而是住在哈同路民厚南里三叔家裏。民厚里在靜安寺附近。葉靈鳳說：「從靜安寺到民厚裏這一個圈子，當年不知走穿了我這個藍布大褂少年人的多少雙布底鞋，是至今仍令我夢寐難忘的一個地方。」「從靜安寺向東，今日的中蘇友好大廈所在地，就是當年的哈同花園。從前有一道紅色圍牆，長之又長，當我從附近的民厚里，步行到西門斜橋美術學校去上課的時候，總是以這一紅牆為起點。去的時候倒不覺得什麼，可是每天傍晚回來的時候，拖着沉重的步伐，手裏提着畫箱，有時還要揹着一個油畫框，好容易從遙遠的斜橋穿街過巷的走回來（那段路程至少有從香港中環到北角那麼遠），遠遠的望見哈同花園的紅牆了，心裏才可以松一口氣。可是這道猶太人的紅磚牆，好像偏偏與我作對似的，總是走來走去走不完。」（〈靜安寺的雪泥鴻爪〉）

葉靈鳳在鎮江時，曾自學中國畫。上海美術專科學校不僅設有國畫系，而且有很好的老師，像諸聞韻、潘天壽等，當時都在這裏任教。但他卻放棄了中國畫，專心學西洋畫。然而，即使在西洋畫方面，葉靈鳳亦不能算一個好的學生。不是他沒有畫才，而是因為文學產生了更大的誘惑。在青年靈鳳玫瑰色的夢中，本來就是文學和美術交織着的，因而，學畫之餘，他經常鑽到學校圖書館看小說，進行寫作的嘗試。而促使他將興趣迅速向文學傾斜的重要契機，卻是因了向《創造週報》投稿。週報的編輯成仿吾收到稿件後，回信約他去談話，編輯部的地點恰恰就設在他三叔所住的哈同路民厚里。那是一座兩上兩下的樓房，樓下是書籍堆疊，樓上則是編輯部。正是在週報編輯部裏，葉靈鳳第一次見到了如雷貫耳的創造社泰斗成仿吾先生。也正是在這間樓上，他第一次見到了創造社成員周全平、倪貽德，還有從四川出來不久的敬隱漁。更為巧合的是，郭沫若也住在這同一個弄堂內，葉靈鳳自然也和他有了接觸。不知是不是在郭沫若的家裏，又與創造社另一巨頭郁達夫結識。郁達夫那時也住在民厚南里一個人家的前樓上，好像正辭了北京大學的教席回來，身體不很好，在桌上的書堆裏放着一罐一罐從公司裏買回來的外國糖果，說是戒酒戒煙了，所以用糖果來替代。這就便宜了本來不抽煙的靈鳳，有機會揩油吃糖果了。那一個時期，靈鳳晚上在民厚南里叔父家的客堂裏「打地鋪」，白天揹了畫箱到美術學校去學畫，下課回來後，便以「文學青年」的身份，成為郁達夫那一間前樓的座上客。葉靈鳳還從達夫先生處認識了張聞天的弟弟張健爾，便時常一起到張聞天那裏去玩。張聞天此時也住在同一弄堂裏，任職中華書局編輯所。他和達夫知道靈鳳在學美術，又喜歡文藝，便送書給他。達夫給他的幾冊，都是英國小說和散文；張聞天送的，則是王爾德的幾種小品集和童話集。可以說，這對於靈鳳日後喜歡外國文學，鍾情於王爾德，有着直接的關係。

那個時候的葉靈鳳，自然窮得很厲害，窮得甚至繳不出學費，還是剛剛認識不久的郭沫若幫他解決了學費問題。他在〈郭老的光榮〉一文中說：

> 劉海粟校長向我暗示，若是能邀得郭老到校演講一次，就可以免費。我跑去將這事告訴郭老，他說這有何難，一口就答應了。後來果然去講了，講題似乎是「創造與表現」，我從此在校裏就成為免費生，而且被校長刮目相看了。

儘管窮，窮得有時連中午一碗陽春麵的錢也要欠一欠。但這時卻已經有了跑舊書店的習慣。他在〈我的藏書的長成〉中回憶道：

當時每天往來要經過那一條長長的福熙路，在一條路口附近有一家舊貨店，時時有整捆舊西書堆在店門口出售。我記得曾經用一毛錢兩毛錢的代價，從那裏買到了美國詩人惠特曼的《草葉集》，英國畫家羅賽諦的詩集，使我歡喜得簡直是「廢寢忘食」。

這其實是他愛書、藏書的開始。更由於文學的介入，使他在美術方面也產生了獨特的趣味，那就是更喜歡富於裝飾趣味的書籍插圖，所崇拜的偶像，亦是所謂的文藝的畫家。他也面臨着「魚與熊掌」選擇上的困難，只好兩頭兼顧，但似乎更鍾情於文學。對於作畫，是逐漸地有些冷淡了。於是，「雖然每天照舊到學校上課，事實上畫的已經很少，即使人體寫生也不大感到興趣，總是在課室裏轉一轉，就躲到學校的圖書館去看書或是寫小說」。「學校的圖書館有一長排落地長窗，……裏面設了桌椅，有一個管理員。書當然不會多，來看書的學生更少。我就是在這麼一個冷清清的地方，每天貪婪的讀着能夠到手的新文藝出版物，有時更在一本練習簿上寫小說。」（〈達夫先生二三事〉）

創造社是一個較為鬆散的文學組織，因而，儘管沒有什麼正式的手續，事實上，葉靈鳳已經成為它的一員。為了參加創造社的工作，他索性搬到了南市阜民路周全平的家裏。那時周全平正在受命復活《洪水》，於是，葉靈鳳也便成了《洪水》的新同人，他的文學生涯，也便從此揭開了序幕。

創造社的幾位前輩

人生之事有時非常吊詭，一個偶然的安排，很可能就此改變了整個一生的走向。設想，假如葉靈鳳當年不是住在民厚南里的叔叔家，便不可能遇上恰在這裏安營紮寨的創造社諸君子。這樣一來，他很可能會繼續沿着自己既定的當一名畫家的路子發展，但那畫家，決不可能是「中國的比亞茲萊」這樣一種形象；也有可能不會發生與魯迅的交惡，興許還會成為魯迅的一個得意門生，捏刀向木，鐫刻時代與人生。他也不會碰上創造社小夥計潘漢年，甚而不會加盟《救亡日報》、南遷廣州、滯留香港……但人生沒有假設，命運已經安排這位尚存稚嫩懵懂的美專學生，對未來毫無預料地走進了民厚南里。

成仿吾是他見到的第一個創造社前輩。他在〈仿吾先生〉一文中說：

在創造社的幾位前輩之中，我見面最遲的是張資平先生，最早的就是仿吾先生。那還是一九二四年前後的事情，我在上海美術專門學校學畫，住在哈同路民厚南里的叔父家裏。那時除了學畫以外，自己已經在學習寫作，而且正像當時無數愛好文藝的青年一樣，是《創造週報》的愛讀者。當我知道《創造週報》的編輯部也設在民厚南里以後，有一天，我便將剛寫好的幾篇散文，附了一封寫給仿吾先生的信，親自送了去。當時仿吾先生一連發表了許多篇文藝批評文字，在我們文藝青年的眼中，他正是一位泰山北斗一樣的人物，我當時不過二十歲，自然沒有勇氣，也沒有這奢望，敢去拜見當時叱吒文壇的這位人物，因此只將那封信放在他們後門的信箱裏，就急急的走了。

哪知過了兩三天，忽然有人叩門送來一張字條，上面大意說來信和稿件都收到了，請你有空到我們這裏來談談，下面署名赫然就是「仿吾」。

⋯⋯

不用說，我當時收到了那張字條，就懷着一顆突突跳着的年輕的心，急急的去拜訪他。當我踏上《創造週報》編輯部那一座微暗的木樓梯時，我的心裏的興奮是無可形容的，因為我知道這時不僅已經踏上了「文壇」，而且已經踏進創造社的門了。

葉靈鳳似乎並未從成仿吾的作品中獲得什麼影響，但他將葉靈鳳迎進門來的意義非常重大。葉靈鳳說：「這張字條給我的印象真是太深，三十多年來，我只要一閉起眼睛，它就清晰的出現在我們的眼中。許多年以來，我一直將它什襲而藏，有時自己拿出來看看，後來偶爾也拿出來給其他愛好文藝的青年朋友們看，使大家知道前一輩的文藝工作者是怎樣的熱心提攜獎掖後進，而一封信一句話往往怎樣會決定了一個人一生要走的道路。」

成仿吾年紀比葉靈鳳他們大了許多，這位「木訥寡言」的前輩，沒少帶葉靈鳳他們一班少年，領略「吃小館子的樂趣」。「在從前上海的石路上，在三馬路與四馬路之間的一個弄堂裏面，有一家非常簡陋的小館子，稱為復盛居。這是一家小小的天津館子，賣的只是一般的北方麵食和幾種簡單的炒菜。」葉靈鳳說：「復盛居的價錢，雖然那麼便宜，但是當時還在學生時代的我，自己仍不是隨便可以吃得起的，因此多數總是跟了別人一起去的。這裏面，東道做得最多的是仿吾先生。」在〈吃小館子的樂趣〉中，葉靈鳳這樣描述當時的場面：

仿吾先生是喜歡喝一兩杯的。復盛居供應的酒，自然是白乾，因此壺和杯都很小。我是自小就不會喝酒的，可是全平卻有很好的酒量。因此，能夠陪仿吾先生喝一杯的，只有他了。敬隱漁和倪貽德雖然比我能喝，但他們有時過於相信酒能夠澆愁那一類的話，於是半杯下肚，就已經醉態可掬，對於人生、愛情和社會，發出許多感慨了。

這時只有仿吾先生仍是像平時一樣，不大開口，默默的喝着小杯裏的白乾，偶然說一句什麼，那湖南鄉音也彷彿更重了。

成仿吾雖然酒桌上不大開口，寫起文章來卻極其猛辣，所以人稱「黑旋風」。一九二八年五月一日，他以「石厚生」為筆名，發表〈畢竟是「醉眼陶然」罷了〉，以一連三個「閒暇」向魯迅發起挑戰。成仿吾敢於挑戰魯迅的精神，是否對葉靈鳳有些潛移默化的影響，很值得注意。因為葉靈鳳向魯迅放出「酒缸」和「露台」兩支冷箭時，「我們的批評家成仿吾先生正在創造社門口的『靈魂的冒險』的旗子底下掄板斧。他以『庸俗』的罪名，幾乎砍殺了《吶喊》」。（魯迅：《故事新編·序言》）無論如何，在挑戰魯迅這一點上，有人會同時提到他們兩人的。

至於鄭伯奇，他也是經成仿吾介紹認識了郭沫若，進而加入創造社的。葉靈鳳第一次有機會見到他，已經是創造社出版部成立以後的事。結識雖晚，但他對葉靈鳳的影響卻是決定性的，儘管對他來說純屬「無心插柳」之舉。葉靈鳳是這樣回憶的：

好像是一個夏天，他從東京回到了上海，高高的身材，戴着金絲眼鏡，似乎對我當時所畫的比亞茲萊風的裝飾畫很感到了興趣。我清晰的記得，他帶我走去逛內山書店，知道我是學畫的，而且喜歡裝飾畫，便用身邊剩餘的日本錢在內山書店買了兩冊日本畫家蕗谷虹兒的畫集送給我。這全是童話插畫似的裝飾畫，使我當時見了如獲至寶，朝夕把玩，模仿他的風格也畫了幾幅裝飾畫。後來被魯迅先生大為譏笑，說我「生吞比亞茲萊，活剝蕗谷虹兒」，他自己特地選印了一冊蕗谷虹兒的畫選，作為藝苑朝華之一，大約是想向讀者說明並不曾冤枉我的。

當時內山書店所售的蕗谷虹兒畫集並沒有幾套，所以，是鄭伯奇給了葉靈鳳機會，讓他和魯迅同時擁有了一套，進而也使得「生吞比亞茲萊，活剝蕗谷虹兒」這一名聯得以完璧。從另一個意義上說，中國讀者之能有機會讀到中文版的《蕗谷虹兒畫選》，也要感謝葉靈鳳，因為據魯迅在《為了忘卻的記念》中所云，當初他和柔石等組織朝花社，「目的是在介紹東歐和北歐的文學，輸入外國的版畫，因為我們都以為應該來扶植一點剛健質樸的文藝。接着就印《朝花旬刊》，印《近代世界短篇小說集》，印《藝苑朝華》，算都在循着這條線，只有其中的一本《蕗谷虹兒畫選》，是為了掃蕩上海灘上的『藝術家』，即戳穿葉靈鳳這紙老虎而印的。」

一九三五年，鄭伯奇為良友圖書印刷公司編選《中國新文學大系．小說三集》，選入了葉靈鳳的小說〈女媧氏之餘孽〉，在導言中，鄭伯奇這樣評價葉靈鳳的小說：

> 一樣是歡喜寫性的變態心理，葉靈鳳便和白采大不相同。白采所刻畫的是主人公的性格，那種變態性格的描寫是有迫人的力量；葉靈鳳所注意的是故事的經過，那些特殊事實的敘述頗有誘惑的效果。所以白采的作品比靈鳳的深刻，而靈鳳的小說比白采來得有趣。〈女媧氏之餘孽〉是寫一個既婚的中年婦人對於青年男子的愛欲生活。他把婦人誘惑男子的步驟和周圍對於他們的側目都一步一步地精細地描寫出來。這和白采的〈微青〉相比，就可以看出兩人創作態度不同。靈鳳寫小說是在《洪水》發刊以後，這〈女媧氏之餘孽〉更後，大約是在《幻洲》上發表的。

說過了鄭伯奇帶葉靈鳳認識蕗谷虹兒，再回到比亞茲萊。這就要歸功於創造社的另一位元老田漢。葉靈鳳在〈比亞斯萊的畫〉一文中說：

> 中國最早介紹比亞斯萊作品的人，該是田漢先生。他編輯《南國週刊》時，版頭和裏面的插畫，用的都是比亞斯萊的作品，而且他所採用的譯名很富於詩意，譯成「琵亞詞侶」。後來他又翻譯了王爾德的《莎樂美》，裏面採用了比亞斯萊那一輯著名的插畫，連封面畫和目錄的飾畫都是根據原書的。

葉靈鳳與田漢接觸較多，他把田漢稱作「老大」。他說：「大約在一九三二年前後，有一時期，我在上海差不多每天同田漢先生在一起。老大的身邊照例總是有一大堆朋友跟着的，因為他實在有一種特別的吸引力。」「老大為了寫劇本，在法租界邊上那些較清靜的旅館裏開了一個房間，大家聞風而至，聚在一起高談闊論，或是浩浩蕩蕩的到大世界附近的小館子裏去吃晚飯。」那個時候，葉靈鳳供職於現代書局，田漢主編的《南國》雜誌和多卷本的《田漢戲曲集》，都是由他付排。他在〈作家們的原稿和字跡〉一文說：「經他校對過的校樣，就像是巴爾扎克傳記上所說的巴爾扎克校稿那樣，那簡直不是校對，而是修改原稿，有時甚至是改作或重寫」。「田漢戲劇集裏那些長長的序文和後記，都是這樣產生出來的，而且都是當時在反動勢力壓迫下躲在旅館裏漏夜趕出來的。你去讀一下，你就知道他有些地方寫得多麼悲憤鬱抑，有些地方又多麼慷慨淋漓。」

曾為葉靈鳳引介比亞茲萊的功臣還有郁達夫。葉靈鳳在〈比亞斯萊的畫〉中接着寫道：

> 同時，郁達夫先生也在《創造週報》上寫了〈黃面志及其作家〉，介紹了比亞斯萊的畫和道生等人的詩文，於是比亞斯萊的名字和作品，在當時中國文壇上就漸漸的為人所熟知和愛好，而我這個「中國比亞斯萊」，也就在這時應運而生了。我當時給《洪水半月刊》和《創造月刊》所畫的封面和版頭裝飾畫，便全部是比亞斯萊風格的。

郁達夫給葉靈鳳打開的窗子，不只有比亞斯萊，更擴展到了「先後以《黃面志》為發表作品中心的那一批畫家、詩人和散文家」，「除了比亞斯萊之外，畫家方面還有惠斯勒、麥克斯比爾．波姆，詩人有道生、史文朋、西蒙斯，散文小説家有王爾德、喬治·摩亞等等」，葉靈鳳對這個年代保持了極大興趣和持續關注，他認為：「十九世紀的『世紀末』，在英國文學史上雖不是一個怎樣偉大的時代，但是卻是一個才華橫溢，百家爭鳴，充滿了藝術生氣的特殊時代。一面是舊時代的結束，同時也是新時代的開始。」

郁達夫對於葉靈鳳，是介乎師友之間的。在創作方面，葉靈鳳從前輩作家中獲得教益最多的，怕就是郁達夫了。他把平生所作第一本小品《白葉雜記》稱作「郁達夫式的筆調」。早期的性愛小説，有不少篇，從內容到細節，更可尋到郁達夫的影響。但他們也有弄翻的時候，一度有幾年不曾來往，這些留待後面再講。

追隨在先生左右

葉靈鳳的「畫才」之被發現，可能還是靠了郭沫若。周全平在《洪水周年增刊》發表的〈關於這一周年的洪水〉中說：

最奇怪的便是LF。有一次我到環龍路，閒談中，沫若忽從他的黑文書夾中檢出幾張小紙片，說是一個青年畫的畫。我拿來看時，立刻覺得這小小的畫都很新鮮，很多趣。沒有一片是方方正正的，同樣大小的，而且紙質也不一律，甚至有許多是畫在很粗的火紙上的。而且也不像是認認真真畫的東西，顛倒橫豎錯亂着在一片大的紙上，有的紙片還亂抹着顏色。然而就在這亂七八糟中，你便找得了你一看就愛不釋手的東西。分析起來很簡單，很隨便，但全體確很勻稱，很精細；而且很耐人尋味。

與匆匆地懷着這些可愛的紙片就走回阜民路，也忘了問沫若：這青年姓甚名誰。我只看出畫上有個很像「正」字的符號，我不知道他就是LF。

後來便知道這聰明的畫畫的青年便是我們已經認識過的葉靈鳳，便是在貝勒路居住時常常來吃面的穿藍衫的少年。可是我從不知道他能畫。當然更不知道他能畫這樣好的畫了；而且我更不想起這像「正」字的署名便是靈鳳的簡名LF。

對於郭沫若，葉靈鳳一方面折服於其才華，另一方面也感念其知遇之恩，因為，正是郭沫若，將他引進了創造社的大門，「我的許多比亞斯萊風的裝飾畫和那一幅魔鬼張了翅膀掩蓋着大地的《洪水》封面，就是當時在先生鼓勵之下產生的」。

葉靈鳳在〈個人的銘感——慶祝郭沫若先生誕辰及文藝生活二十五周年紀念〉一文回憶說：

> 第一次見到郭沫若先生，則是當仿吾先生已離滬赴廣州，每天追隨左右同逛城隍廟舊書店的達夫先生似乎也離開了上海以後的事。當時先生帶了夫人和孩子從日本回來，搬進新租好的環龍路一幢小洋房內（弄堂外恰是日後成為上海革命歷史上很有名的一個政治機關）。這一切都是由當時創造社青年分子中最活躍的全平佈置的。我在箱籠尚未打開的空廊客堂裏，第一次見到沫若先生，一點也不誇張，當時的心確是微顫着的。郭先生披了藏青嗶嘰的日本學生制服，赤着腳，踞坐在新買來的籐椅上，寬闊的天庭，眼鏡後面閃着奕奕的目光，伸出有力的手來和我親熱地握手。這就是我們創造社的領導者，這就是中國的「歌德」，當時的我怎不要心裏微顫呢？

他首先能做的，是為郭沫若的著作精心打造最佳的刊本。在〈少年維特之重讀〉中，他說：「第一次讀少年維特，還是二十歲未滿的少年。不用說，年青的我，正如當時同時代的許多青年人一樣，完全為這部書所傾倒了。……郭沫若先生的譯文，更增加了歌德這一部不朽名作的魅力。……我不久就認識了因了他的才學使我傾服的這本書的中譯者，而且校印了親手為他裝幀的至今還有人稱讚的最佳的刊本。」在〈歌德和《少年維特之煩惱》〉中，他回憶起為這部書裝幀的情況：

> 郭老的《少年維特之煩惱》，初版是由上海泰東書局印行的。後來創造社出版部成立，便收回自己出版。創造社的《少年維特之煩惱》，是由我重行改排裝幀的。當時對於這部小說的排印工作，曾花費了不少時間和心血，從內容的格式，以至紙張和封面，還有插圖，我都精心去選擇，刻意要發揮這部小說的特色。封面的墨色特地選用青黃二色，並且畫了一幅小小的飾畫，象徵維特的青衣黃褲。書裏面所用的幾幅插圖，還是特地向當時上海的一家德國書店去借來的。這家書店，開設在蘇州河畔的四川路橋附近，主人是一位德國老太太，魯迅所得的那些德國木刻，就是向她店中買來的。

對於這個新的譯本，郭沫若的欣喜之情難以抑制，他在〈後序〉中以詩一般的語言連呼萬歲：

> 《維特》的初譯本出版以後不覺已就滿了四年了。初譯時我自己的生活狀態，已經在舊序中略略敘述，那前半部是暑假期中冒着炎熱在上海譯成的，後半部是在日本醫科大學時期，晚上偷着課餘的時間譯出的。我譯這部書實在是費了不少的心血。
>
> 自己的心血費來譯出了一部世界名著，實是愉快的事體，所以在我把全書譯完了，尤其是把舊序做完了的時候，我當時實在愉快得至少有三天是不知肉味的。
>
> 不過自己的心血譯出了一部名著出來，卻供了無賴的書賈抽大煙，養小老婆的資助，

這卻是件最痛心的事體。

還有使人痛心的是一部名著，印刷錯誤得一塌糊塗，裝潢格式等等均俗得不堪忍耐。我初譯的誤植已經訂正過兩回，無如專以營利為目的的無賴的書賈卻兩次都不履行，竟兩次都把我的訂正本遺失了。

然我草率譯成的這部書，錯印得一塌糊塗的這部書，裝潢得俗不堪耐的這部書，出版以後竟能博得多數讀者的同情，這不消說是原作的傑出處使然，然而我自己也不免時常引以為慰藉。

愈受讀者歡迎，同時我愈覺得自己的責任重大。印刷和裝幀無論如何不能不把它改良。初譯本由於自己的草率而發生的錯誤，尤不能不即早負責改正。所以《維特》自出版以後，我始終都存着一個改印和改譯的心事。我們朋友們也有許多這樣慫恿我的。

但是改譯倒不成問題，而改印卻不是件容易的事體。我們一向是為饑寒所迫的人，哪有餘錢來消贖這罪過呢？

我自己於痛心之外實在慚愧了四年，多謝同志們的援助，協作，我們的創造社出版部竟公然於年內成立了。這便是使我改譯這部書的最大的動機。在二三月間我來廣東之前，費了一兩禮拜的功夫，我又把舊譯來重新校正了一遍。校正了的地方實在不少，不消說我自己也不敢就認為完全無缺的譯品，但是比較初譯總算是好得多了。又加以全平替我細心校對，靈鳳替我刻意裝幀，我想從前的醜態，一定可以從此一掃了。

這可以說已死了四年的《維特》於今又復活了起來。我們從書賈的手裏把它救活了，我們從庸俗的醜態裏把它救活了。我的快活，同時也就是同志們的快活，我們替《維特》高呼三聲萬歲罷！

後來，現代書局出了一個《少年維特之煩惱》的新版，不僅裝幀，整本書都是葉靈鳳付印的。他在〈歌德和少年維特之煩惱〉一文中說：

郭老的《少年維特之煩惱》，在創造社出版部的業務停頓後，過了幾年，第三次再印行時，仍是由我經手付印的。這一次的出版者，是現代書局，因此那版樣和封面又是由我設計的。這一個新版本的封面，我採用了德國出版物的風格，在封面上印上了作者和書名的德文原文。並且採用了德文慣用的花體字母，以期產生裝飾效果，墨色是紅藍兩色，封面紙是米色的。因此若是拿開那兩行中文，簡直就像是一本德國書。

除此之外，葉靈鳳為郭沫若著作做裝幀的還有不少，也都精美喜人。例如《落葉》，曾得到唐弢《晦庵書話》的讚許。〈落葉．之一〉一文是這樣說的：

郭沫若中篇《落葉》，用書函體，計信四十一封，第一封信中有俳句云：「委身於逝水的落葉呀！」因即以之為《落葉叢書》第一種——似乎也沒有再出第二種。書為四十八開小本，一九二六年四月創造社出版。精裝用麻布面，分紅黃兩種，完全日本風味。後來歸光華書局發行，改版重印，可就沒有這樣精緻了。

《橄欖》似乎更為雅致。豆綠色的封面紙上，畫着一枚橢圓形的深綠色橄欖，書名頁上，翠綠色的花飾鬱鬱蔥蔥。《沫若詩集》的封面只有一個紅色的欄框，低調大氣，翻開封皮，書名頁的紅色花飾則又噴射出燦爛生機。由於得罪了蔣介石，有一個時期，只要看到郭沫若三個字，便都在禁止之列，也引發了一些驚險曲折而又好玩有趣的出版故事。唐弢的《書話》有一篇〈若有其事的聲明〉，講的是郭沫若的《反正前後》被禁後改用《劃時代的轉變》書名蒙混過關的掌故。葉靈鳳讀到這篇，寫了一則〈《書話》的書話〉，文章說：

這是關於郭老的那部自傳《反正前後》的。被禁後由出版者要求老爺們再審查，並且表示願意修改和更改書名，居然被通過了，於是就改用《劃時代的轉變》書名出版。事實上應改之處完全未改，只是在書前由出版者寫了一段聲明，表示已經「依示修改」。這個「花槍」，一直隔了一年多，才被審查老爺發覺（當時在上海主持那個圖書審查機關者，是一個姓項的，我們就稱他為「楚霸王」而不名），於是《劃時代的轉變》才又被禁止了。

《劃時代的轉變》出版者是現代書局，當時的編輯和出版工作都是由我擔任的，看了《書話》裏所附的《劃時代的轉變》的書影，才認出那一幅封面畫也出自我的手筆。記得就為了耍這一手「花槍」，使得「楚霸王」大發雷霆，將現代書局老闆洪雪帆，經理盧芳和我都叫了去，咆哮着大興問罪之師。我們推說是剜改紙型時的疏忽，一味陪着笑臉，使得這位霸王啼笑皆非。

那個時候，因為蔣介石的通緝，郭沫若避居日本，葉靈鳳時時牽掛。「記得有一次，我偶然從一本外國雜誌上見到一幅雨果的照像，是他被放逐到國外，坐在一塊崖石頂上，遙望故國的情形。當時郭老避禍日本，過的正是這種生活，我便剪下寄給他，他回信表示很高興，而且很感慨，後來好像還寫過一首詩。」從葉靈鳳的行事風格中發現一個有趣的規律：送圖片給人是他心目中最高的禮儀，尤其是還要鄭重地配上一個鏡框時。送給郭沫若圖片還有好幾次。當年郭沫若從日本再次回到上海，「我又將自己所畫的那種比亞茲萊風的裝飾畫，選了兩幅配了框子送給他，使他見了很高興。」一九四六年左右，郭沫若來到香港，林林說郭老的新居牆上缺少裝飾品，他聽了靈機一動，趕緊將歌德的一幅畫像找了出來。他說：「郭老是歌德作品的中譯者，他自己現在也對考古工作發生了興趣，將這幅歌德作考古旅行的畫像送給他，實在再合適也沒有。於是我就拿到玻璃店裏去配鏡框。」（〈歌德的一幅畫像〉）「到了一九三二年三月，正是歌德逝世一百周年紀念，我手邊恰巧有一些關於歌德的圖片，便在《現代》三月號上編了一輯歌德逝世一百周年紀念圖片特輯。這時郭老避難在日本，接到了這一期的《現代》，在信上說令他特別高興。」（〈歌德和《少年維特之煩惱》〉）

在郭沫若的「海外十年」中，有不少著作都是交給葉靈鳳供職的現代書局出版，並委託他處理版權事宜。葉靈鳳雖然盡心盡力，但是仍為不理想的效果而歉疚自責。他說：

最使我提起了就要感到歉疚的，是當先生在海外度着但丁式的生活期間，所謂託付的關於先生作品版權在國內的維護一事，竟始終不曾收到很好的效果。這固然因為書賈們的手腕太厲害，同時也因為我實在不善於「索債」的原故。更痛心的是，當這問題被處理得剛踏上軌道的時候（這就是說，能按月收得一點積欠版稅給先生作為生活費），出版先生著作最多的一家書店，竟給人以政治力量連哄帶嚇地搶了去，不僅自己被攆了出來，連本來講好按月撥還的萬餘元積欠版稅也落了空。接着，老闆病死了，書店也關了門，紙型隨意地賤賣給旁人。想到今日上海書坊中隨處見到的印刷得極惡劣的先生作品的翻版本，總覺得這一切責任都是應該由我一人擔負的。

一九三七年七月底，流亡日本十年的郭沫若逃出日本，回到上海。葉靈鳳第二天就去駐地看望，「從那時以來，因了事務上的關係，差不多每天追隨在先生左右，直到國軍退出上海後，這年年底秘密離開上海為止。」郭沫若擔任了新創辦的《救亡日報》社長，葉靈鳳也隨之加入報社。可能是在從淪陷之後的上海赴廣州途中，葉靈鳳在漢口與郭沫若「有了短短幾天的相見」，這可能是他們最後一次較長時間的相處了。葉靈鳳在〈個人的銘感——慶祝郭沫若先生誕辰及文藝生活二十五周年紀念〉一文中說：

當時先生正忙於第三廳的組織計劃，往來的賓客極多，我站在屋後的曬台上（當時先生的住處是在一家被收回的日租界商店樓上），遙聽着對面空場上許多新兵操練的步伐聲和口令聲，再看看先生緊張忙碌的情形，在那春日煥暖的午後（對面牆角正有一株粉紅色的櫻花盛開着），我忽然對自己感到了從未感到過的渺小。

一九四九年以後，這種「渺小」的感覺應該更突出了。雖然葉靈鳳去過幾次北京，但似乎並沒有見上郭沫若，有一次去北京，「只在晚上向他通了一次電話，他在第二天早上要陪外賓到杭州去，所以不曾見到他」。（〈郭老的光榮〉）不過，這並不妨礙他對這位昔日長者的關注。一九五九年，「從報上讀到消息，知道郭老光榮的入黨了」，「當然替他高興」，特意寫文章祝賀，稱他是「老來紅」，「是捱得起風霜雨雪的證據」。還是在這一年，郭沫若出版新詩集《百花齊放》，他寫了〈郭沫若的百花詩〉，說：「這簡直是當年《女神》和《瓶》的風格，也使人想起了他所譯的《浮士德》。詩人是不老的。」他也通過訂閱《文物》和《考古》雜誌，跟蹤郭沫若的研究成果。在他垂垂老矣久不執筆的時候，忽然在一九七四年四月十四日這天，「想記一點達夫先生的舊事，或郭沫若當年在上海的幾處住處」，後來終於在五月九日將〈郭老早年在上海的住處〉寫成，這是他幾十年寫作生涯中最後一篇文章。五月七日日記說：「本港外國報紙日來有消息謂郭老病危。未知有何根據。惟郭老已逾八十，近來甚少公開露面，或體弱臥病在床亦未可知也。甚令人掛念。」五月十日又說：「日前本港報紙所載郭老的消息，我國報紙至今並無記載，可見必是無中生有的捏造消息。」

這是《葉靈鳳日記》的最後一天記事。

《洪水》時期

創造社有前期與後期之分。史蟫在〈記創造社〉(《文友》半月刊第一卷第二期)一文中說：「創造社的成立，大約是在民國十年，成立的地點並不在中國，而是在日本東京，原來發起組織創造社的幾個人如郁達夫，張資平，郭沫若，成仿吾，王獨清，穆木天，鄭伯奇等，差不多全是當時的留日學生，他們所學的雖然並不完全是文學，但因個性多半喜歡和文學接近，課餘也常常有作品寄到國內各大刊物上去發表，彼此的興趣相同，大家集合在一起，遂有組織文學團體的出版刊物的計劃。至於把社名定為『創造』，則是出於郭沫若的提議。」「後期創造社的人物，除了化名麥克昂的郭沫若，和成仿吾，王獨清等人以外，鄭伯奇，陶晶孫，穆木天等也都在這時回國了，這些都是由前期轉入後期的，另外還有一批新的人馬，則是馮乃超，黃藥眠，龔冰廬，洪靈菲，沈起予，段可情，邱韻鐸，華漢，林伯修，李初梨，彭康，朱鏡我，李鐵聲。」

葉靈鳳沒有趕上創造社的成立，但也並非很多人常說的「後期創造社成員」，而更近於前期和後期中間的一個階段，「這時正是北伐的前夜，創造社的作家，除了一部分留日未歸的以外，其餘的幾個，在這國內政治形勢日益緊張的時期，都紛紛各奔前程，郁達夫成仿吾受廣州中山大學之聘，前往擔任教職，郭沫若則飛黃騰達，在當時總司令部政治部主任鄧演達的手下當起科長來，對於創造社出版部的事務，都無暇兼顧，只好交給一群小夥計去幹。這一群小夥計，便是周全平，葉靈鳳，潘漢年，周毓英，而以周全平為其中最主要的人物。」（史蟫：〈記創造社〉）所以史上就習慣將葉靈鳳等人稱作「創造社小夥計」。

但葉靈鳳成為「創造社小夥計」的時候，創造社出版部還沒成立，他是借着《洪水》半月刊的創刊，而加入創造社，進而走上文壇的。

《洪水》是創造社著名的刊物之一，不過，它卻分為周刊和半月刊兩個時期。《洪水》周刊創刊於一九二四年八月二十日。當時，創造社的極盛時期已經過去，郭沫若因為物質生活的侵淩，再次漂流到了日本，郁達夫遠在此前就已離開上海，孤竹君之三子，僅剩下成仿吾一人獨立支撐着家業。不久，《創造週報》也便宣告停刊。在成仿吾也預備離滬時，幾個人聚集在貝勒路的一間市房裏，望着一捆捆、一包包《創造週報》的餘稿，經過商議，決定再辦一個周刊。在成仿吾動身離滬的那一晚，在豫豐泰的酒宴上，決定了《洪水》周刊的產生，由留在滬上的周全平、倪貽德、敬隱漁和嚴良才負責；刊名則由周全平確定，因為那時他正在一個教會的編輯所裏校對《聖經》上的洪水一章，他「渴慕着那能毀壞一切的洪水」。

於是，《洪水》周刊第一期於一九二四年九月一日，由泰東圖書局出版了。泰東圖書局一九一四年成立於上海，起初是政學系的出版機關。討袁之役勝利以後，泰東的股東們都到北京做官去了，無形中將書局交給了經理趙南公。趙南公跟着潮流出了好幾種「禮拜六派」的消遣作品，頗賺了一些錢，但同時他也敏鋭地感到鴛鴦蝴蝶派小説的時代即將過去，「決定放棄過去的一切，重建理想的新泰東」，於是便有了與創造社結緣。三年的時間裏，泰東圖書局為創造社出版發行了《創造》季刊、《創造週報》以及「創造社叢書」、「辛夷小叢書」等多種，一時有「創造社的搖籃」之稱。

但當《洪水》周刊第一期出版時，齊盧戰事遽起，雖然第二期已編校完畢，但泰東圖書局卻說因戰事關係，經濟周轉不靈，拒絕發行。於是只出一期的《洪水》周刊就此夭折。

轉眼間一年過去，此時郭沫若又從日本回到了上海，因為對趙南公在版稅方面的剝削憤憤不平，交涉未果，導致與泰東圖書局決裂。當創造社業已和泰東圖書局決裂，創造社出版部還沒有成立的中間一段過渡期裏，恰好有一位新書業商人乘機崛起，這便是和郭沫若有「半年以上吃大鍋飯交情」的張靜廬。他曾在泰東圖書局任過事，親眼看見創造社的書籍刊物受一般青年讀者的歡迎，便乘機和沈松泉、盧芳集資創辦了光華書局，用了郭沫若的一冊《文藝論集》和周全平的一冊《夢裏的微笑》作為互惠條件，答應為創造社出一個定期刊物，於是，《洪水》終於復活。

因了郁達夫、成仿吾等人仍不在上海，刊物仍由周全平負責，另外一位編輯洪為法因遠在揚州，實際並沒有參與多少編務。而葉靈鳳的加入，乃是因了郭沫若的介紹。周全平在〈關於這一周年的洪水〉（《洪水周年增刊》）中說：「有一次我到環龍路，閒談中，沫若忽從他的黑文書夾中檢出幾張小紙片，說是一個青年畫的畫。我拿來看時，立刻覺得這小小的畫都很新鮮，很多趣。」「後來便知道這聰明的畫畫的青年便是我們已經認識過的葉靈鳳，便是在貝勒路居住時常常來吃面的穿藍衫的少年。」就這樣，葉靈鳳成了「洪水的新同人」，他的畫更成了「洪水中的新作品」。

一九二五年九月十六日，畫着一個奇怪封面的《洪水》半月刊創刊號陳列在上海四馬路的書肆裏。這奇怪的封面，正是出自葉靈鳳之手。封面的上端是一隻鷹和兩條蛇構成的圖案，鷹的胸前佩着一把劍，下端是滔滔洪水，洪水中冒出海螺海貝外，還冒出了一個尖嘴圓眼的凶神，洪水旁丟着一個撕破了的假面具。這樣的封面堪稱前所未見，而封面裏面的一些新的人名，也是創造社過去的刊物上所從未出現過的。在這些作者當中，有秦邦憲、陸定一、陳尚友（伯達）、錢杏邨、汪靜之、錢蔚華、焦尹孚、王以仁、許傑、李徽甘（巴金）、袁家驊、翟秀峰、裘柱常、李劍華、樓建南（適夷）、顧仁鑄、朱湘、林徽音、黎錦明等。從這些分屬政治、文化領域中不同傾向和派別的作者名單，可以看出《洪水》的編者確實實踐了他們在〈復活宣言〉中提出的「擺脱一切派別，拋去一切成見」的原則。《洪水》有一個信條，即儘量容納外面的來稿，所以在內容上顯得很龐雜，「沒有一個標準的主義」，「但是我們若仔細一步分析時，我們也依然可以找出他的一貫的地方，即傾向社會主義和尊重青年的熱情」。正是這種傾向和它不畏縮、不扭捏、不作偽的率直品格，使得上海的讀者們「吃了一驚」，進而「緩緩地從上海而氾濫到各處了」。（周全平：〈關於這一周年的洪水〉）創造社成員馮乃超在〈魯迅與創造社〉（《新文學史料》一九七八年第一輯）一文中這樣評價《洪水》：

> 出版部的年輕一輩出版了《洪水》半月刊，向當時的廣大青年作者提供了爭鳴的論壇，真是盛極一時。郭沫若認為這「使整個創造社改塗了一番面貌」……《洪水》半月刊撰稿人之多，思想鬥爭的異常活躍，為前期創造社成員所意料不及的，致使郭沫若認為創造社此時又出現了。我認為創造社此時是最少「組織」、「集團」氣味的時期，也可以說是最少宗派情緒的時期。

短短的半年，《洪水》的印數從一千猛增到三千。固然，《洪水》傾向社會主義和尊重青年熱情的內容是暢銷的主要原因，但葉靈鳳對於刊物的刻意裝飾，亦不能不說是吸引讀者的因素之一。他不僅又於第八期和第十三期分別改畫了兩次封面，而且常在目錄頁和文章前設計一些筆調粗拙、簡樸但又極富裝飾效果的題頭畫，有時則發表一些比亞斯萊風格的插圖。於是，借着葉靈鳳的努力，比亞斯萊使無數的文藝愛好者傾倒；葉氏自己，也從此有了「中國的比亞斯萊」的美名。除此之外，葉靈鳳還為創造社的其他書刊繪製插圖。這些作品不僅令創造社同人喜歡，也在讀者中產生了不小的影響。一次，徐祖正從北京來上海訪問創造社時，特意問「有一位常在創造上作畫的是哪一位」。

葉靈鳳不僅在《洪水》上顯露了他的畫才，同時更由此踏上了文學創作之路。他的第一篇小說〈姊嫁之夜〉發表在《洪水》第一卷第二期上。在第八期，又發表了〈曇花庵的春風〉。他的第一組小品〈白葉雜記〉也在刊物上連載，總共有十七篇之多。所以，說葉靈鳳是靠着《洪水》而在文壇和畫壇成名，是不過分的。

當時，周全平家住在上海南市阜民路，《洪水》的編輯部也便設在這裏。那是一座兩上兩下上海弄堂式的房屋，不過卻沒有弄堂而是臨街的。全平的家人住在樓下的統廂房，另外再租了樓上的亭子間。當時上海南市的老式弄堂房屋，即使是亭子間，也有四扇玻璃窗，對着大天井。另外一面的牆上還有一扇開在後面人家屋脊上的小視窗，因此十分軒朗，不似一般亭子間的陰暗。

為了工作的方便，葉靈鳳索性搬來，和周全平同住。於是，在這間亭子間裏，沿牆鋪了兩張床，成直角形，一張是靈鳳的，一張是全平的。視窗設了一張雙人用的寫字台，這就是他們工作的地方了。周全平在〈關於這一周年的洪水〉中這樣描述他們工作的情形：

> 小小的一間方形的亭子樓，沿西北兩壁設着兩隻沒有帳子的床。東壁有一扇單門臨着扶梯。靠南窗是一張用架子撐起來的沒抽屜的黑漆方台——到後來這只方台便進化而為一只用十二元買來的西式寫字台了。原來只是一個人獨坐着，後來便是兩人對坐着的了。

淡淡的冬日斜躺在樓板上的午後，昏黃的火油燈危坐在窗前的夜晚，年少的兩個默默地對坐着，翻着原稿，塗着校樣，只很少的時候，才偶有工作疲倦後的一聲歎息，一次欠伸，一次對語；接着又默然了。有時也會輪流着或者並倚着到西窗去閑眺，悵望着灰藍色的西半的天空，默默地待夜的女神來撫慰他們的半天疲勞。

這樣的簡陋，這樣的單調，一期一期的《洪水》便在這裏產生了。

在編輯《洪水》的同時，周全平他們還在計劃着成立創造社自己的出版部。葉靈鳳在〈記《洪水》和出版部的誕生〉一文回憶：

當時就在這樣的環境下，白天到美術學校去作畫、看書和寫文章，晚上回到那間亭子間內，同全平對坐着，在燈下校閱《洪水》的校樣，拆閱各地寄來的回應創造社出版部招股的函件。⋯⋯招股的反應非常好。我們每晚就這麼拆信、登記、填發臨時收據。隔幾天一次，就到郵政總局去收款。這些對外的事務，都由全平一人負責。他那時顯然已經很富於社會經驗，在外面奔走接洽非常忙碌，我則還是一個純粹的學生，只能勝任校對抄寫一類的工作。

葉靈鳳雖則很自謙，但研究者認為：「他又是創造社成立出版部的主要推動人物，與周全平親力親為地籌備出版部的成立工作。」（黃益玲：〈創造社出版部小夥計離散事件研究——以「若即若離」的小夥計葉靈鳳為視點的考察〉，《現代中文學刊》二〇一三年第一期）這時，小小的亭子間，儼然成了出版部的籌備處。當籌備工作漸漸就緒之際，阜民路就成為一個文藝活動中心。許多通過信的朋友，來到了上海，一定要找到這個偏僻的地點來談談。在許多來訪者中，包括剛出版過《少年漂泊者》的蔣光慈。蔣光慈那時剛從蘇聯回到上海，他的小說正吸引着無數熱情的青年，所以他的突然造訪，給靈鳳他們帶來了久久難忘的欣喜。葉靈鳳在〈記《洪水》和出版部的誕生〉中回憶：

> 那是一個風雪交加的晚上，外面有人來敲門，說是要找我們。我去開門，門外的來客戴了呢帽，圍着圍巾，是個比我們當時年歲略大的不相識的人。他走進來以後，隨即自我介紹，這才知道竟是當時正在暢銷的那本小說《少年漂泊者》的作者。

葉靈鳳直到晚年仍表現出對蔣光慈的重視，曾寫過〈從一幅畫像想起的事〉予以紀念。當香港《四季》雜誌創辦人打算介紹三四十年代文壇上比較被人忽略的作家時，葉靈鳳建議：「下一期可以介紹蔣光慈。」因而劉以鬯感到：「葉靈鳳是很欣賞蔣光慈的作品的。」（〈記葉靈鳳〉）當然這些都是後話。

在這年的春節前後，郭沫若從日本回來一次，特地到阜民路來看望周全平和葉靈鳳，還留下來在周全平家裏吃晚飯，而且還喝了點酒。由於興致特別好，晚飯後，大家還在客堂裏圍了桌子擲骰子玩。葉靈鳳在〈記《洪水》和出版部的誕生〉中這樣回憶：

> 參加擲骰子的，還有全平的妹妹，大家玩得興高采烈。郭老每擲下一把骰子，在碗裏轉動着還不曾停下之際，他往往會焦急的喚着所希望的點。若是果然如他所喚的那樣，就

興奮的用手向坐在一旁的人肩上亂拍。我那晚恰坐在他的身邊，因此被打得最多。我想古人所說的「呼么喝六」的神情，大約也不外如此。

葉靈鳳在這間亭子間裏大概住了半年，出版部便正式成立。就在一九二六年的春天，搬到了閘北三德里。

葉靈鳳之離開阜民路，是很有些依依不捨的。他當時曾寫過一篇〈遷居〉，發表在《洪水》第二卷第十五期。文中寫道：

這一間小小的亭子間中的生活，這一種團聚靜謐的幽味，的確是使我淒然不忍遽捨它而去的。你誠想，在這一間小小的斗方室中，在書桌床架和淩亂的書堆隙地，文章寫倦了的時候，可以站起來環繞徘徊……

直到晚年，葉靈鳳仍然說：「在那間亭子間裏所過的幾個月的生活，卻是我畢生所不能忘記的。因為正是從那裏開始，我正式離開家庭踏入了社會；也是從那時開始，我第一次參加了刊物的編輯工作，並且親自校對了自已所寫和自己付排的文章。」「我不僅正式參加了《洪水》的編輯工作，給這個創造社同人的新刊物設計了封面，畫了不少版頭小飾畫，而且自己還在上面發表了文章，這意味着我已經正式踏上『文壇』了。因此一面興奮，一面也非常感激，那些日子的情形實在是我怎樣也不會忘記的。」（〈記《洪水》和出版部的誕生〉）

儘管帶着這種依依難捨的眷念之情，但A字十一號的新生活卻向他展開了一幅新的畫卷。

出版部小夥計

經過一段時間的籌備，創造社出版部於一九二六年三月一日正式開張。辦公地點在上海閘北寶山路三德里。葉靈鳳這樣描述這個小小的但又很不一般的弄堂：

> 這條小小的弄堂，有很多地方是值得一提的，宋慶齡、楊杏佛等人所領導的中國濟難會，就設在這條弄堂內，還有中國農學會和世界語學會，也都在這裏，這都是在當時傳播新文化和啟蒙思想運動上起了不少作用的組織。在我們的隔鄰，還住着當時《民鐸》雜誌的編輯人，老尚風流的哲學家李石岑。

這條小小的弄堂，文化學術空氣這麼濃厚，可說是有原因的，因為商務印書館的總廠就設在寶山路上，編輯所和東方圖書館都在附近，許多文化人都散住在這一帶的各個弄堂裏，你走在路上，隨時可以見到鄭貞文和鄭振鐸，有機會也可以遇見沈雁冰和章錫琛。

出版部的小樓在A字十一號。這是一種一樓一底的小洋房，雖說已很破舊，但每家前面都有一塊小花園，倒也雅致、寧靜。更重要的，還是房租的低廉。A字十一號是走進弄堂的第二家，經過一道短圍牆和鐵門，上了石階，便是樓下客廳的玻璃門了，出版部的門市部就設在這裏，辦事處則在樓上。

出版部的招牌掛在二樓，橫書，乃郭沫若的手筆。

創造社之有出版部，實在是不堪書局的拘束和剝削的結果。創造社自打籌備時期起，就吃盡了找不到出版單位的苦頭。以後，由於有泰東圖書局作出版後台，創造社的叢書和期刊才得以出版。而泰東圖書局因了出版創造社的舊著作，不僅名氣愈來愈大，錢亦賺得不少，但作家方面卻從來拿不到版税。這當然在雙方之間產生了芥蒂。還有更深一層的原因是，泰東圖書局乃政學系的出版機關，而政學系和創造社在政見上的分歧，是早在初期創造社時就已經明朗化了的，繼續合作下去，就屬不可能。雖然靠了光華書局的接受，創造社暫時獲取了一些便利，並且靠着《洪水》的風行，幾乎迎來了第二個春天。但這種寄人籬下的日子並不能長久，正如郁達夫所説，自己沒有獨立的出版機關，處處都要受人繼母式的虐待。所以，郭沫若等人立誓創辦自己的出版部，其心情，也就很好理解。

成立自己的出版部，創造社曾有過兩次醞釀。最後的這一次，決定由讀者作家共辦出版，股份向讀者方面籌集，五元為一零股，五十元為一整股，凡是股東，都有八折買書和半價訂刊的優待。這個消息一見報，各地讀者投函購書和認股的非常踴躍。葉靈鳳説：「那些熱心來認股的贊助者，多數是愛好新文藝的青年，節省了平日的其他費用來加入一股，因此拆開了那些掛號信以後，裏面所附的總是一張五元郵政匯票。」（〈《A11》的故事〉）集股過程中有不少讀者熱心支援的感人事例。譬如創造社成員嚴良才結婚的時候，邀請郭沫若他們去江蘇吳縣參加婚禮。那一天，嚴良才的小孃孃，一位年僅十六歲的創造社書刊的熱心小讀者，當場拿出自己的一百塊私房錢，支持創造社搞獨立出版。由於回應者頗眾，資金很快籌齊。創造社的「小夥計」之一周毓英日後感歎説：「創造社的有出版部，實在是創造社奮鬥的重要基礎，創造社所以沒有像文學研究會和語絲社那樣的流於空洞，流於無聲無息，出版部的影響是很大的。創造社沒有組織，沒有機關，可是有了出版部，創造社的力量便無形中凝聚起來強大起來了。同時因為創造社出版部的成立，也開了作家自辦書店的先聲。」（〈記後期創造社〉，一九四五年五月十六日《申報月刊》復刊第三卷第五期）

當創造社出版部將要成立的時候，正值北伐開始的前夜，革命勢力已經在廣東打定了基礎。廣州的國民政府請郭沫若到中山大學去主持文科。他便同達夫、獨清一起乘船去了廣州。成仿吾稍後亦跟了去。創造社的元老們既已從事實際的工作去了，出版部的一切事務，實際便由周全平、葉靈鳳和潘漢年三個人主持。他們三位，再加上後來加入的周毓英、梁預人、邱韻鐸、柯仲平、成紹宗等人，便是被稱作「創造社小夥計」的一群。

周毓英〈記後期創造社〉一文這樣回憶當年的情形：

為交通近便，在閘北寶山路三德里租下了A字十一號單開間二層樓的房子，我和梁預人先生先搬住樓下後間，葉靈鳳則住一小亭子間，叫木匠在樓下做了許多書架，就此開起書店來了。同時來的有邱韻鐸先生，後來潘漢年、戈(柯)仲平、成紹宗先生等也都來了。

創造社出版部成立後所做的第一件事，就是把《洪水》從光華書局收回。在周全平和葉靈鳳等人的努力下，《洪水》一直遵循着一個一貫的原則，即「傾向社會主義和尊重青年的熱情」，文史哲經無所不包，創作翻譯相容並蓄，對當時逐漸形成高潮的大革命形勢，起到了不可低估的推波助瀾的作用。由於讀者的歡迎，銷量直線增長。從第一卷第一期到第十二期，訂戶從五十猛增到六百，印數從一千上升到三千。

出版部採取的另一個大行動，就是把過去由泰東圖書局和光華書局出版的《創造社叢書》收回自印，同時繼續推出新的品種，從而產生了不小的影響，造成了創造社的「捲土重來」或曰「復活」。這些書籍基本都是由葉靈鳳裝幀的，充分展現了他在書籍裝幀方面不俗的才華。對此史蟫在〈記創造社〉一文中是這樣評價的：

創造社出版部成立後所出的幾本書籍，確實非常精彩，尤其是張資平的長篇小說《飛絮》，和郭沫若的長篇小說《落葉》，幾乎成為青年們的枕畔珍寶，人手一編，行銷巨萬。這不但由於內容的動人，就是形式方面，也非常美觀，封面和裝幀的圖案，統出於葉靈鳳的手筆，可說自有出版物以來，裝潢沒有如此精美過的，自然更使青年們愛好了。

創造社出版部最初的出版計劃，雖偏重於出版叢書，但也沒有忘記繼續《創造》季刊和《創造週報》的未竟事業，所以在成立後不久，就出版《創造月刊》這同人雜誌，以繼續過去的精神。《創造月刊》創刊號出版於一九二六年三月一日，封面和裝飾插圖全部由葉靈鳳繪製。

新生活是緊張、刺激的，但也非常的枯燥。一班小夥計差不多都成了處理簿籍的商人。除了打算盤，還要校對稿子、收發信件，更要卷寄《洪水》、《創造》和打郵包。出版部的工作非常勞累，收入卻極其微薄。潘漢年在〈代放屁小報宣言〉（《A11》第三期）一文中這樣描述小夥計們的工作和生活情況：

我們只曉得以勞力換金錢，不，人家工作八小時，休息八小時，我們出版部裏的小夥計，每天十二小時工作還不啻，我們所得到的，只有每月十元或五元的工錢。我們也不怨恨誰，也不可憐自己生在這個畸形時期，想不到求個人的幸福，且讓自己做先鋒，殺開一條血路，為我們的後起者謀一點幸福。

這時期葉靈鳳住在出版部的亭子間，仍然繼續着上海美專的學業。幸好美專還稱得上自由放任的「藝術學府」，學生來不來上課，是沒有人過問的，尤其是高年級的學生，只要到了學期終結時能繳得出學校規定的那幾幅作品，平時根本不來上課也沒有關係。由於葉靈鳳此時已頗有「文名」，所以連交畫作的義務也得豁免。有時校長開展覽會，還要請他寫畫評。

葉靈鳳的主要精力，還是協助周全平編輯《洪水》，為出版部的出版物作插圖和裝幀，有時還幫助光華書局畫畫廣告。在這同時，他還忙於小說和小品的創作，他的〈白葉雜記〉依舊在《洪水》上連載。這樣一來，對於打包之類的活計，就幹得很少了，這曾使得另外一些小夥計感到憤憤不平。周毓英〈記後期創造社〉回憶說：

我們大家什麼事情都共同做，包書也要大家來，靈鳳、漢年是能躲就躲，否則敷衍一下，戈（柯）仲平包書的時候罵人罵得最厲害，連聲「x他媽的，他們寫的稿子要咱們打包！」但書卻是仲平包得最多。

出版部所在的三德里，雖然是條不太引人注目的弄堂，卻是當時文化機構的滙集之地，堪稱一個文化氣很濃的所在。這些單位的年輕人有不少便是出版部五塊錢的小股東，所以常來玩，與出版部的小夥計們天南地北，無所不談。郭沫若去廣東前，也是經常來，郁達夫在上海獨身時，亦曾在樓上住過半月。還有作家蔣光慈、白薇等，也經常在這裏吃飯。所以郭沫若說，「出版部本身，差不多就是一個文學俱樂部，每頓開飯，連主帶客常常是兩大圓桌」。（《跨着東海》）這年的夏天，鄭伯奇從東京回上海，也來到出版部。這是葉靈鳳與這位創造社重要人物的首次晤面，但這次晤面無疑是具有深遠影響的，——鄭伯奇用剩餘的日本錢為葉靈鳳買了兩本蕗谷虹兒畫集（〈讀鄭伯奇先生的．憶創造社〉）。

葉靈鳳在創造社出版部期間，最值得一記的，便是和潘漢年建立了牢不可破的友誼。

潘漢年生於一九〇六年，是江蘇宜興人，周全平的同鄉。他的創作活動，還在他任小學教師時就已經開始，詩作和雜文都發表在《時事新報》的副刊《學燈》。一九二五年初，十九歲的潘漢年抵滬後，進入中華書局《小朋友》雜誌社工作，先當校對，後任助理編輯，曾和陳伯昂一起為上海中華書局主編過一套十二本的「民間故事叢刊」。一九二六年加入創造社出版部，乃與葉靈鳳成為莫逆。他們倆與年齡稍長的周全平，實際成為出版部的中堅。郭沫若用麥克昂的筆名所寫的〈文學革命之回顧〉就說過：這是個「洪水時期」，這時的創造社，「有潘漢年、周全平、葉靈鳳等一批新力軍出頭」。

因了在文學上已經嶄露頭角，潘、葉當然不滿足於「小夥計」的角色，他們有自己的追求，他們也有自己的話要說，於是，他們一起創辦了一種小型周刊，名叫《A11》。這是一種四開八面的小報，刊名很怪，實則並無深意，不過是當時出版部地址的門牌號碼。據葉靈鳳說：「提議出版這個刊物，以及對這件工作最熱心，並且實際負責編輯責任的，是潘漢年。他那時也是出版部的小夥計之一，負責刊物訂戶的工作，同許多讀者聯絡得很好，因此，感覺到有出版這樣一個刊物的需要，所以一直對這件工作非常熱心。」（〈《A11》的故事〉）至於辦刊的宗旨，潘漢年在一九二六年四月二十八日發行的《A11》創刊號上撰文指出：

朋友們，我們這個命名，毫無深長的意味在內，因為我們這幾個夥計，——創造社出版部的小夥計——都是住在亡國的上海寶山路三德里A十一號，四周的亡國氣，妖氣，奴氣，烏氣，包蔽得沉悶異常，時常想伸出頭來聯合着「狂叫」「狂喊」「胡言」「亂語」，加大我們的聲音，打破那亡國氣，妖氣，奴氣，烏氣，掃除那四周圍沉悶的碳酸氣。我們出版部的老闆，肯把每周的廣告和啟事的刊物留一片空白讓我們「狂叫」「狂喊」「胡言」「亂語」，這個刊物不能無名，因題之曰《A11》。

這樣的宣言，充分反映了當年的小夥計們為中國的前途和命運高聲吶喊的反抗精神。同時也可以看出，《A11》是在廣告印刷品的基礎上擴大而成，它的主要職責，是刊載出版部的新書消息。僅就這一點來說，也是一種開先河的舉動。葉靈鳳說：「那時新文藝出版事業正在開始，即使在上海，專門出版新文藝書籍的新書店還很少，更沒有『出版消息』這一類的半宣傳小刊物出版。……因此《A11》出版後，頗受讀者歡迎。」（〈《A11》的故事〉）因為是半宣傳刊物，所以是非賣品，到門市部來買書的人，可以隨手拿一份。若是外埠讀者，只要寄了郵費來，就可以按期奉寄。第一期所印的二千份，很快一銷而空。

在每期刊物的四個版面上，除一版刊載書刊廣告外，將近三個版刊登政論和雜文。這些「潑婦罵街」式的社會短評，大多出自潘漢年的手筆。北方的胡適、劉半農，還有當時正在受人注意的主編了《性史》的張競生，都是經常被攻擊的對象。第二期還有一條寫到魯迅，大意說魯迅在北京於「逮捕聲中」，躲入了六國飯店，而該飯店每日需費六十元，一月要一千八百元，「所以沒有住幾天又跑到旁的地方去了」。每期的一版還設有一個叫作「A11 新聞小報」的專欄，經常披露創造社成員的一些活動，諸如報告郭沫若、郁達夫、王獨清、成仿吾在廣東的消息；葉靈鳳背了十個畫布框，一個三腳架到揚州去作畫，周全平也跟去了，等等。

《A11》新穎的形式和嬉笑怒罵的文風受到讀者的普遍歡迎。但它的鋒芒太露，也很快引起當局的注意。在出版了五期之後，便被上海憲兵司令部以該刊沒有「登記備案」為藉口，禁止繼續發行。潘漢年在〈A11 周刊緊要啟事〉中向讀者交代了刊物被禁的經過：

> 本刊出版才五期，為時也不過一月，然而這個小小的刊物倒受了不少挫折——敵人暗中放冷箭，警廳扣留，要求郵務管理局認為新聞紙類「未便照准」，所謂聯軍憲兵司令部禁止郵寄，……直到今天止，我們不得不在我們一陣冷笑中宣告這個放屁刊物最後的命運——停止出版！
>
> 這是我們對讀者十二分抱歉，對自己二十四分內疚的！沒有狡猾如兔的手段，說話沒有模稜兩可高本事，弄到有今日的結果！但是我們悶居在黑暗裏總得要追尋光明的，

屈身疲乏苦悶中，也得要企求與奮和愉快的，朋友，請你等着吧，我們還要找其他說話的機會！

《A11》之後，創造社小夥計們果真又開闢了一個「說話」的新陣地——一個三十二開的小型周刊《幻洲》，它既是《A11》的「借屍還魂」，又是以後葉靈鳳和潘漢年聯合主編的純文藝雜誌《幻洲》半月刊的前身。但它的命運更糟，一九二六年六月創刊，在當月十八日出版了第二期後即告夭折。《幻洲》的內容與《A11》近似，也是半宣傳品性質。「幻洲」是世界語 OAZO 的譯音兼譯意，即沙漠中的綠洲。《洪水》半月刊第二卷第十九期署名編者估計是周全平的〈又要談自己的事情了〉一文，對《幻洲》作了如此解說：

這個周刊的目的不用說，除了出版部的重要消息，報告，啟事，廣告外，依舊是留出一半地位供夥計們在「工餘」時作為娛樂地的。而且格式改成了冊子。另外加了一個封面，封面畫不消說，除了本部的客卿夥計葉靈鳳而外，別人是不敢落筆的。封面畫上有一片沙漠，沙漠中一隻駱駝高聳着他的峰脊，在追逐一株青棕。不知道我們能不能有駱駝的腳力，更不知道我們能不能進求着一株青棕，然而且邁步向前吧！便是空幻的綠洲，也聊勝於僵立在炎炎的烈日下。

葉靈鳳在《幻洲》周刊第一期上發表了小品〈白日的夢〉，是一篇朦朦朧朧的青春囈語。而潘漢年發表在第二期上的〈嘵舌〉，則反映了當時小夥計們的行狀：

黃梅時節雨紛紛，小夥計們欲斷魂！——A字十一號裏的一群孤駱駝，近來都有些傷心落魄的樣子，……啊，變了，變了，A字十一號的孤駱駝們也變了：有的為了夏天已到，贖不出寄存在當鋪裏的夏布大褂，叫苦連天；有的為了半夜裏受不住臭蟲蚊子的侮辱，叫苦連天；有的為了找不着一個女字旁的她，叫苦連天……有的為了跑進六個子兒一碗的小麵館，沒有一點酸醋、辣糊，叫苦連天；總之，在人家看我們這群孤駱駝，太不安分守已——變了！

《A11》和《幻洲》周刊儘管都很短命，卻為葉靈鳳和潘漢年日後的合作奠定了基礎。另一方面，它們也為不久以後小夥計們的風流雲散埋下了伏筆。

入獄與整頓出版部

創造社出版部的成立、《洪水》的復活，被認為是創造社第二期的開始。最初的一段時間，幾成為創造社建社以來最為興旺的時期。但一九二六年八月七日，創造社出版部突然被上海淞滬警察廳查封，葉靈鳳與柯仲平、周毓英、成紹宗等小夥計被捕入獄。這一不幸事件使出版部由盛轉衰。

關於查封的原因以及當時的情形，周毓英曾撰文詳述（〈記後期創造社〉）：

創造社的出版部在寶山路，一時如通信圖書館等也都在附近辦事，又赤色濟難會的一個機關便在出版部的斜對門。在無形中，人家看來，我們這個出版部好像是赤色的。出版部開門市，常常有赤足拖木屐的人來買書，他們都是在工廠中做工的。學生跑遠路來買書的也很多。看看是偏僻弄堂，出進的人卻多，所以警察局是早就注意了。民國十五年廣州誓師北伐開始，沫若參加了總政治部的工作，當時的《新申報》便把我們的出版部和廣東的誓師北伐聯繫在一起，說我們是上海的聯絡機關，做着採辦軍火和經手經費等事情，我們當時不看《新申報》，所以沒有注意。就在《新申報》刊載破壞創造社消息的當天中午，寶山路的警察局便派了十幾個警探來搜查，樓上樓下，連馬桶、保險箱、賬簿等都查過了，查不到絲毫可疑的證據。實在，我們的確是辦出版事業，絕沒有想到以外的事情。

警察查完了沒有什麼，不好意思似的走了。可是去了不久，卻又回來了，不過警察人數減少，只有五人，形勢鬆懈了許多。領頭的那個警察抱歉地說，「局長請各位去談話，對不起請跑一趟！」話說得非常客氣。當時在出版部內的是戈（柯）仲平、成紹宗、葉靈鳳和我，我們四個人自然不加抗辯，跟着走了。好在寶山路警察局離出版部很近，數十步就到；但到了寶山路警察局，局長卻並不和我們談話，等了約有一個鐘點，由一輛非常漂亮的汽車（據說是警察局向商務印書館借的）保護嚴密的把我們送到南市警察廳。

當時因不在現場而「落網」的周全平和潘漢年，在獄外想方設法進行營救。他們本來打算各寫一篇〈獄外五日記〉的，但事後因感到這起事件的「滑稽」，終究沒有寫出來。倒是在一九二六年九月一日出版的《洪水》第二卷第二十三、二十四期合刊上，周全平寫了一篇〈出版部的幸與不幸二事〉，從另一角度敘述了事件的經過。根據文中所引資料，載有對出版部不利消息的那份《新申報》，不像周毓英所說是出事當天，而是出版部被查之前二日，即八月五日。文章寫道：

直到七號午前，有位宰白兄從杭州來詰問我們，我們才知道新申報造這謠言。其時已是午飯時候了。飯後小夥計漢年趕出去買新申報，毓英等在部裏打包，我復回到家裏閒談。二時左右，靈鳳來我家，說，出版部被警探檢查。靈鳳說的時候帶着笑，我初先還以為他在說笑呢。二時半，漢年買了新申報來，看了又好氣又好笑。於是我們商量一面去更正，一面去出版部把銀錢要物拿回來。三時不到，靈鳳去了。三時許，我和漢年把更正信和新聞報擬好，到部裏預備蓋章送出去。不料到門前時，站了一個警察，門已鎖上了。要進去，不准，倒還算未再抓進去，只得退回。當天奔走了一個下午，從門前的警察起，打聽到五區警署，算得着了一個消息是：廳裏來的公事！人呢？已經帶到廳裏去了！

啊！廳裏去了！經驗和我一樣少的漢年只會和我對坐着歎氣……

第三天的午後，因了胡愈之和葉聖陶兩位的提示，突然又摸着大路了，第五天的早晨，我便從滬上最高長官的手裏接到了被捕諸人的赦狀。當日的午後二時到警廳——本來說是要傳該部經理全平審訊的警廳，現在全平在他們的手裏，他們非特不逮捕他，反請吃茶了。於是，在大家的愉快中，我從拘留所裏把被捕的四個小夥計請到我們自備的汽車——闊嗎？「既富且貴」呢！——上，與匆匆地迎到家了。

至於胡愈之和葉聖陶兩位提示的「大路」是什麼，周毓英的〈記後期創造社〉作了補充：

> 全平於無可奈何之中，最後找到了商務印書館的總經理高夢旦先生，高先生寫信給淞滬督辦丁文江先生，丁先生再寫信給警察廳說情，說我們這些文人不會有什麼大不了的事情，意思之中他表示擔保，警察廳只好放我們出來了。可是我們在警察廳已經關了五天，司法科也詢問了一次，罪名是「共產黨」，如果不是督辦親自寫信解釋，這次官司是不好辦的。

「素來被朋友嘲為享樂公子的」葉靈鳳，在生命剛剛度過二十一番寒暑時，初次嘗到了「從這個大的世界去移往那個小的世界」的滋味。這短短的五日的拘留，無疑給他的「無可足述」的生涯，平添了不少對於社會人生的前所未有的感受。他在日後所寫的〈獄中五日記〉中說：

雖說並不受苦，然而在百度以上的天氣中，六七十位萍水相逢的朋友們，同關在僅有一面透氣的便溺皆在其中的黑屋中，多半是裸了體，汗臭從多日不沐浴的皮膚中蒸出，再加上空氣的濁濕，便溺的積污，我真有點支持不住了。然而我想起了以往的先輩受苦的程度，我又有點自慚。啊！你嘴上掛了革命招牌的朋友們，我不敢也請你們去嘗受！我只願你低下頭去略略想一下便夠了。因為我是不值得如此的。

入獄之前的葉靈鳳，正是一個醉心於唯美主義生活情調的浪漫藝術家，「有時穿着廉價的三友實業社出品的自由布衣服，藍雪花紋的大褂，外加上紅雪花的馬甲，真想冒充王爾德，見了叫人嚇一跳」。（樓適夷：〈從三德里談起〉，《新文學史料》一九八二年第四期）初入獄時，也還在做着不切實際的幻想，「心中總希望能有小說上那種用一枝蠟燭一個差人深夜密訊的嚴重的情味出現」。但滑稽的現實教育了他，使他明白「理想與現實畢竟終是太遠了」，他終於獲得了在外面所不能獲得的「應有的覺悟」，因而感歎：「真的，進牢獄是滑稽，而出獄實在是一種侮辱。是證明我們推諉了自己的責任，沒有去裁判法律，反受了法律的保護。現在的法律也值得使我們去受它的護庇，這還不是侮辱麼？」他並且指出：「小小的獄室是容不下全數的覺悟者的。高壓的政策只有給了被壓迫者以一種更堅強的反抗和決心。」

誠如周全平所言，這次的入獄既是不幸，又是幸事。它不但使他們這般年青人更加清醒地認識了黑暗的現實，同時，他們之間的友誼也更加重了幾分。值得一提的是，這一次的經歷，還成為葉靈鳳創作的素材。一九三〇年出版的長篇小說《紅的天使》，其主人公丁健鶴的入獄，以及獄外朋友的營救過程，無疑取材於此，只不過加上了些虛構的三角戀愛情節而已。

由於出版部的被查和葉靈鳳等人的入獄，《洪水》遲至九月一日才出了第二卷第二十三、二十四期的合刊。這也是由周全平、葉靈鳳編輯的最後一期。此後的《洪水》，雖然預告將轉移到廣州，由成仿吾編輯，但事實上卻停刊了數月，直到次年（一九二七年）的一月十六日，才有了第三卷的問世。一九二六年十二月一日出版的《洪水周年增刊》，實際上是周全平、葉靈鳳對於這份曾傾注過他們無數心血的親愛的刊物的總告別。在這期厚達二百四十頁的增刊裏，刊發了《洪水》的三位編者：周全平、葉靈鳳、洪為法的照片。周全平果然如他的朋友葉靈鳳所描繪：「生着兩道濃眉、嘴唇微微掀起，沉在了過去的悲哀中的靈魂總不肯再向世人歡笑。」葉靈鳳的照片最大，着西裝，戴一副玳瑁金腳眼鏡。那神情，令人想起徐祖正訪問創造社時，對於「那個精雅的畫家葉靈鳳君」所得的印象：「我看葉君又自有別致的一個畫家樣的少年——說青年還不及說少年可以傳神那個畫家的羞澀。」（〈創造社訪問記與後記〉）

周全平在〈自己紀念自己〉和〈關於這一周年的洪水〉兩篇文章中，表達了作為編者對自己的刊物的依依惜別的心情。他說：

> 編輯洪水的幾個人都是很年青的人，年青的人辦事是少有長性，——老輩的人常常

這樣說——但我們居然持續了一年，這實在是我們的歡喜。而且這一年來，雖然在洪水上所顯出的我們的成功並不多，但在這樣的一個黑暗的，醜惡的，最易令青年走入歧途的社會中，我們居然還能找着青年們所應走的大路不息地向前進，這實在也是我們的歡喜。

同時，周全平也沒有忘記葉靈鳳對於《洪水》的貢獻：

在這種商人化的生活中，洪水的集稿者仍然是我。同時沫若等都離了上海，為法在揚州為生活所窘，良才在蘇州作小學教員，貽德又忙於作畫，都少執筆為洪水寫作了。這時幫了不少忙的當然要先數着靈鳳……

在《洪水》因出版部被查封而中斷出版期間，北伐戰爭已經開始，郭沫若參加了北伐軍，創造社其他主要成員亦都集中到了廣州。出版部的小夥計們感到，雖然身處繁華的上海，「卻比彳亍在茫無邊際的大戈壁中還覺得無聊寂寞」。（〈又要談自己的事情了〉，《洪水》第二卷第十九期）於是，便在大組織中又搞起了一個小組織，成立了「幻社」。

幻社的正式成立，是在一九二六年的十月，但早在六月一日出版的《創造月刊》第一卷第四期和七月十六日出版的《洪水》半月刊第二卷第二十一期上，便登出一份內容相同的〈《幻洲》周刊的出版申明〉，揭出了幻社的大旗。這份〈申明〉說：

現在，出版部同人們和另外的幾位年青朋友，忽然高興，便在這沙漠似的上海胡攪了一個幻社。這社沒有目的，宗旨；他只是把幾個氣味相投的年輕人團在一塊，同作高興作的事，同說高興說的話，消消氣，解解悶而已。

幻社的主要活動，一是編輯「幻洲叢書」，以葉靈鳳、周全平為主編，委託光華書局印行。葉靈鳳的早期小說集《女媧氏之遺孽》、《鳩綠媚》等，都列入叢書之內，其他還有周全平的《苦笑》、柯仲平的《海夜歌聲》、金滿成的《我的女朋友們》、洪為法的《長跪》等。叢書一式的三十六開本，毛邊而橫排，裝幀設計均出自靈鳳之手，不僅封面非常的漂亮，就是書中的環襯、扉頁等，亦都相當講究。

幻社的第二項事業，乃是創辦《幻洲》半月刊。這個《幻洲》並非以前曾出過兩期的《幻洲》周刊的簡單復活。形式上是一種四十開的袖珍本，在中國人向來喜歡「大」的特性下，看到它是會有一種嬌小玲瓏之美感。封面裝幀和題飾，不消說都出自葉靈鳳之手。內容上則分作上下兩部：上部「象牙之塔」，由葉靈鳳主編，專載純文藝的作品；下部「十字街頭」，由潘漢年主編，主要刊登短小精悍的評論隨筆。《幻洲》半月刊創刊於一九二六年十月一日，到一九二八年一月二卷八期為止，共出版了二十期。

《洪水》第三卷第二十七期曾刊出一則〈創造社出版部啟事〉，稱：「幻社本與創造社無關，該社所發行之幻洲，現已由光華書局經售，凡與該社接洽事件，以後均請直接寄至光華書局。」何以掛靠光華書局，恐怕是因了葉靈鳳過去為出版《洪水》事與光華有較多的業務上的聯繫，並且他與沈松泉、張靜廬等光華書局的創辦人私交不錯。光華的不少出版物和廣告，常常請葉靈鳳作裝幀設計。而周毓英則說：「至於《幻洲》，原由出版部出版，後來有別的書店願意承受，並且稿費也優，於是靈鳳漢年就把這個常常叫着的『沙漠中的幻洲』送出去了。」（〈記後期創造社〉）張靜廬《在出版界二十年》一書也說：「這小組織的收入，是供給小夥計們自己的費用，和出版部無關」。

這樣，就招致了遠在廣東的創造社中心人物對小夥計們的不滿。黃益玲〈創造社出版部小夥計離散事件研究——以「若即若離」的小夥計葉靈鳳為視點的考察〉，曾對小夥計（特別是葉靈鳳）和創造社中心人物雙方之間不同的立場和訴求做過一番分析：

隨着小夥計們表現出來的「日益濃厚的商業化氣色」，逐漸背離了創造社中心人物的理想，加上小夥計一開始便有「特立獨行」的傾向，從而使創造社內部潛在的不和諧逐漸浮出水面，多種不同的發展傾向由潛在狀態轉為直接的衝突。而小夥計們又因為以前種種的原因——年輩不同所產生的不同待遇、編輯費和稿費被拖而導致切身利益受損、一九二六年八月七日四名小夥計被捕事件、廣州召開的創造社大會沒有回應小夥計的需要等——本已累積很多的不滿，自己的創作又受到社團發展傾向而有所限制，於是為求有更廣闊的空間，他們便另闢蹊徑：編輯《幻洲》與建立「幻社」。

跳出小夥計的視點，回到創造社中心人物的角度看這件事，會得出相反結論。姑勿論小夥計有着什麼理由或理念，作為「創造社出版部的服務人員」的小夥計只是自顧地進行自己的事業，而出版部的工作卻停滯不前，業績更不斷下滑。《洪水》自第三卷起由廣州創造社同人編輯後，創造社竟長達五個月沒有刊物出版。對創造社中心人物來説，「怠工」之罪名必然加諸小夥計身上。另一方面，走出巨人籠罩的陰影，小夥計開創屬於自己的事業，他們的行動顯示出愈來愈強烈的獨立傾向：「本刊緊要啟事：本刊是獨立性質，內容側重文藝，兼及批評討論。每半個月出版一次，由同人私自集資發行，託上海創造社出版部為代售處，與以前曾出二期即止出版部周報《幻洲》性質完全異樣，並無連帶關係，恐有誤會，特此聲明。」即使小夥計們標明「私自集資」，意在經濟上撇清與創造社出版部的關係；又聲明「這個小組織的收入，是供給小夥計自己的費用，和出版部無關」。但這亦無疑代表小夥計擺明要單幹，對創造社中心人物來説，小夥計擺明是「造反」，是名副其實的「拆橋派」。由此看來，無怪乎創造社中心人物這樣氣憤，並要主動「清理」之。

葉靈鳳在〈吃小館子的樂趣〉一文中的一段話，很能看出小夥子們和創造社前輩之間關係的變遷，以及由此帶來的他內心的糾結：

> 等到我自己有資格可以單獨去上復盛居，或是自作東道請朋友們去吃一次時，仿吾先生和達夫先生早已都不在上海，前輩風流，早已風流雲散，只剩下我們幾個小一輩的，在支撐門戶了。
>
> 這種情形，在當時雖然很使人羨慕，但有時卻不免令自己感到有一點寂寞。因為最初跟了仿吾先生走進復盛居時，我還是個無憂無慮的文藝青年，因此大家在這位前輩面前，吃喝歡笑得那麼任性盡情。可是曾幾何時，自己居然「自立門戶」了，這時雖然也另有新

> 的樂趣，但是隨之而來的，卻有自己料不到的麻煩和憂患了。
>
> 這時，我雖然能夠自己上復盛居，甚或作東請別人去了，但我總覺得復盛居的「火燒」滋味，最好的還是同仿吾先生他們在一起吃的。

在這裏，「復盛居」無疑是一個象徵。是仿吾先生他們將小夥計「師傅領進門」，但師傅們卻過早地「風流雲散」，客觀上造成了小夥計們「小鬼當家」，獨立「支撐門戶」。事實上，無論《洪水》半月刊，還是創造社出版部，幾乎是在前輩們都不在上海時，憑着周全平、葉靈鳳等的一己之力打拼出來的，這一時期創造社的「新生」，有着強烈的小夥計的印記，小夥計們也對自己親力親為打下的天下有着很深的感情，甚至到了有些不能容忍前輩們染指的程度。事實上，無論是《洪水》，還是《創造週報》，在前輩們將編輯大權拿走之後，已經失去了往日的活力和影響力，出版部也由於小夥計的「怠工」，變得幾乎停滯。「自立門戶」固然可以飛出前輩的羽翼，但葉靈鳳的內心是複雜的，對前輩們的那份崇敬和感恩仍舊沒變。

但是，郭沫若、成仿吾、王獨清等前輩還是決計要與小夥計們分家，於是，郁達夫便辭去廣州的教職，於一九二六年年底回到上海，着手整頓出版部。這便發生了周全平的出走、潘漢年的被逐，葉靈鳳也憤然脱離了出版部。

黃淳浩《創造社：別求新聲於異邦》一書，在追蹤整頓出版部事件時説過這麼一段話：

> 整頓出版部，本來是幾位主事的理事在廣州共同作出的抉擇，應該説，這一抉擇本身

就是建立在對出版部問題估計過於嚴重的基礎之上的。又是有「社中社」的小組織行動，又是有人挪用了公款，私飽了中囊，實際呢？只是傳聞，並沒有什麼證據。郁達夫帶着這樣的使命去「整頓」，自然難免遭到小夥計們的不滿和抵制。於是，就有了周全平的出走和周毓英的追蹤北上，葉靈鳳也藉故去了一趟北方。

郁達夫受命自廣州趕赴上海，着手整理出版部的情形，在他的《日記九種》中佔據了較多的篇幅。在這裏，他多處表示了對出版部小夥計的不滿。譬如一九二六年年十一月二十七日的《勞生日記》說：「……途中遇仿吾，就同他上清一色去吃午飯，席間談創造社出版部的事情，真想得沒有辦法。人心不良，處處多是陰謀詭計，實在中國是沒有希望了。這一批青年，這一批下劣的青年，真不曉得如何才能改善他們。」一九二七年一月六日的《村居日記》說：「……有人來訪，談到創造社出版部內部整理事宜，心裏很不快樂，總之中國的現代青年，根底都太淺薄，終究是不能信任，不能用的。」一九二七年三月二十八日的《新生日記》說：「……從前出版部裏用過的幾個壞小子，彷彿正在設法陷害我，因為我將他們所出的一個不成東西的半月刊停止了的原因。」

雖則創造社幾位元老不時流露出對於小夥計們的輕視，但從郁達夫的日記看，這些「壞小子」對於他似乎也並不買帳。《村居日記》說，有一次，他「在出版部裏等候了好久，終沒有人來，所以於五點前後，鬱鬱而出，沒有法子，只好去飲酒」。而一九二七年二月十一日的《窮冬日記》更說：「午後三點鐘回到創造社出版部來，內部的事情愈弄愈糟了。有許多辦事的人，都要告假回去……」

黃淳浩《創造社：別求新聲於異邦》一書，在回顧這段歷史時說：

而郁達夫又是以總務理事的身份去執行這一「整頓」使命的，難免以元老的總務理事的身份對待「手下的」小夥計們。加之郁達夫是一個詩人氣質很重的人，回到上海後，通過查帳，找人談話，發現了一些問題，氣得了不得，難免感情用事，採取了嚴烈的斷然措施，改組了出版部：一部分骨幹分子受到開除的處分，又吸收了好些不熟悉創造社歷史和業務的新人，留下來的小夥計當然人人自危。

這之中，葉靈鳳是和郁達夫當面起過衝突的，或者說，在小夥計當中，與郁達夫發生衝突最多最猛的是葉靈鳳。據郁達夫《村居日記》一九二七年一月十二日載：「酒後又去創造社，和葉某談判了一兩個鐘頭，心裏更是憂鬱，更覺得中國人的根性的卒劣，出來已經是將近戒嚴的時候了……」同月的二十五日載：「早晨仍復是不能安睡。到八點後就起了床。上創造社出版部去，看了許多的信劄。太陽不暖不隱，天氣總算還好，正想出去，而葉某來了，就和他吵鬧了一場，我把我對青年失望的傷心話都講了。」

爭執的原因，怕就是因了葉靈鳳他們「勾結一家書舖來和我們搗亂」，也便是在光華書局印行《幻洲》和幻洲叢書的事情。

達夫對於靈鳳，是在師友之間的。在創作方面，葉靈鳳從創造社前輩作家中獲得教益最多的，怕就是郁達夫了。他把平生所作第一本小品《白葉雜記》稱作「郁達夫式的筆調」。早期的性愛小說，有不少篇，從內容到細節，更可尋到郁達夫的影響。還在葉靈鳳借寓民厚南里叔父家客廳時，便常常以「文學青年」的身份，成為同在民厚南里的郁達夫那一間前樓的座上客了。郁達夫是不在家裏吃飯的，因此，葉靈鳳「這幾個追隨他左右的青年，照例總是跟了他去上館子」（〈達夫先生二三事〉）。有一次，郁達夫甚至帶着葉靈鳳到法租界的一家西餐館，參加了大名鼎鼎的胡適的招宴。此外，郁達夫還曾送書給葉靈鳳，那是幾冊英國的小説和散文，可以説，葉靈鳳之有志於藏書，終生喜愛外國文學，也都與郁達夫的影響分不開。

但是，葉靈鳳和小夥計們，後來也是對郁達夫心生失望的。黃益玲在〈創造社出版部小夥計離散事件研究〉一文中認為：

> 從葉靈鳳的隨筆，我們不難發現他對郁達夫不但沒有存有不滿或偏見，反而有一份崇敬之意。只是他崇敬的並非後期的郁達夫，而是前期的郁達夫。原因乃在於「新文藝」三字。對於葉靈鳳而言（甚或對一眾小夥計而言），「新文藝」是郁達夫所寫的《迷羊》、《沉淪》一類的作品，而非遊記、散文或古體詩。換句話說，他們傾向喜歡的「新文藝」是創造社前期富浪漫色彩風格的文學作品。不過，葉靈鳳認為郁達夫自從認識王映霞以後，這類作品便不再出現，甚至批評「他開始走上了舊時中國『文人』和『名士』的道路，不辭同當時的一些達官貴人周旋，邀去遊山玩水，很少再寫創作」。

葉靈鳳他們也確實把不滿集中到了王映霞。在〈讀《郁達夫集外集》〉一文中，他說：

> 在當時許多較年輕的朋友中，包括我自己在內，大都是對王映霞不滿的，認為是她害

了達夫，逼他結交權貴，逼他賺錢。這種反感，不僅王映霞知道，就是達夫自己也知道。因此幾個年輕的朋友，不僅在口頭上，就是在文字上，也狠狠地挨過了他的幾次罵。

一九六三年，香港宏業書局曾出版《郁達夫日記九種及其他》，葉靈鳳應邀寫了〈題記〉。一九七四年，葉靈鳳重讀此書，「展讀一過，創造社出版部許多舊事湧上心頭」。在連續幾天的日記中，他談了對於當年舊事的看法。一月二十六日說：「以達夫當時的煙酒頹廢生活，使我輩青年對之，實難接受，此為當時雙方衝突的基本關鍵，其餘皆枝節問題。郁氏感情易衝動，筆下每每誇大其詞。」一月二十七日說：「達夫日記中日言改革，仍一事無成。他當年的花煙間生活，與我輩的生活實相距太遠了。互相衝突，初不僅為了他停妻再娶，戀愛王映霞也。」一月二十八日：「讀完《日記九種》及《毀家詩紀》，有暇當尋出有關他在南洋的生活敘述一讀。讀王映霞的辯白，頗為達夫不平。我輩當年所反對者，只是他的私生活而已（吸煙、叫妓、打牌之類），對他的文藝才華始終敬佩。」

無論如何，一對師徒在當時是鬧掰了的。就這樣，葉靈鳳和郁達夫有好幾年不曾來往。直到葉靈鳳當上現代書局編輯，為了接洽出書的問題，才寫信給已經移家杭州的郁達夫，信中對自己的少不更事表示道歉。郁達夫曾寫過一封回信，收在孔另境編《現代作家書簡》一書中。此信全文如下：

靈鳳先生：

接滬寓轉來一函，拜悉一切。稱君為小子，畏後生也，並無惡意。近來饘粥不全，經濟上窮迫之至，有什麼真的發愁假的發愁之足言。負荊請罪云云，更可不必，我對於你的

「一時大膽戲言」（來函所云）決不感有什麼怨恨。此非「前輩」（亦來函中語）之寬宏大量，乃氣血衰敗，年老之征也。有稿當然將賣給現代，雪帆老闆，和我交往多年，而我也已途窮日暮，豈肯因你一言，而作小孩子般的賭氣之事。余不盡言，雪帆老闆、靜廬、蟄存各位乞代候。

達夫 敬上

十一月五日

據云郁達夫寫這封信時，施蟄存恰巧正在杭州，到「風雨茅廬」去訪問郁氏，見到他正在寫信給葉靈鳳，有點詫異，王映霞則在旁解釋道：「他們兩人現在講和了。」

後來葉靈鳳到了香港，不僅沒有了信的原件，就連這冊《現代作家書簡》也見不到了。他很想再一讀此信，曾寫信到上海，託舊友施蟄存代購，但終究沒能買到。晚年的葉靈鳳曾先後寫下近十篇文章，紀念已成古人的達夫，對郁達夫的文學成就和民族氣節給予高度評價。在〈讀《詩人郁達夫》〉一文中，他寫道：

達夫先生對於我，義兼師友，在文藝寫作上曾勸導過我，在私人生活上曾照顧過我。雖然曾經有過一個時期，對我和其他幾個年輕的朋友很生氣，但是一旦事過境遷，終於肯原諒了我們。現在想來，我們當時實在過於任性，少不更事，干涉到他的私事，以至激起他的氣忿，實在是我們的不是。至今想來，猶覺不安，可惜已沒有機會能向他道歉了。

最風行的是《幻洲》

《幻洲》半月刊是葉靈鳳正式主編的第一份文藝刊物，這本四十六開袖珍刊物，分成上下兩個部分：上部「象牙之塔」由葉靈鳳主編，主要刊登文學作品；下部「十字街頭」由潘漢年主編，主要刊登討論社會現實問題的雜文與政論文章。

創刊號於一九二六年十月出版。潘漢年在本期的〈街梢閒談〉中說：「我們自己也等得太心焦了，原定九月十六號出版這本畸形的刊物，不料中途編《象牙之塔》的靈鳳被捉到拘留所裏去了！滑稽！他還沒有躲進象牙塔裏，倒先被拉進十字街頭的象牙塔；這是本刊不得不延期到今天出的原因。」葉靈鳳則在〈編後隨筆〉中說：

> 幾日以來，苦心孤詣所籌畫的幻洲創刊號的這一部，總算勉力組成了。天性耿介的我，不願用怎樣委婉的話來自謙，也不願用怎樣張耀的話自誇，我們總是在盡我們能力所能及的事做。至少，這東西看後，我想總不致予讀者諸君以欺騙的感覺——假若竟會覺到是受了騙，那也是沒法的事，因為文藝的本身便是含欺騙性的。

讀者顯然是沒有覺到是受了騙的，前三期一上市就全部賣完，讀者很快過了四千，葉靈鳳在一卷四期的〈Overture〉一文說：「讀者對於這小小的刊物是這樣的踴躍，實是我們至欣慰的事。」在〈回憶《幻洲》及其他〉一文中，他猶在回憶當年的盛況：「在當時，短小精悍的《幻洲》半月刊，上部象牙之塔里的浪漫的文字，下部十字街頭的潑辣的罵人文章，不僅風行一時，而且引起了當時青年極大的同情。漢年和我，年輕的我們兩個編者，接着從四川雲南邊境的讀者們熱烈的來信時，年輕的血是怎樣在我們的心中沸騰着哟！」

有人說，《幻洲》是小夥計實現自己所思所想的創作園地，是他們的新文藝綠洲，又是讓他們不必附會創造社「左傾」方向的避難所。從《幻洲》創刊號所揭載的「本刊緊要啟示」看，確實有「內容側重文藝」的刻意標榜，葉靈鳳在〈編後隨筆〉中，也很有深意地強調：「純文藝與革命文學的區別，以及文藝與革命運動的關係，和文藝上的幻想與現實生活等等諸問題，這是我們各人自己應當憑眼光各去解釋的事。仁者見仁，智者見智，旁人是不便嘵舌的。」葉靈鳳所經營的，確實是一個文藝味十足的象牙塔，但同時也並不是與世隔絕的象牙塔，刊物發行當年就有一位署名「定大」的作者敏銳地捕捉到這一點，他在〈評兩種雜誌《幻洲》和《一般》〉（《中國青年》第六卷第十五期，一九二六年十一月一日）中說：

> 第一部分是所謂象牙之塔，象牙之塔是只有沒事的闊人們進去坐坐的，但這塔卻也不盡然，雖然一大半的文章是出世想的靡靡的，在其中間卻也可以看出反抗舊勢力的精神，因為他們能叫出苦悶……至於第二部分，則是所謂十字街頭，是提倡新流氓主義而向一切舊的惡的東西拼命進攻的陣地。

不獨文藝青年趨之若鶩，就連魯迅也曾給予過《幻洲》好評。當時遠在廈門大學執教的他在〈致韋素園的信〉中說，《幻洲》是當時上海的雜誌中「較可注意」的一種，並說：「《莽原》在上海銷量的減少也許是受它的影響，因為學生的購買力只有這些。」後來，魯迅在廣州又曾對人說過，當時刊物中「最風行的是《幻洲》」。就是住在鄉下的柳亞子，每逢刊物出版時也總會寄信訂購一份。葉靈鳳回憶說：「第一批訂戶之中，就有一份是要寄到蘇州鄉下藜裏一個姓柳的人家的。這地名很陌生，我們打聽一下，才知道是亞子先生訂給他的無忌、無垢兩位男女公子看的。」多年以後，葉靈鳳和柳亞子在香港重逢，有一天，柳亞子託人送給葉靈鳳一首詩，已經寫成了小條幅，詩曰：「十五年前讀幻洲，齋名潘葉每嚶求。如何滄海橫流日，翻作遐陬覿面謀。容易蹉跎成退筆，□□□□見新猷。神州擾攘需材亟，辛苦珊瑚鐵網收。」（葉靈鳳：〈雜憶亞子先生〉）柳亞子後來還寫過一首詠葉靈鳳、潘漢年的絕句，也不忘提到《幻洲》：「別派分流有幻洲，於菟三日氣吞牛。星期淪落力田死，休向黃壚問舊遊。」（柳亞子：〈存歿口號五絕句，八月四日作〉，《磨劍室詩詞集》，上海人民出版社，一九八三年版）

在當年，葉靈鳳的名字是與《幻洲》密不可分的。沈從文發表於一九三一年《文藝月刊》二卷四號的〈論中國創作小說〉說：

> 又有幾個作家的作品，為了別一種原因，使我們對於他的名字同作品都疏遠了一點，然而那些作品在當時卻全是一些刊物讀者最好的糧食的。……在南方則周全平、葉靈鳳，由創造社的《創造》而《幻洲》《洪水》，各刊物上繼續寫作了不少文章，名字成為了南

方讀者所熟習的名字。

馮亦代也説過：「很早的時候，我就讀過靈鳳和潘漢年合編的《幻洲》，而且是個狂熱的讀者，因為我早已憧憬於文學事業，看了《幻洲》，似乎使我與文學更為接近了。」（〈讀葉靈鳳《讀書隨筆》〉，《讀書》雜誌一九八八年第八期）馮亦代又説：「至於葉靈鳳則又是我所喜歡的作家，一想到他，他在《幻洲》雜誌上所畫的一些題花，便會呈現在我的眼前。」（〈在香港認識的朋友〉，《香港文學》第三十九期）馮亦代的話説明，不獨是內容，別開生面的形式也是使《幻洲》一紙風行的重要因素。而包攬了一切美化工作的，又是葉靈鳳。在創刊號的〈編後隨筆〉中，葉靈鳳坦陳了他對於刊物裝幀的重視：

> 這一次我對於插畫的賣力，這一點心血確是不可埋沒的。除開封面畫和一幅半面的插畫外，僅是那許多零星的飾畫，已值得自己珍賞的了，我畫了許多雜誌上的飾畫，從來沒有這一次這樣的用力。

使讀者驚豔的，首先是它的封面。圖案抽象但別具裝飾韻味，一株青棕，一眼清泉，寓意着沙漠裏的綠洲；而漣漪旁的一個變形的人體，又似乎在呼應着周全平以駱駝筆名發表的〈我們的幻洲〉中那句話：「找一個休息一下的地方吧！只要能休息一下就好。而且也得要有一株青棕，一眼清泉便足夠了。」

葉靈鳳曾因了這個封面，談到他對於裝飾圖案的理解，那是源於「曾有許多朋友們寫信來，說是幻洲的封面畫看不懂，要求我做個解釋」。葉靈鳳在一卷七期的〈璅綴〉一文說：

我很慚愧，這一個要求使我極難於答覆。因為它實在沒有什麼奧秘的意思可解。這是一幅畫，它所要求的只在欣賞，並不在解釋。蝴蝶翼上的花紋，西方天際的晚霞，是被人喻為最美麗的東西的，但是它並沒有什麼含義。一切的裝飾圖案也都如此。

葉靈鳳總共為《幻洲》半月刊畫了有標題插圖七幅，比亞茲萊的風格比較明顯。所畫的零星的飾畫就多了，倒不都是模仿之作。他曾在一卷一期的〈編者隨筆〉中專門就模仿和風格問題進行坦陳：

有許多人說我的畫像「比爾斯萊」，這是毋庸隱晦之事，我確是受了他的影響，不過還保持着我自己固有的風格。又有許多人將我的畫與豐子愷君的畫相比較，這也是不當之事。子愷君的畫與我的畫是截然兩途的。他有許多為我所不及的風趣，我也有許多他所不及的異點。

《幻洲》對於插圖的重視，不僅在於自己為文配圖，還有意識地介紹世界著名的插畫家給中國的讀者。在一卷四期的〈Overture〉一文中，葉靈鳳說：

> 國內定期刊物，對於插圖注意的太少，以後對於這一方面，我們想與文字同樣的努力起來。除了我自己抽暇塗出來的幾幅淺薄的東西要不時拿出獻醜以外，一般黑白畫作家的作品，也想如此。
>
> 近代國外新舊作家的畫像和照片，我們也預備抽空隨時登載。我們並不要什麼系統和派別，只要是有興趣的和國內不曾見過的都想登出。
>
> 我們還想登載同人自己的和外面作者的照片，如有人肯寄來，我們極歡迎。

他的這些設想，有的在《幻洲》就已實現了，有的則延續到《現代小説》、《現代文藝》、《文藝畫報》、《六藝》等雜誌。包括《現代》，儘管不是他主政，但在畫刊的設計上，明顯帶有他的烙印。早於《幻洲》創刊的《北新》周刊，從第二卷起也改為半月刊，並且聘請葉靈鳳為其畫封面和飾畫，這也可以看出《幻洲》以及葉靈鳳的刊物裝幀工作在當時所產生的影響。

《幻洲》各期所推介的外國畫家和插畫，包括亞絲．勃歇夫三幅，虹兒三幅，Dold 八幅，Alb. Hahn 六幅，Larsson 一幅，另有羅丹雕塑一幅。

在編輯《幻洲》的同時，幻社還推出了「幻洲叢書」，書目計有葉靈鳳《女媧氏之遺孽》、《白葉雜記》，周全平《苦笑》，洪為法《長跪》，金滿成《我的女友們》等，裝幀設計全由葉靈鳳操刀，無論是封面、環襯、扉頁、插圖、版式，均極美觀，進一步鞏固了他在書籍裝幀領域的先鋒地位。值得注意的是，在《幻洲》二卷一期封三的「幻洲叢書」廣告中，還出現了《琵亞詞侶畫集》的預告，可見葉靈鳳當時是有這個計劃的，倘能出版，不僅早於魯迅的策劃，也庶幾能使他避免終身為這個計劃遭受折磨。

「然而曾幾何時，《幻洲》終於被迫停刊了。葉靈鳳說：當時的許多讀者、寄稿者，大部分都和我一樣，漸漸的達於消沉衰老的心境。」

《幻洲》的被禁，並沒有將葉靈鳳他們嚇倒。僅過兩三個月，《幻洲》便一化為二：潘漢年主編了《戰線》，葉靈鳳創辦了《戈壁》。

《戈壁》創刊於一九二八年五月，仍為半月刊，由光華書局發行。潘漢年曾對刊名作過解釋：「戈壁者，《幻洲》被禁以後的一片沙漠也。」由此可見，它和《幻洲》乃一脈相承。該刊的徵稿簡則說：「本刊之創設，在擺脫一切舊勢力的壓迫與束縛，以期能成一無顧忌地自由發表思想之刊物……」事實上，《戈壁》的「無顧忌」比之《幻洲》有過之而無不及。創刊號上，葉靈鳳在〈馬克思的死與葬〉的標題下，編發了恩格斯的兩篇著作，一篇是一八八三年三月十五日，恩格斯寫給沙基的信，詳細報告了馬克思的病逝經過；另一篇便是著名的恩格斯〈在馬克思墓前的講話〉。第三期上，又發表了托洛茨基的〈涅靈訪問記〉，回憶的是列寧在倫敦辦《火星》時的生活。葉靈鳳還自譯了不少革命色彩很濃的蘇俄作品。如俄國女革命家費娜·費格娜的自傳《一個革命者的回憶》以及《新俄詩選》。

對於刊物的命運，葉靈鳳大概是很清楚的。他在以「白門秋生」筆名所寫的〈雜誌新語〉中說：「橫豎預備查禁。」果然，《戈壁》只出版了四期便無法繼續，它只存活了短短兩個月。

在《戈壁》之後，葉靈鳳還和潘漢年、周全平一起，辦過一種更為短命的雜誌，它只出版了一期。那是一九二九年的上半年，多年不見的周全平從東北回到上海，帶來了幾百塊錢，他們便組織了一個「新興書店」，為郭沫若發行了《沫若全集》。因為感到那時幾個刊物都已停辦，無處可以說話，也無人敢說話，三人便一起編了一個小雜誌，名《小物件》。這真是一個名副其實的小雜誌，只有一寸多寬，二寸多長，四五十頁。體積雖小，倒很正規，道林紙印，有封面，還有插畫。葉靈鳳說：這怕是新文學運動以來，開本最小的一本雜誌了。《小物件》創刊於一九二九年六月，雖然只在報上登了三四行地位極狹的廣告，然而初版三千冊在幾天之內就賣光了。這的確很令三夥計高興。誰料想，第二期還沒出，就被國民黨內部的一紙公文查禁了。

事後知道，《小物件》之所以被禁得那麼快，是因為葉靈鳳發表在創刊號上的一幅《指指眼鏡》的漫畫，惹得胡適博士不高興。據云他那時正在動了官癮，乃在《現代評論》之類的刊物上發表了一篇〈指指眼鏡〉的文章，表示對於時局有了一種新的看法。葉靈鳳的畫，正是根據這一點來諷刺的。

這次的創辦《小物件》，是葉靈鳳和周全平的最後一次合作。以後他們都參加了左聯，又都被左聯執委會除名。自那以後，便茫茫人海、相忘於江湖了。晚年的葉靈鳳和周全平，都曾著文念起幾十年前的舊友。周全平的晚境非常淒涼。據說他在一九五五年肅反運動中被捕入獄（估計是受潘漢年冤案的牽連），曾被送去勞動改造。一九八三年死於新疆礦山。在重獲自由後唯一可見的一篇文章中，他曾表示過撰寫《周全平人海漂流記》的計劃，不知結果如何。

聽車樓主

郁達夫回上海整頓出版部，雖說是幾位創造社中堅商議的結果，但那時郭沫若並不在廣州，他參加了北伐軍的政治部，隨軍北上了。以後，當他得知郁達夫把周全平、葉靈鳳、潘漢年諸人逐出社外，特別是看了郁達夫發表在《洪水》上的〈廣東事情〉，深為不滿。他在化名麥克昂所作的〈文學革命之回顧〉中，把他和郁達夫的矛盾上升為「無產派和有產派的對立」，指出：「郁達夫在郭沫若參加了實際革命的期中，他把創造社改組了。把周、葉、潘諸人逐出社外，實際上就是這個對立的表示。」「他的行動在不久之間受了不甘反動的創造社同人的反對。他自己便不能不退出了創造社的隊伍。」

創造社的另一重要人物王獨清卻不同意把這一事件上升到「革命與反革命」的高度。他在〈創造社〉（《展開》半月刊第一卷第三期）一文中說：「這件事決不能放在郁達夫一人身上，更不能因潘漢年等目前的轉變，便故意把過去的事實顛倒。當時創造社無論是上層分子和所謂『小夥計』都是想把持出版部，這只是厲害之爭。談不到什麼革命與反革命。」

由於郁達夫的整頓出版部，招致了葉靈鳳、潘漢年諸人與創造社的脫離；又由於葉潘事件，招致了郁達夫同創造社的決裂。

郁達夫離開創造社後，與魯迅打得一片火熱。葉靈鳳和潘漢年則另租了一處住所，繼續編他們的《幻洲》。這個新地點在上海霞飛路（今淮海中路）。這是舊時上海法租界的一條主要道路，它的法文原名是：Avenue Joffre，是為了紀念法國在第一次大戰時期擔任總司令的霞飛元帥而命名的。霞飛路環境優雅，極富異國情調。整潔寬直的道路，兩旁亭亭如蓋的梧桐；路上絕無擁擠的車流，電車叮噹地慢速行駛着。三三兩兩的行人，怡然自得地蹀躞在人行道上。這之中，不時的會有一個白俄，一個兜售小商品的猶太人，或者一個遛狗的法國主婦，使人驀然感到一陣異國情趣。由霞飛路向南轉入呂班路，步行五分鐘，即是有名的法國公園。頗富藝術情調的國泰電影院，則坐落在霞飛路與邁爾西愛路的轉角處。在這條路上還有著名的DD'S咖啡館以及每天都吸引着成千賭客的回力球場。

霞飛路在最初規劃時，本意是居住為主、商業為副的。但由於居民的增多，商業亦迅疾地發展起來。這些店舖以中小型為主，但大都佈置得精巧雅致。葉靈鳳和潘漢年所租的，便是一家雙開間的皮鞋店樓上的一層統樓面。由於房間臨街，每日裏電車、汽車、自行車、人力車來往不停，他們便起了個「聽車樓」的雅號。聽車樓既是他倆的宿舍，同時又作了《幻洲》的編輯部。

潘漢年當年曾寫過一篇〈午夜醒來聽車聲〉（《幻洲》半月刊第二卷，第二期），描寫了如何聽車樓裏聽車聲：

> 在白天因為工作在手，最雜鬧一點，就是特別驚人聽覺的救火車駛過，也不會覺得擾亂。夜半醒來，聽那馬路上永不停止的車聲，卻另有一番妙境。滯重粗野的電車聲在這個時候是停止了。呼、呼的汽車聲，能夠拍合你失眠者心弦的震動，拍、拍、拍的腳踏摩托

卡急而且顫的聲音，能夠激動你蘊藏心底的焦灼與憤怒。疾疾微喘輕快的人力車聲，能夠拂起你的憂思哀怨。……這些，使你走入另一個世界，較之置身酒綠燈紅，釵光鬣影，肉色迷人的環境中，另有一番捉摸不住自己靈魂的神秘。

「聽車樓」的亭子間儘管「局促得簡直連腿也伸不直」，但經過靈鳳、漢年的「略加佈置，室內較完整一些」。不相知的朋友們，以為他們倆是資本家的兒子，潘漢年說：「豈知我們連包飯都不夠資格，更說不上僱娘姨自己開火倉。錢少的時候，到隔壁去買個麵包，就好混過一天。」（〈午夜醒來聽車聲〉）

聽車樓中的時光，是葉靈鳳和潘漢年合作最為愉快的時期。葉靈鳳照例編他的上部「象牙之塔」，並且依舊將這個小小的刊物裝扮得漂亮之極；潘漢年依舊編他的下部「十字街頭」，繼續撰寫那些「潑婦罵街」式的雜感文字，四面出擊，異常活躍。但此時正是南京國民政府開張之初，也是蔣介石黃袍加身之際，《幻洲》所表現出來的「赤化」思想極有可能被國民黨當局視為大逆不道。所以，對於《幻洲》的命運，葉靈鳳和潘漢年都有過最壞的打算。早在一九二六年年十月《幻洲》剛出第二期的時候，葉靈鳳就在〈編後隨筆〉中寫道：「每夜都風聲鶴唳，恐怖時代，大約真快到了。但願下次在紙上見面時，我們大家都能安全。」待到第二卷第五期出版時，潘漢年借讀者之口，承認一期之中至少發表幾篇「觸犯國府要人和地主資本家的文字」，並且預言，「常此下去，將通令停止發行哩，再厲害些，又將捉拿編輯先生，或吃官司三日，或得開刀或槍斃大吉之喜……」以後所發生的事情，證明他們不幸而言中。他們合力經營的《幻洲》，共出版了二十期。到一九二八年一月，二卷八期出版後，便被國民黨上海警方以「反動」罪名查禁了。大概是在一九二七年的三月，潘漢年曾離開《幻洲》，到江西南昌擔任了國民革命軍總部政治部宣傳科長，並任《革命軍日報》的總編輯。由於蔣介石發動「四．一二」大屠殺，《幻洲》也一度延遲出版，寫着五月一日出版的《幻洲》第十一期，實際的出版時間，卻是在半年以後。在這期的刊物上，葉靈鳳發表了一篇題為〈本刊遲遲出版的聲明——並紀念失蹤的漢年〉的文章，對自己的戰友寄以無限的思念之情。文章說：

三月一號，第九期《幻洲》出版時，漢年已經離開上海了。那時正是革命軍預備收復東南，打倒孫逆傳芳，漢年此去，就是到南昌去從事軍隊中的工作，到四、五月中，蔣介石坐鎮東南，汪精衞偷跑到武漢；於是武漢派與滬寧派遙遙相對，你罵我詆，武漢派罵滬寧派反革命，滬寧派罵武漢派為破壞國民革命之共產黨之流。誰是誰非，一般目光短淺之青年，頓時彷徨歧途，不知是從。漢年就在這個時候，行蹤不明，不知去向。

大概因為滬漢間裂痕之鮮明，看不過孫中山先生手創之國民黨，被人家你剖我切，好像一塊肉骨頭拋下，一群狗相爭，大有非我不足以吃肉骨頭之概。漢年生性憨直，好管閒事，說不定就在這個時期中，悠悠他往，去過他的漂遊生活去了。

潘漢年早在一九二五年便參加了共產黨，雖則一九二七年八月，他重回上海，繼續編輯《幻洲》，但他此後的主要精力，卻是奉黨指派，從事革命的實際工作。他在小說《離婚》的序言裏說：

「我雖愛好文學，但沒有工夫研究文學，我喜歡寫作，但我不想成為什麼家……」相反，葉靈鳳雖然在某種程度上具有着左的色彩，但他更為崇尚藝術人生、文學至上，對他來說，「沒有文學的生活，就是等於死的生活」。（〈文學與生活〉）

不過，儘管他們兩人在思想、意趣和風格上存在着諸多差異，卻也存在着共同的思想基礎。姜德明曾在〈停車樓記〉一文中分析過他們這種「有異有同」的關係：

「聽車樓」的兩位主人合編的《幻洲》真是別開生面，上半部是葉靈鳳編的「象牙之塔」，下半部是潘漢年編的「十字街頭」，各自獨立，合二為一。當然，在思想觀點上彼此有差異，但是兩人又保持着很好的友誼，至少不滿現實和反對軍閥是一致的。看上去各有邊界，互不干擾，其實有時潘漢年還在「象牙之塔」上發表小說，如《苦杯》等；葉靈鳳也在「十字街頭」上參戰助威，而且還風趣地用了一個「越界築路一則」的標題。

葉、潘兩人的友誼非常持久。在《幻洲》被查禁以後，他們又一起合編過《現代小說》，還同周全平一起，合編過一種叫作《小物件》的微型雜誌。在長期的合作中，葉靈鳳在思想上不可避免地受到潘漢年的影響和促進。他的參加左聯，不能說和潘漢年毫無關係。因為代表中共中央宣傳部籌備左聯成立事宜的，正是潘漢年，潘並任左翼文化總同盟的第一任黨團書記。以後葉靈鳳供職於現代書局，雖然外界認為他追隨民族主義文學，但當時作為黨的地下工作者的潘漢年，每次秘密來滬，必然要來找葉靈鳳。甚至在「七七事變」以後，葉靈鳳作為《救亡日報》的編委和出版部負責人，全力投入抗日救亡的洪流之中，也能找到潘漢年的一些影響，因為代表共產黨與國民黨談判共同創辦《救亡日報》的，又是潘漢年。更為巧合的是，上海、廣州相繼淪陷，葉靈鳳滯留香港之時，潘漢年又是中共駐港代表。抗戰勝利後的一九四六年，潘漢年再來香港，領導香港的地下工作。葉靈鳳日記中曾經留下他們的相會情形。一九四七年二月六日：「在香港酒店遇見漢年。多年不見，他也胖起來了。約定明日偕夏衍乃超來家中小敘。」二月七日：「漢年、夏衍、乃超來家中小敘，閒談過去舊事，滬上情況及當前文化界無出路情形，尤其香港文化水準低落現象，左右皆不行，幾使人不解，晚飯後始行。」盧瑋鑾在為本則日記所作的箋注中指出：

> 中環香港大酒店，樓下咖啡室，英式氣派極濃，舊日上流社會人士多聚首於此，而中國來的文化人，特別負有政治任務者，亦多在此碰面約見飲下午茶。……二人早在三十年代於上海交誼甚密。香港淪陷前亦多往來。潘漢年戰後再負任務來港，即「遇見」，果真如此巧合？據《張光宇年譜》（唐薇、黃大剛著）引述黃苗子訪談錄音整理《苗子談漫畫》云：「葉靈鳳表面上是替國民黨工作，搞日本人情報，實際上是替共產黨工作。他和潘漢年很久前就在一起了。」

盧瑋鑾和黃苗子的說法，描繪了一幅非常鮮明的路線圖。葉靈鳳之所以滯留香港不歸，恐怕正是潘漢年交待的使命。但由於秘密工作多係單線聯繫，加之潘漢年後來身陷囹圄，未及平反即猝然離世，這段秘聞也只好就此塵封，繼續成為解不開的謎團了。

一九五五年，當潘漢年被捕之後，當年與潘、葉均過從較密的周全平、沈松泉都因牽連鋃鐺入獄，葉靈鳳卻因人在香港躲過一劫。據葉靈鳳的女兒葉中敏說，葉靈鳳幾度曾想返回內地，但摯友夏衍勸以三思而行，「當時既有『潘漢年事件』在前，父親跟潘漢年最要好，夏公就覺得父親的『歷史問題』太複雜，講不清楚；而且當時文壇已呈山雨欲來之勢，夏公本人不久就飽嘗批鬥苦頭。」

在〈回憶《幻洲》及其他〉一文中，葉靈鳳寫道：「昨天夜裏經過霞飛路，望見當年停車樓的舊址如今已改作洋服店，真感到滄海桑田，就在我這樣小小年紀的人的身上，也已經應驗着了。誰知道在那間小小的樓上，當年橫行一時的《幻洲》半月刊就在那裏產生的呢？……然而曾幾何時，《幻洲》終於被迫停刊了，當時的許多讀者，寄稿者，大部分都和我一樣，漸漸的達於消沉衰老的心境，而另一位編者和有一些讀者，我們如今只能悄悄的低聲談着他的名字……」姜德明說：「須知，在那樣的年代光是提到『潘漢年』三個字便會給人帶來意想不到的麻煩；可是誰又能預料到，在全國解放以後，竟又有二十幾年，人們也只能悄悄地低聲談着潘漢年同志的名字！」

雙鳳奇緣

有人說葉靈鳳之所以起用「靈鳳」的筆名，旨在紀念他的第一位夫人郭林鳳。除了為葉靈鳳編《讀書隨筆》的摯友羅孚以外，香港掌故家方寬烈亦持此說。他在〈葉靈鳳的雙重性格〉一文中云：

葉靈鳳原名蘊璞，由於傾心於這位美麗的女孩子，特改靈鳳，諧音林鳳，著述亦採用葉靈鳳筆名發表，作品當中有〈雙鳳樓隨筆〉，表示和郭林鳳成雙作對。至於「靈鳳」兩字，原出自《抱樸子》的〈廣譬篇〉：「靈鳳所以強勁也。」指古代傳說的神鳥，像龍一樣，能夠騰雲禦風，瞬息千里，屬於四靈之一。葉用這名字時該未讀過《抱樸子》，只是為表示和郭的關係而已。其後他曾採用「葉林豊」作筆名，「林豊」亦即「林鳳」的轉音。

但這一說法似乎經不起推敲，因為遠在雙鳳結識以前的兩三年，葉靈鳳就使用了這一署名。因此，與其說是「紀念」，倒不如說是「巧合」來得更確切。

葉靈鳳的小品〈天竹〉和〈笑〉，記敘的，正是他與郭林鳳的相識與相愛。前者的寫作日期是「一九二七，十二，四夜於聽車樓」。根據文中所說「才相識十餘日」推斷，則雙鳳結識的時間，正是在一九二七年十一月的中旬。初次見面的經過是極為有趣的：

剝，剝，剝，是小雀兒啄着它的悶殼，是白醫的天使在叩着他的孩子的靈扉。

像在夢中一般，我恍恍忽忽的擲下筆去將門開了，我不相信此刻會有春的消息。

湧進來的是一陣爽神的笑聲，我的萎靡的花上像突然淋了一陣甘露。

「此地有一位Y先生麼？」

「Y先生？就是我。」

回答我的話的又是一陣爽神的笑聲。許久不曾笑過的我也禁不住笑了。

「敢問兩位是誰……」

「我是U。」我這才知道這就是幾日以前寫信來的U。她突然會到此地來，真是出我望外的事。但是，那一位呢？

「這是我的朋友，是K，名XX。」

「怎樣？XX？」

「是的，是XX，就是你自己。」

又是一陣靜得像水晶一樣的笑聲。

文中的「Y先生」，當然是葉靈鳳了。他這時仍在編着風靡一時的《幻洲》，並且已經出版了《女媧氏之遺孽》、《白葉雜記》和《菊子夫人》等好幾本書，迅速上升的文名和書名，自然傾倒了無數的少男少女。

「同名的XX」，便是郭林鳳；「幾日以前寫信來的U」，則是她的同伴「歐查」。早期香港作家、後來長期執教廣州的李育中知道一些底細，他在〈記南碧女士魂斷「羊城」〉（收入《南天走筆》）中說：「郭林鳳生於一九一四年，乃李宗仁夫人的女侄，在家鄉讀過中學便想出省外走走，最想去的繁華地點便是上海。於是這個鄉下小貴族，便邀約另一女伴同行，這個女伴叫黃波拉，寫文章用的筆名是歐查，也是個鄉村女青年貴族，她是黃紹雄的侄女。兩人年紀都是十八九歲，便飄然駕臨大上海。」

文中的「黃紹雄」係筆誤，實際應為桂系三傑之一的黃紹竑。與雙鳳交往甚密的香港作家侶倫曾在《向水屋筆語》中說：「葉靈鳳的前妻郭林鳳，在上海用『南碧』筆名發表小說，她和同是寫文章的歐查（當年廣西政要黃紹竑的侄女）是很要好的朋友，常常走在一起。有一天兩人並肩坐在電車上，一面吃着小食一面熱烈地談天。售票員來到面前，搖着打孔鉗示意買票。郭林鳳在忘形中把手上的小食向售票員遞去。旁邊的乘客都哄笑起來。」

相見之後的次日，靈鳳收到「同名的」林鳳一封含情脈脈的信箚，信中寫道：

日前的一晤，我承認是我生命史上最可紀念的一頁。雖不免有點冒昧，但，同名的XX，我認識你已不僅自那天起，我想這一點心靈上的認識，總足解釋我一切的冒昧而有餘，況……

靈鳳的反應則是：

……自昨日以來，我覺得一切都有了生氣，我覺得窗外那一枝殘葉也分外的可愛。

啊，U.K. 這是誰的力量……

於是，「在純潔的笑聲中，青鳥傳來了別的消息。人終是無能，總只有低頭聽着他的心的擺佈」。靈鳳和林鳳一見鍾情，才相識十餘日，總共不過相見了五次，那個「頑皮的小孩」就把小弓弦上的一支箭過早地射出。

在這次相見之前，林鳳的女伴球先來到靈鳳的住地，開始了有趣的手談：

「鳳的家庭是很不自由的，她家中沒有一個人能瞭解她。」球這樣向我寫。她為什麼要告訴我這句話呢？我沉思了一回，我知道她這句話中所給予我的暗示，我禁不住心裏抖了起來，我便裝做漠不相關的咬緊了牙齒，冷冷的向她寫道：

「這與我何干？」

鳳，你不要怨我這句話的冷酷，你當知道我的用意，我原是想借此避掉未來的一切的。那知出人意外，我的努力竟得了相反的結果，球突然用了大的字這樣向我寫道：

「她很愛你！」

接下來靈鳳和林鳳相見了。她將一束血紅的天竹遞給他，他則從餐桌上的盤裏抽出一紙藍箋，寫上兩行字後，連同那束天竹，一起遞給她。他本以為她看了以後一下就一笑擱開，誰知她一看之後，就中止了談話，面色立刻改變。他這才知道自己已經闖下了大禍，他聽見夜鶯突然咽住了她的歌唱，他聽見七弦琴上有一根弦子突然崩斷的聲音。

那張藍箋上寫的是：

還君……雙淚垂，恨不相逢未……時。

他看見夜色中有兩點亮的東西從她眼中滴下，不禁感歎：

啊，鳳！鳳！為什麼？為什麼？相識不過才半月，見面不過才五次，你為什麼就將自己這樣的陷在了網羅中？

在經過一陣熱戀之後，心有靈犀的雙鳳，有情人終成眷屬。他們的香巢，築在北四川路底一條里弄內。這時，潘漢年在江蘇宜興的夫人也來到上海，夫婦倆住在海寧路附近一條里弄內。「聽車樓」也就隨之人去樓空了。

雙鳳結緣一時成為上海文壇的一件韻事，與葉靈鳳關係密切的《上海漫畫》，連續進行圖文並茂的報道。先是在一九二八年十一月十日第十三期的第二版頭條刊出葉靈鳳和郭林鳳的合影，旁邊的一段文字題為「夢的實現者」：

葉靈鳳君在所著《處女的夢》裏，有「我願將這樣的話也向世界上一切的人宣布，我並不再慚似你們，我已獲得了我夢寐希冀着的幸福」。和他同行的郭林鳳女士，勇敢地站在一起承認了。

雙鳳的婚典於一九二八年的十二月九日舉行，出版於十二月二十二日的《上海漫畫》又在第三版刊出了葉靈鳳和郭林鳳的合影，以及他們在婚典現場的照片。照片出自大名鼎鼎的攝影家郎靜山之手。說明文字是這樣的：

葉靈鳳君與郭林鳳女士，於本月九日舉行婚典，右圖為其儷影，左圖為新人與其家族，是日往賀者，均係新文藝家，及畫家戲劇家等，備極熱鬧也。

蜜月無疑是溫馨、甜美的。蜜月之後，他們也度過了兩年寧靜、有趣的生活。靈鳳曾在《上海漫畫》連載過一組〈雙鳳樓隨筆〉，便是關於「閒居」的「家園紀事」：

他們曾從花匠那裏，買來一棵開滿了白花的樹，花匠說：「先生，這是梅樹，你們要麼？過幾個月可以結這樣大的梅子」。

「真能結梅子那才有趣！」林鳳說。

「不結梅子看看梅花也是好的。」靈鳳說。

於是，梅樹便種到他們小園的中央。

嘴裏誦着黃梅時節家家雨的詩句，心裏希望着梅子真能成熟到金黃，到終了，卻被人告知那本不是梅子，是李子。而且，不知是土地不良，還是秋的勢力已經活動的原故，這棵樹的樹葉竟漸漸枯萎，最後竟變成了幾枝枯幹。

若說這棵沒有結果的李樹是一種不祥的徵兆，總有些迷信的意思在內。可事實上，他們在一段蜜月之後，便開始經常吵架。據當時和靈鳳過從較多的光華書局老闆沈松泉回憶，郭林鳳曾到他家去哭訴，沈松泉也曾去他們家作和事佬，最後兩人還是分手了。至於離婚的具體原因是什麼，葉靈鳳生前並不曾在文字中解說。據說郭林鳳當年曾在上海一家刊物上發表過一篇〈別柬〉，可能會透露一些資訊，可是由於年代久遠，一直難以找到。只是在葉靈鳳主編的《現代小說》第二卷第一號見到一篇她以「南碧女士」筆名發表的〈破滅〉，雖然發表日期尚是婚前熱戀當中，但女主人公為愛而死的結局，卻也似一種不祥的預兆。在文中，她寫下這樣一句話：「或許是過於美滿的自然的幸福，便往往應着『好事多磨，紅顏薄命』的古語，總免不了受造化的播弄。」

方寬烈很欣賞葉靈鳳的才華，他曾為香港文學評論出版社編過一本《葉靈鳳作品評論集》，福建教育出版社二〇一三年亦曾以《鳳兮鳳兮葉靈鳳》為書名出版過簡體字版，影響很大。在方寬烈筆下，葉靈鳳具有「雙重性格」，令他對葉靈鳳的印象減分的，便是葉靈鳳對郭林鳳的變心，認為他「經常將她毆打虐待，令她孤獨地因沒人調護而死於肺病」。所謂「毆打虐待」，方寬烈的消息來源是去了台灣的女作家謝冰瑩，而謝冰瑩則說是從影星王瑩那裏聽說的。

在〈紅豆戒指〉（收入《未晚亭》，三民書局一九八四年版）一文中，謝冰瑩是這樣說的：

是廿五年的春天，我剛從日本獄中脫險回到上海，王瑩告訴我一件令我不肯相信的奇事：

「你一定想不到吧？那位長於寫愛情小說的葉靈鳳是這麼殘忍的，他常常毆打他的太太，有時還用火鉗燒紅了來烙她，她痛的死去活來，連叫喊一聲都不敢，就那麼流着眼淚忍住痛苦……」

「為什麼她不反抗呢？」我不等她說完，便打斷了她的話問。

「一半是為了愛他，一半也是為了害怕他和她離婚，所以她不敢反抗。」

「葉靈鳳是生性殘忍，還是嫌他太太不漂亮呢？」

「不！他的太太漂亮極了，不但性情溫柔，燒得一手很好的廣東菜；而且文章也寫得很好，並不比葉靈鳳差。」

王瑩立刻把林鳳的好處都告訴我，使我更感覺莫名其妙起來。

「太太既然這麼好，為什麼葉靈鳳還要打他呢？」

「那傢伙混蛋極了，他又對另一個女人發生了愛，他希望太太自動離開他，好讓他和那個女人結合，太太捨不得他，說什麼也不肯離婚；所以他就想盡各種方法來折磨她，摧殘她。」

「真是個沒有出息的女人！丈夫對自己既然沒有愛了，還死死地纏着他幹什麼呢？我要寫封信去刺激她！」

起初，我還真不相信王瑩說的話，也許她在開玩笑，或者形容過火；後來聽說她就住在他們的樓上，完全是親眼看到，親耳聽到的事實，我這才相信了。我在當天晚上就寫了一封信給林鳳，不管是不是會落到葉靈鳳的手裏，我大膽地寫着要她馬上和丈夫離婚的挑撥話。第三天就接到了她的回信，除了幾句感謝我的話外，還寫了一個廣州的通信地址給我，我很想去看她，王瑩阻止我，她說：

「你千萬不要去看她，給葉靈鳳知道了，又會把林鳳打個半死的。」

不久，我由香港而桂林而南寧，我不知道為什麼緣故，心裏老是惦記着她，每到一處總要寫封信給她，自己的行蹤雖然飄忽無定，但有時也希望能收到她的回信；或許她也是個和我一樣喜歡寫信的人，在桂林的兩個月中，幾乎每天或隔一天就能收到她的一封信。她的筆跡娟秀，字裏行間洋溢着熱情。

謝冰瑩的文章是有價值的，價值就在於通過她和郭林鳳的通信，非常珍罕地記錄了郭林鳳短暫生命最後時刻的些許情狀以及她所表現出來的性情涵養。但作為當事人的郭林鳳，在給她的信中始終不曾言及葉靈鳳如何「虐待」她的具體情形。謝冰瑩對此也很有感慨：

我認識的女朋友不少，其中大部分都是境遇不幸的；她們在我面前，都願意傾訴內心的隱痛，不管是傷心的，秘密的，都願意痛痛快快地說出來，讓我也替她們分擔一點痛苦和憂愁；只有郭林鳳特別，她始終不肯把她和葉靈鳳結合的經過，以及受葉靈鳳虐待的情形告訴我，有次實在忍不住了，我就在一封信上問她，她回信只寥寥地寫了這麼幾句：

「承姊關心妹事，銘感五中，命運如斯，為之奈何！往事已如雲煙消逝，不願重提，但願早日結束此生，則幸甚矣！」

方寬烈說：「這件出人意表的事件，當時知道的只有上海的謝冰瑩和香港的侶倫（李林風）。」「侶倫為好友諱，沒有說是基於什麼原因。」侶倫沒說，作為謝冰瑩訊息源的王瑩，自身經歷跌宕，又忙於寫她的《寶姑》和《兩種美國人》，始終未見對此事有過什麼說辭，那就只餘下謝冰瑩的獨家傳來之言了，儘管她曾信誓旦旦地對方寬烈說「確有此事」。不過退一萬步，即使真曾不幸有過如謝冰瑩所描述的「虐待」，那就更加驗證了郭林鳳異於常人的品格。她以非凡的隱忍和不絕的痴情，踐行了她在〈破滅〉當中曾經表達的對於「愛」的理解：「愛的路是狹窄的，愛是超一切的，愛是神聖。在愛的成分裏，既沒有所謂『虛榮』這東西，又沒有所謂『美貌』這件事；愛只是愛。」

葉靈鳳的離婚，相比於他的結婚，更為滬上的媒體關注，就連「無人不讀」、「無所不在」、「儼然中國第一綜合性畫報」的《良友》，也表示了對這個話題的興趣。《良友》總編輯馬國亮在出版於一九三四年五月十五日的第八十八期發表〈現代潘安〉一文，對包括離婚在內的葉靈鳳的私生活進行了爆料。因為文章並不易見，姑且錄下全文：

倘若要用一個形容美男子的名詞來形容葉靈鳳氏，我想「小白臉」這一個名詞是最妥切不過的。他有一張白皙的瓜子面孔，一頭光溜溜的黑髮，兩片薄薄的嘴唇，一雙他自己讚歎過的柔軟的手，如果他不是二十世紀的潘安，也該可以說是現代的賈寶玉。

從一個創造社的小夥計做起，在那時候算是以一種新的姿態來出現於文壇上的《洪水》裏面，他起始發表他的《白葉雜記》和他的近於琵亞茲侶的作風的抒情畫引起了當時許多的文藝讀者的注意。以後在《幻洲》，在《現代小說》，和在《現代》，一直到現在，一般的愛好文藝的青年，幾乎無人不知道葉氏的名字了。

關於他的私生活，我們雖不能說他是「自戀狂」，可是他對自己確是很優厚的。他的衣飾常常是那麼的整潔入時，這同其他的不修邊幅的文人剛剛相反。他對於吃更是非常考究，大家一齊到館子裏去，如果有他在，那麼大家是不必計劃着吃什麼的，因為他必定是第一個握着筆安排點菜的人。說到住，他的寓所也很精美，立體的傢俱，現代的裝飾。所以從衣、食、住三者來說，他是很考究的。

他的一支美麗的文筆寫出來的溫柔的詞句，使他成為許多女性的偶像，他常常接到許多女性寄來的愛慕的書信，使他在生活上平添了許多羅曼諦克的氣息。可是就是為了那一支筆，卻同時使他自已做一齣羅曼諦克的悲劇的主角。在那一齣悲劇裏，他剪斷了他和他的夫人的相繫在足上的紅絲。

原來他和他的夫人離婚的原因，據說就是因為那一支筆從中惹禍。因為葉氏常常寫戀愛小說，可是每寫一篇，總給他的夫人懷疑他便是那小說中的主人翁，換句說，就是常常懷疑他所寫的戀愛故事，都是他個人和許多女子發生過戀愛的寫實，這樣使兩人間因此而常常發生不幸的事件，這對於一個文藝的製作者是極其難堪的，悲劇的結局便是兩人離婚了。

富於想像力，和描寫逼真，是每一個文人的必須具的條件，可是倘若娶了個同樣地富於想像力的女子，把虛構的故事神經過敏地看為真正的事實，因而發生上述的結果，這確是文藝創作者的一大障礙！這，是葉氏自己在悲劇收場後所得的教訓。那末，你總以為他有了前車之鑒，對於第二次的選擇一定要避免前者的缺憾了吧。可是他像有意使我們驚奇，他現在在追求中的女子，卻是更富於想像力的一個。

算上這次，葉靈鳳在《良友》畫報總共出場三次，考慮到文學在「無所不包」的《良友》只是「略備一格」，這個頻率也算得上佼佼者了。在此前的第八十五期上，發表了他的短篇小說〈朱古律的回憶〉，後來陳子善選編「文學良友」作品集，就以這篇小說作為書名，顯然認為它最能代表文學《良友》的色彩。在此後的「第一百期紀念特號」上，葉靈鳳又出現在佔據了兩個版面的「本志讀者一斑」中。照片上，他正坐在公園長椅上閱讀《良友》，圖片的說明是：「葉靈鳳先生說：『《良友》使我快活！』」《良友》先後有六任主編，葉靈鳳的三次亮相全都是在馬國亮時代，由此也可看出馬國亮對於葉靈鳳的欣賞。馬國亮在〈良友憶舊．名作家的支持〉中曾說：

計先後為我們供稿的，除上面提過的田漢、郁達夫之外，其後還有老舍、豐子愷、穆木天、魯彥、何家槐、施蟄存、洪深、茅盾、歐陽山、黎烈文、丁玲、巴金、葉靈鳳、張天翼、鄭振鐸、阿英、林語堂、黃苗子、曹聚仁、王家棫等等，都是名重一時的文壇碩彥。他們的大力支持，既可說是《良友》的驕傲，也可說是名作家給予《良友》的支持。

差不多在同一時期，馬國亮的小說〈妙妙及其情史〉也出現在葉靈鳳主編的《文藝畫報》一卷二期上，並且配了作者自繪的插圖。能文能畫，可能也是兩人惺惺相惜的一個因素。上海淪陷後，葉靈鳳和馬國亮先後到了香港，馬國亮並曾逃亡桂林。一九四七年夏，葉靈鳳約請馬國亮為他主編的《星島日報》副刊《星座》寫一個長篇連載，並說最好是以對日抗戰時期為背景的小說。馬國亮說：「經歷了八年抗戰之後，我本來就有這樣的一個計劃，就戰時國統區大後方所見所聞的許多現成素材，進行創作。……這個計劃，在國民黨當時統治着的上海是不容易實現的，寫了也不能發表。《星座》的約稿正好滿足了我的願望。……邊寫邊在報上發表，前後寫了半年。」

至於馬國亮在〈現代潘安〉一文中透露的葉靈鳳「現在在追求中的」那個「更富於想像力的女子」是哪個，不好妄自揣測，但似乎有傳言說葉靈鳳曾經追求過影星王瑩。王瑩是安徽蕪湖人，家境貧寒，自幼喪母，當過童養媳，經歷過顛沛生活，一九二八年來到上海，先是在中國公學和復旦大學文學系讀書，後來先後加入藝術劇社、復旦劇社和辛酉劇社，成為左翼話劇界的新秀。一九三二年，王瑩進軍電影圈，很快成為一線明星，與一般女星不同的是，王瑩很熱愛文藝，不時發表散文、小品、劇評等作品。葉靈鳳很可能是在王瑩向《現代》投稿時認識，也有可能是在辛酉劇社。辛酉劇社的創辦人是經營茶葉出口的洋行買辦朱穰丞，葉靈鳳曾在這裏擔任舞台裝置工作。在〈袁牧之與辛酉劇社〉一文中，葉靈鳳提到了女演員顧震，但沒有提到王瑩，也有可能是葉靈鳳離開之後王瑩方始加入。但葉靈鳳主編的《文藝畫報》，卻是頻頻給王瑩提供版面。文字方面，第二期有她的散文〈黑天使〉，第四期有她的的影評〈新女性的推薦〉；圖片方面，第二期的「為我們執筆的人」欄目，有王瑩的照片，第四期的「舞台人的後台生活」欄目，又有她的照片兩幀，其一是「化裝好了的王瑩」，其二是「王瑩正在化裝」。《文藝畫報》總共出了四期，王瑩出現的頻率卻如此之高。即使沒有感情的因素，至少也能說明葉靈鳳對王瑩非常欣賞。夏衍在〈不能忘卻的紀念〉一文中曾說王瑩「耽於閱讀，好學深思，文思敏捷」。她後來能寫出《寶姑》和《兩種美國人》這樣的長篇巨制，自然也得益於早期的寫作訓練，而葉靈鳳正是為她慷慨提供園地的編者之一。

林風·林鳳·靈鳳

新秋的下弦月，從鯉魚門沉黑的魚背形的山頂上升起來的時候，港裏的海水都泛出魚鱗一樣的銀灰色的光輝。

從隔岸望過去，終夜掙扎着的香港的街頭秋星一樣的在閃着惺忪的睡眼。一條環繞着山腰的裙帶路，那高低蜿蜒的燈光，在叢樹中時隱時現，使人要疑惑它是突然改變了位置的天河……

葉靈鳳作於一九三二年的長篇小說《時代姑娘》，以這樣的〈序曲〉開篇。這裏關於香港夜景的描寫，並非小說家閉門空想，事實上，在這之前，作者已經有過一次難忘的香港之遊。那是一九二九年夏季，葉靈鳳正為現代書局主編《現代小說》月刊。〈序曲〉中所描寫的月色海濤、港島燈火……，恰是從他暫居的九龍城宋皇台一間樓房的窗口，夜夜所能見到的景色。

香港《伴侶》雜誌主編張稚廬曾寫過這樣一首詩：「半島爭看一俊才，宋皇台下寫沉哀；不知十里衙前道，幾見翩翩靈鳳來。」說的就是這件事情。

翩翩靈鳳來香港，並非單獨一人，他還帶了當時的夫人郭林鳳。雙鳳南來，所為何事，怕還要從郭家的不幸說起。一九二八年，上海發生過一起轟動一時的大兇殺案。兩個受僱於一個大家庭的男女傭僕，據說因為相戀關係，而遭到僱主家一些人的干涉，傭僕一怒之下，大動殺機，竟用菜刀將僱主全家來了個滿門抄斬，作案之後逃匿無蹤。不幸的是，在這宗慘案中受害的女僱主便是郭林鳳的母親。因了葉氏夫婦是死者的親屬，一時間竟成為滬上的「新聞人物」。

郭林鳳的性格本來就有些多愁善感，經此打擊，更是傷心欲絕。更何況本來生性隨和的母親，並沒有什麼責任，卻也不明不白地作了刀下冤鬼。所以她說：「想起母親，我有一生也流不完的眼淚！」

這次來港，葉靈鳳便是為了沖淡郭林鳳的悲愴心情，順便到廣西探望她的父親。方寬烈說：「她父親是廣西望族，曾做過大官。」

初到香港，葉氏夫婦住在中環一家旅店。他們在香港沒有一個熟人，只有一位叫作侶倫的作家，因向葉靈鳳投稿，曾有過書信往還，便設法與他取得了聯繫。

侶倫，本名李霖，又名李林風，祖籍廣東惠陽，一九一一年出生於香港九龍。一九二八年，當「香港文壇第一燕」《伴侶》雜誌甫一出現，土生土長的他就開始投稿，那年他只有十七歲。他讀過葉靈鳳主編的《幻洲》，對這位前輩作家欽佩之至。後來葉靈鳳主編《現代小說》，他曾試着寄去一篇作品，不想很快就被採用。從此便與葉靈鳳建立了書信聯繫。當他得悉這位曾給過自己不少教益的作家來到香港，立即叫上當時在一家雜誌任職的黃谷柳，一同前往拜訪。他們極盡地主之誼，引領靈鳳夫婦遊玩了兩天。這時候，靈鳳和林鳳便對香港發生了興趣，在侶倫和黃谷柳的慫恿下，決定在香港作一月的居留。侶倫乃在九龍城自家附近，為他們租得一間樓房。由於那裏還有多餘的房間，侶倫便也住了過去，給他們作伴。

侶倫在《向水屋筆語・故人之思》中對於房屋周圍環境的描述，正好可與葉靈鳳在《時代姑娘》的〈序曲〉中所做的描寫相互印證：

那是座落「宋皇台」旁邊一間房子的第二層樓。從那「走馬騎樓」向外望，正面是鯉魚門，右面是香港，左面是一條向前伸展的海堤；景色很美。尤其是晚上，海上的漁船燈火在澄明的水面溜來溜去，下面傳來海水拍岸的有節奏的聲音。在海闊天空之中，人彷彿置身於超然物外的境界。

那一個月裏，郭林鳳儘管內心裏仍在憂傷，但表面上看情緒已經平復，而且頗能自我克制。他們倆，再加上侶倫，過得也相當愜意、充實。遊玩之餘，最多的活動，便是看書。靈鳳讀的是英文大型本的高爾基小說《母親》，郭林鳳讀的是《漫郎攝實戈》；侶倫則讀着史蒂文生的小說《自殺俱樂部》。喜愛史蒂文生，在這一點上，侶倫又與葉靈鳳有着相同的旨趣。讀書讀累了，三個人有時便到外面去散步，一同坐在堤邊的石塊上乘涼。常常一坐就坐到了深夜。有趣的是，有一次談起鬼的故事，竟整整談了一個通宵。在幽幽的月光下，郭林鳳談起家鄉的風俗，從而談到農曆七月十四日「鬼節」，由鬼節又談到習俗的所謂「施幽」。在當時，他們只感到有趣和刺激。輪到我們後人來審視這段舊事時，則感到了別樣的一種況味。又不禁想起葉靈鳳還在初墮愛河時在〈天竹〉中那段寫給郭林鳳的話：

在我所寫的那冊書上，你曾用譏笑和羨慕的態度為我添注了許多字，誰知一轉瞬間，你自己就已投身到了這個漩渦中。這也許是你甘心而早料到的事，但是我不忍不慎重的告訴你，不測的命運是完全無情的，你要三思。

轉眼一個月的美妙時光悄悄逝去，靈鳳和林鳳終於要辭別新識的香島。但他們卻不再去廣西，而是徑回上海，因為現代書局要葉靈鳳盡快回去處理業務。回到上海後，郭林鳳曾在給侶倫的信中說：「怎能有第二次呢？」不想，這第二次的香港之行，她和她的靈鳳，竟都實現了。只不過再不是翩翩雙鳳，比翼齊飛。

郭林鳳獨自再來香港，是和葉靈鳳分手之後來此散悶的，住在九龍侶倫的家裏。因此坊間還有傳言她與侶倫產生了戀情。李育中在〈記南碧女士魂斷「羊城」〉一文中說：「郭林鳳在香港只有一個男性朋友侶倫，他也是一個多情種子，當時也沒有其他女朋友，機會到來，二人一拍即合。一個短時期，侶倫沒有隱瞞這事，還通過自己創作的一個短篇，若隱若現地描述過這種不大明朗的關係。」

關於此節，魯柏的一篇〈林風與林鳳〉說得較為詳細，篇幅不長，不妨全文照錄：

去年十月份北京出版的《讀書》月刊，柳蘇寫了一篇文章談侶倫，稱他為香港文壇的拓荒人。文中談及李林風這名字與郭林鳳的關係。

林風是否為紀念林鳳而改，我不大清楚，只知道李林風初時是個筆名，寫的是什麼文章也記不起了。不過，郭林鳳這個人在他的生命中的確是留下不可磨滅的印象。

郭林鳳認識侶倫，是在她與葉靈鳳訪港時。二人發生微妙的感情關係，卻在她第二次訪港。林鳳與靈鳳發生意見，分手了，到香港散悶，住在侶倫家。陪伴她出去玩，買東西的卻是侶倫的四妹。我保存一張已發黃褪色的照片，就是林鳳與侶倫的四妹（十一、二歲的小女孩）在宋皇台的小沙灘上玩水。她時時回憶林鳳，說是個溫柔文靜而富同情心的人。林鳳住在他們家裏時，最喜歡唱「小白菜呀，點點黃呀……」那支歌。抗戰時期，常常聽到他們兄妹合唱，不為什麼，只是一個人唱了，另一個跟着。侶倫實在是同情林鳳，林鳳對這個孝子，又是窮文人的好朋友，也充滿憐愛。據我所知，他們並沒有成為情人。在感情上，侶倫付出比林鳳多。侶倫對她的戀情，可以在《紅茶》集中某幾篇文章看到，這本書我已送給女兒，要不一定在這裏引用幾行。如果不是張任濤，文藝界還想不起有個侶倫。

魯柏原名江河，筆名除了魯柏還有紫莉和金刀。一九四六年入「華僑」報系，二〇〇六年辭世。盧因在〈敬悼江河〉一文中說：江河在香港筆耕幾十年，在各大報章寫專欄及連載小說。靠一管筆養活一家十口，爬格子七百多萬字。因自覺全部都是「食飯文章」，沒有滿意的作品，從不結集單行本，甚至謙稱「寫稿佬」，連「稿匠」都不如。

刊有魯柏這篇〈林風與林鳳〉的剪報，是從許定銘的一冊藏書中發現的，這冊書是侶倫簽贈紫莉也就是魯柏的。許定銘還透露，魯柏是侶倫的妹夫。這樣想來，魯柏沒準兒就是文中那個小女孩四妹的夫君。以這種身份所寫的掌故逸聞，當然要比李育中的更為可信。

至於那本《紅茶》，那是侶倫的第一本書，出版於一九三五年七月，至今要找一冊實在比登天還難了。好在《香港當代作家作品選集．侶倫卷》收錄了幾篇，其中，那篇〈紅茶〉就充滿着對於「雙鳳」的非常濃烈的感情：

還有一個不能忘記的夏季，我和「雙鳳」有同住過一個月的機緣。在傍住海邊的一所樓房，度過了極可回味的日子。接近了不多久，他們就察覺了我的癖習。當大家走進咖啡座裏，侍者立住等候要什麼的時候，他們都帶住取笑的神情望住我：「紅茶？」這麼樣說着，好像道出了我的秘密一樣。

記得是一個清幽的月夜，在游泳場。柔綠色的海的臉，向着升起了的月亮露着銀光的笑痕，靈鳳，林鳳，一齋，和我四個人，拖着疲倦從水裏走上岸來，在「By-the-sea」Cafe裏吃飯。自然我又揭開了紅茶這吃飯的序幕。

——這麼地愛喝紅茶，就取個名字紅茶好啦！林鳳笑着對我說。

——好的，我就叫紅茶也不錯。可是你們要一個叫醬油，一個叫辣椒。

我也順承着提議，大家都笑起來了。

林鳳對我說過，靈鳳因為愛吃醬油，在上海有「醬油精」的雅號。但是她自己卻愛吃辣椒。

滿滿的一個月，留下了深刻的友誼的紀念，那一個月就像盡完了義務似的完結了。依戀着一月間那小詩一般的晝暮：在海浴場游泳，到海灘去拾螺殼水草；星夜在走馬樓聽蟲鳴，月夜望月升，風雨中閉門圍讀。這一點點的歡娛。想着人生聚散的無常；我看見這兩個朋友捆縛行裝，就好像捆縛着我的心一樣。於是在別的前夕，我在一張名片後面遊戲地寫了幾個字，放在送別的餅乾包裹裏。

這樣寫：「走了阿，我是逃不掉我的夏秋關頭，你們也是終歸要走。請你們進咖啡時莫忘記紅茶，我自然也不忘記辣椒和醬油。……」

無疑，侶倫是個很重情義、感情又非常細膩的人。他對林鳳之所以會「發生微妙的感情關係」，除了林鳳個人的魅力，更多的可能出於對她不幸家世和失敗婚姻「實在是同情」，正如「林鳳對這個孝子，又是窮文人的好朋友，也充滿憐愛」，是一樣的道理。之所以「並沒有成為情人」，而「在感情上，侶倫付出比林鳳多」，只能說林鳳用情太深，靈鳳在她心中，到死可能都揮之不去。

李育中說：「南碧女士曾經滄海難為水，一切都參透了、看化了，不久便神情落寞地離開香港到達廣州，要洗盡鉛華，重新在廣州就讀私立大學，想修身養性，學點本領的。但她對文學還是興趣濃烈的。同學中有陳殘雲、相交甚好。」陳殘雲原名陳福才，廣州人。他是小說家、劇作家，以電影《羊城暗哨》聞名。年輕時他在香港當過幾年店員，一九三五年考入私立廣州大學，恰與郭林鳳同班。他在《坎坷行程》中回憶過這段校園生活：

在大學裏，由於我喜歡文藝，很快就和幾個愛文藝的同班同學相熟了，如藍孔章、鄭法中、馬蔭隱。接後又認識了郭林鳳、陳瑞雲、何曼霞等等。我們幾個人經常接觸，形成了一個小圈子。那三個女同學愛打扮，樣子也很時新，我們出入一起，在學校中頗引人注目。我們在課餘總是遊山玩水，吃吃喝喝，過的似乎是少爺小姐的生活。我夾在他們當中不大相稱，因為我很窮困。但我的年紀較大，又寫些文章、小詩，他們知道了，對我很尊重，都稱我「福哥」。而我們也知道郭林鳳也是寫文章的，筆名南碧，是作家葉靈鳳分了手的妻子。葉的作品〈雙鳳樓隨筆〉記錄着他們之間的感情生活。

從陳殘雲描述的情況看，郭林鳳並不像謝冰瑩筆下那樣淒淒慘慘，也許已經走出了傷心的泥沼。誰料想，正當她即將迎來新生的時候，一場預想不到的急病竟奪去了她年輕的生命。陳殘雲說：「抗戰前夕，郭林鳳病逝於廣州，我們將她殮葬，後來知道，她是大官員李宗仁的妻子郭德潔的侄女。」謝冰瑩在〈紅豆戒指〉裏說，一九三七年暮春，她曾收到郭林鳳寄來的一個紅豆戒指，一張短箋上寫着王摩詰的詩：「紅豆生南國，春來發幾枝。願君多採擷，此物最相思。」一個月之後，收到郭林鳳的噩耗。她患的是致命的肺病。

再回到侶倫。他之所以熱情地接納林鳳，除了對她本人有好感，恐怕也有些許「愛屋及烏」的意思在內，「故人」葉靈鳳始終在他心中有着特殊的地位。在葉靈鳳去世四年多之後，有一次他同翁靈文談起寫作的舊事，竟「強烈地記起了已故的葉靈鳳先生」，連續寫下〈故人之思〉和〈故人之思續筆〉。開篇就說：「他是我學習寫作的時候，在精神上給予我鼓舞力量的人之一。」他進而說：

我同葉靈鳳相識大概是在一九二九年。那時候，他在上海主編的小型雜誌《幻洲》已經停刊，改辦一個月刊名叫《現代小說》。我正在學習寫作，不自量力地試行寄去一篇小說稿。其實作品的幼稚正如我當時的年齡。可是僥倖地我的小說卻被接受。葉靈鳳給我寫信，並希望我繼續寄稿。我只在那本月刊上發表了兩篇不成樣子的東西，但是卻從此同他建立了通信聯繫。這個在我心目中的文藝界的前輩，他的友誼給我精神上的鼓舞作用是很大的。

侶倫還說，第一次來香港回去上海之後，葉靈鳳給他來信，「鼓勵我應該把作品寄到內地去，否則只是『宋皇台偏安之局』。這話至今不曾忘記」。

侶倫與葉靈鳳之所以親近，還在於他們都有着同樣的愛書的情結。黃俊東曾說：「愛書家」這名詞，應是葉靈鳳所提出來的，雖然他沒有為這名詞下過定義，但在他的文章中，的確也可意會到愛書家，是什麼身份的讀書人，因為他本身所表現的便是一位真正的愛書家。（《愛書人手記·序》）侶倫則說：「我不是愛書狂，也說不上是愛書家；因為我還缺乏這方面的好些條件。但是對於書有着特殊的偏愛，卻是不可否認的事。」（《向水屋筆語·苦樂談書》）還在葉靈鳳第一次去香港的時候，他們就經常在月色下圍讀。看到他如此喜歡書，葉靈鳳還「寫信向上海光華書局要了一批文學書籍寄來送給我」，其中一本就是他特別喜歡的毛邊裝的《漫郎攝實戈》。當年他出版了《靈鳳小品集》和《靈鳳小說集》之後，都寄給了侶倫。後來亦有一段「物歸原主」的佳話。侶倫在《向水屋筆語·書與友情及其他》回憶說：

他有很豐富的藏書，都是在香港居留時期購置的，可是卻缺乏他自己過去的作品。大戰結束後，我把《靈鳳小說集》送回他保存，卻保留着《靈鳳小品集》。在我翻出來的《靈鳳小品集》的扉頁上，有着他的手跡，這是戰後他應了我的要求寫下的：

「書上的簽名，侶倫說，在香港淪陷時給撕去了，要我補簽一個。好罷，我就再簽一個。」

葉靈鳳在香港定居之後，他們也時有為書而聯繫的記錄。一九四六年五月三日葉靈鳳日記說：

昨日侶倫見告，書店有我的《讀書隨筆》出售。這是五年前交給上海雜誌公司的舊稿。將校樣從這裏寄往上海時，不久就發生戰爭，這許多年總不知究竟出版了未。今天特地去買了一部，售價貴得嚇人，打了八折還要八元港幣。書後說是今年復興第一版，不知是新出的，還是出了多年我未見到。書中本有插圖，當時已將樣子一同寄去，但現在並沒有制入。

一九五二年三月二十五日，葉靈鳳還專程去到九龍城，約唔侶倫等人。那天的日記說：

今日往九龍城，在國際茶室約唔柳木下及侶倫。木下要買一部詩人里爾克的傳記，給他在別發書店賒了一本，價二十五元。與侶倫等喝茶閒談至六時。侶倫也蒼老了許多。

六時與木下同往看宋王台遺跡。那一塊大石仍在，三個字也依然，只是已落在平地上。其餘則面目全非。當年（一九二五年前後）我曾在這裏住過幾個月，侶倫就是在這時認識的。真不勝滄桑之感。又往看侯王廟，舊廟已毀，這是戰後新搭的一間小屋，就算作廟了。

宋王台不久要鏟平山石作建築用。擬在日內約人前往將那三個字用墨拓下來作紀念。七時往訪黃茅，後共同出來在好彩茶室晚飯，談至九時半始返。今日一天都消磨在九龍，一連將許多時候要做的事，都一口氣做了，可謂不虛此行。

葉靈鳳這次去九龍，其中要做的一件事，是為了給《新中華》畫報寫〈宋王台滄桑史〉而作實地踏訪。但要做的事顯然不只這一件，重晤侶倫，重訪故地，既生「真不勝滄桑之感」，當然也會憶起早已遠去的郭林鳳，但他沒有說出來。侶倫也說：「葉靈鳳在上海淪陷後，第二次來了香港。由離亂以至大戰結束後一段很長的期間，我始終沒有向他提起過郭林鳳。我覺得這是不必要的。」

《現代小說》與《現代文藝》

《幻洲》被禁後，葉靈鳳還為新創辦不久的現代書局主編過一種《現代小說》月刊。籌備工作早在《幻洲》沒有停刊的時候就已進行了。在《幻洲》二卷六期上曾刊有一則〈現代小說出版預告〉：

> 一九二八年的一月一日，我們將由新開的現代書局再出版一個專載小說的月刊「現代小說」，每期有八萬字。我們創設這個刊物的心意，是想真實地，誠懇地，為了自己，也可說為了旁人的原故，在小說上作一番重負的努力。大約在今年十二月中旬左右，這個刊物的第一期便可在各書店中與讀者相見。

《現代小說》何以交由現代書局出版？這就要追溯一番葉靈鳳與現代書局創辦人張靜廬的關係。

張靜廬是浙江慈溪人，早年曾任天津《公民日報》副刊編輯，上海聯合通訊社、國聞通訊社記者等職。一九一五年（一說一九二〇年）進入泰東圖書局當編輯，從此開始了他的出版生涯。泰東圖書局被稱作創造社的搖籃，已如前述。張靜廬與創造社的交情，也便始於此時。後來創造社脫離泰東，自己搞起了出版部，張靜廬也自立門戶，創辦了光華書局。因為「同在泰東書局編譯所裏有過半年以上吃大鍋飯的交情」，創造社曾將《洪水》半月刊委託光華發行。作為《洪水》的編輯之一，葉靈鳳也便開始了與張靜廬的接觸。這時期，張靜廬是應當特別感激葉靈鳳的，且不說《洪水》的暢銷擴大了光華的影響，而且，由於有着相同的興趣，葉靈鳳還經常替光華畫廣告，繪插圖，提供了許多義務的幫助。另一方面，葉靈鳳的成名，也頗得益於光華。他早期的不少著作，像《白葉雜記》、《菊子夫人》、《鳩綠媚》、《女媧氏之遺孽》，都是由光華出版。葉靈鳳主編的「幻洲叢書」和《幻洲》半月刊，亦委託光華書局印行。張靜廬對葉靈鳳的工作無疑非常滿意，他的《在出版界二十年》一書，就有「經靈鳳的設計，裝幀格式都非常美麗」這樣的讚語。正是因了這種合作的愉快，所以當張靜廬離開光華，與洪雪帆、盧芳合辦現代書局時，也特意聘請葉靈鳳主編一種《現代小說》月刊。

《現代小說》創刊於一九二八年一月，一九三〇年三月終刊，共出版三卷，凡十七期。潘漢年曾參加過刊物的編輯工作，但因參加革命的實際工作一度中途退出，所以葉靈鳳承擔了主要的編輯工作。撰稿人包括了郭沫若、周全平、潘漢年、白薇、錢杏邨、羅皚嵐、向培良、洪靈菲、戴平萬、樓建南、嚴良才、葉鼎洛、施蟄存、張子三、楊蔭深、周起應、沈起予、沈端先、王任叔、馮乃超、許傑等，甚至還有遠在香港的謝晨光。從總體上說，《現代小說》的規模和氣度都遠非差不多是自編自寫的《幻洲》、《戈壁》所能比擬。

在〈現代小說出版預告〉中，編者曾將刊物定位為「專載小說的月刊」，在前兩卷，情況正是如此，只不過是兼有創作小說和翻譯小說而已。以創刊號為例，創作小說有葉靈鳳的〈肺病初期患者〉和〈浴〉，潘漢年的〈她和她〉和〈離婚〉，嚴良才的〈愛之青〉，樓建南的〈報復〉，翻譯小說則有布寧〈溫雅的呼吸〉（葉靈鳳譯），高爾基〈綠的貓兒〉（效洵譯）。在編排形式上，雖然仍有葉靈鳳繪製的題花，但相比《幻洲》，數量有所減少，而且基本沒有出現大幅插圖，無論是葉靈鳳自己的，還是其他畫家的。總之，給人一種中規中矩，但也波瀾不驚的感覺。

其實，葉靈鳳自己也很清楚：「本刊以前的編制實在太單調。」於是就有了第三卷第一期的「蛻變」。一九二九年十月十五日出版的這本「十月擴充紀念特號」，篇幅厚達三百七十頁，僅目錄就佔了四頁。目錄的字型，大小不一，錯落有致。欄目的設置也非常奪人眼球，計有：創作小說，翻譯小說，小品隨筆，論文雜著，現代文藝名著介紹，文藝通信，新書一瞥，文藝閒話，現代文壇。此外還有一篇不屬於任何欄目的白薇的獨幕劇《姨娘》。

在卷首的〈編者隨筆〉中，葉靈鳳闡述了這一「蛻變」的由來：

> 蛻變了的現代小說，第一期已呈到讀者諸君的眼前。關於這一期的內容，我想不必在此費詞介紹。雖是在品質兩方面，這一期已經能在國內任何大雜誌的面前昂頭無愧。但是我們並不因此感到滿足。我們預備發展的計劃還很多，這裏所實現的僅是一部分。
>
> 關於這一次編制方面的蛻變，我們並不是完全無意的。本來應該一年就出完的第一第二兩卷現代小說，一直遷延到一年零九個月才告成，這真是太荒謬的事，這裏面雖然也有別的原因，但編者的不盡職卻是無可推諉的事。因了這樣的遷延，於是許多預備改革的計劃便不能不隔起；這樣在沉悶中掙扎着，一直到今天才歎出這一口活氣。
>
> 兩年來愛護這刊物的讀者諸君：沉悶了兩年，從這一期起，那麼可以按時獲到一帖

有力的興奮劑了。關於以前的一切，編者僅以個人名義在此地向諸君道歉，至於今後的一切，請靜待我們的努力。

接着，葉靈鳳還預告了「今後變更的地方」：

今後變更的地方，見了本刊擴充預告書的人大約已經知道。未見到的人就是從這一期的目錄上也可以看出。未盡善的地方，我們當諸期改革，請讀者隨時賜教。

從這一期起，我們今後要向下列四個方面努力：

A 介紹世界新興文學及一般弱小民族的文藝。

B 努力國內的新興文學運動。

C 扶持鼓勵國內被壓迫的無名作家。

D 介紹批評國內出版的書報。

其他關於國內外文壇消息，以及插畫攝影等等，我們都當努力搜集，以期增添讀者的興趣。

這樣一種「拼盤」式的編排方式，標誌着葉靈鳳編輯理念的正式形成，以後的《現代文藝》、《文藝畫報》、《六藝》，包括到香港後編輯的幾種雜誌和報紙副刊，都體現了這種追求。即使在戰時，他所主編的《立報．言林》，仍然開設了各種各樣的欄目，例如「戰地歸鴻」、「文壇佳話」、「作家動態」、「新書介紹」、「歐美新書」、「國際文化」、「文化報道」、「文壇動態」、「文壇逸聞」、「自由文獻」、「文化資料」、「讀書偶錄」，甚至「通俗經濟」、「科學新聞」、「國際常識」。這是他一貫就有的「言之有物」的辦刊思想。

將「介紹世界新興文學及一般弱小民族的文藝」放在首位，這是「蛻變」後的《現代小說》的突出特色。僅以「十月擴充紀念特號」的「現代文壇」這一個欄目而言，就包括了德國、法國、義大利、蘇聯、西班牙、美國、英國，「國內」部分反而附於驥尾。第三卷的各期中，策劃了不少特載，例如〈現代美國文壇概況〉、〈一九二九年世界文壇的回顧〉、〈今年諾貝爾文學獎的得獎者〉、〈關於日本新興文學〉、〈幾個美國的無名作家〉等，除了國外作品的翻譯，「海外文壇」、「文藝通信、」「文壇消息」等欄目中更是提供了海量的外國文壇資訊。

李歐梵無疑也注意到了這一點，他在《上海摩登》一書說：「他把這份雜誌辦成了展示最近歐美文學思潮和作家的櫥窗。像施蟄存一樣，他也讀英美出版的大量文學雜誌和評論，然後把有些材料翻譯過來，隨意組合進他們自己辦的雜誌中……提供了一個瞭望西方文學思潮和時尚的視窗。」李歐梵將葉靈鳳與施蟄存並稱，是因為他認為二者有着某些共同之處，尤其是在「世界化」和「現代性」方面。他說：「這些人自覺很『現代』，並聲稱自己是世界文學的『同代人』，是關注世界各地最新、最先鋒的文學動態的人。」但是，李歐梵犯了一個錯誤，那就是顛倒了施蟄存主編的《現代》和葉靈鳳主編的《現代小說》的先後順序。例如他說：「張靜廬、施蟄存兩人協定了施蟄存全權決定新雜誌的編務，該期刊定名為《現代》。另一位文壇人士葉靈鳳則不久成了該公司另一份刊物《現代小說》的主編。」《現代》雜誌創刊於一九三二年五月，即使是《現代小說》的「蛻變」版，也早於它兩年零七個月。在這一點上，《現代小說》無疑是《現代》的先聲。

即使在編排形式上，《現代小說》也具有某種《現代》雜誌的雛形。例如對作家肖像的重視。在「蛻變」版的〈編者隨筆〉中，葉靈鳳宣布：

> 應了許多讀者的要求，從這一期起我們開始了「現代中國作家畫像」的工作，這件事雖然也有人反對，但我們覺得並不是完全無意義的工作。執筆者是振宇人仄幾位先生，發表的先後並不是有怎樣選擇和秩序的，是完全依材料的搜羅情形而定。

在第三卷各期亮相的中國作家畫像有：郭沫若、周全平、金滿成、白薇，外國作家肖像似乎更多，包括辛克萊、高爾基、呂費諾斯、霍普特曼、施尼志勒、比涅克、巴比塞、果爾德。其他美術作品亦很豐富，包括木刻、漫畫、宣傳畫、裝飾畫、木雕、劇照等，其中，洛克威爾．肯特也有「木刻二幀」入選，這應該是肯特首次出現在中國讀者面前。

注重普羅文藝的介紹宣傳，也是改版後的《現代小說》一個非常鮮明的傾向。三卷一期的「十月擴充紀念特號」，在卷頭醒目刊出蘇聯畫作《紅的天使》，這就好比吹響了紅色衝鋒號。「紅的天使將革命的火焰向世界上散佈。」葉靈鳳既是解釋畫作的含義，又似在宣布《現代小說》「蛻變」後的辦刊方向。

《現代小說》的「蛻變」，既有當時的時代背景，也與編者之一潘漢年的使命有着很大關係。一九二九年六七月間，中共六屆二中全會在上海召開，會議決定成立中央文化工作委員會（簡稱

「文委」），文委的成立，是中國共產黨從組織上加強對革命文化工作領導的開始。潘漢年被任命為第一任文委書記，他接手文委後的第一項艱巨工作，就是解決已經持續一年多的關於革命文學的論爭。在這一期的《現代小說》上，他發表了〈普羅文學題材問題〉，文章指出：

> 與其把我們沒有經驗的生活來做普羅文學的題材，何如憑各自所身受與熟悉一切的事物來做題材呢？至於是不是普羅文學，不應當狹隘的只認定是否以普羅生活為題材而決定，應當就各種材料的作品所表示的觀念形態是否屬於無產階級來決定。
>
> 一切現存的社會生活，它應當反抗壓迫階級的兇殘，暴露資產階級與封建地主階級的醜惡，反對帝國主義的陰謀侵略……總之，現在中國所有壓迫，束縛，侵略，阻礙無產階級利益的物件，都是我們普羅文學的題材，正是與中國現階段的革命性質及其任務是一致的。
>
> 同時我應當聲明，誰能夠以被壓迫的勞苦工農生活做題材當然是很好的普羅文學，可是這不是勉強妄想可以達到目的；所謂去觀察，體驗普羅生活，這是一種非實踐的概念論，得不到什麼結果，只有嚴肅的去受普羅的革命集團生活訓練，只有奮勇的去參加普羅的實際鬥爭，在這種實地的生活中，你才能夠得到無產階級生活正確的經驗，等於許許多多革命前衛的鬥爭生活，不是你坐在家裏空想可以得來的。

潘漢年以這篇文藝通信，和另一篇次年發表在《拓荒者》的〈普羅文學運動與自我批判〉，緩和了論爭，消除了對立。他還率先作出自我批評，並專程赴內山書店與魯迅懇談，論爭雙方終於坐到了一起。

葉靈鳳雖然不能像潘漢年那樣，「去受普羅的革命集團生活訓練」，「去參加普羅的實際鬥爭」，但他通過對刊物的刻意經營，致力於「革命文藝學說的介紹」。這當中，既有〈蘇聯文壇近狀〉，又有〈關於巴黎公社的文獻〉；既有〈唯物史觀光下之文學〉，又有〈文學批評之觀點〉；既有〈小林多喜二的《蟹工船》〉，又有〈美國：罷工〉。即使在美術插圖方面，也更注重介紹日本第二次普羅列塔利亞美術展覽會和左翼漫畫家柳瀨正夢的〈言論自由〉、〈戒嚴之下之神戶市〉這樣的作品。

《現代小說》時期，葉靈鳳的文學翻譯迎來一個高峰。俄羅斯文學是他翻譯的重點，先後翻譯了布寧的〈溫雅的呼吸〉，愛羅梭夫的〈領袖〉，庫布林的〈春節〉，高爾基的〈我的童年〉，比涅克的〈胃癌〉等。一九二八年六月，他還在光華書局出版了《新俄短篇小說集》，這是繼曹靖華《煙袋》之後，「國內最早的第二本蘇聯短篇小說的中譯本」。在卷首的〈新俄的短篇小說〉一文中，他說：「新興的文學之所以能確定了他的地位，是因了這許多作家不僅是同情者，他們簡直都是實際的活動者。他們隨了紅軍去打仗，在以前，他們受着白黨的虐刑，做俘虜，被監禁。因此，這是當然的結果，這新興的文學便自然迥與舊的不同了。」他還說：「國內近來似乎也有人在鬧『革命的文學』，但是我覺得這不僅是喊喊就可成就的事。無產階級的作家不會寫出資產階級的作品，與安閒的小資產階級思想的作者不會寫出無產的文學，是同一樣不可能的事。」他的這些觀點，早於潘漢年〈普羅文學題材問題〉發表，由此可知，作為《現代小說》的共同編者，或者更準確說，作為長期的親密無間的夥伴，在左翼文藝思想方面，葉靈鳳不一定總是被動的被影響的一方。

值得注意的是，葉靈鳳雖然經常被人貼上唯美主義的標籤，但在文學翻譯方面，他時時呈現出實用主義的一面，例如他翻譯巴比塞的《火線下》，拍夫朗訶的《紅翼東飛》，都是直接為了抗戰服務。羅曼．羅蘭的《白利與露西》，雖然是一段淒慘的愛情故事，但也是以反戰為寫作宗旨。在太平洋戰爭以前的香港，他還翻譯過大量歐美、蘇聯乃至印度的戰爭題材短章，可惜未能結集。當然，他也始終鍾情浪漫頹廢的情愛故事，像《蒙地加羅》、《木乃伊戀史》、《阿柏拉與哀綠綺思的情書》，都是此類。多人合集《九月的玫瑰》和《世界短篇傑作選》中的許多篇目，也是如此。葉靈鳳非常注重小說的結構和形式，他翻譯的小說，除了故事曲折動人，在寫作方法上亦多獨到之處，尤其是《世界短篇傑作選》，精選了莫泊桑、伊本納茲、舍裏斯勒、高爾基、布甯等人的短篇佳作，充分展現了他不凡的選家眼光。在香港的幾十年中，他的翻譯作品洋洋可觀，更有連載十幾年的長篇譯述，可惜除了《阿柏拉與哀綠綺思的情書》，只出版過一本《故事的花束》。

李歐梵曾把葉靈鳳與趙景深、邵洵美、張若谷並列為一九三〇年代上海文壇「自成風格的權威譯者」。（《上海摩登》）唐弢在《晦庵書話》中也曾論及葉靈鳳翻譯的顯克微支《蒙地加羅》，他說：

> 顯克微支又有小說曰《在蒙的卡羅》，描寫戀愛變幻，詞采美麗，中文有兩種譯本，一為葉靈鳳譯，光華書局版，一九二八年十月印行，譯書名曰《蒙地加羅》；一為張友松譯，一九二八年十一月印行，春潮書局版，改書名曰《地中海濱》，蓋以出版時間相近，避雷同也。兩書均毛邊道林紙印，譯筆互有短長，但均過得去。

對於《現代小說》的未來，葉靈鳳是躊躇滿志的。在三卷五六期合刊的〈編者隨筆〉中，他為讀者擘畫了一個充滿誘惑的未來——於第四卷刊出內容純是圖畫照片的號外——「武器的藝術」，揭示「藝術作品要怎樣才能完成它階級的武器的使命，不成為一般的消遣品」；在四卷二期上刊登「新俄文藝專號」，整個的介紹新俄文藝；四卷四期上登載「創作專號」，專登國內左翼作家的創作小說；從四卷一期起，按期為讀者報告國際普羅文藝運動……但是，他不知道眼前的這一期竟是《現代小說》的絕唱。在〈回憶《幻洲》及其他〉一文中，他說：「《現代小說》的壽命比較長一點，然而旋出旋停，到了一九三〇年，終於在那一次大壓迫之中，隨着《拓荒者》，《南國》，《大眾文藝》一同停刊了。」

《現代小說》終刊以後，葉靈鳳還為現代書局主編過另一種月刊《現代文藝》。第一期於一九三一年四月一日出版。在此期的〈編者隨筆〉中，編者說明：「本刊創設的目的，對於西洋文學要作廣泛的介紹，注重現代的作品，也不忽略過去的名著，至於各國最近的文藝思潮和現狀，則更按時介紹，以最新穎的材料供給讀者。同時，對於本國的文藝，則更特約新文壇第一流名家的最近的力作按時在本刊發表。」從前兩期的內容看，外國作家作品佔了較大比重，他們包括：郭果爾、屠格涅夫、杜斯妥也夫斯基、托爾斯泰、布萊克、伊凡諾夫、項勃、宮崎夢柳、理定、崔曙海、伊斯特拉底、法郎士等。不僅有俄、法、英、美文壇大家，亦有日本、朝鮮等東方國家少為人知的作者。其中對堂克蓄德（堂．吉訶德）及其作者的介紹，當屬國內首次。國內方面的撰稿人，則有金滿成、段可情、楊昌溪、林疑今、谷劍塵、江兼霞、徐霞村、關紓、穆木天等。

刊物對「大小的插圖和編排的格式」亦做了刻意的追求。其中較為引人注目的，是對木刻藝術的偏愛。不獨每期都有這類作品，更在一卷二期的〈編者隨筆〉中專門作了敘述：

木刻是近來頗流行的一種藝術。它最初的用途是在給書籍作插圖，後來因為金屬製版發達，漸漸的被淘汰。但是近年卻又突然的抬頭，因了它那特有的健強生動的單色對照，於是就成了一種獨立的藝術。這在英國和德國尤其特別發達。

除此之外，刊物所登載的基慈的墓碑、莎士比亞的故宅、斯各德的藏書室、狄肯斯的書桌，以及關於諾貝爾獎金的五幅攝影等，不僅資料珍貴，亦使刊物具備了圖文並茂的特色。這一點，實在是作為畫家出身的編輯家的獨到之處，也是後來創辦《文藝畫報》的濫觴。

左聯的加入與開除

左聯的成立，是一九三〇年代文壇的一件大事，而葉靈鳳是參加過左聯的。之所以說「參加過」，是因為時隔不久，他即被「開除」。一九三一年四月《文學導報》第一卷第二期刊出左聯常委會〈開除周全平、葉靈鳳、周毓英的通告〉，其中葉靈鳳部分這樣說：

> 葉靈鳳，半年多以來，完全放棄了聯盟的工作，等於脫離了聯盟，組織部多次的尋找他，他都躲避不見，但他從未有過表示，無論口頭的或書面的，最近據同志們的報告，他竟已屈服了反動勢力，向國民黨寫「悔過書」，並且實際的為國民黨民族主義文藝運動奔跑，道地的做走狗。常會為愛惜同志和慎重起見，於十日前曾給他最後的責問，限他於一星期之內用書面答覆下面的三點：一、是否有上記的無恥的行為？二、倘沒有，是否有決心即刻脫離國民黨走狗們，堅決的反對國民黨民族主義文藝運動和一切對於文化的法西斯蒂的壓迫，並且左聯其他一切的決議？三、將確實的地址通知聯盟。但至今已過去十日，聯盟並未接到他的答覆。常會認為同志們的上記的報告是確實。因此，葉靈鳳已成為無產階級革命文學運動之卑污的敵人了，就此決議將葉靈鳳開除，並由秘書處在左聯機關雜誌《前哨》上宣布。

葉靈鳳的加入左聯，想必有他的好友潘漢年的影響。當時，代表中共參與和領導左聯籌備工作的，正是潘漢年。後來，他還擔任了左翼文化總同盟第一任黨團書記。那一時期，潘漢年與葉靈鳳過從甚密，他的為成立左聯在思想上和理論上做準備的重要文章〈普羅文學題材問題〉，就發表在他們兩人共同主編的《現代小說》三卷一期。

此外，葉靈鳳的加入左聯，也是有其思想基礎的。一般來說，葉靈鳳是自稱唯美派的，年輕時節，喜歡模仿頹廢的藝術家，「歡喜將頭髮亂蓬在頭上」，後來又崇尚唯美派精緻的修飾，把頭髮「由蓬變成光了」。在《白葉雜記》收入的〈偶成〉一文中，他這樣描寫自己如何在電車上向一個矚目於他的時髦的年輕女人炫耀展覽他的精緻：「我從袋裏掏出一條有『哈必根』香水的手帕來擦了一擦手，我望望自己的手指，很尖細。才用 Curtex 修飾過的指甲，整潔而光亮。」當年，有人甚至把葉靈鳳稱作「現代潘安」。（馬國亮：〈現代潘安〉）但這只是葉靈鳳的一面，甚至可能只是表現在小說中的表面現象；另一面，他是一直追逐進步思想的，很早就表現出對馬克思、列寧以及蘇俄文學的超乎平常的熱情。他經常光顧當時上海唯一一家專門出售進步外文書籍的書店，在那裏買到了《資本論》的英譯本和《震撼世界的十日》一類的書。一九四〇年，徐遲在香港想買馬克思主義的初級書，還是求他推薦的書目，可見確實做過一定功課。這事見於徐遲《江南小鎮》一書：

> 到了中環，我沒有立刻往滙豐大樓去，而拐到另一條街上，到一個書店去。巧的是我正好碰上了葉靈鳳。真是再巧也沒有了。
>
> 「靈鳳，早安，幫我個忙，替我挑選兩本馬克思主義的初級書。」
>
> 他好像很驚奇地從金絲邊眼鏡中看了看我，然而沒有說什麼。在書店供閱覽用的長桌

上，靈鳳隨手挑了兩本書給我：一本是恩格斯的《社會主義從空想到科學的發展》，另一本也是恩格斯的，《論費爾巴哈》。他對我說：「你先看這兩本吧。看完再看其他的，那時你自己也應該能挑選了。」

左聯成立前夕的一九二九年，葉靈鳳借助他所主編的《現代小說》，對普羅文藝進行了不遺餘力的宣傳和鼓吹。其中三卷三期刊發的剛果倫〈一九二九年中國文壇的回顧〉一文，更是對左聯的成立，做出了公開的預示：「目前的普羅文藝運動的形勢又是一變了。所有的普羅文藝的社團在高壓的環境之下，是更積極的聯合一致了。是已經有解散了各個社團的組織成為了一個大的統一的組織的傾向了。在這個大的組織完成的時候，它必然的是會為中國的普羅文壇開闢一個新的局面的。」

受普羅文學思潮的影響，葉靈鳳這時期的小說創作也由初期的情愛小說轉為「革命＋戀愛」。這方面的作品，包括〈左道〉、〈神跡〉、〈未完的悲劇〉等短篇和他的第一部中篇《紅的天使》。這類小說雖然在戀愛的情節上有一定可讀性，但對革命的描寫，則明顯地屬於「架空想像」，因此都不算成功。還有兩篇〈窮愁的自傳〉和〈梁實秋〉，前者對魯迅作了不適當的諷刺，後者則過於「寫實」，當時就受到來自左翼和新月派的抨擊。葉靈鳳本人對上述小說也難說滿意，以至在編定《靈鳳小說集》時幾乎無一收輯。

左聯成立於一九三〇年三月二日，魯迅到會並發表了有名的「對於左翼作家聯盟的意見」的演講。成立大會會址在竇樂安路（今多倫路二〇一弄二號），這是一座三幢合一的花園洋房，紅磚紅瓦，清水牆，牆磚灰白色嵌縫，看上去既洋派十足，又莊重肅穆。當時它是中華藝大的校舍，成立大會就在底層那間大教室召開。葉靈鳳自述，他不僅僅是普通的盟員，實際還是發起人之一，但他是否出席了三月二日的成立大會，卻有不同說法。左聯成立當年三月十日出版的《拓荒者》第一卷第三期刊載的〈中國左翼作家聯盟的成立〉一文，開列了三十餘位到會者名單，葉靈鳳並不在內，但當年國民黨中央執行委員會秘書長陳立夫簽發的一五八八九號公函所附的「參加第一次成立大會的左翼聯盟員」的四十九人名單，卻包括了葉靈鳳。近年公佈的葉靈鳳日記，在一九五一年八月八日載有這樣的話：「我與魯迅翻臉極早，因此從未通過信，也從未交談過。左聯開會時只是對坐互相觀望而已。」葉靈鳳還曾於一九七四年三月十七日在香港《新晚報》發表〈「左聯」的成立〉一文，也能證實他曾出席左聯成立大會。文章說：

> 第一次的成立大會開得很順利，開會之前大家還唱了《國際歌》。可是當時即使在「租界」範圍內，環境也已經很惡劣。第二次開會的地點雖然改了，結果仍是出了事情。

第二次開會出了什麼事情？文章沒有進一步交待，但他自己「出了事情」倒是真的。當這個大的統一的組織真正成立之後，葉靈鳳卻逐漸地疏遠了它，直至被開除。至於開除通告上所列舉的「屈服了反動勢力，向國民黨寫『悔過書』，並且實際的為國民黨民族主義文藝運動奔跑，道地的做走狗」，這種種罪名，實在無據可查。從開除通告所說的「完全放棄了聯盟的工作，等於脫離了聯盟，組織部多次的尋找他，他都躲避不見」來看，倒不像左聯拋棄他，而是他首先拋棄了左聯，這難免讓人聯想到正史當中都不迴避的左聯從一開始就存在關門主義和宗派主義，發展到後期，就連「左聯盟主」魯迅都受到左聯某些領導的排擠、挖苦和打擊。葉靈鳳選擇避之不及，恐怕是他的天性和人生、藝術趣味使然。他可以熱情地接受進步思想，自發地為這種進步思想鼓與呼，但他寧願選擇自己所樂意接受的方式，不願被一個呆板的組織羈束。這應當是對於葉靈鳳與左聯恩怨的最合邏輯的詮釋。

現代同人

一九三二年一月二十八日，日本軍隊在上海吳淞發動了侵略戰爭，以蔡廷鍇將軍為首的十九路軍奮起抗擊，阻止了日本軍隊的推進。不久，蔣介石和日本軍方簽定了淞滬停戰協定，結束了戰事。這次戰役雖然不足三個月，卻使上海的經濟、文化、民生遭受到極大的破壞。當戰事停止之後十餘天，幾乎所有的商店都還關着門，而葉靈鳳供職的現代書局，也和其他大小書店一樣，緊閉着門戶，全然沒有了以往的熱鬧熙攘。從外地回到上海的現代書局老闆洪雪帆、張靜廬思量着：讀者在火藥氣氛中迫切需要精神糧食的調劑，而作為文化雜糧鋪的書店，老關着門，到底沒有什麼意義；何況先行開門也可以多多少少做些生意，解決不曾逃離回去的店員們的膳食費用。於是主張先行開門營業。

關於開張之後的熱鬧情形，張靜廬的《在出版界二十年》這樣回憶：

> 第一天，不料門市收入竟達到三百五六十元，打破現代門市收入的紀錄。從一批進一批出的讀者們的需要看來，戰事照片複製的畫報，最受到歡迎。於是，葉靈鳳先生以出版部主任資格就自己動手來編制一本《淞滬戰影》。

這一點，足可以說明作為編輯家和出版家的葉靈鳳有着多麼強的職業敏感。但這本《淞滬戰影》的情形如何，卻不見有更多的記載，葉氏本人日後似也從未提及。

日本軍隊全部撤退之後，社會秩序逐漸恢復安定。由於淞滬之戰使上海幾乎所有的文藝刊物都停止出版，所以，文化出版業面臨百廢待興。現代書局老闆們自然也躍躍欲試，計劃着創辦一個文藝刊物。

這個計劃中的刊物就是後來一度風生水起的《現代》，新的文藝刊物的主編將會是後來「被年輕一代的作家和學者擁戴為中國現代主義的奠基人」（李歐梵：《上海摩登》）的施蟄存。一九八〇年代早期，施蟄存和他主編的《現代》在塵封許久之後被「重新發現」，那幾年，他寫過多篇關於《現代》和現代書局的回憶文章，其中〈我和現代書局〉一文曾對現代書局的前世今生做過一番梳理：

> 現代書局原先是盧芳獨自開設的。在福州路光華書局對街租了一個單開間的店面，批售各地新文學出版物，後才陸續出版書刊。他印行的第一本書是易卜生的劇本《野鴨》，徐培仁譯。當時外國文學的譯本銷路不大，劇本尤其滯銷。盧芳對文藝書情況不熟悉，他以為只要廉價收進原稿，印出書來就有利可圖。結果他印了四、五本書，都賣不出去，自己資金又不多，書店辦不到一年就維持不下去了。
>
> 張靜廬原在趙南公辦的泰東書局當編輯。他倒是很早就響應新文學運動的。……他有點見獵心喜，也想自己辦一個書店。於是他籌措了一筆錢，與盧芳合作。盧芳所擅長的是發行工作，張靜廬則知道應當出版哪些書。他們的合作是理想的。但是二人的資金合起來還不過二、三千元，不易發展。於是碰到了洪雪帆。洪雪帆是寧波人，商店學徒出身，並

不熟悉出版事業，也不瞭解新文學運動。當時他大約還沒工作做，就經人介紹，加入了盧芳、張靜廬一夥，三人合資，開設現代書局。洪雪帆也不是有錢人，他投入的資金也不會多。不過他是虞洽卿的近親，遇到困難，有虞洽卿為他撐腰。現代書局在海寧路一個里弄裏租了一幢三樓三底的石庫門屋子，作為編輯部、發行部、會計科和經理的辦公室，福州路的單間店面擴大為雙間店面。規模初具，於是由洪雪帆商請虞洽卿轉知四明銀行，給予書局幾萬元的信貸。這樣一來，書局的經濟就活起來了。論功排輩，洪雪帆為總經理，現代書局的代表人。張靜廬為經理，負責抓業務。盧芳為發行兼門市部主任。這三駕馬車在淞滬戰爭前運轉得頗為順利。

在雜誌方面，現代書局曾出版過幾種左翼文藝刊物，如《拓荒者》、《大眾文藝》等，包括葉靈鳳、潘漢年主編的《現代小說》，均被國民黨當局以「宣傳赤化」的罪名查禁。後來迫於官方的壓力，出版過一種宣傳民族主義文藝運動的《前鋒》月刊，幸被淞滬之戰一炮轟垮。當戰事結束，有鑒於「上海方面也沒有比較像樣的文藝刊物」，張靜廬就提議：「這是我們應該做的工作；在業務上着想，也應該立刻出版一種純文藝刊物。」這一復興書局的地位和營業的建議，很快得到書局幹部同人的同意。但以前的辦刊經歷使他們驚魂未定，未敢再辦一個冒政治風險的刊物，於是張靜廬就寫信到松江，請施蟄存出任新刊物的主編，理由是：「在這一時期，他是挺適宜的一位編輯。對無論哪一方都沒有仇隙，也不曾在文壇上對某一位作家發生過摩擦。」（《在出版界二十年》）

施蟄存，一九〇五年出生於杭州，幼年隨父母去蘇州，辛亥革命後又長期遷居松江。他中學畢業後先入杭州之江大學，一九二三年到上海，入上海大學。一九二六年秋，轉入震旦大學法文特別班。此時與班內同學戴望舒、杜衡、劉吶鷗創辦過一個小型文藝刊物《瓔珞旬刊》，總共出了四期。一九二七年四．一二事變後，回松江任中學教員。一九二八年，劉吶鷗創辦第一線書店。被查封後，又於次年經營水沫書店。施蟄存和戴望舒、杜衡等都在書店裏擔任過經理與編輯之類職務。為了書店的工作，施蟄存經常往來於上海松江之間。這一時期，施蟄存參加了劉吶鷗創辦的《無軌列車》半月刊的編輯工作，嘗試寫多種形式的小說。《無軌列車》停刊後，又於一九二九年九月，和徐霞村、劉吶鷗、戴望舒共同創辦了《新文藝》月刊。但這個刊物也很短命，到一九三〇年的初夏，即被國民黨封閉。

施蟄存沒有加入「左聯」，和國民黨亦沒有關係，加之有過幾年辦刊的經歷，自然符合現代書局所要求的標準，或者說，他具有現代書局此時所希望的「中間色彩」。

施蟄存依約從松江來到上海，同張靜廬就辦刊事宜商談了一天。中午時分，洪雪帆、張靜廬、葉靈鳳、施蟄存四人還一起到北四川路一家飯店吃了頓午飯。經過一番磋商，施蟄存答應了張靜廬的請求，新的刊物也定名為《現代》。但施蟄存向店方提出了最後一個條件，「是《現代》雜誌在現代書局編輯部必須有獨立自主的權利。我和葉靈鳳必須分清工作。我不會向靈鳳組稿，但我不便當面拒絕他，所以請靜廬向他打個招呼。這個條件，靜廬同意了。因此，我編《現代》的最初二卷中，沒有葉靈鳳的作品」。（〈我和現代書局〉）

所謂的現代書局編輯部，只有葉靈鳳和施蟄存兩個編輯，再加一個青年校對員，三人而已。是什麼原因使施蟄存對葉靈鳳如此設防呢？這就涉及他當時對葉靈鳳的看法。施蟄存說：「……我心裏還有一個疙瘩，想了半天，認為還是提出為妙。這就是葉靈鳳的問題。……靈鳳於一九三一年加入左聯，從這一面看他是左翼作家、進步青年。但這個人另外還有一面。他住在姊姊家裏，而他的姊夫是潘公展的部下，在市教育局當督學。潘公展是教育局長，負責控制上海文化事務。葉靈鳳由姊夫的關係，常常很早就知道一些國民黨的文化動態，因此就有人懷疑他是打入左聯的文化特務。當時在上海文藝界，他是一個很有問題的人物。我和靈鳳雖然早已認識，但沒有交情，也不知道他的情況。他有這樣一個姊夫，也是我進了現代書局以後才知道的。」（〈我和現代書局〉）

施蟄存對葉靈鳳的側目，自然有他的道理；而葉靈鳳日日和一個對自己常存「腹誹」的人同屋共事，滋味也確實不好受。但葉靈鳳的為人無疑是坦蕩的，對施蟄存的態度無疑也是坦誠的，他以時間和行動證明了自己的清白，從而打消了施蟄存的狐疑。施蟄存説：「後來，和他共事的時間長了，摸清了他的情況。其實他和國民黨沒有組織關係，不過自以為消息靈通，在兩邊説話，失於檢點。但他畢竟沒有出賣或陷害革命同志。潘漢年每次化裝來滬，總是到編輯部來找他。也許他還為潘漢年做過一些事。因此，我不久就對他撤防，發表了他的小説。要不然，天天在一個辦公室同事，也不很好過。」

經過一番籌備，《現代》月刊於一九三二年五月一日正式創刊。由於它是淞滬戰後最早問世、自然也就是當時上海唯一的文學刊物，甫一上市，就受到讀者的熱烈歡迎，創刊號再版兩次，刊物的最高發行數突破一萬。

這樣，現代書局的聲譽和營業連帶提高，經理室和編輯部也搬到了文化人經常往來，有「書店街」之稱的福州路。

《現代》的創刊宣言一再聲明《現代》不是同人雜誌，事實上它也的確具備了對各種傾向（包括政治傾向與創作方法及藝術風格）相容並包這樣一種開放的胸襟和氣度。

葉靈鳳在與《現代》保持了幾個月的「井水不犯河水」之後，於一九三二年十一月在《現代》第二卷第一期創作增大號上首次亮相。這一期的雜誌不僅發表了他的小說〈紫丁香〉，更在插頁上刊出他的一幀近影。此後陸續發表的作品有：小說〈第七號女性〉、〈流行性感冒〉、〈憂鬱解剖學〉，譯作〈品質〉、〈散文三章〉，隨筆〈莫斯科的戲劇節〉、〈藏書票之話〉（另附各國藏書票精品十五幅）、〈作為短篇小説家的海明威〉。此外，葉靈鳳還為《現代》編輯了〈歌德逝世百年紀念畫報〉、〈現代中國木刻選〉（並作〈小引〉），四卷五期的封面設計也出自他的手筆。

《現代》為葉靈鳳提供了寫作的陣地，葉靈鳳也為《現代》的鼎盛付出了自己的一份心血。但天底下沒有不散的宴席，《現代》雜誌也不可避免由盛轉衰的結局。促成其衰亡的因素是多方面的，其中包括張靜廬力主「第三種人杜衡合編《現代》，使得其聲譽大損；它如施蟄存與魯迅的衝突，以及北京、上海許多新創刊的文藝刊物的衝擊，使得《現代》的銷數從第四卷起逐漸下降，由最高時的一萬數千冊跌至二三千冊。書局的經濟狀況亦每下愈況，造成資方內訌，吵着要拆股。一九三五年除夕，洪雪帆請大家到他家裏吃年夜飯，參加者有張靜廬、盧芳、葉靈鳳、施蟄存以及洪的弟弟。飯後，三位股東進行了最後一次談判，洪雪帆、張靜廬差一點鬧翻，葉靈鳳、施蟄存他們也無法勸解。春節過後，現代書局雖然依舊開門營業，但已是一架被抽掉血肉的骷髏了。

在書局經濟狀況日漸枯竭的當兒，不知什麼人起意，請來了一位新經理。這位經理上任後的第一件事就是請來一位「顯然是和國民黨大有關係」的新編輯。此人雖然沒有定名義為主任，但頤指氣使，儼然以主任自居。編輯部的三位編輯葉靈鳳、施蟄存、杜衡覺得不能與此人合作，便向書局經理室提出辭呈，辭去編輯部工作，專任《現代》雜誌的編輯工作。《現代》四卷四期上刊出這樣一條署名「現代雜誌社同人施蟄存、杜衡、葉靈鳳啟」的〈現代雜誌社同人啟事〉，文稱：「本社事務日益紛繁同人等深感能力有限時間不足故即日起辭卻現代書局編輯部一切職務此後將集中綿力編輯本刊使本刊內容能益臻於充實之境想必為本刊讀者所樂聞也。」在經理室接受辭呈後，他們便退出編輯部，另外找一個房間，作為《現代》雜誌社。

關於葉靈鳳以「現代雜誌社同人」名義與施、杜聯名發表啟事，施蟄存曾在一九八一年撰文解釋：「葉靈鳳本來不是《現代》雜誌的編輯，但既然大家都退出編輯部，他在現代書局的工作任務就落空了。因此，我們就請他幫助搜集《現代》的圖版資料，作為《現代》雜誌社『同人』之一。『同人』並不意味着『主編』或『編輯』。」總體觀察施蟄存一九八〇年代初「復出」後關於《現代》的言論，在涉及葉靈鳳時，似乎不無有意淡化其作用的痕跡。這種心理未必是擔心葉靈鳳「搶功」，事實上這種擔心也是沒有必要的，施蟄存獨立主編了《現代》第一、二卷，與杜衡合作編輯了第三卷，這是無人否認的事實。但葉靈鳳在《現代》圖版策劃和提供資料方面，特別是對新興木刻和藏書票的推介方面所發揮的作用及帶來的影響，是不應忽視的。施蟄存是一個心思很細的江南人，對於葉靈鳳的「撤防」似乎始終未能徹底完成。在香港的幾十年間，葉靈鳳一直與施蟄存有通信聯繫。一九六九年二月十六日日記說：「將家中略事整理，牆上換了幾幅。蟄存前曾書贈詩軸，今日取出掛上。」據黃俊東〈葉靈鳳逝世二十周年〉一文回憶，有一次他到葉府拜訪，葉靈鳳還「隨手在書堆上拿了一卷字幅展開給我看，原來是他去國內旅行時，他的早年老朋友施蟄存為他寫的」。可見在他心中，還是很在意這位老友。但施蟄存的一些舉動就有些謹慎，一九七三年八月十九日葉靈鳳日記說：「施蟄存日前來信，自署『李萬鶴』，稱我為『秋生』，殆有所忌諱也。」時值「文革」，又是與海外的「問題人物」通信，施蟄存的「忌諱」也是可以理解。

無論名分是什麼，葉靈鳳與《現代》的興衰綁在一起，卻是客觀存在的事實。勉力掙扎半年之後，書局情況愈壞，門市營業清淡，內部經濟周轉無術，卻還有人千方百計想打進來，在這種情況下，《現代》三同人覺得已毫無希望，便完全退出現代書局，散夥回家。《現代》雜誌由汪馥泉接編兩期，現代書局便宣告破產，關門大吉。

供職現代書局的幾年，無疑是葉靈鳳事業和生活上的一個重要時期。

在這裏，他的第一部小說選集《靈鳳小說集》和第一部小品選集《靈鳳小品集》相繼出版。前者精選短篇創作二十餘篇，凡三十萬言，「質與量可說是同等的豐富」。後者共收散文隨筆六十餘篇，是葉靈鳳自踏入文壇六七年來所發表的小品文的總集。兩書均為上等紙精印，由作者自己操刀的裝幀設計堪稱精美。《現代》雜誌曾多次以整頁篇幅刊出兩書的廣告。關於小說集，廣告中稱：「現代中國文壇的創作收穫極少，在這極少量的收穫中，這冊靈鳳小說集實是最可珍貴的一粒。……文筆美麗，結構謹嚴，而女性和戀愛心理的描寫猶精妙入微。」關於小品集，廣告則說：「葉先生的文字，素來以豔麗見稱，這集子裏的小品，更能代表他那一種婉約的作風。所描寫的都是一種空靈的無可奈何的悲哀，和曇花一樣的歡樂，如珠走盤，如水銀泄地，能使讀者盪氣迴腸，不能自已。幾年以來，為作者這種文筆所顛倒的已經不知有多少人，實在是中國文壇上小品文園地中唯一的一畦奇葩。對於追求夢幻和為生活所麻醉的人們，這是最適宜的一帖安神劑。」

以葉靈鳳現代書局總編輯（或出版部主任，而且可能還是光杆司令）的身份，這樣的評價難免王婆賣瓜之嫌，但從這兩種著作的一版再版來看，卻不能說它純是「溢美之詞」。當時見於報端的一則「作家膩事」就稱：「現代書局的壽終正寢，或許也是使葉靈鳳受到打擊的一個最大的原因。因為他歷年來的作品，都是在現代書局出版的。那時侯他身任總編輯，有着強有力的地盤。」「他的作品曾被許多的青年人所愛好。」（《作家膩事》，上海千秋出版社輯印，民國二十年初版）

《靈鳳小說集》，是葉靈鳳的第一部小說自選集。此前，他已經出版過小說集四部，分別是：《女媧氏之遺孽》（一九二七年五月，上海光華書局）；《菊子夫人》（一九二七年十二月，上海光華書局）；《鳩綠媚》（一九二八年六月，上海光華書局）；《處女的夢》（一九二九年五月，上海現代書局）。《靈鳳小說集》則是上述四集的彙編和精選，基本上展示了初期小說創作的全貌。因了創造社「小夥計」的背景，葉靈鳳這個時期的小說依稀可以辨出對於張資平純趣味之作和郁達夫浪漫感傷情調的師承。但他更有自己獨特的對於性心理、性意識、性道德的新的審視，並賦予這種審視以唯美的色彩。葉靈鳳無疑具有講故事的天賦，「那些特殊事實的敘述頗有誘惑的效果」（鄭伯奇：《中國新文學大系小說三集．導言》）。而在情節撲朔迷離、結構變幻多姿的同時，又特別注意人物的內心分析。葉靈鳳的初期浪漫小說，一度在青年讀者中間不脛而走，同時也引起新文學權威的廣泛關注。他的成名作短篇小說《女媧氏之遺孽》，被收進展示中國新文學運動第一個十年理論和創作成果的《中國新文學大系》。

陳子善將葉靈鳳的小說創作分為三個階段：從浪漫抒情走向「普羅文學」，再蛻變為「現代派」和大眾小說的雙重嘗試。正是在《現代》時期，他完成了向「現代派」的蛻變。陳子善說：

從一九三二年十二月在《現代》第二卷第一期發表〈紫丁香〉開始，葉靈鳳的小說創作進入了第三階段，他擺脫了前一階段不高明的盲目模仿，繼續適合自己個性和才情的新探索。其時，以《現代》雜誌為中心的「現代派」文學愈來愈受到文壇注目，葉靈鳳也加盟「現代派」，與施蟄存、穆時英、劉吶鷗等一起，投足於「十里洋場」的文化圈，以開放性的眼光諦視「洋場」生活的風景、人心和情調，捕捉大都會光怪陸離的奇豔之風。在〈第七號女性〉、〈流行性感冒〉、〈憂鬱解剖學〉諸篇中，葉靈鳳生動展示了都市生活的五光十色，現代派描寫手法的大膽運用，潛意識、性心理的嫻熟描寫，大段的內心獨白，時空錯亂的意識流，成為葉靈鳳這批小說的基調，組成了一幅幅以畸形都會的物質文明壓迫和異化人的現代派彩圖，再加上奇特的兩性關係這帖必不可少的迷人的潤滑劑，在在給人以耳目一新之感。儘管這批小說仍不免留有模仿的痕跡，但已足以使葉靈鳳躋身三十年代「現代派」文學代表之列。

在現代方面所獲得的另一種精神上的收穫，則是終於找到了自己終身的伴侶。自從跟郭林鳳離異以後，葉靈鳳過了好幾年獨身生活。在這裏，他和現代書局女職員趙克臻由相愛而結合。有一則〈葉靈鳳與趙克臻同居〉的花邊新聞說：「……從去年起就過着同居生活，這一段佳話，不知道已有多少報紙替他倆記載過了。雖然只是一段露水姻緣，無論在什麼場合碰到他們終是儼若夫妻似的。這樣可以看到他們兩個情愛的濃厚，也可說是葉靈鳳在現代方面所獲得的精神收穫吧？」（〈作家賦事〉）

趙克臻是浙江湖州人，父親是絲綢商人，由於家境較好，來上海受教育，就讀智仁勇女子中學，畢業後進入現代書局工作。葉靈鳳與趙克臻與一九三六年十一月十二日訂立婚約，一九三七年一月一日舉行婚禮，證婚人是上海市長吳鐵城。同日並在《新聞報》刊登〈葉靈鳳趙克臻結婚啟事〉，其云：「我們現在已征得雙方家長同意定於中華民國二十六年元旦日在上海結婚並請顧蒼生周壬林兩大律師證婚只以國難方殷一切從簡謹此奉告敬希諸位親友公鑒。」趙克臻於一九三八年由上海來港，此時葉靈鳳正在廣州《救亡日報》工作。趙克臻共為葉靈鳳生育三子六女，葉靈鳳去世後，她和子女將葉靈鳳藏書捐贈香港中文大學圖書館，《新安縣志》則捐贈廣州中山圖書館。趙克臻中學時即擅舊詩，一九七九年自費印行《自我詩草》。梁羽生《筆花六照》一書稱趙克臻「女詩人」，並錄其詩兩首，乃為葉靈鳳摯友劉芃如飛機失事不幸遇難而作的挽詩。詩云：

萬里長空悵望中，此行總覺太匆匆。
詩魂今夜歸何處？月冷風淒泣斷鴻。

舊知新雨筆留痕，笑語樽前意尚溫。
雲海茫茫塵夢斷，卻從何處賦招魂。

家庭生活的安定，使得葉靈鳳有精力全身心地投入到編輯出版工作中。以他的編輯出版才能，再加上現代書局雄厚的資本，很快就使得現代書局成為上海出版界的重鎮。在葉靈鳳主持編務的幾年間，現代書局出版了很多進步書刊，這之中包括郭沫若的一系列重要著作，如《反正前後》、《創造十年》、《沫若詩集》、《浮士德》等。現代版的許多書，葉靈鳳都是既負責編輯，又擔任出版，許多封面畫也出自他的手筆。可以說，靠着他勤勉的努力，將當時活躍在文壇的一大批作家，帡幪在他的組織之下。

除了為編務操心，葉靈鳳還要拿出很多精力，應付國民黨圖書雜誌審查機關的老爺們。「這是專門對付左翼新文藝運動的，所有出版的書籍雜誌都要在事前將原稿送審。審查的尺度苛刻無理到可笑的程度。馬列等等的一類名詞固然不用說了，就是『托爾斯泰』也不許用，幾乎凡是俄國的東西都通不過」。直到晚年，當葉靈鳳回憶起這些經歷時，猶自唏噓不已。他說：「我自己是有過送審的稿件無故被塗抹，被删改，被扣留；所辦的雜誌無故被禁寄，被封閉；辦得好好的書店被強迫加入官股終至關門大吉的慘痛經驗的。」（葉靈鳳：〈《書話》的書話〉）

但在「鬥爭」中，葉靈鳳他們也是學到了一些「花樣」和技巧的，因此，這些「審查老爺」也有懵懵然被騙的時候。唐弢的《晦庵書話》一書有一篇〈若有其事的聲明〉，講的就是葉靈鳳他們「小耍一點花樣」的一例。郤說郭沫若的自傳《反正前後》被禁後，出版方要求再審查，並且表示願意修改和更改書名，居然被通過了。於是改用《劃時代的轉變》書名出版。事實上應改之處完全未改，只是在書前由出版者寫了一段聲明，表示已經「依示修改」。這個「花槍」，一直隔了一年多，才被審查老爺「楚霸王」發覺。「楚霸王」大發雷霆，將現代書局老闆洪雪帆、經理盧芳和葉靈鳳都叫了去，咆哮着大興問罪之師。但葉靈鳳他們陪着笑臉，推說乃剜改紙型時的疏忽，也使得這位霸王無可奈何。

正是因了這些經歷，使得葉靈鳳一直對禁書和有關禁書的史料頗感興趣。初到香港後，他曾給一家報紙寫過一個《禁書史話》的連載，以後又寫過幾篇〈清代文字獄史話〉。他堅信，出版自由和思想自由，「不是用禁毀和高壓手段所能夠撲滅的」。

比亞茲萊與葉魯恩怨

為葉靈鳳作傳，比亞茲萊是一個無法迴避的話題。這個話題牽扯到他一生的多個方面——他是以比亞茲萊風的插畫和裝飾畫而為人所知，這個畫名甚至早於他的文名。他因此也為自己贏得一個綽號——「中國的比亞茲萊」，儘管這個綽號「在當時並不名譽」；「也是因為葉靈鳳以比亞茲萊的名義自我吹捧惹起了魯迅的道德憤恨，在一連串的文章裏，魯迅直面攻擊了葉靈鳳和他的同黨」（李歐梵《上海摩登》），這些攻擊甚至收到了為他定性畫像的效果，進而在某種程度上左右了幾代人對於他的印象；在他的隨筆小品中，比亞茲萊也是綿延幾十年一寫再寫的重要話題，不期然也由此做出了在中國介紹、傳播這位短命的天才畫家的獨特貢獻；最後，比亞茲萊也成為他一生最大的遺憾，為比亞茲萊編畫集、寫傳記是他公開或者私下反覆發出的宏願，但正如他自己所言：「有些願望，至今仍是一個未能完成的願望。」

奧伯利．比亞茲萊（Aubrey Beardsley）是英國人，生於一八七二年八月二十一日，一八九八年三月十六日便因肺病不治去世，僅僅在人世活了二十五年零七個月。但他在短短的不到十年的藝術生活中，卻留下為無數文藝愛好者所愛好的繪畫作品。葉靈鳳曾說：「作為純粹的裝飾畫家，比亞斯萊是無匹的。他的黑白畫，給與現代藝術影響之深，真使人吃驚。只要留心觀察一下，就可以發現，現代畫家差不多每一個人都曾經直接或間接接受過他的線條和裝飾趣味的影響，就是畢卡索也不曾例外。」

比亞茲萊在上世紀二三十年代被介紹到中國，引發郁達夫、葉靈鳳、邵洵美等一批作家、藝術家的耽戀膜拜，魯迅、田漢、郭沫若也都對他推崇備至。在與比亞茲萊發生關聯的長長的名單中，還包括周作人、梁實秋、徐志摩、聞一多、淩叔華、陳學昭、陳之佛、滕固、徐祖正，乃至「性學博士」張競生……不僅形成文壇藝苑一個格外引人注目的現象，更為有趣的是，無論是文學研究會、創造社、新月社，還是別的什麼派，他們在文學主張上儘管殺殺打打，在接受（抑或關注）比亞茲萊上卻罕見的步調一致。

陳子善曾經編過一本《比亞茲萊在中國》，比較全面地展示了「比亞茲萊進入中國的漫長歷程」。這裏僅只聚焦葉靈鳳，梳理一下他對比亞茲萊的接受過程。在〈比亞斯萊的畫〉一文中，葉靈鳳說：「我一向就喜歡比亞斯萊的畫。當我還是美術學校學生的時候，我就愛上了他的畫。」葉靈鳳是一九二四年進入上海美術專科學校的，一九二五年，還在讀書期間即加入創造社，和周全平一起編輯《洪水》半月刊，接觸並喜歡上比亞茲萊應該就在此時。在他寫於一九二五年三月四日的小説《女媧氏之餘孽》中，就已提到 Beardsley，説明至少在這之前，比亞茲萊就已成為他的「心愛」。

一九……年初冬，因之戰事影響，各處的經濟來源都絕，我一人困守在上海，呼救無門，只得依了當賣度日。幾件稍整齊的衣服都被我質去，我只得又賣到我心愛的書籍。我先擇外觀宏麗，卷帙巨大的先賣，頭一次賣出的便是 Oxford 版的 Sheakspeare 悲劇全集，繼着又是皮裝金邊的 Milton 詩歌，隨後我心愛的 Byron，Shelley，Keats，Wilde，Beardsley，Baudelaire 都一一與我相離。

令比亞茲萊出現在小說中，葉靈鳳怕是中國最早的一位，但也只是提到一下名字而已。比較正式地介紹比亞茲萊畫作給中國讀者的，是葉靈鳳認識不久的幾位創造社前輩。在〈比亞斯萊的畫〉中，葉靈鳳接着說：

> 中國最早介紹比亞斯萊作品的人，該是田漢先生。他編輯《南國週刊》時，版頭和裏面的插畫，用的都是比亞斯萊的作品，而且他所採用的譯名很富於詩意，譯成「琵亞詞侶」。後來他又翻譯了王爾德的《莎樂美》，裏面採用了比亞斯萊那一輯著名的插畫，連封面畫和目錄的飾畫都是根據原書的。同時，郁達夫先生也在《創造週報》上寫了一篇〈《黃面志》及其作家〉，介紹了比亞斯萊的畫和道生等人的詩文，於是比亞斯萊的名字和作品，在當時中國文壇上就漸漸的為人所熟知和愛好，而我這個「中國比亞茲萊」也就在這時應運而生了。

在〈獻給魯迅先生〉一文中，葉靈鳳更具體回顧了由知道、喜歡到模仿比亞茲萊的情形：

> 是十年以前的舊事了，郁達夫介紹了《黃面志》，田漢又翻譯了王爾德的《莎樂美》，使我知道了英國的薄命畫家比亞茲萊，對於他的畫起了深深的愛好，當然，那時誰都有一點浪漫氣氛，何況是一個酷好文藝美術未滿二十歲的青年，我便設法買到了一冊近代叢書本的比亞茲萊畫集，看了又看，愛不釋手，當下就卷起袖子模仿起來，一共畫了一大疊，

大大小小，零零碎碎，捧給郁達夫看，他老是「唔唔」點頭，拉我去逛城隍廟舊書店；捧給郭沫若看，他赤了腳踞在籐椅上望我笑；送到成仿吾面前，他又莊嚴的點點頭，拍拍我的肩膀，請我去吃由泰東書局記帳的同興樓；周全平和倪貽德更是大加讚賞，這一來，我成了「東方比亞茲萊」了，日夜的畫，當時有許多封面、扉畫，都出自我的手筆，好幾年興致不衰，竟也有許多人倒來模仿我的畫風，甚至冒用 LF 的簽名，一時成了風氣。

葉靈鳳比亞茲萊風的畫首先是在《洪水》半月刊亮相的，首當其衝的是創刊號的封面。周全平這樣描述《洪水》面世的情形：

民國十四年的九月一日，畫着一個奇怪的封面的《洪水》半月刊創刊號陳列在四馬路的書肆裏了。這奇怪的封面和封面裏面的一些新的人名使上海的讀者們吃了一驚。於是《洪水》便緩緩的從上海而氾濫到各處了。

這個就連周全平都覺得「奇怪」的封面，無處不充滿了比亞茲萊的情調，且不說圖案本身，便是那 LF 的簽名格式，很明顯就是由比亞茲萊的 A.B 化來；把期號以及要目等資訊有機融入圖案，也是比氏慣用的手法。至於主體的圖案，更是比亞茲萊那種說美很美，說醜也有幾分醜的畫風。上端是一隻鷹和兩條蛇構成的圖案，鷹的胸前佩着一把劍，下端是滔滔洪水，洪水中冒出海螺海貝外，還冒出了一個尖嘴圓眼的凶神，洪水旁丟着一個撕破了的假面具。就連郭沫若見了這新的刊物也不禁感慨：它「使整個創造社改塗了一番面貌」。

短短半年，《洪水》的印數從一千猛增到三千。固然，它所體現的年青人的熱情和率直是暢銷的主要方面，但葉靈鳳對於刊物的刻意裝飾，亦不能不說是吸引讀者的因素之一。他不僅又於第八期和第十三期分別改畫了兩次封面，而且常在目錄頁和文章前設計一些筆調粗拙但又極富裝飾趣味的飾畫，有時更會有整頁的插圖。《創造月刊》創刊後，葉靈鳳也將這一風格注入了這個新的陣地。

葉靈鳳的影響顯然衝出了上海，也擁有了眾多的「粉絲」。就在《洪水》出刊將近一年之際，徐祖正於盛暑中從北京來到上海，專程拜訪《洪水》編輯部，於是經典的一幕被他記錄到〈創造社訪問記〉：

> 不久又進來了三四位也是年青的同志，他們照例也是環立着和我談話。我用隨便的態度請他們就坐，和他們一起再談了些既無中心又非敷衍的話。我忽然想起似的向周君道：「有一位常在《創造》上作畫的是哪一位？」
>
> 周君就指着眼面前的一位青年道：「就是這位葉靈鳳君。」我看身穿粗黃夏布短衫褲，戴玳瑁金腳眼鏡及一隻黑紗壓發帽的就是那個精雅的畫家葉靈鳳君。……我看葉君又自有別致的一個畫家樣的少年——說青年還不及說少年可以傳神那個畫家的羞澀。

徐祖正也是一個有趣的人物，他是江蘇昆山人，自稱乃藏書家「傳是樓」主徐乾學之後，他自己亦家富藏書，尤多婦人著述。他在日本留學時和郁達夫、郭沫若等共同組織了創造社，回國後在北京執教，又為語絲社寫稿。他與魯迅保持了表面友誼，卻與周作人往來密切，和周作人一起成立了駱駝社，並負責編輯《駱駝》雜誌。只出了一期的《駱駝》雜誌，就刊有比亞茲萊的插畫。也許是愛屋及烏吧，他從上海回到北京後，見到北新書局出品的自己的小說《蘭生弟的日記》，感到「廢然喪氣」，因為「書樣裝訂都是不洽人意」，所以要求北新書局重印裝訂，特請葉靈鳳「封面製圖」。陳子善說：「這一新裝再版本擬印一千冊，可惜最後未果。」（海豚出版社重印《蘭生弟的日記》序言）但沈文沖卻說見過，並且藏有一冊。在《民國書刊鑒藏錄》一書中，他說：

徐祖正著的《蘭生弟的日記》，藍綢面精裝毛邊本，是我見過的民國書中最精緻豪華的一種。

《蘭生弟的日記》一九二六年七月北京北新書局初版，「此書共印千冊」，明確「不再重版」，本書分綢裝、平裝、布裝三種形式，書價分別為「實價大洋一元一角、八角、一元」。本書包括《進獻之辭》（序文二節）、中篇小說《蘭生弟的日記》和獨幕劇《生日的禮物》。……

……

名家裝幀是《蘭生弟的日記》的一個主要特色。扉頁上的書名、著者名，都由著名書法家沈尹默題寫，紅色印刷；扉頁上的圓形裝飾圖案，出自葉靈鳳的手筆，圖案非常抽象，畫面中有玫瑰花、有情書、有酒杯、有羽毛筆，還有演奏豎琴的手；有星、有雲、有月亮，等等，藍色印刷。……

這個畫風，是很有些比亞茲萊風格的，徐祖正特意請葉靈鳳繪製封面，要的可能就是這個。那個時期，葉靈鳳繪製過不少比亞茲萊風格的封面，畫過不少比亞茲萊風格的插圖，但研究者大多只關注到創造社出版物以及葉靈鳳自編的雜誌，難免給人以「偏安一隅」的印象。例如姜德明在〈書味集·葉靈鳳的裝飾畫〉中說：

「五四」以後的現代作家中，能作畫的還有一位葉靈鳳先生。他青年時代曾經在上海美專做過學生，當年常常挾了畫箱在如今稱為靜安公園附近的林蔭路上寫生，畫水彩。後期創造社的不少出版物，如成仿吾的《灰色的鳥》，包括《洪水》雜誌等，都是他設計封面和繪製題飾。創造社出版物封底印的創造社的標記圖案，亦出自葉靈鳳之手。畫上署名「LF」。

出版社「小夥計」們的著作，如周全平的小說集《夢裏的微笑》等，亦都由葉來繪製封面和插圖。那時他習美術不久，基礎還差，又一味模仿英國畫家比亞茲萊，有的畫便不那麼美觀，甚至有點潦草古怪了。依我看，他不畫人物還好，一旦畫人，常有敗筆。

但是，也有畫得相當用心，效果極好的。比如一九二六年版的《灰色的鳥》，封面、環襯、題圖、扉頁裝飾等，放在今天來看仍是第一流的佳作。特別是一九二六年十月，他同潘漢年合編《幻洲》半月刊時，無論封面和題飾都很有特色，全部出自他個人之手，為這本四十六開本的小刊物增添了光彩。

實際上，葉靈鳳的「勢力範圍」遠遠超出一般論者的估計。創造社出版部之外，葉靈鳳最早「跨界」裝幀的應是光華書局。光華書局非常重視書籍裝幀，「當時為『光華』出版物裝幀的可謂集一時之選」。但最為量多質優的是葉靈鳳和錢君匋。金小明《書裝零墨》一書說：「葉、錢二氏各以其獨具個性與魅力的作品，為整體提升『光華』出版物的美學品質作出了貢獻。」葉靈鳳長期擔任現代書局的編輯部主任，而且長期唱獨角戲，所以現代書局的出版物幾乎沒有一部不經他手，即使不在封面署名，封面之外裏裏外外的設計，包括書名頁、版式、用紙，處處都見他的痕跡。重視書的整體，不只關心一個封面，正是他的核心裝幀理念。他甚至還為中央書局畫過封面和扉頁，例如一九二七年出版的厲厂樵的《囚犯》，黃色封面紙上是一幅戴着鐐銬的囚犯的黑白畫，扉頁的書名花欄亦頗具比亞茲萊風格。開明書店老闆章錫琛是文學研究會背景，封面設計方面有自己的美術編輯錢君匋，外人難以染指，但開明書店一九二七年版的《達夫全集》就原樣使用了葉靈鳳的經典扉頁設計。

最奇特的要數北新書局了。很多人都知道，在現代文學史上，就著作人和出版方關係的密切程度來說，魯迅和北新書局的組合無疑是最為突出的。從一九二五年北新書局成立到一九三六年魯迅去世，從北京時期到上海時期，魯迅的著譯主要由北新書局出版，北新書局的書籍出版業務也主要靠魯迅的著譯支撐。但就是這個魯迅的「大本營」，卻對葉靈鳳的畫格外青睞。葉靈鳳曾經提及北新書局老闆李小峰邀他畫封面插繪，北新書局的出版物也頗有一些是葉靈鳳設計，例如一九二七年九月初版的哥爾獨尼著、焦菊隱譯《女店主》，一九二八年三月初版的綠漪女士著《綠天》，李健吾著《西山之雲》，海涅著、馮至譯《哈爾茨山旅行記》，一九二九年七月再版的日本菊池寬著、劉大傑譯《戀愛病患者》，甚至有一本任厂譯的《性之生理與衛生》，封面也出自葉靈鳳手筆。這個時間段，正是葉靈鳳作為「中國的比亞茲萊」風頭正勁之時，就連北新書局也向他伸來橄欖枝，可見其影響在當時足夠大。

北新書局有一個叫作《北新》的刊物，於一九二六年八月二十一日創刊於上海，初為周刊，一九二七年第二卷起改為半月刊。創刊於一九二六年十月的《幻洲》雖然稍晚於《北新》，但靠了葉靈鳳的裝飾，風頭很勁。李小峰也便請葉靈鳳為他們的《北新》畫封面、繪題圖。有趣的是，魯迅發表在這個刊物的著名文章〈魏晉風度及文章與藥與酒之關係〉（第二卷第二號，一九二七年十一月十六日出版）以及譯作〈斷想〉（第二卷第四號，一九二七年十二月十六日出版），都配有葉靈鳳畫的題飾。這恐怕是很多人不曾想到，或者認為不可能的事。魯迅自己應該也沒有抗議，否則，一次就會打住，不會再有第二次的。但是魯迅在給李小峰的一封信中，似乎隱約表達了對葉靈鳳插畫的不欣賞，這封信刊登在《北新》半月刊第二卷第二號：

小峰兄：

我對於一切非美術雜誌的陵亂的插畫，一向頗以為奇，因為我猜不出是什麼意義。近來看看《北新半月刊》的插畫，也不免作此想。

昨天偶然看見一本日本板垣鷹穗做的，以「民族底色彩」為主的《近代美術史潮論》，從法國革命後直講到現在，是一種新的試驗，簡單明瞭，殊可觀。我以為中國正須有這一類的書，應該介紹。但書中的圖畫，就有一百三四十種，在現今讀者寥寥的出版界，縱使譯出，恐怕也沒有一個書店敢於出版的吧。

我因此想到北新。如果每期全用這書中所選的圖畫兩三張，再附譯文十頁上下，則不到兩年，可以全部完結。論文和插畫相聯絡，沒有一點白費的東西。讀者也因此得到有統系的知識，不是比隨便的裝飾和賞玩好得多麼？

為一部關於美術的書，要這麼年深月久地來幹，原是可歎可憐的事，但在我們這文明國裏，實在也別無善法。不知道北新能夠這麼辦否：倘可以，我就來譯論文。

魯迅。十二月六日

這封信所說的「陵亂的插畫」，即使是指葉靈鳳，語氣也還算溫和，而且，以後各期儘管開始連載魯迅翻譯的《近代美術史潮》，但葉靈鳳的題飾仍是照用不誤。在那個時期，魯迅非但沒有公開批評葉靈鳳，而且在與韋素園的通信中，兩次對《幻洲》作了正面評價。第一次是一九二六年十一月九日：

《狂飆》已經看到四期，逐漸單調起來了。較可注意的倒是《幻洲》（《莽原》在上海減少百份，也許是受它的影響，因為學生的購買力只有這些），但第二期已不及第一期，未卜後來如何。

第二次是一九二七年一月二十六日：

本地出版物，是類乎宣傳品者居多；別處出版者，《現代評論》倒是寄賣處很多。北新刊物也常見，惟未名社者不甚容易見面。聞創造社中人說《莽原》約可銷四十本。最風行的是《幻洲》，每期可銷六百餘。

後來魯迅風向大變，對葉靈鳳大加撻伐，完全是葉靈鳳主動挑戰。換句話說，魯迅之開始猛烈攻擊葉靈鳳，並非直接肇始於對他模仿比亞茲萊的不滿，而是回擊葉靈鳳對他的主動挑釁。一九二八年五月，葉靈鳳在他主編的《戈壁》第一卷第二期發表了一幅模仿西歐立體派的漫畫，並附有說明：「魯迅先生，陰陽臉的老人，掛着他已往的戰績，躲在酒缸的後面，揮着他『藝術的武器』，在抵禦着紛然而來的外侮。」葉靈鳳事後才明白這幅畫所帶來的嚴重後果，他在〈獻給魯迅先生〉一文回憶：

> 這樣，又過了幾年，時代進展了，誰都「進步」起來，我看見美國《新群眾》等刊物上的新派諷刺畫，又手癢起來，這時恰巧又買到一部德國人著的關於蘇聯文化生活的書，附有大批的圖片，那種嶄新的俄國雄健的畫法，我更手癢了。千不該，萬不該，我那時竟用這樣的畫法畫了一張魯迅先生的畫像，參加了那時正在激烈的「醉眼朦朧」的戰爭，雖然照例受到了讚賞，但這一來卻和魯迅先生結下冤家了。

所謂「醉眼朦朧」，是指魯迅發表於一九二八年三月十二日《語絲》第四卷第十一期的〈「醉眼」中的朦朧〉。這是魯迅針對一九二八年初創造社、太陽社對他的批評而作。創造社的批評和魯迅的反駁，被稱為在革命文學陣營內部形成的一次以革命文學問題為中心的論爭。葉靈鳳的師父郭沫若、成仿吾都曾化名參加論戰，後來脫離創造社與魯迅打得火熱的郁達夫還曾將「醉眼朦朧」入詩：「醉眼朦朧上酒樓，《彷徨》《吶喊》兩悠悠。群氓竭盡蚍蜉力，不廢江河萬古流。」

魯迅對葉靈鳳漫畫的回擊是迅速的，不過他是先從葉靈鳳的「生吞」「活剝」開刀。在同年七月二十日《奔流》第二期的〈編校後記〉中，他寫道：

可惜有些「藝術家」，先前生吞「琵亞詞侶」，活剝蕗谷虹兒，今年突變為「革命藝術家」，早又順手將其中的幾個作家撕碎了。

蕗谷虹兒是日本畫家，是繼比亞茲萊之後，又一個葉靈鳳「很愛好」的畫家。關於蕗谷虹兒，葉靈鳳在〈獻給魯迅先生〉一文中這樣回憶：

這樣隔了幾年，這回該由鄭伯奇負責了，他剛從日本回來，身上剩下許多日本錢，他也不去兑換，那時正是夏天，卻拖了我到虹口去逛日本冰店，吃了一家又一家，一直吃到北四川路阿瑞裏，該也有十幾家了，日本錢還沒有用完，便跑進那時還在弄堂的內山書店去買書，他知道我是喜歡畫的，書架上有一疊蕗谷虹兒的秀麗輕倩的畫集，我看了很愛好，他便用剩餘的日本錢都買了送給我。後來北新書局邀我畫封面插繪，李小峰先生送來幾篇蘇雪林的童話，我覺得用蕗谷虹兒的畫風作童話插畫是極合適的，便又模仿了幾幅。當然，當時又受到了相當的讚賞。

這兩幅模仿蕗谷虹兒的插畫，一是《睡蓮》，發表在《北新》第二卷第一號，插在綠漪女士即蘇雪林的〈鴿兒的通信〉中。第二幅是《夜遊》，插在綠漪女士的〈小小銀翅蝴蝶的故事〉中。一九二八年三月，北新書局出版綠漪女士的《綠天》單行本，也將這兩幅插畫印入書中。殊不知，魯迅是內山書店的常客，「也喜歡收藏畫集」，所以，「我有的那幾本書，他那時大約也有」。事實上，他確實有。一九二七年十月八日魯迅日記云：「下午往內山書店買書三種四本，九元六角。」而同年同月同日魯迅「書賬」所記購買的三種書，第三種即為「虹兒畫譜一二輯二本，四．〇〇」。

葉靈鳳在〈獻給魯迅先生〉中繼續說：「既然得罪了他，他老先生似乎便用『釜底抽薪』的辦法……興致沖沖，指揮着手下的嘍囉，編了一輯〈藝苑朝華〉，將比亞茲萊和蕗谷虹兒的畫都翻印出來，更進一步掘我的老巢了。在兩部畫集的小引上，都一再聲明說是特地要將『真面目』和『未經撕剝的遺容』給大家看看。」《比亞茲萊畫選》於一九二九年四月出版，魯迅以「朝花社」名義寫的小引有這樣的話：

> 但他的裝飾畫，卻未經誠實地介紹過。現在就選印這十二幅，略供愛好比亞茲萊者看看他未經撕剝的遺容，並摘取 Arthur Symons 和 Holbrook Jackson 的話，算作說明他的特色的小引。

另一本《蕗谷虹兒畫選》的小引則說：

中國的新的文藝的一時的轉變和流行，有時那主權是簡直大半操於外國書籍販賣者之手的。來一批書，便給一點影響。《Modern Library》中的 A.V. Beardsley 畫集一入中國，那鋒利的刺戟力，就激動了多年沉靜的神經，於是有了許多表面的摹仿。但對於沉靜，而又疲弱的神經，Beardsley 的線究竟又太強烈了，這時適有蕗谷虹兒的版畫運來中國，是用幽婉之筆，來調和了 Beardsley 的鋒芒，這尤合中國現代青年的心，所以他的模仿就至今不絕。

但可惜的是將他的形和線任意的破壞，——不過不經比較，是看不出底細來的。現在就從他的畫譜《睡蓮之夢》中選取六圖，《悲涼的微笑》中五圖，《我的畫集》中一圖，大約都是可顯現他的特色之作，雖然中國的複製，不能高明，然而究竟較可以窺見他的真面目了。

在這篇〈小引〉的末尾，還有這樣一段話：

作者現在是往歐洲留學去了，前途正長，這不過是一時期的陳跡，現在又作為中國幾個作家的秘密寶庫的一部分，陳在讀者的眼前，就算一面小鏡子，——要說得堂皇一些，那就是，這才或者能使我們逐漸認真起來，先會有小小的真的創作。

這兩篇〈小引〉都沒有直接點出葉靈鳳的名字，而在寫於一九三三年的〈為了忘卻的紀念〉中，說得就很明確了：

他（指柔石）躲在寓里弄文學，也創作，也翻譯，我們往來了許多日，說得投合起來了，於是另外約定了幾個同意的青年，設立朝花社。目的是在介紹東歐和北歐的文學，輸入外國的版畫，因為我們都以為應該來扶植一點剛健質樸的文藝。接着就印《朝花旬刊》，印《近代世界短篇小說集》，印《藝苑朝華》，算都在循着這條線，只有其中的一本《蕗谷虹兒畫選》，是為了掃蕩上海灘上的「藝術家」，即戳穿葉靈鳳這紙老虎而印的。

直接針對葉靈鳳那幅漫畫的回應，則是寫於一九二八年八月十日的〈文壇的掌故〉。這本是魯迅作為《語絲》編者給一位四川讀者的信，信的全文如下：

徐勻先生：

多謝你寫寄「文壇的掌故」的美意。

從年月推算起來，四川的「革命文學」，似乎還是去年出版的一本《革命文學論集》（書名大概如此，記不確切了，是丁丁編的）的餘波。上海今年的「革命文學」，不妨說是又一幕。至於「囂」與不「囂」，那是要憑耳聞者的聽覺的銳鈍而定了。

我在「革命文學」戰場上，是「落伍者」，所以中心和前面的情狀，不得而知。但向他們屁股那面望過去，則有成仿吾司令的《創造月刊》，《文化批判》，《流沙》，蔣光X（恕我還不知道現在已經改了那一字）拜帥的《太陽》，王獨清領頭的《我們》，青年革命藝術家葉靈鳳獨唱的《戈壁》；也是青年革命藝術家潘漢年編撰的《現代小說》和《戰線》；再加一個真是「跟在弟弟背後說漂亮話」的潘梓年的速成的《洪荒》。但前幾天看見K君對日本人的談話（見《戰旗》七月號），才知道潘葉之流的「革命文學」是不算在內的。

含混地只講「革命文學」，當然不能徹底，所以今年在上海所掛出來的招牌卻確是無產階級文學，至於是否以唯物史觀為根據，則因為我是外行，不得而知。但一講無產階級文學，便不免歸結到鬥爭文學，一講鬥爭，便只能說是最高的政治鬥爭的一翼。這在俄國，是正當的，因為正是勞農專政；在日本也還不打緊，因為究竟還有一點微微的出版自由，居然也還說可以組織勞動政黨。中國則不然，所以兩月前就變了相，不但改名「新文藝」，並且根據了資產社會的法律，請律師大登其廣告，來嚇唬別人了。

向「革命的智識階級」叫打倒舊東西，又拉舊東西來保護自己，要有革命者的名聲，卻不肯吃一點革命者往往難免的辛苦，於是不但笑啼俱偽，並且左右不同，連葉靈鳳所抄襲來的「陰陽臉」，也還不足以淋漓盡致地為他們自己寫照，我以為這是很可惜，也覺得頗寂寞的。

但這是就大局而言，倘說個人，卻也有已經得到好結果的。例如成仿吾，做了一篇「開步走」和「打發他們去」，又改換姓名（石厚生）做了一點「𤤽魯迅」之後，據日本的無產文藝月刊《戰旗》七月號所載，他就又走在修善寺溫泉的近旁（可不知洗了澡沒有〉，並且在那邊被尊為「可尊敬的普羅塔利亞特作家」，「從支那的勞動者農民所選出的他們的藝術家」了。

魯迅。八月十日。

全文抄錄這封信，是因為通過這信的前後文，是可以知道當時的背景是正值「革命文學論爭」。與魯迅站在對立方的，是成仿吾、王獨清、蔣光慈等，按照魯迅援引K君（也就是郭沫若）的說法，潘葉之流是連敲邊鼓也不夠的，可是恰恰他就敲了這邊鼓。同一天，魯迅還寫了〈革命咖啡店〉，又說到畫像的事：「葉靈鳳革命藝術家曾經畫過我的像，說是躲在酒罈的後面。這事的然否我不談。現在所要聲明的，只是這樂園中我沒有去，也不想去，並非躲在咖啡杯後面在騙人。」正是在這篇文章中，出現了那句非常經典的名言：「革命文學家，要年青貌美，齒白唇紅，如潘漢年葉靈鳳輩，這才是天生的文豪，樂園的材料。」於是，「齒白唇紅」由此也成為葉靈鳳的一個標籤。

葉靈鳳並沒有偃旗息鼓，一九二九年十一月，在《現代小說》第三卷第二期發表小說〈窮愁的自傳〉，借着主人公魏日青的口，說了這樣一段話：

照着老例，起身後我便將十二枚銅圓從舊貨擔上買來的一冊《吶喊》撕下三頁到露台上去大便。我並不咒詛這間住宅沒有抽水廁所的設置，那是與此刻的我不太相稱的夢想，我只幸福這間鴿子籠內還有這樣的一方露台。露台的一角有三尺來長鉛皮蓋着的小棚，這是預備堆積屋內怎麼也堆不下的廢物的，我自搬來每天早上要受一次窘塞之後，便發現了這個可愛的新大陸。於是我將兩張紙鋪在地上，一張握在手裏，仰窺穹蒼的暢暢排泄一陣，然後將一張紙蓋在上面提起來從露台上向下面一拋。下面是無人的荒場，自有野狗來驚詫它的幸運，一切我都不必顧慮。

魯迅雖然沒有立即做出反應，但刺激顯然是很深的，他在一九三一年和一九三四年先後兩次「舊話重提」。一九三一年那次是這樣說的：

還有最徹底的革命文學家葉靈鳳先生，他描寫革命家，徹底到每次上茅廁時候都用我的《吶喊》去揩屁股，現在卻竟會莫名其妙的跟在所謂民族主義文學家屁股後面了。

一九三四年，則在〈答《戲》周刊編者信〉（收入《且介亭雜文》）中說：

但我記得《戲》周刊上已曾發表過曾今可葉靈鳳兩位先生的文章；葉先生還畫了一幅阿Q像，好像我那一本《吶喊》還沒有在上茅廁時候用盡，倘不是多年便秘，那一定是又買了一本新的了。

他還援引「一位紹伯先生就在《火炬》上說我已經和楊邨人先生調和，並且深深的感慨了一番中國人之富於調和性」的舊事，聲明「沒有表示調和與否的意思」。

一九三一年的那段話出自〈上海文藝之一瞥〉。這本是一九三一年七八月間魯迅在上海某處做的「秘密講演」，後來根據筆錄改寫而成，收入一九三二年十月由合眾書店出版的《二心集》。在這篇文章中，魯迅從上海過去的文藝講起，一直講到革命文學。在講到吳友如的「斜眼畫」時，忽然一下跳躍到了葉靈鳳，不僅說他的畫「是從英國的畢亞茲萊（Aubrey Beardsley）剝來」，而且送了他一頂「新的流氓畫家」的帽子：

在現在，新的流氓畫家又出了葉靈鳳先生，葉先生的畫是從英國的畢亞茲萊（Aubrey Beardsley）剝來的，畢亞茲萊是「為藝術的藝術」派，他的畫極受日本的「浮世繪」（Ukiyoe）的影響。浮世繪雖是民間藝術，但所畫的多是妓女和戲子，胖胖的身體，斜視的眼睛——Erotic（色情的）眼睛。不過畢亞茲萊畫的人物卻瘦瘦的，那是因為他是頹廢派（Decadence）的緣故。頹廢派的人們多是瘦削的，頹喪的，對於壯健的女人他有點慚愧，所以不喜歡。我們的葉先生的新斜眼畫，正和吳友如的老斜眼畫合流，那自然應該流行好幾年。但他也並不只畫流氓的，有一個時期也畫過普羅列塔利亞，不過所畫的工人也還是斜視眼，伸着特別大的拳頭。但我以為畫普羅列塔利亞應該是寫實的，照工人原來的面貌，並不須畫得拳頭比腦袋還要大。

然而，魯迅之撰〈上海文藝之一瞥〉，針對的還不只是一個葉靈鳳，而是整個的創造社。不僅把他們稱作「新才子派」，還有「才子＋流氓」這樣令人難堪的説辭。這就引發身在日本的創造社領軍人物郭沫若的激烈反應，促使他撰寫了《創造十年》一書予以回擊與辯駁。有趣的是，《創造十年》寫成之後，郭沫若委託葉靈鳳在上海代辦出版事宜，該書於一九三二年九月二十日由現代書局出版，葉靈鳳還為它設計了封面。《現代》雜誌第二卷第一期刊發《創造十年》的整版廣告，其中特別強調：「卷首冠有萬餘言的〈發端〉一篇，對於魯迅於一九三一年在《文藝新聞》上所發表的演講稿〈上海文藝之一瞥〉其中關於創造社方面各種事實的曲解，有極銳利嚴肅的解剖與批判。」該期插頁的「現代文藝畫報」還有「《創造十年》原稿之一頁」，想必也是葉靈鳳的運作。

一九三四年四月九日，魯迅在致魏猛克信中，再一次將葉靈鳳與吳友如並提，就在這封信中，第一次出現了「中國的 Beardsley」的提法：

> 學吳友如畫的危險，是在只取了他的油滑，他印《畫報》，每月大約要畫四五十張，都是用藥水畫在特種的紙張上，直接上石的，不用照相。因為多畫，所以後來就油滑了，但可取的是他觀察的精細，不過也只以洋場上的事情為限，對於農村就不行。他的沫流是會文堂所出小說插畫的畫家。至於葉靈鳳先生，倒是自以為中國的 Beardsley 的，但他們兩人都在上海混，都染了流氓氣，所以見得有相似之處了。

一九三四年十月二十六日，魯迅在《中華日報·動向》發表〈奇怪（三）〉，此後又將此文收入《花邊文學》。這一次，是對葉靈鳳主編的《文藝畫報》開刀。文中又新添了一個罪名——「生吞麥綏萊勒」：

原來「中國第一流作家」的玩着先前活剝「琵亞詞侶」，今年生吞麥綏萊勒的小玩藝，是在大才小用，不過要給人「醒一醒被其他嚴重的問題所疲倦了的眼睛，或者破顏一笑」。

在〈窮愁的自傳〉之後，葉靈鳳並沒有再敢觸怒魯迅，不僅如此，還「在木刻上向魯迅先生『講和』」，「凡是寫到關於木刻的文章，我總推崇魯迅先生提倡之功」。「我以為早已各捐舊嫌，你印你的木刻，我玩我的藏書票，兩不相犯，誰知讀了《花邊文學》，才知道『天長地久有時盡，此恨綿綿無絕期。』」這就促使他寫了一篇〈獻給魯迅先生〉，發表在一九三六年九月十六日《論語》第九十六期。這篇文章除了回顧與魯迅的一重重公案，倒也沒有提出什麼別的「化干戈為玉帛」的辦法，只是——

我希望率性讓我生一場小病（魯迅先生不是在病中又編好珂勒微支的版畫集嗎？）閉門兩月，給比亞茲萊寫一部評傳，選他百十幅巨頁大畫（三閒書屋肯代印當然更好），印幾十部，印得漂漂亮亮，在扉頁上，我要用三號長體仿宋字印着：

獻給魯迅先生

這篇文章發表之後一個月零三天，魯迅溘然長逝。次年，八年的抗日戰爭開始。葉靈鳳曾在〈請勿守株待兔〉一文中說：「不錯，目前是在戰時。在戰爭期間，有些不合時宜的事情必須要等待，有些計劃必須要等候戰爭結束之後才可以實施。」整個抗戰期間，葉靈鳳始終沒再提到比亞茲萊，就是寫〈文學家與肺病〉時，他寫了史提芬信，寫了濟慈，寫了雪萊，寫了伊麗莎白·布朗寧，寫了瑪利亞白郎蒂婦人，寫了福拔班斯、拜倫、高特史密士、京斯里、湯姆生，就是沒寫七歲時就被診斷患有肺結核，「在花一樣的年齡死去」的比亞茲萊。

戰爭期間，他仍然關注美術，但他寫的是丟勒戰爭題材的木刻，寫的是慣用死亡、貧苦、飢餓、爭鬥作題材的柯勒惠支，寫的是哥耶面對侵略者的暴行憤而刻成的銅版畫集《戰爭的災難》，寫的是反映良口戰役勝利的梁永泰木刻畫集《血的收穫》。「為了要紀念在這偉大的時代裏，年青的木刻家所跋涉的辛艱的旅程」，他還大量搜集着抗戰以來的木刻作品。疾風知勁草，路遙知馬力，面對着偉大的民族解放戰爭，葉靈鳳以自己的選擇與遺忘，回應了一些人給他貼上的「為藝術而藝術」的「頹廢派」的標籤。

葉靈鳳曾說：「我和魯迅之間，說來古怪，這是他人所不易看出的，好像有一點衝突，同時又有一點契合。」確實，長期以來，世人更為津津樂道他們的衝突，少有關注他們的契合，在比亞茲萊問題上更是如此。人們強調魯迅翻印比亞茲萊畫選，是為了「戳穿葉靈鳳這紙老虎」；強調魯迅和葉靈鳳「對比氏藝術的不同理解和不同接受方式」，「正體現了比氏作品在中國的兩副不同的面孔」，卻不願承認他們究竟有多少「英雄所見略同」的契合。

李歐梵在《上海摩登》一書中，則提出了一個以往人們從未觸及的問題：

> 在一連串的文章裏，魯迅直面攻擊了葉靈鳳和他的同黨。不過同時，魯迅也對比亞茲萊的藝術情有獨鍾……這個奇怪的舉措揭示了魯迅一生中許多「相衝突」的一面：他的個人藝術趣味看來和他在政治認同上的公眾姿態是相抵觸的。似乎這位中國文人

領袖，一個以不倦地提倡蘇聯馬克思主義和社會現實主義而知名的堅定的左翼文士自己也不知覺地已深為頹廢的藝術風格所吸引。據說，在魯迅家中的臥室裏事實上就有兩幅歐洲藝術家所繪的裸女像，它們的風格和比亞茲萊的有些相似。魯迅身上的這些巨大的「反差」，從不曾在魯迅研究中被意識到。

一直到抗戰結束近三年後的一九四八年，比亞茲萊才重又回到葉靈鳳的視線。這年八月，適逢比亞茲萊逝世五十周年，葉靈鳳於六月十八日在他主編的《星島日報．藝苑》隆重推出一個整版的紀念特輯，除了比亞茲萊的肖像，共刊登比氏畫作八幅，分別是《孔雀裙》、《神秘的玫瑰花園》、《新生命的感受》、《亥夫人肖像》、《出家的古尼費皇后》、《黃面志第一卷封面》、《花園散步》和一幀《封面設計》。在〈天才的插圖家比亞斯萊〉一文，開頭就提到：「比亞斯萊的插圖，在中國很早便有人介紹，魯迅先生曾經編過一本《比亞斯萊畫選》，和《蕗谷虹兒畫選》一同出版。」在〈比亞斯萊逝世五十周年紀念特輯〉一文中，除了簡單回顧田漢和郁達夫對於比亞茲萊的介紹，主要篇幅是介紹比氏逝世五十周年之際英國的各種紀念活動。文章說：

> 他的作品，有一時期在中國文壇上很為人所熟知和愛好，但近年卻漸漸被人忘記了。這情形在英國和歐洲大陸卻不然，對於比亞斯萊的作品的評價，因了他的獨特的裝飾美，正一天一天為藝術愛好者所賞識而增高。今年的五十周年紀念，在英國幾乎又恢復了當年的「比亞斯萊熱」。

比亞茲萊家鄉的熱也讓葉靈鳳的熱情再度燃起。這種「熱情」的最直觀的表現，就是不停地重申他在〈獻給魯迅先生〉一文中發過的為比亞茲萊寫傳編畫冊的願望。在〈比亞斯萊的畫〉一文中，他說：

我久已想編一部比亞斯萊的畫集，附一篇關於他短短二十幾年的生涯和藝術的詳盡介紹。這個志願，正像我的許多其他寫作志願一樣，一拖一年又一年，一直就擱了下來。

在他的日記中，這種發願也是反覆出現。戰後的一九四六年五月三日，他記起存在上海的藏書，也記起了暌違數年的比亞茲萊。在日記裏說：「如果上海的存書果然一冊不失，則《比亞斯萊及其作品》，也應該早遲使其實現，這一來完成多年的希望，一來聊伸對魯迅的一口氣。」這句話一方面說明：魯迅之於他，是如何與比亞茲萊緊緊地捆綁在一起，想起任何一個，都不可避免地會想起另一個。換句話說，比亞茲萊之於他，既是年輕時代的美好回憶，又似乎和一段噩夢攪合在一起。另一方面也說明，他之所以立志要編比亞茲萊畫集，除了喜歡，也有「聊伸對魯迅的一口氣」的目的在內。至少在這個時候，他內心對於魯迅的芥蒂還是強烈存在的。儘管在見到張望編選的《比亞茲萊畫集》時，他在文章中寫下這樣一段話：「我一向就喜歡比亞斯萊的畫。當我還是美術學校學生的時候，我就愛上了他的畫。不僅愛好，而且還動手模仿起來，畫過許多比亞斯萊風的裝飾畫和插畫。為了這事，我曾一再挨過魯迅先生的罵，至今翻開《三閑集》《二心集》等書，還不免使我臉紅。」但在一九六七年九月六日的日記裏，他卻說：「檢出張望在一九五六年所編印的《比亞斯萊畫選》，全引魯迅之言作護符。」這句話就非常耐人尋味。也許他是對時下魯迅「一言堂」的狀況不無想法，也許他是明白，在時下，能夠出版比亞茲萊這樣「頹廢」的畫集，只有靠魯迅的話「作護符」了。

一九五二年八月十六日，由於讀《一八九〇年英國文壇史話》，他又記起這個願望，在日記裏寫道：「不知怎樣，對於比亞斯萊的畫，我始終覺得很喜歡。久想寫一篇長一點的評傳介紹文，至今未能如願。人事匆匆，這意念已經十幾年了。」

轉眼到了一九六七年三月二十九日，他猶在說：「想為比亞斯萊寫一本傳記，至今未果，若是他又流行起來，現在倒是個好機會。」這一個時期，他不厭重複地密集表達這個願望，興許是覺得年事漸高，實現這個願望的時間愈來愈少了。八月二十日：「夜雨，在燈下讀一冊比亞斯萊的的短篇評傳，我想為比亞斯萊編一部作品選，附一篇評傳，此念蓄之已幾十年了，念念不忘，必欲發奮成之！」九月六日：「撿出張望所編《比亞斯萊畫選》……。又檢出 Macfall 的《比亞斯萊評傳》。翻閱一過，盡使我想編選一部比亞斯萊畫選的決心。」他又在〈比亞斯萊的畫〉一文中說：「這個志願，正像我的許多其他寫作志願一樣，一拖一年又一年，一直就擱了下來。」。在這前後。他還在《北窗讀書錄》的〈後記〉中宣稱，「我久有要選印一本比亞斯萊畫冊、為他寫一篇評傳的計劃。這是蓄之已久的一個心願」，「在這裏披露出來，作為對自己的一種鞭策」。

一九六九年，在〈關於比亞斯萊〉一文中，葉靈鳳說：「為了想了卻年輕時候的一項心願，近來在擠出一些時間來閱讀比亞斯萊的傳記資料和有關他的作品評論文字，以便編寫一部附有他的作品的評傳。」「重要的有關比亞斯萊的新書，可說都買全了。看來要了卻這一心願，剩下來的只是時間問題了。」一九七〇年四月九日，又在日記中稱：「燈下看比亞斯萊畫集，此一項心願——為他編寫一部選集，總想一償為快。」

雖然在六十年代末出現了一個密集的準備期，但為什麼最終還是沒能完成呢？恐怕一個是窮，一個是病。在一九六八年十二月三十一日的日記中，他這樣總結：

一九六八年結束了。回顧這一年，發現有糖尿病，到九月間已瘦至一百二十多磅，經過醫治後，現在已逐漸恢復。這是這一年的個人一件大事。

由於身體不好，精神差，寫作較少，影響收入，半年多以來一直有點入不敷出。最近已在竭力調整，希望過了舊曆年就可以收支平衡了。但是舊曆年關，又將增加許多開支，又是頭痛的事。

書讀得不太勤，但多少讀了幾本，編單行本的計劃，仍是有計劃而未加緊實行，希望來年該加緊了。

為了稻糧謀，他只好多譯一些速食式的流行小說。例如一九六八年七月十七日日記說：「譯完在《快報》刊載的《哈吉巴巴》。選定續譯一部法國流行小說，名 *Felicia*，係一風塵女子的自傳體小說，原作者名 Andrea de Nerciat，事蹟不祥。」這樣一個無名之輩的作品都譯，看中的無非是在市場很流行，「雖是黃色小說，卻寫得很不錯」。其實，這也是在港幾十年葉靈鳳的基本狀態，要養活一個十口之家，就要拼命寫那些不是自己願望的賣錢快的稿子。

事實上，在他生命的最後幾年，別說比亞茲萊，就是一般文章，他也愈寫愈少了。劉以鬯曾在

〈記葉靈鳳〉一文中道出了原委：

有一次，排字房的工友拿了葉靈鳳的手稿走來，對我說：

「這篇稿子字數不夠！」

「差多少？」我問。

「差五百多字。」

「這是不可能的。」

「不信，你自已點算一下。」工友將葉靈鳳的原稿攤在我面前。

原稿上的字，寫得很大。

「這是怎麼一回事？」我問。

「葉先生患了白內障，視力很差，作稿時寫的字愈來愈大。前些日子，一千字寫八百，我總在文末塞一塊小電版的。後來，一千字只寫六七百，必需塞以一塊較大的電版。但是這篇稿子，雖然寫滿兩張稿紙，排出來只得四百多。」

雖然沒能寫成比亞茲萊傳記，但為了準備寫作而進行的搜藏，卻是持續經年。在〈比亞茲萊的畫〉中，葉靈鳳寫道：

為了籌備這個工作，我曾買了英國出版的他的作品集，這是最完善的版本，是像百科全書那樣的三巨冊，分成早期作品、晚期作品和後來新發現的作品。這些書都留在上海，早已在抗戰期間失散了，至今仍使我耿耿於心，未能忘懷，因為現在即使再到英國去買，大約也要用重價在舊書店裏搜尋好久，才可以再得到這樣好的版本了。好在比亞茲萊的畫，這幾年在英國也時常被人提起，因為他是在一八九八年逝世的，一九四八年正是他的逝世五十周年紀念，英國曾一連出版了幾種他的作品的新選集，連有名的《黃面志》也連帶複印了一冊出來。這些新出版的比亞茲萊畫集，我差不多一本不曾放過的都買齊了。雖然比不上當年所出版的那麼隆重齊全，但已經足夠填補這一方面的空虛，而且如果用來編一本選集和寫一篇評傳，材料也綽綽有餘。

葉靈鳳一九五〇年二月二十七日日記，就記載了欲買《黃面志》選集的情況：「逛書店，見有新出版之《黃面志》選集，封面開本皆仿原式，擬購之」。而在發表於一九四八年六月十八日的《比亞茲萊逝世五十周年紀念特輯》中，他又提到借着比亞茲萊逝世五十周年新出版的幾種畫集文集。譬如：「英國的華萊斯將《黃面志》上的詩文及插畫選印了一本小書，書名就叫《世紀末》(*fin de siecle*)。雖是薄薄的一冊，卻可以使我們對於英國文壇上這個業已消逝的時代重起一種懷念。」再如：「英國的波德萊赫特書店，本是比亞茲萊原出版人之一。今年為了紀念他的逝世五十周年，特地用當年比亞茲萊作品的原版編印了一部紀念畫集，共一百五十幅。編輯者是瓦爾克氏，也是英國當代研究比亞茲萊的權威。」

在香港有個便利之處，不僅可以及時買到海外新書，還可以根據海外書訊，通過當地書店預定。老牌的別發書店就是葉靈鳳經常光顧的地方。說起來，別發是在上海時期就已相熟的老店了。葉靈鳳出版於一九三六年的長篇小說《未完的懺悔錄》，第一章就叫「別發書店門口」。一九五一年三月二十一日的日記說：「赴報館取稿費，路過別發書店。前訂之西蒙斯的《比亞斯萊小論》已來，價五先令，裝幀頗精好。」一九六七年九月二十日說：「燈下閱倫敦《泰晤士報文學副刊》。見有一部新的《比亞斯萊評傳》，是大型的，有三百餘頁，插圖五百餘幅，將在本年十月份出版。擬即去預定一冊。前已訂購重印的《比亞斯萊作品集》一部（共二冊），若是再加上這一冊，以及手邊所已有的，盡夠寫一冊傳記，以及選一部作品集了。」

別發書店之外，葉靈鳳經常訂購比亞茲萊的，還有實用書店，有時寫作實用書局。這個「實用」，應該不是湘人龍良臣經營的那家「實用」，因為龍良臣是從來不代理西書業務的。一九六八年十二月二十八日，「經實用書店取書，共來了兩種，一是魏氏的比亞斯萊傳……據書評介紹，新材料很多，頗注重他的私生活」。一九六九年一月二十三日，「實用書局來信，謂所訂購的一冊《比亞斯萊》小冊子已缺貨，——此係前數年倫敦舉行比亞斯萊展覽會時所出版的一冊特刊」。一月二十九日的日記，則記錄了到手這冊《比亞斯萊》的不易：

下午實用書局電話，謂所訂的《比亞斯萊》已到，即由克臻與中嫻順便代為取回。此書前曾託智源書局馮先生代訂，結果無下文，此次由實用書局始代為買到。每冊定價六磅多，係一巨冊。我一直以為這是一部新寫的比亞斯萊傳記，結果看了始知係一畫冊，文字部分甚少，共選了作品五百餘幅，印得很好。內容甚精，許多以前未見過的作品都選入。

如比亞斯萊為《亞瑟王之死》所作的四百幅插畫，過去只選過兩三幅，本書卻選了一百多幅，又為希臘喜劇《呂斯特拉麗亞》所作的八幅插畫，十分猥褻，以前從未見過。本書也全部收進了。燈下展閱，至四時始睡。

前邊日記中提到的馮先生，在葉靈鳳日記中出現很多，經常為他代訂圖書。例如一九六七年十一月十四日的日記說：

> 前訂購的兩冊比亞斯萊畫集，已由馮先生送來。開本比原來縮小了約三分之一，係美國重印者，價每冊美金十二元五角，英國改售五磅。現折合港幣每冊約八十餘元。雖是重印，仍印得很好。在燈下一再展閱，有許多是以前未見過的。我從前本有原印的大版一冊（全共三冊），在邵洵美處也見過兩冊。這些書現在都早已失散了。現在能購到這樣的重印本，已感到很滿足了。
>
> 最近就應該抽暇選一批他的作品（約七八十幅就夠），再着手試作評傳，完成為他印一部畫冊的願望。有便當與上海書局一談。

《葉靈鳳日記》別冊的「人名索引」稱，「馮先生（馮沛鎏、馮君）」為「智源書局代訂購書者」。智源書局是戰前就有的一家老店，店址三遷，分別在砵甸乍街、威靈頓街和九龍金巴利道，招牌還是由郭沫若書寫。羅隼在《香港文化腳印（二集）》寫到智源書局時說：「相識朋友中常託智源書局訂日文書籍的，葉靈鳳、葉苗秀是常客。」買西書也找智源書局，興許是「馮先生」在智源書局營業之外的個人行為，也未可知，因為葉靈鳳在日記中始終只提「馮先生」，只有一次表述為「智源書局馮先生」。一九六七年十二月十三日，葉靈鳳日記云：「打電話與代訂西書的馮先生，據謂已去了美國，因此所訂之書盡皆落空。做事如此不能全其始終，很令人不快！」這也可以印證馮先生為他訂書是個人行為，倘若他是智源的職員，即使人走了，智源書局還在。不過，葉靈鳳的「不快」只是虛驚一場，這位馮先生還是頗為靠譜的。十二月三十一的日記云：

> 馮先生的哥哥送來所訂書一冊，據說另一部比亞斯萊傳也訂了，不日可到。姑妄信之。他說馮沛鎏赴美後託他代理未了事務，凡在十一月前所訂書皆照訂無誤。那冊比亞斯萊傳是在九月尾訂的，所以一定會有，姑待之。

藏書既豐，研究也很深入。葉靈鳳不僅關注比亞茲萊的作品，也關注他的生活；不僅關注他的繪畫，也關注他的寫作；不僅關注他的散文，也關注他的書信。對於與比亞茲萊有密切關係的人物或書刊，他也同樣涉獵。王爾德與《黃面志》就是其中的焦點，他通過研究，也發現了一些人們未嘗發現或者有所誤會的事情。例如一九六七年十月二十六日日記說：

> 為了弄清楚比亞斯萊與王爾德的關係，找出幾種王爾德的傳記來看，有一新發現。比亞斯萊曾譯過王爾德的《莎樂美》（原文是用法文寫的），這時道格拉斯的英譯已經完成了，王

爾德認為不滿意，比亞斯萊便表示他也想一試。結果王爾德認為他的英譯過於「日本化」，更不及道格拉斯的。——這更加使得兩人不和。一般的比亞斯萊傳記都不曾提到這事。

他還一如既往地注重掌故逸聞的整理介紹。例如他在一九六七年十二月十日的日記裏說：「比亞斯萊的兩幅作品，在《黃面志》發表時，故意署假名，引起批評家注意，批評家果然贊好，甚至勸比亞斯萊應該學這位畫家的風格，使他讀了大為得意。」再如一九六七年八月二十二日的日記說：「他臨死前結識的出版家 Smithers，是個利用他的壞蛋，販賣淫書淫畫，曾約比亞斯萊編一刊物，定名《孔雀》，未曾出版即去世。」此外，對於英國、歐洲國家相關研究動向的紀錄，對於不同的比亞茲萊傳記和畫集的品評，也都有其價值。葉靈鳳儘管沒能實現為比亞茲萊作傳的願望，但他發表的一系列有關比亞茲萊的短文，對於比亞茲萊在中國的傳播發揮了不可或缺的作用。作為「中國的比亞茲萊」，他固然在繪畫成就上無法望比亞茲萊之項背，但比亞茲萊的神韻顯然浸潤到了他的書籍、雜誌的裝幀當中，並在一定程度上影響了一個時期的設計風尚。

一九七三年七月十五日，葉靈鳳自《星島日報》退休。退休之後，似乎仍有「惜此餘年」、「恢復寫作」的念想。八月二十日，「又閱比亞斯萊畫冊，佐以放大鏡，勉強可讀。」次日，「終日陰雨」，「翻閱比亞斯萊畫冊多種」，並說：「幾種較重要者可說都已齊備」。這是他最後一次與比亞茲萊的親密接觸。

在他去世十三年之後，北京三聯書店出版了他的三卷本《讀書隨筆》，曾經與他有過一面之緣的范用，很懂他的心思，用他喜歡了一生的比亞茲萊為這套書精心裝幀。葉靈鳳的讀書隨筆和比亞茲萊的畫作一道，再一次驚豔了世人。

我也在「熱中木刻」

一九三六年，葉靈鳳在《論語》雜誌第九十六期發表〈獻給魯迅先生〉，文章本來是回應魯迅為着《文藝畫報》的插圖向他射出的「暗箭」，但在文中卻順帶談到了一個比較重要的問題，那就是木刻。文章是這樣說的：

本來，在魯迅先生提倡木刻的時候，我也在「熱中木刻」，這話說起來又是五六年了，我一看冤家路狹，又碰在一起，知道不好辦，便忍住一口氣，退了一步，凡是寫到關於木刻的文章，我總推崇魯迅先生提倡之功，人家說我們妥協了，只有我自己才知道我是在「割地求和」。這方法似乎很靈驗，所以在木刻上始終沒有過衝突。

這話說得是比較客觀的，在葉靈鳳一九三三年五月為《現代》第三卷第一期的別冊附贈品《現代中國木刻選》寫的小引中，他特別強調：「將木刻視作是一種獨立的藝術而加以研究，還是最近一兩年才有的事。這裏面，魯迅先生提攜的功勞是不可埋沒的。他曾選印過很精美的木刻集，又曾鼓勵過木刻展覽會的舉行。」不過，「割地求和」不代表就此放棄自己對於木刻同樣的「熱中」。事實上，葉靈鳳始終沒有中斷對於木刻的喜愛，他以各種方式為這一藝術形式在中國的復興提供幫助。比如這次他為《現代》雜誌編選〈現代中國木刻選〉，就是在新興木刻運動史上較早的一個策劃，雖然規模不大，但影響不小。張澤賢在《民國版畫聞見錄》一書中甚至這樣認為：

> 極為可貴的是，這本印有中國青年作者作品的木刻集，雖只是作為雜誌的一個附錄，未正式出版，但可以看作是最早編印的中國青年作者的第一本木刻集。因為魯迅編印的《木刻紀程》，已是一年之後的一九三四年六月。而在這之前，研究者也都認為《木刻紀程》是第一本，可見某段歷史的被「掩蓋」，也便缺少了真實性。

但當時的人們是不說謊的。一九三六年，廣州的「現代版畫會」曾經發行一種期刊《木刻界》，唐英偉任總編輯。這個雜誌只出版了四期，卻是中國新興木刻史上非常珍貴的文獻，因為「自《木刻界》的發行至一九五六年雙月刊《版畫》創刊的二十年間，專門性版畫雜誌的發行是一段空白。」（〔日〕隆木宏司：〈版畫的先驅，歷史的再現——記罕為人知的三十年代版畫雜誌《木刻界》的翻印發行〉）就在這本得到魯迅先生鼓勵支持，「洋溢着魯迅精神」（日人島田政雄語）的雜誌上，青年木刻家們並不諱言《現代》別冊〈現代中國木刻選〉所給與他們的啟蒙與喚醒。在〈我與木刻〉一文中，黃新波說：

> 使我對木刻發生了興味，是在初中二年級那一年——一九三二年。那時上海現代書局出版的《現代》雜誌中附了一輯《現代中國木刻選》。初，我以為那裏的強烈的黑白對

比的線條是用筆劃來的，所以我也曾很興趣地以筆作刀而模仿着亂塗過一兩張。到現在想起來，還不禁格格大笑的。

唐英偉在〈我創作木刻的經過〉一文中則說：

我是怎樣與木刻開始發生關係呢？回憶起來也有些茫然了。是在一九三三年，我便開始刻木刻了，那時正是《現代》雜誌介紹木刻最熱烈的時候。我受感動了，當時廣州的藝術界很沉靜。更找不出一粒木刻的種子；所以我開始黑暗中摸索木刻的道路了。記得當時的處女作是一張從畫報上寫下來的《雪景》，其中有幾個青年人在溜冰的構圖，當然這是一張沒有技巧的畫，但當時把自己初次的習作貼在〈現代中國木刻選〉（《現代》三卷一期特輯）的最後一面，私心也自滿着當可與所謂現代的名家並駕齊驅了。所以，自那時候起，我的整個心靈便完的給「木刻」這東西佔去了。

李樺和他的學生唐英偉、賴少其等人，在《現代》雜誌推出〈現代中國木刻選〉一年之後，於廣州成立了「現代創作版畫研究會」，並出版會刊《現代版畫》，聯想到黃新波、唐英偉兩人的自述，這個會名和會刊中的「現代」兩字，都大堪尋味。

版畫史學家齊鳳閣在為《民國時期版畫文獻集成》所寫的序言中認為，新興版畫運動最早的文獻是《一八藝社一九三一年習作展覽會畫刊》，其中有胡一川、汪佔非的木刻〈飢民〉、〈流離〉、〈紀念五死者〉與魯迅為展覽會撰寫的小引。但他也認為，其次就是由葉靈鳳負責挑選作品和撰寫小引的〈現代中國木刻選〉特輯。齊鳳閣還指出：「葉靈鳳由於年輕氣盛及文藝觀方面的差異，與魯迅交惡，名聲受損。……與他相關的某些版畫文獻也被歷史淹沒而鮮為人知，今天在民國版畫文獻的發掘整理影印中應該給予公正的評判與收錄。」

「應該給予公正的評判」的，決不僅僅是編選〈現代中國木刻選〉這樣一個個案，事實上，葉靈鳳終其一生沒有停止對於木刻的愛好，沒有停止對於新興木刻運動的推波助瀾，他的努力和貢獻是全方位、多層面的。舉目四望，在中國新興木刻運動史上，能夠與魯迅亦步亦趨、殊途同歸的，除了葉靈鳳，難以找出第二人。他甚至還做了一些魯迅想做而沒做成或者沒有來得及做的事情。

一九三三年，葉靈鳳和魯迅、郁達夫、趙家璧一起，分別為良友圖書公司出版的四種麥綏萊勒木刻連環圖畫故事作序，這是唯一的一次魯、葉在木刻活動中同時出場，儘管在魯迅來說不無有被「蒙蔽」之嫌。我要說的，並不是過分誇大這次同時出場的意義，而是要強調葉靈鳳為該系列之二《光明的追求》寫的序言中的一段話。在題為〈木刻藝術的新興〉的序言中，葉靈鳳指出：

> 隨着印刷術的發明，木刻的使用，中國在世界上無疑的是站在祖師的地位。歐洲現在存在的木刻，最早的是十五世紀初葉，而中國，則在唐代所刻的佛經上，已經有木刷的很精緻的圖像了。不過，將木刻視作是一種獨立的藝術而嚴肅的加以研究，中國是從來沒有人夢想過的，一直到最近，因為西洋木刻的回娘家，才被有一些熱心近代藝術的青年們所注意。

可以說，中國的新興木刻運動，最初就是從引介西洋木刻開始的。齊鳳閣說：「魯迅宣導新興版畫，一九二九年起便開始有計劃地介紹外國的創作版畫，到一九三六年十月魯迅去世，他編印了《凱綏·柯勒惠支版畫選集》、《引玉集》、《蘇聯版畫集》等多種版畫集並為之作序。這些版畫集與他回覆木刻青年的百餘封書信一起，成為極富價值的版畫文獻。」葉靈鳳同樣重視西洋木刻和木刻家的介紹，邵洵美發表在《時代》畫報的〈木版畫〉一文就說：「至於木版畫的歷史及其價值，最近我國雜誌報章上也有過不少的文字。王敦慶、葉靈鳳等都曾經花過苦心與毅力去研究。」就在《光明的追求》序言中，葉靈鳳不僅簡述了木刻在中國起源、又在歐洲勃興的歷史，更具體分析了英國的湯瑪斯·比威克、埃里克·吉爾、克雷爾·萊頓、羅伯特·吉賓斯，德國的丟勒、柯勒惠支、羅特盧夫，法國的比桑，美國的肯特，比利時的麥綏萊勒等一眾西洋木刻家的風格技法。雖然《文學》雜誌的社論對這篇序言頗有微詞，認為它「只講了些西洋木刻的源流」，在麥綏萊勒木刻連環圖畫故事全部四篇序言中是個「例外」，但如此做，葉靈鳳恐怕是有意為之，他深知，在當時情況下，多提供一些這方面的資訊，比單純解讀一下麥綏萊勒的「故事」，可能更加符合青年木刻愛好者的需要。

這種努力一直在持續。一九三四年二月一日出版的《時代》畫報第五卷第七期上，他發表了〈西洋木刻手法之東漸〉一文，他通過木刻圖片的示例，介紹「歐洲幾個盛行木刻的國家」的木刻風格：「英國的作風是偏重於纖細，技巧的發展。法國是注重於裝飾趣味的保持。而德國和蘇聯則都傾向於大刀闊斧，一種力的表現了。」尤為值得注意的是，文中關於題材的一段見解，與魯迅可謂遙相呼應。他說：「不過，為了技術上的練習，對於目前從事木刻的研究者，我希望他們在題材的採取上，能夠比較廣泛一點。雖是一幅風景，雖是一張靜物。我們從這裏面，至少可以獲得一種藝術上的學習。」我們不妨對比一下魯迅的說法。李允經在《魯迅與中外美術》一書中曾經就此做過梳理：

魯迅常常引導版畫青年們用「不關緊要的題材來磨煉技術」。他鼓勵青年們刻些小品和插圖，指出：「用版畫裝飾書籍，將來也一定成為必要」。他還主張多刻靜物和風景，在看過李樺主編的《現代版畫》之後，他就指出：「題材的範圍太狹」，又說：「譬如靜物，現在有些作家也反對的，但其實是那『物』就大可以變革。槍刀鋤斧，都可以作靜物刻，草根樹皮，也可以作靜物刻，則神采就和古之靜物，大不相同了。」

一九四〇年，葉靈鳳在香港和丁聰、郁風、徐遲、夏衍、黃苗子、張光宇、張正宇、葉淺予、戴望舒等共同創辦《耕耘》雜誌，「對於木刻，《耕耘》是當作重點來特別介紹的」。葉靈鳳在〈重讀《耕耘》〉一文中說：「第一期有景宋寫的〈魯迅與中國木刻運動〉，附有新波、李樺等人的木刻，此外還介紹了延安文展出品的兩幅木刻。第二期有西諦的〈關於太平山水詩畫〉，介紹了清初刊印的一部木刻詩畫集，此外還有木刻家張望和劉建庵作品的介紹。我自己在這兩期《耕耘》上所寫的，也全是介紹西洋木刻的，第一期是〈木刻論輯〉；第二期是〈現代木刻五家〉。」特別是〈木刻論輯〉，他所介紹的格溫．拉弗拉（Gwendolen Raverat）、約翰．法萊（John Farleigh）、愛因．麥克納布（Iain Macnab）克雷爾．萊頓（Clare Leighton），「都是當代英美著名的木刻家」，而且，可能多是首次介紹給中國的讀者。葉靈鳳說：「我相信他們的意見很值得中國木刻家參考。」《耕耘》雖然是在香港發行，但影響遠及內地。有的木刻家就是因為一本《耕耘》雜誌立志要學木刻的。例如著名木刻家趙延年晚年回憶說：「一九三八年我十四歲初中畢業，考進了劉海粟先生辦的上海美專高級藝術科。有一次上素描課時，一個同學帶來兩本香港出版的《耕耘》雜誌，上面刊登了一些表現當時抗日軍民生活的木刻作品，看了之後對我觸動很大。……於是想到了學習木刻。」（《七星集——版畫前輩訪談》）

其實，有不少英美木刻家都是葉靈鳳首次引進到中國，並且對於當時的木刻家產生了深遠影響。以洛克威爾．肯特為例。吳偉在〈《洛克威爾．肯特插圖選》後記〉中說：

早在二十世紀三十年代，肯特的作品就進入我國作家和讀者的視野，例如「林庚的詩集《夜》（一九三三），封面是聞一多設計的，聞一多借用肯特的木版畫《星光》作為封面圖案（詳見金小明著《書裝零墨》，二〇一四）；施蟄存的《域外文人日記抄》（一九三四）中收有一篇《洛克威爾．肯脫日記》；巴金的《點滴》（一九三五）中有一幅插圖是肯特的《火焰》（書中誤寫為《生命》）。我國二十世紀三四十年代的有些期刊的封面或正文也引用或借用、選刊過肯特的版畫或插圖。」

但葉靈鳳更早。早在一九二九年，他就在十二月十五日出版的《現代小說》第三卷第三期刊出肯特的「木刻二幀」。一九三四年七月一日出版的《現代》第五卷第三期，又刊出「洛克威爾．肯特作木刻四幀」，據黃蒙田說，就是根據葉靈鳳所藏肯特畫集複製的。四幀木刻各佔一個頁碼，非常醒目豪華，還附有一段文字說明，估計也是出於葉靈鳳手筆，並且極有可能也是國內首次對於肯特木刻的文字介紹。其全文是：

洛克威爾．肯特，是美國現代的著名裝飾畫家。他的畫，長於構圖和線的運用。偶爾也為人作商業的廣告畫，然而最擅長的是木刻。從這裏所復刊的四幅上，我們可以看出他構圖的峭拔，裝飾趣味的濃厚，畫面上充滿了力與神秘的交織，是完全代表着他獨特的作風的。

這個專輯很小，但產生的震撼是很大的。黃蒙田在〈肯特．本夏．畢卡索〉一文中說：「當時我還在學校念書，對肯特對比強烈形象簡潔的畫感到新鮮。」但當他遇見黃新波，才知道小巫遇見了大巫：「三年後遇到新波的時候，我才驚異於肯特的畫對他的心靈具有如此強烈的衝擊力量。」但影響遠不是到此為止。黃蒙田接着說：

新波實在太喜歡肯特的畫，他不斷搜集肯特畫的複製品，即使一本厚厚的選集裏面只選了肯特的三幾張作品而別的作品並不喜歡，他也會節衣縮食買下來。當年《現代》發表的肯特畫是根據編者之一的葉靈鳳所藏肯特畫集複製的，新波念念不忘靈鳳的收藏，後來好像終於被他「借」去了。靈鳳當然早有心理準備，肯特畫集落在一個如此酷愛肯特的畫家手上，後果是不難想像的，然而這未始不是一件好事。

在那個年代，想要見到外國木刻大家的原作是不容易的，即使是一本畫集，也很不容易得到。葉靈鳳豐富的畫集藏品，更在黃新波之外，滋養了好幾位木刻新秀。最突出的一位是黃永玉。他在剛剛出道的時候，恰好在香港，得以有機會到葉靈鳳家裏翻看他那些林林總總的畫冊。黃永玉自己曾在《比我老的老頭》一書中說：「我一生遇見的好人那麼多，卻總是難忘三個人。一個是福建仙游縣的陳嘯高先生，一位是香港的葉靈鳳先生，一位就是苗子老兄。這三個人在不同的時空裏都讓人咒罵為不借書給人的『孤寒種』。相反，我卻在這三人的書齋、書庫裏為所欲為，看盡他們的藏書、藏畫，得益太多。他們對我慷慨而我對他們放肆，『邑有窮讀愧買書啊！我這輩子不可能有他們這種肚量和境界了。』」他在葉靈鳳那裏看了許多木刻集，不僅如此，葉靈鳳「在別發書店見又有《英國木刻選集》一冊」，也不忘「購歸贈予黃永玉」。

葉靈鳳一生編輯過好多種雜誌和報紙副刊，木刻一直是始終不變的保留節目。《現代小說》之後，葉靈鳳又於一九三一年四月一日創辦了《現代文藝》，不獨每期都有木刻的內容，更在第一卷第二期的〈編者隨筆〉中專門述及木刻：

> 木刻是近來頗流行的一種藝術。它最初的用途是在給書籍作插圖，後來因為金屬製版發達，漸漸的被淘汰。但是近年卻又突然的抬頭，因了它那特有的健強生動的單色對照，於是就成了一種獨立的藝術。這在英國和德國尤其特別發達。

到了編《文藝畫報》的時候，木刻更是佔據着相當的比重，儘管只出刊了寥寥四期，卻介紹了一眾外國木刻名家名作。在第一期，有李東平寫的〈德國表現派的木刻〉，文中插入了四幅表現派木刻作品，分別是海格兒的〈人像〉、羅夫氏的〈流浪子〉、碧斯丹的〈負傷者〉和拿盧特的〈預言者〉。穆時英小說〈墨綠衫小姐〉中，也選配了三幅麥綏萊勒的木刻插畫。第二期內容更為豐富。除了給麥綏萊勒推出一個整版的〈都市的陰暗面〉，還介紹了英國木刻家埃里克·吉爾（Eric Gill）和烏克蘭裔美國木刻家伯里斯·阿茨巴舍夫（Boris Artzybasheff）的兩幅黑白插繪，日本安藝蜻一的「木刻二幀」則是彩印。他們或許都是第一次被介紹到中國，而且，用紙、印刷之精良，在當時應該是無匹的。第四期不僅有四幅英國木刻家約翰·法萊（John Farleigh）為蕭伯納小說《黑女求神記》所作的木刻插繪，有兩版六幅蘇聯木刻家克萊夫欽訶的木刻小輯，更以英國木刻家克雷爾·萊頓（Claire Leighton）的《呼嘯山莊》木刻插繪做了本期封面。

最值得一說的還是《文藝畫報》對於國內青年木刻作者不遺餘力的推介。在雜誌的第一期，葉靈鳳一口氣用了六幅青年木刻作者張慧的木刻，作為一篇小說的插圖。廣州的青年木刻家李樺注意到編者對於木刻的重視，專門致函葉靈鳳，說：「讀貴刊創刊號，深知對木刻甚加愛護。」他還說：「中國木刻運動，最初發生於滬上，現已擴張到全國。可是關於南中國的木刻運動，似尚未有人注意過。在這裏，我敢自薦，介紹些廣州木刻消息及作品給你們，並希望佔些貴刊的篇幅。」葉靈鳳將李樺的來函以〈木刻運動在廣州〉為題在第二期發表，不僅在文中附刊了李樺、張影、唐英偉的四幅作品，更推出一個「華南木刻三家」的插頁，這三家都是華南地區嶄露頭角的青年木刻家，包括劉興憲、李樺和林世忠。葉靈鳳專為李樺的來函寫了熱情洋溢的〈編者按〉：

從李樺先生的通信中，我能知道木刻運動，在廣州最近已尋到了它的新的園地，而且很快的滋長了起來。這消息，對於愛好藝術，尤其是留意中國木刻的人，該是一件怎樣可喜的事。從李先生函中所附來的幾位先生的作品，就是在本期所披露的幾幀，我們可以看出，中國木刻，已經脫離了初期艱澀的線條，獲到了很圓熟的技巧，巧妙的將黑白二色運用了起來。而且，在題材方面，領域也擴大了，已經能夠自由的擇取，免去了初期千篇一律的單調。

和暖的南國空氣，實在是最適合一切新的藝術滋長的地方。僅在木刻方面，我們過去知道汕頭有張慧、羅清楨幾位先生在不斷的努力，如今廣州又有這有力的版畫研究會的出現，前途的發展正是未可預料的。對於這年青的新藝術的扶助，我們願盡量的呈現我們的篇幅。

按照李樺的說法，這很可能是最早關注南中國木刻運動的文字了。但在葉靈鳳那裏，這只是開始。在《文藝畫報》的第三期，他繼續大力推介華南的青年木刻家，一是推出《羅清楨木刻二幀》的插頁，二是在區文莊小說〈虎烈拉的流行〉中選用六幅唐英偉的木刻插繪。關心新興木刻運動的人都知道，李樺、唐英偉、羅清楨均與魯迅關係密切。吳興文在〈魯迅提倡新興木刻運動與現代畫家唐英偉結下不解之緣〉一文中就說：「世人皆知魯迅提倡的新興木刻運動，是李樺與北方的『平津木刻研究會』取得了聯繫，把木刻傳播到全國去。」李樺致信魯迅是一九三四十二月四日，魯迅於十二月二十八日收到李樺這封信後立即覆信。但世人不知的是，在這之前（至少是在一九三四年十二月十五日《文藝畫報》第一卷第二期出版之前），李樺就與葉靈鳳取得了聯繫，葉靈鳳熱情而隆重地把「南中國的木刻運動」和李樺本人宣傳了出去。

至於唐英偉，研究者認為，他與魯迅的交往，是從一九三五年四月二十二日魯迅收到他的來信開始的，此後唐英偉陸續把自己的木刻創作寄請魯迅指導。而葉靈鳳集中刊發唐英偉木刻的時間是一九三五年二月十五日。唐英偉與葉靈鳳的緣分遠未到此為止。一九三八年，他們先後到了香港，唐英偉雖然就職漁業研究所，但仍未放棄木刻工作。吳興文說：「他於一九四〇年三月和四月分別舉辦了兩次『木刻研究班』，為香港日後的木刻活動打下了基礎。」但少為人知的是，這個「木刻研究班」正與葉靈鳳的「催生」有關。葉靈鳳曾在一九四〇年三月十二日《星島日報．星座》發表〈介紹唐英偉先生主持的木刻研究班〉，為他打廣告，文中更透露了這個「木刻研究班」的緣起：

> 近來港澳一帶的青年藝術愛好者，想要學習木刻，每苦於找不到工具和可供研究的參考資料，更沒有地方可以獲得實地的學習指導，每每寫信來要求解決這困難。我將這情形和唐英偉先生談起，他毅然決定負起這責任，開辦木刻研究班，為木刻愛好者解決這困難。唐先生從事創作木刻多年，是初期中國木刻運動開路功臣之一，有着豐富的實地工作經驗。我相信，青年藝術愛好者在他的指導之下，對於木刻的學習，雖是短短的時期，也必能獲得一個深厚穩固的基礎。

吳興文還說：「五月，又以召開『木刻研究班』的形式，組織了『中華全國木刻界抗敵協會香港分會』，……香港分會成立不久，即在堅尼地道的中華中學舉辦了『紀念魯迅六十周年誕辰木刻展』，展品除了來自陝北、重慶、桂林、廣東和香港等地外，還包括李樺所作的抗戰門神，葉靈鳳收藏的木刻作品以及各地木刻刊物七十餘種，這是中國新興木刻在香港的首次亮相。」葉靈鳳建議唐英偉舉辦「木刻研究班」，未免令人聯想到魯迅之重視木刻普及，以及他所舉辦的「創作版畫講習會」，這一舉動，或許是對魯迅先生最好的紀念。考慮到這是在港澳地區首次進行木刻普及，意義就更為特殊了。唐英偉本人在《中國現代木刻史》中幾次提到這個「木刻研究班」，認為「給予香港九龍間文化界一個重大的刺激」。但他沒有提到葉靈鳳，在書中的其他部分也沒有提到，這就與他的「初心」有所變化。《中國現代木刻史》是一九四四年七月出版的，那時節葉靈鳳還在日本人手下做事，想必這是最大的原因。但葉靈鳳沒有忘記唐英偉，一九六八年三月二十一日，他在實用書局買到一本關於本港食用魚的書，發現插圖竟是昔日木刻家唐英偉所繪，於是在一九七〇年一月二十三日發表了一篇〈香港實用魚類圖誌〉，說：「本書的插圖作者是唐英偉。他本是我國早期的木刻家之一，近年在香港農林漁業管理局工作，專繪魚類標本，對於木刻工作放棄已久了。」唐英偉見到這文章，隨即給葉靈鳳寄贈一輯所繪魚類彩圖，又在幾天後給葉靈鳳打電話，可惜這時候葉靈鳳年事已高，又正鬧眼疾，恐怕難續刀木之緣了。

羅清楨與魯迅的聯繫更為密切，曾得到魯迅當面的和書信的多次指導。《魯迅書簡》收入致羅清楨的信達二十封之多；而且，羅清楨還是所有木刻青年中第一個與魯迅先生通信的。魯迅以「鐵木藝術社」名義自費出版《木刻紀程》，共收八位青年木刻工作者的二十四幅作品，羅清楨自己就佔了四幅。魯迅在《木刻紀程．小引》中還特別強調：「據我所知道，現在似乎已經沒有一個研究木刻的團體了。但尚有研究木刻的個人，如羅清幀，已出《清楨木刻集》二輯……這都是值得特記的」。

值得回味的是，羅清幀送給魯迅的《清楨木刻畫第二集》，序言中有這樣一段話：

去年夏現代雜誌社曾託葉靈鳳先生選印《現代中國木刻選》十幅，並在現代月刊的插畫上逐期介紹，所以近幾年來，木刻畫在中國漸漸的走進了復興之途。這是我們在十年前所夢想不到的一回事。

之後再出《清楨木刻畫第三集》的時候，羅清楨乾脆請葉靈鳳題寫書名，並在該書序言〈自我習作木刻以來〉中如此說：

那年夏天，我重到上海，認識了以提倡木刻為職志的魯迅先生和葉靈鳳先生，以及朋友何白濤李霧城劉峴諸兄，在我的習作上，得到了無價的教益……再度南回後，我謹嚴的從事工作了。遵從一些人的指示，和我自己的理想，我又得了好些東西，較為滿意的，都收到這第三集裏。

請葉靈鳳給自己的作品集題簽，羅清楨不是獨一份。另一位木刻青年張慧，雖說從事木刻的時間不長，但也出版過三集木刻，在《張慧木刻集第三集》的〈代序〉中，他說：「這一點收穫，我應該感謝魯迅先生和葉靈鳳先生的指示。」並說：「承葉靈鳳先生為第一集書封面，魯迅先生為第二三集書封面，於此謹致謝忱。」還有一位木刻界的重量級人物賴少其，也是同時贈書給魯迅和葉靈鳳。一九三五年五月六日，《魯迅日記》載：「得《自祭曲》一本，賴少其寄贈」。寄贈葉靈鳳的一本，賴少其則寫着：「敬望批評指導。」從這幾個例子完全可以看出，在當時的青年木刻家心中，是沒有什麼門戶之見的，對魯迅、葉靈鳳給與了同樣的尊重。

艾姝在《刀與木的召喚》一書中認為：「實際上，葉靈鳳與新興木刻圈的關係並不疏遠。」葉靈鳳自己在〈木刻〉一文中也說過：「對於所有從事這藝術的年輕人，我都願引為是自己的朋友，因為這是中國唯一的未被玷污過的新的藝術。」葉靈鳳發表於一九三五年十月十六日上海《晨報》的〈木展在上海〉，還記錄了兩位青年木刻作者的星夜突訪：「半個月以前的一個晚上，野夫突然帶了剛到上海的唐訶君遠到郊外來看我，我是怎樣的高興喲！」野夫、唐訶此來，是無事不登三寶殿，因為唐訶他們擬在上海舉辦的第一次全國木刻聯合展覽會「遭遇到不容易克服的阻力」。當時的具體情況，唐訶在〈魯迅先生給我的教益〉一文中是這麼說的：

> 一九三五年九月中旬，我和金肇野到上海籌辦木刻展覽會展出時，工作開展得很不順利，和有關方面聯繫困難，展出場址要收租金等。這對我們不熟悉上海情況又經濟十分拮据的青年，是非常棘手的問題。不解決這些問題，展覽會就辦不下去。在這困難的時刻，我們不得不再一次去麻煩魯迅先生。魯迅先生工作很忙，健康情況也不很好，這是我們知道的，但由於心情很焦急，因此第一封信發出後，未等收到覆信，又寫信去催詢，信中寫了一些不恰當的詞句，以致引起先生對我的批評，這些批評是符合實際的，先生並捐贈了

二十元錢，解除了我們的部分困難。我們到上海沒有幾天，就見到上海《晨報》文藝版刊載葉靈鳳歡迎全國木刻聯合展覽會來滬展出的短文。我們很希望木刻展覽會能突破上海官方的禁錮，順利地展出，就到葉的寓所去拜訪。並接受他的意見把作品送國民黨上海市黨部去審查。曹白刻的《魯迅像》以及其他一些作品被檢查官刪去了。這使我們非常憤慨。但是付出了這些代價以後，多數反映當時社會現實的木刻作品還是保留下來，在上海公開展出了。

魯迅曾在一九三五年三月十五日致羅清楨的信裏說：「北平及天津的木刻展覽會，是熱鬧的，上海不知何日可開，大約未必開得成。」為什麼？魯迅則在一九三五年一月四日致李樺的信裏說：「實際上，在上海的喜歡木刻的青年中，確也是激進的居多，所以在這裏，說起『木刻』，有時即等於『革命』或『反動』，立刻招人疑忌。」葉靈鳳在二十五年之後，也曾在〈兩部木刻選集的對照〉一文中，心有餘悸地回顧當年木刻運動所面臨的險惡環境：

> 不要說是組織木刻研究社，直接從事木刻工作的人了，就是藏有一幅木刻或是到展覽會裏去看看木刻的人，也會因此成為一種罪名而受到迫害。這在今天的許多人看來簡直像是神話裏的情節，然而在當年卻是事實。

但上海的展覽會畢竟開成了，這其中葉靈鳳的出面救急不容抹煞。雖然有研究者說：「這次木刻展因為主要通過國民黨黨部及葉靈鳳，而與魯迅等左翼文藝界保持了一定距離，因此沒有能夠吸引更多的參觀者」，但按照組織者之一的金肇野的回憶，景況卻不是如此。他在〈魯迅和全國木刻展覽會〉一文中說：「上海展覽和在其他幾個城市一樣，盛況空前，觀眾終日川流不息，文化界人士為展覽成功歡呼。」

基於此次展覽過程中的一系列周折，無論在當初，還是之後，甚至現在，還是存在許多不同的看法，特別是在葉靈鳳的角色和魯迅的缺席這兩個問題上。有論者認為金肇野對葉靈鳳的描述很不客氣，主要是指這句話：「上海的敵人狡猾得很，提出要審查我們的展品，試圖偵查我們的態度，看我們敢不敢送審。」這句話也是在〈魯迅和全國木刻展覽會〉一文中說的，與另一位組織者唐訶那篇〈魯迅先生給我的教益〉，都是應一九八一年出版的《魯迅誕辰百年紀念集》而作，那時，思想解放還沒有開始，葉靈鳳也還背着「投機」、「轉向」、「漢奸」的帽子，金肇野可能有更多的顧慮和苦衷，確實不如唐訶客觀和率直。但他同時也明確反對一些過於「左」的觀點，他認為：「我們委曲求全把展覽會在中華學藝社開完了。但至今還有人指責我們『右傾』，豈不是中左傾路線的毒過深了嗎？」資料顯示，「從北平、山西、武漢各地的籌備情況看，展出之前都經過了當局審查，取得了合法展出的資格」，為什麼偏偏上海這次因為葉靈鳳建議送當局審查並由他通過內部關係予以疏通，就成了問題呢？更有甚者，直到現在，還在學術文章中「妄惻」葉靈鳳是否擔任了檢查官職務，主要依據卻是：與他合編《文藝畫報》的穆時英「就擔任國民黨書報檢查官的職務」，再有就是「他對木刻有着非同一般的興趣」。甚至由此得出結論：在葉靈鳳來說，「這一次的審查結果，對魯迅無疑是一個很好的報復」，因為抽去了曹白刻的《魯迅像》。這種研究，恐怕就不僅僅是學術能力的問題了。

當然，也有研究者能夠「靜下心來反觀曾經發生過的事情，把事件的思路理清楚」，「得出比較符合於當時實際的結論」。張澤賢在《民國版畫聞見錄》一書中認為：

從歷史唯物主義觀點看問題，不能否認葉靈鳳在辦成對當時中國新興木刻運動今後發展十分重要的第一次全國木刻聯合展覽會是有功勞的，這功勞遠遠超出為幾個木刻青年的作品集題簽，也超出了寫幾篇介紹中外木刻作品的文章，因為這是葉靈鳳的一次實實在在站在中國新興木刻運動「邊緣」的舉動。

作為當事人之一的唐訶，針對王錫榮《魯迅研究百題》中的〈魯迅為什麼不參觀全國木刻聯合展覽會〉一文，寫了一篇同題的文章（收入氏著《落英集》）進行回應。他這樣還原當時的情況：

到葉靈鳳家中聯繫是我和鄭野夫兩人去的，時間大約在十月初。當我們談到在上海展出可能遭到統治當局查禁時，葉主動提出把作品送往國民黨上海市黨部去審查，並由他通過內部關係予以疏通。按照我們的估計，送審結果不外下列三種：一是因為葉靈鳳的緩衝作用，審查時將作品略為刪減，發還展出。二是大刀闊斧地砍削，使之面目全非，難於展出。三是根本不准展出。後兩種結果我們估計是不大可能的。因為展出的作品百分之八十以上是反映舊中國的現實的，如果大砍大削，只餘留少數作品，則規模宏大的全國木刻展覽會將變得殘缺不全，難於展出，其結果和不准展出沒什麼兩樣。如果遭遇到這樣的結局，那葉靈鳳所作的疏通工作，就全部落空了，而在這一點上，葉似乎有相當把握的。

審查結果和估計的第一種情況相同，僅砍掉少數檢查官認為刺目的作品，其中包括曹白刻的《魯迅像》。砍掉魯迅先生的木刻像使我們很氣憤，但總的來看，作品刪減還不算多，不致損傷中國新興木刻運動的全貌。而且付出一定的代價後，全國木刻展覽會終於在帝國主義者和國民黨當局嚴密統治的上海公開展出了，這是中國新興木刻運動的一次極大勝利。上海報刊如《讀書生活》、《時事新報》、《晨報》等，也不分派系地出版專欄，作了大量的宣傳報道，為此後木刻運動更公開廣泛的活動，取得了合法的地位。王錫榮同志的文章中，認為「這些幼稚的青年竟投到他的門下，而且進而把作品送給專門用鼻子的檢查官去審查，能有什麼好結果？」我們和葉靈鳳僅有的這次聯繫，其情況就是這樣。

在文章中，唐訶下面這段議論是頗振聾發聵的，不僅僅是針對一個王錫榮。

對某些歷史的事件，如果缺乏當事人的原始陳述，則分析者只能憑藉自己所掌握的材料，結合當時的歷史環境，作出自己的推測和判斷，王錫榮正是這樣做的。但是因為他對當時的歷史事件並不完全熟悉，對當時的歷史環境沒有親身經歷，文中所引用的材料，有些地方是不充分的或臆測的，尤其他的分析缺乏辯證唯物主義和歷史唯物主義的觀點，因而他的判斷和結論，是不完全準確的，甚至是錯誤的。

在上海舉行的第一次全國木刻聯合展覽會，魯迅沒去，葉靈鳳顯然是去了的。在發表於一九三五年十月十六日《晨報》的〈木展在上海〉一文中，他說：「出品的差不多都是我曾經見過面的人，雖然有的還在不良的環境中奮鬥着，有的已經安靜的躺在地上了。」此後，只要有機會，他都是樂意參加這樣的木刻展覽會的。一九三八年他在廣州《救亡日報》工作期間，為紀念九·一八事變七周年，來自全國各地的藝術家舉行了大規模的聯合畫展，葉靈鳳在這年出版的《十日文萃》第十一期發表〈關於九一八畫展〉，為畫展吶喊助威。一九四七年五月二十九日，由中華全國木刻協會、中外文藝聯絡社、人間畫會主辦的「第一屆全國木刻展覽會」在香港舉行，他不僅去參觀，還應主辦方邀請寫了一篇長文介紹此次盛會。他這天的日記說：

全國木刻協會在港舉行展覽會，去參觀，在會場遇見溫濤。還是木刻流動展到上海舉行展覽時見過的。十幾年了。又見到以群。作品就是由他從上海帶來的。囑我寫點介紹文，當時答應了，不知能否寫得出。這次出品，比起那幾本選集裏的作品，又是一番新面目。又有了進步，而且逐漸擺脫了外來的影響。

他的這篇以〈一個木刻展與三部木刻選〉為題的長文，對十年來中國木刻的進展給與了充分肯定。他認為：「十年來的木刻在題材上雖沒有什麼改變，但在技巧上卻有了極大的變化。中國的現實還是那樣，木刻自身卻有了進步。」這個進步主要體現在：「第一，大部分的木刻家已經能夠嫻熟的把握西洋木刻技巧，對於線條和黑白的處理，已經能配合所表現的形象，有計劃的加以運用，不再感到手足無措了。其次，已開始創造自己的風格；對於西洋木刻的構圖和表現方法，不再模仿甚或抄襲了。」在文章當中，他還提出了一個重要觀點：「說到中國木刻風格方面，我以為創造中國木刻形式，是應該與吸收西洋木刻技巧並行不背的。這因為原有的中國木刻技巧太單純，不能夠滿足現代木刻的需要。」他以古元的作品為例：「最為人所稱讚的北方作者古元的作品，我們只要仔細的加以觀察，便可以看出他的成功，乃是在巧妙的運用西洋木刻技巧刻出中國風格的畫面。如果完全排除西洋木刻技巧，所產生的將如那幾幅年畫一般。這雖也有它的稚拙樸素可愛之處，但表現方法終嫌太單純太公式化了。」

葉靈鳳還非常重視對於木刻集的評論。就在這篇〈一個木刻展和三部木刻選〉中，他對《抗戰八年木刻選集》、《北方木刻》以及美國作家賽珍珠編選的《黑白的中國》進行了比較和品評。同一年，他撰文推薦蕭乾編選的《英國版畫集》，認為「對於目前中國的新藝術愛好者，本書已經足夠是一個寶藏了」。一九五九年，郭沫若詩集《百花齊放》出版，他「不避買櫝還珠之嫌，放開他的作品本身不談，來談談幾位木刻家為本書所作的插畫」，李樺、劉峴、王琦、沃渣、力群、黃永玉、馬克、肖林作品的成敗得失都得到他中肯而專業的點評。一九六一年，他又關注到前年出版的《十年來木刻選集》，並拿它與《抗戰八年木刻選集》作比較，指出：「這十多年間，中國已經翻了身，我們的木刻家也翻了身。」（〈兩部木刻選集的對照〉）

魯迅在一九三五年四月四日致李樺的信中說：「作紹介文字，頗不易為，一者因為我雖愛版畫，卻究竟無根本智識，不過一個『素人』，在信中發表個人意見不要緊，倘一公開，深恐貽誤大局。」葉靈鳳寫評論多，無疑是有底氣的，他的內行而客觀的評論，是少見的一股清流。木刻評論家艾姝，儘管認可葉靈鳳的藝術水準，但卻認為「葉靈鳳更偏好『藝術』本身，不同於新興木運主流的『大眾化』、社會性導向」，「藝術」才是他的關鍵字。當然，艾姝不時以「當時」、「抗戰前」限定時間範圍，但卻不提抗戰爆發之後葉靈鳳一系列的觀念和行動，這就不能向讀者全面展示一個完整的葉靈鳳。

魯迅說：「當革命時，版畫之用最廣，雖極匆忙，頃刻能辦。」（《新俄畫選．小引》）葉靈鳳也是有相同認識的。在「七七事變」半年之後的一九三七年十二月，他寫德國木刻大師丟勒，特意用了「戰爭與木刻」的標題（刊於《離騷》第一卷第一期），他在文中說：

……在國內，這還沒有十年歷史的年青的藝術，在同樣年青而熱情的愛好者的培植下，自始至終就與現實保持着最密切的聯繫。從過去歷次舉行的木刻展覽會出品中，以及一般刊物上所發表的零星作品來看，就可以知道中國青年的木刻家，怎樣在利用這生疏的藝術作教育大眾的工具，尤其是近年來中國被壓迫的慘狀，對故鄉的懷念，以及英勇鬥爭的生活，都深刻地被把握着而表現了出來。

在〈木刻〉一文裏他還透露：「為了要紀念在這偉大的時代裏，年青的木刻家所跋涉的辛艱的旅程，我搜集着抗戰以來的木刻作品，差不多快三百幀了，這是一個可貴的偉大的收穫。」只可惜「這些木刻都藏在廣州我臥室的幾雙抽斗裏。這一次，隨着我的衣物，一同淪陷在敵人的手裏了。這是夢寐難忘的一件損失。」

葉靈鳳所損失的木刻作品，遠不止這一批。他的萬卷藏書留在上海，不幸都失散了，當中就有廣州現代版畫會送他的《現代版畫》，在〈我的另一份藏書〉中，他說：

倒是從朋友口中，轉輾知道，在抗戰最初結束的一兩年，有不少人在舊書店裏發現過有我自己簽名的藏書。黃裳先生更發現過一套廣州現代版畫會送給我的「現代版畫」，這是當年李樺、賴少其等人主持的，用手拓的木刻貼在土紙上，裝訂成冊，極為別致，還出過一冊《藏書票特輯》。黃裳先生也是愛書的，買得以後大為高興，我聽到唯有望洋興歎了。

雖然葉靈鳳失去了利用這些珍貴藏品編選一部《抗戰木刻選集》的機會，但在一九四〇年左右，他卻在香港幹成了另一件有意義的事情，那就是以「新藝社」名義出版了三本木刻作品集，分別是《凱綏．柯勒惠支畫冊》、《哥耶畫冊》和梁永泰的《血的收穫》。選擇印行這三種畫冊，在葉靈鳳是大有深意的。

編選《凱綏．柯勒惠支畫冊》，固然因為葉靈鳳有着強烈的「情結」，但更直接的動機卻是很實用的。在《序柯勒惠支畫冊》中，他道出了個中原委：

中國的版畫藝術，正和她的工作者一樣，都還在青年時代，但已經被逼到不得不擔負壓到眼前來的艱巨的責任。面對着偉大的民族解放戰爭，它所提供的無數的神聖、勇壯、悲慘、苦難的素材，青年藝術工作者感到了自己應盡的責任，但同時對於這種種偉大複雜的題材，又感到自己的技巧不夠純熟，無法自由地表現自己的意象。同時，又沒有時間可以學習，更沒有地方可以獲得良好的指導和參考，於是有一種說不出的苦悶和彷徨。這冊畫集的出版，我以為，在這方面至少可以填補一部分的缺欠，救了暫時的急。柯勒惠支所慣用的題材：死亡、貧苦、飢餓、爭鬥，她在這上面所寄託的同情和憤怒，她所給與的啟示和鼓勵，她所運用的寫實而又象徵的強勁有力的手法，都可以使我們從她的作品上獲得有益的參考和幫助。還有，更為重要的，她對於現實的認識，她始終不懈的政治信念，她對於藝術的忠實，至老學習不懈的刻苦精神，更是每一個藝術工作者的永久的模範。

但是問題來了：為什麼葉靈鳳不長記性，一再與魯迅撞車呢？因為大家（包括葉靈鳳本人）都很清楚——魯迅對這位德國女畫家情有獨鍾，更是將她介紹到中國的第一人，不僅收藏過她的不少版畫原作，還在一九三六年五月以「三閒書屋」名義自費出版了《凱綏·柯勒惠支版畫選集》，這是中國出版的第一本柯勒惠支畫集，也是魯迅生前出版的最後一本書。「印造此書，自去年至今年，自病前到病後，手自經營，才得成就」，說完這段話三個月，魯迅與世長辭。

不過，畫冊雖好，但印數實在可憐，初版本只印了一百零三本，內有四十本為贈送本，三十本送往國外，交內山書店在國內發售的僅有三十三本。雖然此後文化生活出版社在一九三六年十月根據初版本縮小重印了此書，但精裝也只印了五百本，平裝也只印了一千本，遠遠滿足不了讀者的需求。魯迅當年曾在畫冊扉頁上印了「有人翻印，功德無量」八個字，可他萬萬料想不到，響應這一號召的，不是別人，正是他的「死敵」葉靈鳳。王琦曾經先後擁有過魯迅和葉靈鳳編輯的兩本畫集，他在比較之後說：「這本《凱綏．柯勒惠支畫冊》收集的三十二幀作品，大部分是三閒書屋版本裏所沒有的。」這就不僅僅是「翻印」了，從更多地紹介柯勒惠支版畫這一點來說，也是「功德無量」的。至於它如何「有用」，王琦在發表於《讀書》一九八四年第十一期的〈從幾本外國版畫集想起的〉一文中有過非常生動的講述：

一九三八年十二月，當我離開延安前夕，把《凱綏．柯勒惠支版畫選集》贈給了美術系一位快要上前方去的同學。我回到重慶後，想買到同樣的版本已經不可能了。在一九四一年秋，才從生活書店購得香港「新藝社」出版的一種二十四開本的《凱綏．柯勒惠支畫冊》和另一本同樣開本的《哥耶畫冊》。……在抗戰時期，看到這兩本畫冊，感到特別親切和有用，因為當時中國人民正經歷着侵略與反侵略、壓迫與反壓迫的嚴重鬥爭，畫冊裏所表現的內容，也正是和中國人民一樣所身受的苦難和血淚的歷史。同時，也正是需要有良心和正義感的畫家，像幾百年前的哥耶和現代的柯勒惠支那樣，把侵略者、剝削者的罪惡向全世界善良的人民進行有力的揭露與控訴。這兩本畫冊印數不多，發行到內地的更有限，在藝術界中引起珍視是自然的。一九四三年秋，我在育才學校美術組任教時，有兩位美術界友人把這兩本畫冊借去。不久，他們要去新四軍參加工作，我便把畫冊贈給他們作為紀念。

薄薄的兩本畫冊，竟被帶去了新四軍，並且可能在它們的影響下創作出抗敵作戰的美術宣傳品，我想這可能正是葉靈鳳所期待的。藏書家姜德明還說，到一九四〇年年底，它已經印行了三版，受歡迎程度可想而知。

《哥耶畫冊》是新藝社叢書的第二種，姜德明的《書坊歸來》一書抄錄了一則有關這本書的廣告：

哥耶是十九世紀西班牙大畫家，身經拿破崙侵犯西班牙之役，目睹異國軍隊佔領下之種種暴行與慘狀，憤而刻成此著名之銅版畫集《戰爭的災難》一輯，西班牙民眾經七年之苦鬥，卒將侵略者驅出國境，哥耶與有力焉。本冊選輯哥耶是項名作四十餘幅，內容精湛，由葉靈鳳先生作序，詳論哥耶之時代背景及其作品之含義，不僅可供愛好藝術者之收藏和欣賞，且足為戰時藝術宣傳之良好借鏡也。

由這廣告詞，也可看出，比之於那本《凱綏．柯勒惠支畫冊》，這一本的功利性更加明顯，一如扉頁和序言之間空白頁上那兩行醒目的黑體字：「謹獻給以畫筆服務抗戰的同志們。」葉靈鳳更在序文〈哥耶和他的《戰爭的災難》〉的一開頭，直接點明了以資「借鏡」的用意：

向着法西斯蒂牽線下的弗朗哥叛軍作英勇鬥爭的西班牙民眾，在一百多年以前，曾經遭遇過一次和今日中國民眾所遭遇的同一命運：在自己的國境內，在不相稱的裝備抵抗之下，悲慘的受着敵人的殘殺和掠奪。

在簡練而生動地介紹了一百多年前拿破崙向西班牙發動的那場侵略戰爭的始末之後，葉靈鳳接着寫道：

> 從一八〇八到一八一四，這七年間在異族蹂躪下的西班牙，她的民眾所忍受的苦難和表示的英勇，這「戰爭」所給予人類的一切，都被當時西班牙的大畫家哥耶親身遭遇而且感受了。六年後，這位七十四歲的老畫家，為了逃避在他的祖國又漸漸抬頭起來的宗教勢力，流亡到法國的波爾多，但是銘刻在他心上的那些目睹的驚心怵目的印象使他不能安定，於是用混合熱情和憤怒的一種西班牙人的諷刺，他作了一輯銅版畫（蝕雕），這便是他留下的著名的八十五幀《戰爭的災難》。

《哥耶畫冊》總共選了其中的四十六幅，葉靈鳳對這些畫作做了詳細而生動的解讀，字裏行間充滿了對於殘酷戰爭的憤怒，對於野蠻軍隊暴行的譴責，對於「他必然受到的懲罰」的堅信不疑。當下，中國也面臨着異族的侵略和蹂躪，葉靈鳳也不幸流亡到被另一個異族掠去的香港，想必跟一百多年前的哥耶有着非常相近的心境。在短時間內，他連續選編出版這兩本別具深意的畫冊，正是以一位藝術家的綿薄之力，參與到抗戰救亡的實際行動當中。

除《凱綏·柯勒惠支畫冊》和《哥耶畫冊》之外，葉靈鳳還為青年木刻家梁永泰出版過一本《血的收穫》。姜德明的〈新藝社和「新藝社叢書」〉一文中說：

「新藝社叢書」第三種是梁永泰的木刻畫集《血的收穫》，一九四〇年十二月出版。全書共收入木刻三十六幅，其中彩色套印木刻四幅。這是畫家深入前線，參加良口戰役後完成的一組連環木刻。據鍾敬文先生在序中介紹：「良口戰役，是繼承去年底粵北大捷而獲得的一個勝利。……它阻止了頑敵擴大華南偽組織的企圖，打碎了頑敵貫通粵漢線的妄想……」

姜德明援引鍾敬文的序文，應該是望文生義把「靜聞」誤以為鍾敬文了。其實葉靈鳳亦有筆名「秦靜聞」，為《血的收穫》作序的恰是葉靈鳳。在這篇以〈新的長成〉為題的序文中，葉靈鳳談到他與梁永泰的相識和相交：

第一次見到他和他的作品，是一九三八年春天在廣州。那時我在救亡日報，他在一個軍事機關服務。年歲很輕，是一位典型的努力於抗戰宣傳工作的藝術青年。當時所見到的他的木刻，在構圖上是受着木刻大師丟勒的影響的。但因為丟勒的作品介紹到中國來並不多，所謂影響，也不過是對於偶然被介紹過來的《啟示錄》之一的〈四騎士〉的模仿而已……但他簡練明朗的畫面已經引起了我的注意。……廣州的失陷使我和他分了手。兩年隨軍工作的鍛煉，實生活的體驗和工作經驗上的積累，使我這一回和他再見之下，不能不有「刮目相看」之感。

在這篇序文中，葉靈鳳還提出了一個頗為個性化的觀點：「好的藝術品必然是好的宣傳品」。這句話充分說明他並非是，或者說並非一直是「為藝術而藝術」的。他始終強調木刻的藝術性，因為他深知，沒有藝術性的粗製濫造根本不可能產生好的宣傳效果。而「藝術上的長成」，也「是在戰爭的現實中所孕育的成果」。

論述葉靈鳳對於新興木刻運動的貢獻，不能不提到他把「唯一的一部世界木刻史」引進到中國。這是指英國木刻家道格拉斯．布利斯的那部《世界木刻史》。在〈唯一的一部世界木刻史〉一文中，他說：

道格拉斯．布利斯是英國木刻家，他在一九二八年出版的那部《世界木刻史》，雖然出版至今已隔了三十多年，但是在篇幅和內容方面來說，至今仍是唯一的一部世界木刻史。魯迅先生在編印《藝苑朝華》的期間，曾在一篇文章裏提到了這部木刻史，加以推薦。因為在內容範圍來說，除了布利斯的這一部以外，實在找不到第二部。這在當時是如此，到今天仍是如此。

多年以來，我一直想為這部木刻史翻譯，介紹給我國的木刻家和版畫愛好者，也曾試譯過幾章。只是由於這本書的前半部敘述歐洲中世紀以來，木版印刷的宗教圖像在各國流行的經過，引證的材料十分淵博，那些古文獻和書名，譯起來十分吃力，使我望而卻步，不覺擱了下來，這樣一耽擱就是好幾年。

然而這個願望始終是我捨不得放棄的願望之一，最近又將已經譯成的舊稿找出來，整理一下，想再試試看。雖然這件工作是否能有把握，我自己也還不知道，但是這個願望是否將永是願望或是可以實現成為事實，看來這一次一定有一個決定了。

據葉靈鳳說：「布利斯之《世界木刻史》全書約十七八萬，現零星譯好者已有四萬字。」雖然最終沒能譯完是個遺憾，但好在他是隨譯隨發表在他主編的《星島日報．藝苑》，使得已經譯好的章節能夠及時惠澤廣大木刻愛好者。更值得一提的是，這部殘稿的讀者並不限於港九地區，它的剪報曾經運往北京，作為「參加全國文學藝術工作者代表大會展覽資料」。這應當是全國文學藝術界對葉靈鳳木刻研究的充分肯定。

行文至此，想起吳泰昌在〈葉靈鳳與麥綏萊勒木刻連環故事集〉一文結尾所說的一句話：「中國現代文壇異常複雜，活動在其中的人也夠複雜，然而歷史是公正的，人民決不會忘記任何一個做過有益工作的人，決不會忘記任何一個人做過的有益的工作。」

中國的齋藤昌三

除去「中國的比亞茲萊」之外，葉靈鳳還有另一個響亮的名頭——「中國的齋藤昌三」。

齋藤昌三何許人也？他是日本神奈川縣人，生於一八八七年，原名政三，筆名未鳴、桃哉，藏書室名「少雨莊」，晚年自號「少雨叟」。他愛書如命，藏書若狂，被譽為「書痴」和「書物研究家」。他著作等身，多寫紙魚趣味、書淫行狀，還創辦過書物展望社，主持過《書痴往來》雜誌，不但開日本近代讀書雜誌和書話作品之先聲，更以出版物的典雅裝幀，確立了一個屬於他的「書物展望時代」。從這些方面來說，葉靈鳳與他倒是頗有同好，極為相似，可是，獲得「中國齋藤昌三」的雅號，卻不是因為書，而是「書籍的同舟共生物」——藏書票。原來，齋藤昌三還是日本首屈一指的藏書票收藏家、研究家，他的《藏書票之話》一書，正是「日本最早推出的藏書票單行本」，被稱為「東方藏書票聖經」。

齋藤昌三在《藏書票之話》中說：「藏書印發達於東洋，而藏書票誕生於歐洲。二者雖言趣味不同，目的卻同一。」所謂藏書票，相當於一枚小型版畫，用來貼在書裏。票面之上除了圖案之外，通常會印有拉丁文 Ex-Libris，意為「我的藏書」。藏書票自十五世紀開始在歐美流行，明治維新之後，西方文化蜂擁而入，藏書票也隨即傳入日本，並很快與日本傳統藝術如浮世繪版畫等相融合，「開闢了一個純然和西洋異趣的獨特的東洋風格」。（陳子善：《〈藏書票之話〉中文版序》）

藏書票為中國人所知，則比日本更晚。據王波在〈中國早期藏書票考略〉一文（刊《書城》二〇二二年十二月號）中謂：「中國人認識藏書票是在清末國門打開之後。華洋交流，第一批接觸西方文化的中國留學生中自然有人注意到了這種小小的圖文裝飾藝術，並把它們引入國內。此後，文化精英、美術家，乃至政界人士都用不同方式對藏書票投以關注。」目前已知最早的中國藏書票使用者，普遍認為是關祖章。這枚標記有「關祖章藏書」的藏書票，是一九九〇年吳興文在北京琉璃廠淘書時發現的，貼在一本一九一三年版的《圖解法文百科詞典》封面內正中央。這枚藏書票很有古趣，「畫面上是一位戴方頭巾的落拓書生，正在展卷搜尋資料，他的後方是整架的線裝書和卷軸，右上方的書箱打開，並架上蠟燭台，前方四周是散落一地的古籍，左下方是包好準備遠遊的物品和一把劍。」吳興文還說：「此書的扉頁上署『關祖章藏於美國紐約州特洛伊城第八街一七七號，倫斯勒（Ronsselaer）工藝學校，一九一四年九月二十六日』。」

劇作家、戲劇理論家宋春舫亦有兩款藏書票，一款「春舫藏書」，一款「褐木廬」。吳興文在〈票趣．褐木廬〉中這樣記載他的發現：

> 一九八九年八月造訪北京琉璃廠，經友人陳子善指引，赫然在舊書堆中發現「褐木廬」藏書，每本都貼藏書票，並且標明藏書編號，欣喜若狂！

關祖章和宋春舫的藏書票，固然是迄今發現的最早使用藏書票的案例，但畢竟直到晚近才被發掘，外界並不知曉。此外，一九二七年，《上海畫報》曾經刊登一枚邵洵美的側臉肖像，並有簡短文字介紹，這被一些研究者視為國內最早在公共媒體上談論藏書票的文字，但這兩段文字只是點到一句而已，使用的概念也還不是「藏書票」，而是「書標（bookplate）」。因此，王波將此後的「二十世紀二十年代末三十年代初」，「看成中國早期藏書票發展的一個分水嶺」。「在此之前，藏書票偶有國人使用，卻未形成話題，也造成了考證上的諸多困難。在此之後，藏書票作為一種圖文藝術逐漸通過報刊傳媒走入公眾的視野。」

標誌性的人物便是葉靈鳳。

一九三三年十二月，《現代》雜誌四卷二期發表葉靈鳳的〈藏書票之話〉，在這篇佔據六個頁碼，將近五千字的長文中，他介紹了藏書票的功能、起源和歷史，藏書票在德、美、英、法等歐美主要國家的現狀，藏書票的製作，藏書票的收集等各種相關知識。在文章末尾，葉靈鳳不無得意地說：「關於藏書票的介紹，這大約是第一篇文字。」這個「第一」是得到後人普遍認可的。陳子善在〈中國作家與《藏書票之話》〉一文中說：「這是中國第一篇也是在以後相當長一個時期中國唯一的一篇探討藏書票歷史和藝術特色的文章。」李允經在《中國藏書票史話》一書中認為：「在中國，第一個直接撰文介紹和提倡藏書票藝術的人，就是葉靈鳳。」吳興文在〈葉靈鳳、范用和我〉一文中說：「葉靈鳳作為國人藏書票研究的先鋒，絕對不容忽視。」謝其章在《繞室旅行記》一書裏更說：「在我心中，葉靈鳳就是中國的齋藤昌三。」

在發表〈藏書票之話〉的那一期《現代》的插頁上，葉靈鳳還選編了兩版十五幅歐美和日本的藏書票。既有「世界最古的德國十五世紀的藏書票」，又有十六、十七、十八世紀德國、英國、法國的早期藏書票；既有當代歐洲國家的作品，又有「純日本風的藏書票」；既有圖書館的專用藏書票，也有湯瑪斯·曼和齋藤昌三這樣的作家和藏書票收藏家的私人藏書票。所以，在公開出版物中集中展示國外藏書票，葉靈鳳也應該是第一人。

不僅如此，在〈藏書票之話〉這篇文章之後，還刊印了「本文作者之藏書票」，這就是那款標有「靈鳳藏書 Ex-Libris L.F.Yeh」的「鳳凰」藏書票。這是葉靈鳳自己設計製作的。在〈藏書票與我〉（一九六二年九月十三日香港《新晚報》）一文中，他曾回憶當時的情形：

至於我自己，確是設計過一張藏書票，採用的是漢磚上的圖案，是一隻鳳，我將它加工，變得繁複一點，又採用漢碑上的一些碑陰花紋作邊框。紅字黑花，印了幾千張。試貼了幾本書，已經覺得過了癮，就擱下來不曾再貼下去。接着就遇到「一·二八」戰事，除了留在自己手邊的若干張之外，其餘已印好的幾千張連同原版都失散了。

一九三三年，葉靈鳳將這款「鳳凰」藏書票寄贈日本友人太田臨一郎，他在信中説：「中華關於藏書票趣味，當在幼稚時期，小生的一枚，尚為第一張也。」李平凡對此不盡苟同：「實際上，當時資訊滯後，早在葉靈鳳之前的一九一四年，我國藏書票先驅者關祖章已經製作和使用具有中國風格的書票。」儘管如此，説它是第一張中國作家為自己設計製作的藏書票，是毫無問題的；並且，它也絕對是第一次見諸報刊的中國藏書票。可惜他的一大疊「鳳凰」藏書票，連同他的萬卷藏書，都因戰亂在上海失散了。他的外甥張家慶在〈葉靈鳳的藏書票〉（刊二〇二〇年九月七日《新民晚報》）一文中曾經記述此事：

看到七月十九日夜光杯上蘇揚先生寫的〈葉靈鳳與藏書票〉，我想起了約八十年前看到的這張藏書票。因為葉靈鳳是我舅舅。他於日寇一九三七年侵華後即離開上海，經廣州後定居於香港。他十分喜歡藏書。離滬後將所有書籍託給姨夫，後來他們搬家到馬斯南路（今思南路）。上世紀三十年代末，當時我讀初中，有一天我們全家去玩，我和表兄周安一起去找這些書，看有什麼可讀的。在一個樓梯轉角的擱板上，找到了這些書，但絕大多數是外文的，我當時看不懂。今天還有印象的，一個就是一大疊他的藏書票，因為他曾讀過美專，所以票上主要是佔了整個票面的木刻鳳凰，大約一般頁面的大小，極漂亮，當時我年齡小，也不敢拿。

正因為所存不多，這款「鳳凰」藏書票一票難求。一九八六年，剛剛加入藏書票收藏行列的吳興文，請香港的畫廊代找，「當時他們跟我開價八千元港幣，折合現在的幣值，已經很難估算」。吳興文在〈葉靈鳳、范用和我〉一文中說：「雖然這個價位偏高，但是以葉靈鳳是中國第一位藏書票收藏與研究家，以及在三十年代文壇和藏書界的地位，加上他採取我國傳統的鳳凰圖案，結合十九世紀末新藝術（Art Nouveau）設計的精髓，兩色套版印刷製成。藏書票中間的鳳凰，以及四周植物的樹葉裝飾，正好契合他的姓名，頗具西方藏書票創作的精神，又有濃郁的民族色彩，應該有它的合理價位。二〇〇八年北京嘉德春季一場拍賣會，拍出不含佣金人民幣兩萬元。」

此外應提及的，還有葉靈鳳在為「藏書票」命名方面的貢獻。傅彥長一九三三年八月九日日記云：「在葉靈鳳寓所，閱 Ex Libris，同在一室者有巴金、林徽音、施蟄存、杜衡。」（《現代中文學刊》）二〇一九年第三期）這個時間是葉靈鳳在《現代》發表〈藏書票之話〉之前，可見當時的文人還不知道應該如何翻譯這個新奇的舶來品「Ex Libris」。當時一起參加欣賞的《現代》主編施蟄存，不僅為葉靈鳳發表了介紹藏書票的專文，自己也開始使用藏書票，但他使用的是「藏書貼」，以後又曾使用「藏書之券」。邵洵美也有藏書票，但他卻將「bookplate」翻譯成「書標」。魯迅在日記和書信中三次提到「藏書票」，蹊蹺的是，當他在一九三四年編印出版外國版畫集《引玉集》時，卻不用藏書票的稱呼，另行標注為「藏書圖記」。但是，這幾種不同的稱呼都沒有流傳開來。王波說：「時至今日，『藏書票』已經成為通行譯法，不可撼動。這要歸功於葉靈鳳，以及更早的來自日本的漢字翻譯。」

葉靈鳳在〈藏書票與藏書印〉一文中說：「西洋的藏書票在形式和圖案方面是千變萬化，丟開了書籍本身，僅僅對於這東西的收集，已經和郵票一樣，是茫無止境的事。」葉靈鳳自己就是中國第一位參與藏書票交換收藏的人。在〈藏書票與我〉一文中，他說：

> 藏書票本是西洋的一種藏書趣味，不過我對於藏書票發生興趣，倒是從日本雜誌上得來的。有一時期，我訂閱日本版畫協會出版的一種木刻刊物《版藝術》，時常見到日本版畫家所設計的藏書票，覺得很有趣。又從廣告上知道日本以研究藏書票著名的齋藤昌三氏寫過一部《藏書票之話》，便寫信向他去購買。他回了信，並且贈了幾枚他自己的藏書票給我，又告訴我日本有一個愛好藏書票者的組織，像搜集郵票一樣，可以彼此交換收藏，叫我將自己的藏書票寄一批去，就可以交換到一批別人的藏書票回來。我依照他的話

做了。果然換到了不少日本藏書家的藏書票。後來他們又將我的藏書票在會員的刊物上介紹，說我是他們所知道的「在中國的唯一的一個熱中於藏書票搜集的藏書家」。

這也正是葉靈鳳與齋藤昌三取得聯繫的經過。葉靈鳳不僅獲贈齋藤昌三的《藏書票之話》，更重要的是，經由齋藤昌三這個橋樑，他還交換到很多日本藏書票，也對日本藏書票藝術的開展和「日本藏票會」、「日本藏票協會」的活動情況有了比較全面的瞭解。一九三四年，他在《萬象》創刊號發表〈現代日本藏書票〉，這應該是第一篇專題介紹日本藏書票的文章。文章說：

> 在大正初年，在著名木板雕刻師香取綠波氏的計劃之下，「日本藏票會」終於成立了。根據現代日本藏書票研究專家齋藤昌三氏的記載，「日本藏票會」成立以來，從大正十一年到昭和三年，一共舉行過五次藏票展覽會。此外，齋藤昌三氏也曾將私人的搜集品舉行過兩次展覽會。而在去年，藏票家小塚省治等又成立了一個「日本藏票協會」，開始刊行《藏票趣味》雜誌，頒佈會員的作品集。

除了文章插入的六幅日本藏書票，葉靈鳳還在這期《萬象》編印了兩頁「現代日本藏書票」的圖版，這些應該都是葉靈鳳的交換搜藏所得。上海淪陷後，葉靈鳳將這一部藏品帶到了廣州，又帶到香港，在一九四一年日本軍隊攻打香港時，幸運地保存了下來。在〈完璧的藏書票〉一文中，葉靈鳳說：

鄰人的好意，雖然使我在這次戰爭中喪失了全部存稿和好些書籍，可是由於他這樣的獨到的眼光，我的另一份「財產」卻幸運的被保存了。這便是我所收藏的現代日本愛書家的藏書票。

據他的解釋，最能動人情感的莫過於「他鄉遇故知」，因此，對於征塵滿面的士兵們，如果有一點東西能打動他們的鄉情，最容易被他們所珍視，因此也最容易獲得他們的好感，而由於這樣的好感所產生的方便，決非在門口貼上一張「特殊家屋，立入禁止」之類的玩意所可比擬的。根據這樣的理由，我的鄰人善意的將我的一些原稿和書籍肅清之後，便鄭重的將我所收藏的這一份日本藏書票放在桌上，而且放在最觸目的地方，好像希望凡是走進這屋子裏來的人第一眼就見到似的。

藏書票雖然保存下來了，但葉靈鳳從上海隨身帶到廣州的齋藤昌三編印的一本《紙魚繁昌記》卻毀於廣州的戰火。葉靈鳳在《忘憂草》一書中曾沉鬱地寫道：「能從書堆中搜尋人生樂趣的日本那些愛書家們，現在不知道怎樣了，該不致忘記了『書齋王國』的樂趣，來贊助侵略吧？」但「神交十年，始終未見過面的」齋藤昌三，「居然至今還不曾忘記十多年前曾經『熱中』搜集日本藏書票的這個中國友人」，一九四四年，不僅託人給他捎來《紙魚繁昌記》的新版，還「特地將他許多年以來複製的藏書票惠贈了一份給我」。葉靈鳳為此寫了一篇〈愛書隨筆〉（刊一九四四年四月三十日《華僑日報．文藝周刊》），他的感慨，也因為戰爭的背景而多了一些不同的況味：

七年的炮火，曾經毀滅了許多生命和城市，當然更毀滅了不少可珍貴的典籍，但遠隔重洋，知道怎樣從每一冊書上去尋找人生樂趣的同好者，憑了這相同的愛好而建築在薄薄的一層紙上的友情，卻怎樣也不為炮火所動搖，實在是可發深省的事。

葉靈鳳對於藏書票的啟蒙，無疑產生了深遠的影響。范用在《書香處處》一書中回憶說：「我之知道藏書票，早在三十年代，在一本文學期刊讀到一篇題為〈藏書票與藏書印〉的文章，可能是葉靈鳳寫的，一下子就吸引住我。此後，隨時留意有關藏書票的介紹，至今興趣不減。」中國早期藏書票作者，如李樺、唐英偉、賴少其等人，雖然未見公開承認葉靈鳳的影響，但葉靈鳳很早就推介、支持過他們的木刻創作，卻是不爭的事實。他們刊印的《現代版畫》曾經推出「藏書票特輯」，也是在呈送魯迅的同時一併呈送葉靈鳳的。

個別研究者，一方面承認葉靈鳳是「第一個直接撰文介紹和提倡藏書票藝術的人」，承認「魯迅先生關注過藏書票，卻未予提倡」；另一方面卻極力強調「魯迅的版畫理論是指導藏書票藝術的明燈」，強調「魯迅先生既是中國新興版畫運動的導師，那麼，我國藏書票藝術的導師，也當然是魯迅」，強調「儘管魯迅先生並沒有指示他們去染指於這種藝術，他們也未必是受了葉靈鳳先生的影響而行動起來的」。（李允經：《中國藏書票史話》）這種邏輯，看似維護魯迅先生的權威，卻未必符合魯迅精神。有的研究者就針鋒相對地指出：「說起藏書票在中國的普及，啟蒙者當仁不讓是葉靈鳳，而不是魯迅或其他什麼人。」（謝其章：〈葉靈鳳《完璧的藏書票》的怪論〉）《民國版畫聞見錄》作者張澤賢也反對「一味拔高」，他針對的是葉靈鳳和魯迅雙方的擁躉：

葉氏的心還是相當平和的，連他自己也這樣表示謙和，後人就更沒有必要走到另一個極端，去一味拔高他與他的藏書票。正如不要因為魯迅先生不曾提倡過歸屬於版畫的藏書票藝術，而加以「指責」，更不應違背事實地為他戴上一頂藏書票「宣導者」的桂冠，那都是沒有意思的事情。

「歷史」，面對這兩位在志趣上頗為相像的作家，有時也會顯得十分木訥，不知說什麼好，這時往往會有人出來不顧歷史事實地急於「表態」，這樣反倒使「歷史」變得更加模糊不清了……

在張光宇身邊

畫家郁風曾經發表過一個題為「中國現代美術的先鋒」的演講，驚世駭俗地提出一個觀點：「中國的現代美術是從三十年代上海的漫畫開始，成為打開局面的先鋒的。」畫家黃永玉說：「事實如此。」他更將時間定位到「二十年代末三十年代初」，那時節，「漫畫界一幫年輕闖將橫空出世。他們狂熱地創作，飢渴地吸收，從古到今，從洋到土，只要有用，一律據為己有。」這幫「年輕闖將」的領軍人物無疑是張光宇。黃永玉說：「張光宇最善於吸取江南民間藝術的精華，是把這種素質昇華到最高度的第一人。」黃苗子說：「光宇兄吸納古今中外多種藝術精華，於漫畫、繪畫、設計、電影美術、動畫美術等諸多方面成就斐然，並窮其一生，不斷探索，開創了被稱之為裝飾藝術其實是中國式現代藝術的畫派，堪稱中國風格現代藝術之標誌，其藝術成就影響幾代藝術家。」胡考說：「他是位十足中國氣派的畫家，善於吸收外來藝術的優點，正反映了他的中國氣度。他值得我們在全世界面前引為自豪。」

詭異的是，在張光宇諸多藝術活動中，都能追尋到葉靈鳳的身影。在張光宇的許多歷史節點，似乎總有葉靈鳳在他身邊。就如葉靈鳳自己所說：「我同光宇，可以說得上是老朋友了，相識已近四十年。大家在一起編過雜誌，在同一個出版社裏工作過，又先後在好幾個地方共過事。」之所以說詭異，是因為葉靈鳳雖說是學畫出身，早期也有不俗的畫名，但他畢竟很早就放棄繪畫，專心從文了。

葉靈鳳與張光宇的結緣，始於《上海漫畫》時期。《上海漫畫》本來是葉淺予創辦的，但第一期就慘遭折戟沉沙，只得求助於張光宇。此前的一九二六年十二月八日，張光宇和丁悚等人在上海創立了「漫畫會」，並成為漫畫會的領軍人物。葉淺予說：「脫胎換骨後的《上海漫畫》周刊出版於一九二八年三月二十二日。一百磅道林紙半張，摺疊成八版，彩色石印漫畫四版，單色鉛印攝影與文字四版，總編是張光宇，副總編是張正宇和葉淺予。」《上海漫畫》從創刊到休刊，從一九二八年到一九三〇年，共出了一百多期。葉淺予在《細敘滄桑記流年》中曾經這樣描述《上海漫畫》的編輯部：

望平街向南，過四馬路，進入麥家圈，有座耶穌教堂，神父是個非洲黑人。教堂後面有個小花園，左側有一座二開間的二層住房，樓下教堂自用，樓上兩間出租，右間是靜山廣告社的辦公室，左間便是《上海漫畫》的編輯部。

編輯部地處上海文化市場中心，北面有《申報》、《新聞報》兩家大報；東面有商務印書館、中華書局兩家大書店。望平街又是報刊交換的大市場，四馬路上書店林立，文人畫家走到這個中心來，只要和我們畫報有點關係的，都願意來編輯部歇歇腳，坐坐談談，消磨一兩個小時。……至於常來串門的客人，憑我的記憶，文人中最常見的是現代派的葉靈鳳、穆時英、施蟄存，他們的《現代》雜誌就在四馬路上海雜誌公司。葉靈鳳原本學畫，醉心於英國畫家披亞茲麗的裝飾風，他也畫起這一派畫，同時還搖起筆桿寫小說，被魯迅譏刺為「洋場惡少派」。《上海漫畫》的封面是一大亮點，每期都有一張五彩凸漆印的封面大畫。創刊號的封面「立體的上海生活」出於張光宇手筆，由於「要求品質特高」，在總共一百一十幅封面大畫中，有十八幅都是他親自操刀。葉淺予說：「經過這一階段，有人敢於向畫報封面大畫投稿，我們幾個老手也敢於放開手腳，讓新手佔領這塊陣地。」這些為數不多的「新手」中，就包括葉靈鳳。第三十七期的那幅頗具立體派風格但又不失裝飾韻味的封面大畫，赫然出現葉靈鳳那標誌性的LF的簽名式。只可惜張光宇研究專家唐薇和黃大剛在《追尋張光宇》一書中望文生義地將其歸在張正宇的名下，因為那個「LF」很像一個「正」字；他們可能也沒有想到，身為作家的葉靈鳳還會給《上海漫畫》畫封面大畫。在第四十一期的《上海漫畫》上，少飛在一篇題為〈進化〉的短文中，對這幅畫做了這樣的解讀：

> 雲天的風霜雨雪，氣候的寒冷溫涼，大地的高低旱濕，人心的喜怒哀樂，花草樹木的枝枝葉葉，以及動物礦物的一切，一切……
>
> 與其說是變幻，毋寧說是「生命底流動」！「生命底流動」，是天地萬物的內容！我們是在偉大的生命中的一個，我們也有一個流動的力量，這就是我們對於自然時時顯示出一種融合的痕跡！可名之謂「進化的表現」。

事實上，葉靈鳳也更多地以他的文字出現在《上海漫畫》。他自己曾說：「他（指張光宇）和正宇、淺予、少飛諸人創辦《上海漫畫》時，我就每一期給他們寫一篇小品文。」「每一期」有些誇張，但也幾乎達到「霸屏」的程度，說他是《上海漫畫》文字版的「當家小生」，應不為過。《上海漫畫》的文字版僅有一版，除去插圖，也就只餘半個版的篇幅，所以最初十幾期，基本都是由張光宇、葉淺予、黃文農、魯少飛等幾位畫家編者客串，內容多半像是拉長了的圖畫說明。直到葉靈鳳登場，才算有了真正獨立於圖畫的文字。第一次登場是在第十九期，編者為此特意加了一段說明：

> 我們有的是材料，雖然一方面感受着我們表現技能的缺乏會起恐慌，但是一方面總力求多方面的充分表現，可以使讀者對我們同樣的不致失望，現在由一位青年作家葉靈鳳氏，肯按期在這裏擔任些創作材料，我們抱着很熱切的誠意須向讀者聲明的。

首次亮相的是一篇題為〈新秋隨筆〉的小品。此後就幾乎「天天見」。有自己的小說創作，如〈處女的夢〉、〈女人的手套〉；有翻譯小說，如莫泊桑的〈墳〉、賓斯奇的〈黑貓〉、G.Keller 的〈聖母與尼〉、庫布林的〈一個斯拉夫的靈魂〉。《上海漫畫》還記錄了葉靈鳳和郭林鳳由熱戀到新婚的過程。第二十二期刊登黃文農攝「葉靈鳳女友郭林鳳的照相」，第三十期刊登葉靈鳳、郭林鳳的合影，就在這期結束連載的〈處女的夢〉末尾，葉靈鳳有注：「一九二八年十一月五夜，離別聽車樓之前夕，倚裝脫稿。」這應該是脫單搬去婚房了，果然就在接下來的第三十六期刊登了「雙鳳」的結婚照和舉行婚禮的消息。第四十期，葉靈鳳發表一篇〈人間的安琪兒〉，寫他和振宇「偷了浮生不可多得的空間，鑽進光陸大戲院」觀影的觀後感，此時正是新婚燕爾，所以文中有「花好月圓，雖然是貧賤，但是能形影相對，在多事的人間，卻也是不容易的事啊。」第四十三期有一個「最近本報著作者之夫婦雙影」，登場人物是丁悚夫婦、曹涵美夫婦、黃文農夫婦、張光宇夫婦、葉靈鳳夫婦、祁佛青夫婦、魯少飛夫婦。第四十八期起，一直到第八十三期，著名的〈雙鳳樓隨筆〉陸續揭載。

美術史論家黃可在《漫話海派漫畫》一書中說：「《上海漫畫》周刊是漫畫會的同人刊物，在出刊的一百一十期刊物中，基本不用外稿，所發表的各種漫畫作品和隨筆等文字，都是漫畫會成員所作。」葉靈鳳並沒有加入漫畫會，卻能得到如此待遇，可見張光宇他們是如何將他引以為同志。事實上，他們的合作才是開始。一九二九年十月十九日出版的《上海漫畫》第七十八期刊出一條廣告：「藝術界的兩大貢獻 異軍突起之圖畫月刊《時代畫報》第一期准於十月二十日出版 張振宇、葉靈鳳主編。」並稱：「本刊是最有趣味最美麗的圖畫月刊，是藝術界、攝影界、文學界、新聞界絞盡腦汁的結晶」。黃可在《漫話海派漫畫》一書中說，創辦《時代畫報》正是張光宇的點子。

漫畫會中的「老大哥」張光宇，可謂最具創造性。就在出資編輯出版《上海漫畫》周刊數十期之後，已感不滿足，要另闢天地，於是他召集張正宇和葉淺予，並邀請作家兼長美術的葉靈鳳，於一九二九年十二月二十日創辦了《時代畫報》月刊，八開本，道林紙印刷，並有多面彩版，是一份集攝影圖片、美術作品和文學作品於一體的綜合性畫報。他們雄心勃勃，要與同類型的、在國內外已有一定影響的《良友》畫報一比高低，並得到詩人、金屋書店老闆邵洵美的支持，同時在裝幀版面設計上力求更具現代性，果然出版後讀者反應甚佳。

但唐薇、黃大剛著《追尋張光宇》，則認為「《時代畫報》起源於光宇的老弟正宇『小小』的野心以及書商的業務競爭。葉淺予在回憶錄中講到過一家中國書店在新加坡的書商在失去包銷《良友》的生意後千方百計鼓動張氏兄弟另辦一個畫報與《良友》競爭的事」。「張正宇這一年二十五歲，依他的性格有了這樣的好機會當然不會放過。經過一番鼓動，老弟終於說服了老兄，《時代畫報》於一九二九年十月二十日正式創刊，新刊發行這一天正好是《上海漫畫》第七十八期發刊的次日，兩份雜誌並駕齊驅，在同一個地點，由幾乎相同的工作人員編輯出版。」

唐薇、黃大剛在《追尋張光宇》中說：

> 作為編輯者之一，葉靈鳳的名字出現在《時代畫報》第一期。這一年二十四歲的葉靈鳳已經是創造社成員，編輯着若干種文藝刊物，並且一直為《上海漫畫》寫稿。在創刊號的第一期《時代畫報》上有他的小說〈醫藥費〉。葉靈鳳的名字在《時代畫報》編輯者一欄出現，雖然只是僅有的一次，實際上正標示了葉靈鳳與「時代」、與張光宇等此前此後的種種聯繫。

果不其然，葉靈鳳與張光宇的合作在短短幾年之後又如期而至。這就是《萬象》。《萬象》於一九三四年五月創刊，至一九三五年五月共出版三期。第一、二期主編葉靈鳳、張光宇，出版兩期後停刊，復刊後只出版了一期，主編為張光宇。這本雜誌是邵洵美創辦的時代圖書公司的出品，邵洵美的女兒邵綃紅在《我的父親邵洵美》一書中說：「出版《萬象》，洵美不惜精力財力，目的就是想辦一份內容充實、外表精緻、水準較高的圖文綜合的刊物。那是一份大開本、印刷精良的刊物，介紹中西美術、古今名畫、諷刺畫。」黃苗子說：「《萬象》是當時編輯、設計、印刷最精美的雜誌」。

然而，這本大家都說好的《萬象》連出了兩期就停刊了。編者在《論語》第五十三期登了一段「萬象停刊啟事」，痛苦地表示：

總以為中國讀書界對文藝作品的欣賞興趣已提高到水平線上，對雜誌的購買力已非常高，所以《萬象》從內容與印刷力求新穎與豪華。及創刊號問世，的確震撼中國出版界。雖擁護者不為不多，但營業統計報道失望。苦鬥下，第二期雖然出版，銷數上升，但損失已出乎雜誌界同人意料之外。慎重考慮，決定暫時停刊，以有限精神努力經營《時代畫報》、《論語》、《時代漫畫》與《時代電影》。這不算我們的殘敗。的確是我們衝鋒太勇敢，希讀者原諒。

為什麼《萬象》第三期的主編只有張光宇，沒了葉靈鳳？那是因為在停刊一年後，又決定復刊，那時葉靈鳳正忙於編他的《文藝畫報》，所以張光宇便獨挑大樑，既當主編，又兼發行，除了「力求材料與印刷方面更加充實與更加新穎外，售價從五角減至三角。所以減輕讀者諸君的負擔，而鼓動大眾欣賞的興趣，實為唯一的目的」。遺憾的是只此一期，《萬象》便真正的壽終正寢了。《萬象》停刊一個月之後，張光宇兄弟也離開了時代公司，原因據說是「公司的本錢蝕光了」，只好散夥。

畫家們無不為《萬象》的失敗而惋惜，胡考甚至在一九三六年也創辦了一個綜合性畫報《萬象》，封面和內頁無不用心設計，予人以耳目一新和高雅氣派之感，可惜僅出一期便告夭折，原因也是成本問題，「僅出創刊號，已用盡了手頭所有的積蓄」。（黃可：《漫話海派漫畫》）張光宇自己也時時惦記着《萬象》的再生，丁聰在〈創業不止的張光宇〉一文中回憶說：「一九五七年時，他一心想恢復《萬象》，搞一本文圖、攝影高品位的雜誌，未獲認可。一九五八年終於創辦了《裝飾》。《裝飾》實際上是《萬象》的變種和繼續。可見張光宇的執着。」在香港，葉靈鳳也念念不忘《萬象》。一九五一年，星島日報計劃創辦《星島周報》，在籌備會上葉靈鳳竟拿出「舊日在上海與光宇合編之《萬象》二冊交大家傳觀」。他希望未來的《星島周報》也是《萬象》這種格調，因為「這刊物至今仍是所有綜合刊物中格調最高，印刷最豪華者」，可惜他當不了家，草草對付了一陣，他也就從編委崗位上淡出了。

一九三六年十一月四日，第一屆全國漫畫展覽會在上海開幕。展覽會的組織者正是張光宇與魯少飛、葉淺予、張正宇、黃苗子、王敦慶等葉靈鳳漫畫界的一班老友。葉靈鳳在該年十二月出版的《好文章》第三期發表了一篇〈關於漫畫〉，熱情地為它鼓吹。他說：「這次時代漫畫社和上海漫畫社主辦的全國漫畫展覽會，雖是第一次，而且出品聽說因了某種顧忌還受了相當限制，但已經是漫畫在中國活動以來第一個十年的收穫，雖然有些出品難免還有缺點，但無論怎樣，我們是該以喜悅的心情去瀏覽的。因為這是一個新生的藝術，而且是在荊棘中生長着的藝術。它的缺點，正表示着時代在怎樣迫切的需要它的出現。」

與此同時，張光宇也在《漫畫界》第七期發表《漫畫．漫畫界．漫畫家》，在看待漫畫的諸多觀點上，兩位老友都所見略同。張光宇說：「漫畫精神，仍舊是非常真切而率直的現實性表現，仍舊是代表心裏所想的、口裏要說的一種藝術，仍舊是一種諷刺的或幽默的手法，描寫人世一切矛盾滑稽得可笑的糾纏，更揭穿了一切醜惡與虛偽的面目。」葉靈鳳說：「漫畫的目的雖然是在諷刺，但不一定是惡意的破壞，有時也有善意的規勸，而且後者實居多數。所以雖然是一兩幅『鬼畫符』，說不定對於世道人心甚或興亡之道的說明，有時比文字還有效。所以我以為在這方面，漫畫家該享有更大自由。我先前已經說過。漫畫正好像丑角的表演，如果丑角在台上說笑話也要受限制，那不啻將自己貢獻給丑角當作笑話的資料了。」張光宇說：「漫畫是一種獨特的藝術，不是某一種藝術的附屬品，裏面不會產生出內廷供奉派的漫畫家來，也不會有在野撒謊，在朝替別人做傳聲筒的醜態。……你看任何一國的漫畫家，哪一個肯為侵略野心的行為作鼓吹？」葉靈鳳說：「德國本也是以漫畫著名的，但自從希特勒獨裁以後，漫話便消失了生命的泉源。漫畫家雖一致的畫着伸齊了右手的希特勒的陣容，但這種『奉命幽默』，在我們眼中卻正好成了另一種『奉命幽默』了。」張光宇說：「整個宇宙的矛盾滑稽是難以逃出漫畫家的心頭眼底的。」葉靈鳳說：「只要我們的漫畫家肯不放過每一個機會，整個的中國每天都是一個展覽會的題材，只看我們怎樣去採取而已。」

上海淪陷後，張光宇兄弟於一九三七年十一月底到香港，住在半山學士台。葉靈鳳雖然人還在廣州，但家屬已和戴望舒同船先期抵港。廣州淪陷後，葉靈鳳亦留港。他不僅和張光宇是《星島日報》的同事，也是學士臺的芳鄰。追隨張光宇而來的丁聰，在〈創業不止的張光宇〉一文中還透露了張光宇和葉靈鳳的一個共同嗜好，那就是購書成癖。他說：「作為一個出版人張光宇酷愛書籍。

他家裏『書滿為患』，太太曾有怨言。一次他忍不住買了一套書抱回家去，謊說是向我借的。時間一長，他太太就懷疑了，說：你從來借人東西總是要及時歸還的，這些書放在家裏怎麼這樣久？在香港，我們和葉靈鳳住在一起，他也是很愛買書的，相互影響，光宇更是購書成癖。」

不僅購書成癖，還都懂書，懂書的裝幀。葉靈鳳和張光宇，都有書籍裝幀的實踐，也都寫過關於書籍裝幀的文章。他們在「整體」、「調和」、「實用」方面的見解，簡直如出一轍。葉靈鳳在〈中國書籍裝幀藝術〉一文中說：

> 所謂裝幀藝術，就是書的藝術，這應該包括一本書的整個設計在內。根據一本書的性質內容，它的讀者對象，以及字數多寡，來決定開本，排印所用的字體，每頁排版的格式和容納的字數多少，構成了一本書的初步樣本以後，然後才設計裏封面，版權頁，以至封面畫；若是需要插圖的，更要注意所用的插圖是否與這本書的性質和版面調和。能夠將這一切當作一個整體來處理，不使它們有什麼矛盾，使得一本書打扮得令人看起來舒服，而又適合它的身份，這才算是盡了裝幀藝術的能事。

張光宇也寫過一篇〈談談書籍裝幀〉，這篇文章雖然偏重於具體文本的分析，但字裏行間也透露出他的裝幀觀。他同樣關注編排、版式、插圖、裝幀、印刷這「整個」的過程和所有的方面；他提出「樸素大方適用美觀」的原則，主張「人們誤認為沒有裝飾，其實就是最好的裝飾」，反對「過於講究」、「華而不實」、「庸俗化」;「總的說」，「書籍裝幀設計既要別出心裁，不落窠臼，不脫離書籍裝幀本身的規範，又要不脫離客觀實際的要求」。

他們都特別重視民族風格，當然這不僅限於書籍裝幀，而是適用於所有藝術門類。張光宇在〈裝飾美術的創作問題〉一文中說：「我們在文藝戰線上還存在着對民族傳統的獨特優越性不夠重視甚至懷疑的問題。這樣就妄想在脫離傳統下來建立新美術的繁榮，那就成了無根之木，無源之水了。」他說：「日本人曾在我們的青銅器面前流過眼淚。」「一般的說來，我們的美術工作者，忙亂些什麼呢？我們有多少人真能摸摸我們祖國遺產的深厚？」很多人，只是憑了魯迅先生的隻言片語，就給葉靈鳳貼上一個「食洋不化」的標籤，根本不知道葉靈鳳對於民族風格的重視程度、喜歡程度。他在那篇〈中國書籍裝幀藝術〉一文中說：「這一條道路，現在可說已經探索出來了，這就是民族風格的大路。」

民族風格不是喊喊口號，而要真喜歡，真去觸摸。葉靈鳳和張光宇就經常在一起欣賞中國的傳統藝術。一九四七年一月十九日葉靈鳳日記載：「光宇夫婦來晚飯，出示武梁祠畫像拓本。讚歎再三。漢畫像至今尚沒有好的複製本，若加以整理，做一篇考證及介紹，精印出版，該是一件頗值得幹的工作。」在一九四九年十二月三日參加餞別張光宇的茶會時，還不忘「託他到北京後乘便給我搜集一點石刻拓片」。葉靈鳳不僅對於漢畫像拓本有着非常豐富的收藏，他還喜歡幾乎所有的傳統藝術，僅是他寫過的，就有古器、古玉、古俑、古鏡、曲阜孔林、西安碑林、寶塔、牌樓、古代建築的裝飾物、唐代雕刻、佛教石窟、佛像、羅漢像、古代壁畫、剪紙、年畫與門神、雕板藝術、藏書印，乃至秘戲圖。涉及的門類之豐富，絲毫不亞於專攻工藝美術的張光宇。

太平洋戰爭爆發前的幾年，葉靈鳳時時出現在張光宇主導的一些美術活動中。一九三九年三月十四日，漫畫作家協會香港分會成立，葉靈鳳雖然沒有加入，但卻位列該會舉辦的漫畫預展的作者之列。一九四〇年，耕耘社成立，並創辦《耕耘》雜誌，葉靈鳳和張光宇以及丁聰、郁風、徐遲、夏衍、黃苗子、張正宇、葉淺予、戴望舒等為編委。葉靈鳳在〈重讀．耕耘〉一文中特意提到：「耕耘社有一個社徽，是光宇設計的，是一架古老的老牛耕田所用的犁。設計這樣的小圖案，本是光宇最拿手的，這一架犁耙畫得極好，《耕耘》月刊的第一期封面就用了它。」一九四一年四月二十五日，全國漫畫作家協會香港分會舉辦第三屆素描研究班，根據《華商報》四月二十日報道，已聘定畫家鄭可、葉淺予、張光宇、張正宇、特偉、胡考、郁風等負責指導，但在研究班的一幅合影中，葉靈鳳也在列。

一九四一年十二月，香港淪陷，為維持一家人生活，張光宇與張正宇辦起一間明裏是飯店，暗裏是聯絡站的中餐館「福祿壽」。這個「福祿壽」大有文章。在根據錄音整理的《苗子談漫畫》中，黃苗子說：「明裏『福祿壽』是個飯店，暗裏是聯絡站。葉靈鳳和汪公紀在這裏接頭。」汪公紀彼時可能是廣東省政府秘書。戰後的一九四七年六、七月之交，他曾過港，邀葉靈鳳一敘，葉靈鳳於七月一日往旅舍訪之，同行的就是張光宇。黃苗子說：「光宇可能不知道，葉靈鳳表面上是替國民黨工作，搞日本人的情報，實際上是替共產黨工作。他和潘漢年很久就在一起了。」

張光宇一九五二年寫過一份〈自述〉，這份手稿中透露了一些香港淪陷之初，他如何逃離香港，葉靈鳳又是如何滯留未走的具體細節：

> 廣州灣的分店開始裝修時，在香港方面突然有日寇命令胡好出來辦「大同圖書公

司」，因為我們兄弟過去是搞畫報的，名單上開有我們的名字，我們急與胡好商量，胡好已安排好了辦法，胡好說：我也不願意搞，打算來一個拖延的，實在拖不過去，編輯《新東亞雜誌》由葉靈鳳（國民黨派在香港工作的）出面，編輯《大同畫報》由麋文煥（現任職上海大東書局）擔任，暫時排我負責印刷部主任，正宇負責發行主任，這樣定完我們兄弟立刻借着要到廣州灣分店去裝修門面理由向胡好請假離開，結果正宇先走，我後走，都溜走成功，日寇起先不疑，後來見久不回港，詢問胡好，胡好說我到廣州灣去找回來，也就藉故攜電影明星紫羅蘭經澳門再轉梧州到桂林，也並沒有來找我。好在香港已有葉靈鳳負責辦理，日寇也就不追究了。

張光宇可以「溜走成功」，葉靈鳳為什麼不「溜走」？顯然是有任務在身的。無論是明裏的國民黨，還是暗裏的共產黨，總之是要他留下的。張光宇先是逃到廣州灣赤坎，日軍侵佔廣州灣之後，全家人不得不繼續逃難，再往桂林、重慶。抗日戰爭勝利後的一九四六年，張光宇再來香港，擔任香港大中華影片公司美術主任，一直到一九四九年新中國成立才北上北京。在這兩年多的時間裏，葉靈鳳多次過海到九龍訪光宇，光宇夫婦也來他家吃飯，並從他那裏借閱畢卡索畫集等書。張光宇、黃新波等人組織人間畫會，葉靈鳳熱情地寫文章為他們的畫展鼓吹。一九四七年四月，老朋友邵洵美突然自滬來港，葉靈鳳「陪其往九龍訪光宇」。一九四七年六月九日，「光宇來，謂將舉行展覽會，囑為《西遊漫記》漫畫寫一點介紹」。葉靈鳳寫了〈介紹光宇的《西遊漫記》〉，發表在六月十三日的《新生晚報》。在張光宇逝世後寫的〈悼張光宇〉一文中，葉靈鳳再次提起張光宇的這部作品，他說：「一般的美術愛好者，將因了《西遊漫記》的連環漫畫和孫悟空鬧天宮的動畫電影，永遠記得他的名字，也忘不了他的作品。那些構圖、造型和色彩，恢奇變幻而又不脫離現實的妙處，可說是前無古人的。」

張光宇回到北京後，滿腔熱情的去做「新時代的藝人」。不幸於一九五六年四月發病倒下，經醫院搶救才轉危為安。一九五七年秋天，葉靈鳳有機會到北京，「特地到他家裏去看他，他端坐在椅上。雖然說話的機能還不曾完全復原，但是神智是非常清明的，見了老朋友就點頭微笑。」一九六〇年夏天，張光宇在完成中國首部彩色動畫長片《大鬧天宮》的美術設計後再次發病倒下，於一九六五年五月四日逝世。

葉靈鳳寫了〈悼張光宇〉一文，他說：「作為朋友，我想凡是他的朋友，都將因了突然失去這位可親可貴的老朋友，心中感到說不出的哀痛。」「關心我國新工藝美術設計、書籍裝飾和插畫的人，因了失去了他，更要一時覺得不知用什麼來填補他留下來的這一塊空白。我在燈下捧着他在大前年寄給我的《張光宇插圖集》，細看了一遍，僅是那幅《杜甫傳》的插畫，我覺得他已經在我國書籍插畫史上奠定了不可磨滅的地位。」

李大鈞在〈迎來張光宇研究的風〉一文中說：「毫無疑問，光宇先生留下了豐厚的文化遺產。在面對張光宇的時候，我們還應知道，張光宇不是一個人，在他的身邊有一群人，張光宇不是一個點，他是一座橋，一條路。」葉靈鳳很榮幸成為張光宇身邊這一群人裏的一個。

靈鳳撫雲舞

葉靈鳳和邵洵美，一生中有過很多交集，兩人也有許多相似之處。先從名字說起。邵洵美原名邵雲龍，與妻子盛佩玉相戀時，因《詩經．鄭風．有女同車》中有「佩玉鏘鏘」句，乃從「洵美且都」中取二字為名，以示愛慕。葉靈鳳本來也不叫靈鳳，而叫蘊璞，靈鳳兩字同樣採自詩句，是李商隱的「身無彩鳳雙飛翼，心有靈犀一點通」。「洵美」是真的美，「靈鳳」也是不著一字，盡得風流，合該兩人都擎起了唯美派的大旗。有所不同的是，葉靈鳳自稱「一生從來不寫詩」，而邵洵美則出版過詩集。他在新詩〈你以為我是什麼人〉裏，曾經這樣寫——「你以為我是什麼人？／是個浪子／是個財迷／是個書生／是個想做官的／或是不怕死的英雄？／你錯了，你全錯了。／我是個天生的詩人。」

不過在魯迅眼裏，邵洵美和葉靈鳳倒像是「一丘之貉」。魯迅罵葉靈鳳是「齒白唇紅」的「流氓畫家」；罵邵洵美，更是牽連到了人家的祖宗。在〈拿來主義〉一文中，魯迅這樣寫：「譬如罷，我們之中的一個窮青年，因為祖上的陰功（姑且讓我這麼說說罷），得了一所大宅子，且不問他是騙來的，搶來的，或合法繼承的，或是做了女婿換來的。那麼，怎麼辦呢？我想，首先是不管三七二十一，『拿來』！」在〈登龍術拾遺〉中，說得更全面：

術曰：要登文壇，須闊太太，遺產必需，官司莫怕。窮小子想爬上文壇去，有時雖然會僥倖，終究是很費力氣的；做些隨筆或茶話之類，或者也能夠撈幾文錢，但究竟隨人俯仰。

最好是有富岳家，有闊太太，用賠嫁錢，作文學資本，笑罵隨他笑罵，惡作我自印之。「作品」一出，頭銜自來，贅婿雖能被婦家所輕，但一登文壇，即聲價十倍，太太也就高興，不至於自打麻將，連眼梢也一動不動了，這就是「交相為用」。

但其為文人也，又必須是唯美派，試看王爾德遺照，盤花鈕扣，鑲牙手杖，何等漂亮，人見猶憐，而況令閨。可惜他的太太不行，以至濫交頑童，窮死異國，假如有錢，何至於此。

所以倘欲登龍，也要乘龍，「書中自有黃金屋」，早成古話，現在是「金中自有文學家」當令了。

邵洵美確是清末一品大臣邵友濂之後，三代煊赫。而他的妻子盛佩玉，則貴為中國實業之父盛宣懷的孫女。不過，邵洵美倒還不是個典型的紈絝子弟，反而生性慷慨，一時有「上海灘孟嘗君」之美名。他對文化事業有着超強的熱情，萬貫家財基本是為建立一個理想的出版事業而耗盡的。魯迅的誤解顯然是邵洵美揮之不去的一大心病，他在監獄服刑時曾向獄友賈植芳鄭重交代，將來出來的話，有機會要為他寫篇文章，幫他澄清兩件事。其中一件事，「就是魯迅先生聽信謠言，說我有錢，我的文章都不是我寫的，像清朝花錢買官一樣『捐班』，是我僱人寫的。」邵洵美說：「我的文章雖然寫得不好，但不是叫人代寫的，是我自己寫的。」

葉靈鳳一生摯愛英國鬼才畫家比亞茲萊（Aubrey Beardsley，舊譯琵亞詞侶），年輕時曾刻意加以模仿，因而被稱為「東方的比亞茲萊」，「受過不少的稱讚，也挨過不少的罵」。「生吞琵亞詞侶」，就是魯迅給他列出的罪狀之一。據葉靈鳳說，他最初知道比亞茲萊，是通過郁達夫發表在《創造週報》上的一篇介紹《黃面志》的文字，但他後來又回憶，他在郁達夫的藏書中從不曾見過由比亞茲萊擔當美術編輯的《黃面志》，「倒是後來在詩人邵洵美的書架上見過，是近於十八開的方形開本，都是硬面的，據說是他用重價當作珍本書從英國買回來的」。邵洵美的確是一個超級「琵迷」，他創辦的《金屋月刊》，差不多直接拷貝了《黃面志》。董橋曾說：「老民國新月派諳洋文的才子都傾慕英國插圖畫家 Aubrey Beardsley 的才情。依稀記得是梁實秋先生說過的，說徐志摩邵洵美編詩刊都愛用他的線條花草做裝飾。」邵洵美經營金屋書店時，更刊行過一本《琵亞詞侶詩畫集》。這是一本六十四開的袖珍書，據說非常考究，比氏的詩，也由邵洵美親自操刀迻譯。

本來，葉靈鳳和邵洵美分屬創造社和新月社兩個陣營，是兩股道上跑的車，但鐵軌總有交匯的時候，有緣人也終會聚首。令葉靈鳳和邵洵美走到一起的是《時代畫報》，這是在邵洵美結束《金屋》月刊的出版之後，一九三〇年前後的事情。據邵洵美的夫人盛佩玉在《盛氏家族．邵洵美與我》一書中回憶：

> 《金屋》月刊出完第一卷就收場了。洵美的注意力轉移，去辦畫報了。那個時候上海有一份《良友畫報》，辦得很成功，圖文並茂。一些畫家也躍躍欲試。張振宇和作家葉靈

鳳連袂辦起了《時代畫報》，想跟《良友畫報》比高低。《時代畫報》由中國美術刊行社發行，出了第一期，銷路就壓過了《良友畫報》。然而在欣喜得意之餘他們卻嘗到了資金周轉不靈的苦惱，難以為繼，就去求助於洵美，要把《時代畫報》盤給他。出於對美術由衷的愛好，對美術家們的欣賞和支持，洵美很樂意接辦《時代畫報》。洵美高高興興地盤下這個攤子，和美術家們出謀劃策，又邀了許多作家來寫稿，熱熱鬧鬧地辦起這份畫報來。

雖然有人説，作為編輯者之一，葉靈鳳的名字只出現在《時代畫報》第一期，但此後他又參與了邵洵美創辦的時代圖書公司旗下另一著名刊物《萬象》的編輯。這份刊物總共出版了三期，在前兩期上列名主編的是葉靈鳳和張光宇，經過一段停刊恢復出版的第三期，則由張光宇一人擔任。《萬象》雜誌雖然只是曇花一現，但在中國雜誌史上卻有不凡的地位。它的開本比一般雜誌要大，封面和內頁的彩圖印刷得特別精美，版面排得也很漂亮。一直到一九五一年十月，在《星島周報》的籌備會上，葉靈鳳還「以舊日在上海與光宇合編之《萬象》二冊交大家傳觀」。他認為：「這刊物至今仍是所有綜合刊物中格調最高，印刷最豪華者。」

這些雜誌的輝煌肯定離不開邵洵美的貢獻。為了提升時代圖書公司出版物的水準，他不惜賣掉家裏最後一塊地產，從德國進口了最新式的影寫印刷設備。軟體硬體的齊備，造就了「時代」的崛起，有人把這一時期的雜誌出版稱作「邵洵美一個人的期刊畫報史」，他同時出版的刊物多達七種，每隔五天便至少會有兩種期刊面世。這個時期，恰恰是他和葉靈鳳聯繫最緊密的時候。

抗戰爆發後，葉靈鳳隨《救亡日報》撤離上海到了廣州，隨着廣州的相繼淪陷，流落到了香港。邵洵美雖然終老上海，但也曾數度赴港，葉靈鳳對這位老友也是極盡東道主之誼。按照葉靈鳳在〈我的看書趣味〉一文中的記載，是在香港停戰那一年，邵洵美從上海來到香港，在葉靈鳳的書房裏挑燈話舊。他將架上那些書掠了一眼，有點詫異地問葉靈鳳：「你現在在研究什麼呀？」因為他看到的是弗列采的《金枝》、魏斯特瑪爾卡的《人類婚姻史》，還有那麼多關於文字獄和禁書的著作。針對老友的疑惑，葉靈鳳後來專門寫了這篇〈我的看書趣味〉，文中說道：「我覺得看書就是看書，為了要看這一本書，為了喜歡這一本書，就不妨揭開來看，這裏面是不該有什麼功利觀念的。」「道在瓦礫、道在糞土，開卷有益，這樣的話不是也早已有人說過了嗎？」

其實，邵洵美也是一個地地道道的書痴，盛佩玉說：「洵美每天喜歡和朋友談文嚼字研究外文，手不離書，外文書有厚的很重，他拿着看幾小時也不怕手酸。」在看書趣味上，邵洵美和葉靈鳳也有着相同的觀念，他在〈畫報在文化界的地位〉一文中曾經這樣表達：「我覺得，在人生中，讀書應當是一種需要，它不是裝飾，把它當作裝飾，你便免不了會有一種輕薄的態度。它不是責任，把它當作責任，你便會感覺到厭倦與勉強。」由看書的趣味，也可以推知他們的人生態度，這也是他們保持長期友誼的基礎。

說到這種友誼，一九四七年春上的一段相聚，體現得最為淋漓盡致。那時邵洵美剛剛把《論語》復刊，不忘給葉靈鳳寄來一批，並寫信囑他寄稿。到了四月間，「邵洵美忽自滬來港」，一大早就來靈鳳家，讓葉靈鳳感到「殊出意外」。邵洵美除了「暢談近年遭遇」，還告以此行「係接洽所辦之教育影片公司事」，「有意攝製英語之中國電影往美國放映」。在邵洵美滯留香港的大半個月裏，葉靈鳳幾乎每天陪伴左右，往九龍訪張光宇，赴蔣伯英、鄭可晚宴。邵洵美還跟葉靈鳳磋商劇本，「以陳果夫之電影故事交來，託加以改作，使適合於攝製電影」。葉靈鳳不僅奉命翻閱，甚至還想：「他一意要辦電影公司，如計劃能實現，我也想回上海了。」可是送走邵洵美，電影公司的事便沒了下文，讓葉靈鳳覺得好生奇怪。葉靈鳳可能不知，邵洵美的所謂電影公司，是受了時任國民黨中央宣傳部長張道藩之命而奔波籌劃，張道藩跑到台灣，這事當然也就沒了下文。

邵洵美沒有去台灣。進入五十年代，他的德國進口印刷機被國家徵用，工廠也宣告解散，「以後沒有第二件東西了」。他一度移家北京，想尋個合適的工作，旋又失意地回到上海。此後幾年，邵洵美的生活每況愈下，當年連出門穿什麼衣服都要和汽車顏色相配的紈絝子弟，淪落到變賣郵票以糊口的窘迫境地。多虧老朋友夏衍的推薦，才得到個替人民文學出版社翻譯校稿的差事。要是一直這樣發展下去，也不失為一種生活方式，以邵洵美的英文功底，能夠在翻譯事業上取得一番成績，也不是沒有可能，但命中若有一劫，任誰也無法繞得過去，一九五八年，邵洵美迎來三年的牢獄之災，造化弄人的是，他的老友葉靈鳳偏偏又捲進了這一事件，成為一樁文壇疑案的主角。關於這事的經過，邵洵美的女兒邵綃紅在《我的爸爸邵洵美》一書中是這樣説的：

> 正當爸爸為無力援助小叔叔發愁之際，葉靈鳳從香港來上海。他是爸爸的老朋友，是戰前常為爸爸辦的刊物撰稿的文學家之一，也是《時代畫報》、《萬象》、《六藝月刊》和《文藝畫報》的編輯，這時在香港是《星島日報》副刊「星座」的主編，是香港的文化名人。爸爸約請他來家裏吃午飯，還請了好友施蟄存和秦瘦鷗來共聚。那天席上葉靈鳳談起

項美麗在美國的近況。爸爸便想起了一九四六年去紐約，項美麗曾向他借過一千美金。本來，老朋友向他借了不還是常事，他也一直不放在心上。現在小叔叔急需醫藥費，爸爸就想到讓項美麗把那一千美金的舊賬轉送給小叔叔治病。於是問葉靈鳳要項美麗的地址，好寫信給她，葉靈鳳說他身邊沒有帶來，讓爸爸把信交給他，待他回香港後代發。不料，葉靈鳳走後沒幾天就情況有異：爸爸出門，總有兩個便衣跟隨；爸爸回家，他們便守候在家門口。爸爸知道，一定是那封信出了毛病！

邵洵美的確被關進了提籃橋監獄，受審三年有餘，一九六二年才得釋放。他的無妄之災究竟是否因葉靈鳳引起，前述邵綃紅的口吻尚屬委婉，但是按照邵洵美女婿方平的說法，問題就嚴重了。在接受《南方都市報》採訪時，方平這樣說：「這封信託葉靈鳳帶出去寄給項美麗，葉靈鳳把這封信交給海關了。這樣邵洵美就被抓起來了。」不過邵洵美在提籃橋監獄的獄友賈植芳在《老人老事》一書中卻說：「邵洵美告訴我，他已經進來三年了……說他以前與南京政府的文化特務張道藩和謝位鼎（謝位鼎是現代派詩人，後來做了國民黨政府駐梵蒂岡的大使）是磕過頭的拜把子兄弟。他們在一起照過相，說是有證據，就把他抓來了。」當有人問起邵洵美三年受審的事，邵洵美的夫人盛佩玉則是這樣回答：「洵美一九五八年至一九六二年之間的歷史我不知何從寫出，總覺得上面有了一層蒙塵，所以只好將洵美這段光陰縮短了。」

從時間上推斷，邵洵美被抓是在一九五八年，而葉靈鳳訪問上海則是在一九五七年。在〈大陸新邨和魯迅故居〉一文中，葉靈鳳說：「一九五七年秋天，我第一次回到解放後的上海，曾在那裏逗留了幾天。」所以，賈植芳轉述邵洵美本人所言的入獄原因，似乎更加可信。無論如何，這都屬於那個特定時代的悲劇，正如陳子善所說：「從一九五七年內地的嚴峻形勢推測，發生任何事情都是可能的。葉靈鳳如果知道邵洵美的不幸遭遇，也想必會生『吾雖不殺伯仁，伯仁因我而死』之歎。」（陳子善：〈葉靈鳳的「記憶的花束」〉）

在葉靈鳳已經結集的作品中，似乎沒有專門寫過項美麗，但他與項美麗顯然認識。項美麗，本名艾蜜莉．哈恩（Emily Hahn），一九〇五年出生於美國聖路易城，一九三五年以《紐約客》雜誌通訊記者身份來到上海，與英俊優雅的邵洵美一見鍾情，兩人不僅公開同居，甚至還去作了婚姻登記。在上海，邵洵美與他的「蜜姬」出雙入對之時，葉靈鳳正是邵家的常客，不會沒有碰到。在丁悚的《四十年藝壇回憶錄》一書中，有一篇〈女作家吞吐妙姿〉，寫的就是他們的燕集：

> 一夕，張氏昆仲光宇、正宇，邀宴文藝之友，在他們古拔路古拔新邨寓所邀宴，出席的，有邵洵美、葉靈鳳、江小鶼、陸小曼、翁瑞午，和美籍女作家項美麗小姐們十數人，吃喝玩樂外，因為都是熟友，殊盡歡樂之能事。

一九三九年春，邵洵美也曾陪項美麗有過一次香港之行，那是為了完成《宋氏三姊妹》一書，專程赴香港採訪宋靄齡。彼時葉靈鳳已到香港，老友自遠方來，理應相見。至於葉靈鳳單獨與項美麗接觸，也存在時間和空間上的可能。太平洋戰爭爆發後，項美麗逃到香港，嫁給英國海軍少校巴克塞，葉靈鳳在〈關於《澳門紀略》〉中曾說：這書「十年前我曾在英國巴克塞少校處見過一部」，

「他的太太就是曾在我國旅居過多年的美國女作家項美麗」。戰後的一九四六年，葉靈鳳又曾將一冊項美麗簽名之《宋氏三姊妹》託人轉交給東京的友人，沒準兒就是項美麗託他的事兒。

陶淵明〈讀山海經十三首．其七〉云：「粲粲三珠樹，寄生赤水陰。亭亭淩風桂，八榦共成林。靈鳳撫雲舞，神鸞調玉音。雖非世上寶，爰得王母心。」靈鳳與雲龍，縱非「世上寶」，但也曾人間共舞過一場。

新感覺派的一群

在現代書局共事期間，一開始還有些心存芥蒂的施蟄存，不僅最終接納了葉靈鳳，並且將葉靈鳳介紹給了他的幾個同學密友。他們當中，有劉吶鷗，有穆時英，有戴望舒，以及杜衡、高明、徐霞村、楊邨人。後來，葉靈鳳和穆時英、施蟄存、劉吶鷗一起，以《現代》雜誌為集結地，形成了新感覺派的一群。

新感覺派首先崛起於二十世紀二十年代的日本，以横光利一為代表人物。其主要特點就是接受歐洲現代派文學的影響，與傳統的寫實主義相對立，把追求新奇的感覺當作創作的關鍵。因為劉吶鷗自小生長在日本，因此，他就成了日本新感覺派的最早引進者和在中國的最早嘗試者。二十年代中期，他曾在上海震旦大學法文特別班攻讀法文，在這裏結識了班內同學杜衡、施蟄存、戴望舒。一九二八年九月，他創辦了《無軌列車》半月刊，史家稱此為中國新感覺派小說醞釀的開始。經常在該刊發表稿件的，就是戴望舒、施蟄存、徐霞村、杜衡等人。《無軌列車》出版八期後，於一九二八年底被國民黨封閉。次年九月，施蟄存、徐霞村、劉吶鷗、戴望舒又結合在一起，共同創辦了《新文藝》月刊。受到時代的影響，這個刊物普羅文學的色彩日漸濃厚，但同時，創作上的新感覺主義傾向也有了發展。到了一九三〇年春天，《新文藝》第六期特別推出「一位我們可以加以最大的希望的青年作者」，這就是後來被稱作「新感覺派聖手」的少年天才穆時英。

穆時英生於一九一二年，浙江慈溪人，父親是銀行家。他幼年隨父親來到上海，在這裏讀完中學和大學。他十七歲開始寫小說，在《新文藝》上發表〈咱們的世界〉、〈黑旋風〉等作品時，還不足十八歲。他的成名作是〈南北極〉，由施蟄存推薦到《小說月報》發表，立即引起文藝界的矚目。當年有一位從赤道線上的蘇門答臘來到上海的文學青年，慕名拜見「聲名日噪，正是青春得意」的穆時英的時候，見到的，是一個「高高的個子、高高的鼻樑、長方形的臉……很漂亮的二十歲剛出頭的男子」。（黑嬰：〈我見到的穆時英〉，《新文學史料》一九八九年年第三期）

此前，劉吶鷗、施蟄存、穆時英等人的小說創作儘管已經有了一些新感覺派的色彩，但作為一個流派集結在一起，卻是以《現代》雜誌的創刊為標誌。他們用新感覺派的技巧所創作的作品，在《現代》雜誌上大量發表，其中穆時英的小說，有一段時間幾乎達到每期一篇的程度。

因了《現代》和施蟄存這一橋樑和紐帶，葉靈鳳很快便和新感覺派的一群往來頻繁起來，並成為他們當中活躍的一分子。那時，這些人大多聚居在北四川路盡頭頗為幽靜的公園坊，那是劉吶鷗的房產。葉靈鳳後來在接受黃俊東等人採訪時回憶說：

> 公園坊像九龍塘的房子，有個大花園，是劉吶鷗的產業，位於上海閘北，接近日本人勢力範圍，因地區差，不在租界上，所以蠻好的房子沒人敢住，於是就招待我們朋友去，房子好，加上房租便宜，主人又客氣，很多人住在那裏。

孔另境編《現代作家書簡》收入穆時英致葉靈鳳一封信，信中描繪了公園坊的盛況：「這幾天，我們這裏很熱鬧，有杜衡，有老劉，有高明，有楊邨人，有老戴；白天可以袒裼裸裎坐在小書房裏寫小說，黃昏時可以到老劉花園裏去捉迷藏，到江灣路上去騎腳踏車，晚上可以坐到階前吹風，望月亮，談上下古今。希望你也搬來。」

葉靈鳳在次日的回信中也對公園坊的勝境表示了憧憬：「我也很愛公園坊。近郊的風景，熱鬧中帶點靜俏，於我的性情是很適合的，我猶愛老劉花園中那兩棵銀杏樹。不知老劉能否講朋友交情，房錢特別便宜否？」但他也對馬上搬家表示了為難：「搬家的事，說起來簡單，實行卻非易事。書太多，書架又是裝在四面牆上的，拆下來很不容易，只好得過且過，等到萬不得已時再搬吧。」儘管如此，葉靈鳳最終還是和新婚妻子趙克臻一起搬了過去。一時間，現代派文人雲集於此，公園坊甚至被稱為作家坊。

葉靈鳳的加盟新感覺派，固然有偶然的因素在內，但無論在思想觀念上、藝術追求上、生活際遇上，又都有必然的發展邏輯。他曾經投身於左翼聯盟，熱衷於普羅文學運動，但隨着被「左聯」掃地出門，只得在彷徨、苦悶之中轉而尋找新的道路。儘管他在創造社時期更傾向於浪漫主義，但現代主義成分仍依稀可尋。由於英文功底較好，他很早就接觸過法國的普魯斯特、英國的喬伊斯、美國的多斯·帕索斯等現代派作家的作品，並對他們那種混合主觀客觀，內潛的意識和外在的現象，甚至時間和空間的綜合的立體表現手法，表示了推崇，以為如此「始能應付現代生活的描寫」。（葉靈鳳：〈喬伊斯的守屍禮〉）一向喜歡在創作手法上不斷嘗試、不斷創新的葉靈鳳，恰好從新感覺派那裏尋找到了興奮點和契合點。所有這些，都是葉靈鳳和新感覺派一群一拍即合的重要原因。

在他們相互影響、相互砥礪之下，新感覺派小說盛極一時，對於以快速的節奏表現現代大都市的生活，特別是表現半殖民地都市的畸形和病態方面，留下了不可或缺的遺產。他們的作品，也成為與「京派」文學對峙或交相輝映的「海派」文學的重要組成部分。這期間，葉靈鳳宛如進入了小說創作的第二春，〈流行性感冒〉、〈憂鬱解剖學〉、〈朱古律的回憶〉、〈紫丁香〉、〈第七號女性〉等一系列新感覺派小說相繼推出。現代派描寫手法的大膽運用，潛意識、性心理的嫺熟描寫，大段的內心獨白，時空錯亂的意識流，成為這批小說的明顯特徵。這些小說受到文壇的注目，就連遠在法國的戴望舒，也不禁來信感歎：「覺得你長久擱筆之後，這次竟有驚人的進步了。」（孔另境編：《現代作家書簡》）

在這同時，葉靈鳳還陸續推出三部長篇小說，這就是《時代姑娘》、《未完的懺悔錄》和《永久的女性》，先後連載於《時事新報》和《小晨報》，嗣後並出版了單行本。三個故事全都發生在「十里洋場」的上海，無一不是淒婉哀豔的悲劇。描寫都市男女的情場角逐，難免陷於鴛鴦蝴蝶派一類大眾小說的窠臼，但葉靈鳳的高明之處，卻是將傳統章回小說、浪漫抒情小說的手法與現代派小說新的表現形式有機結合在一起，從而給人一種全新的視覺享受，開創了一種雅俗共賞的新文體。

葉靈鳳無疑是新感覺派作家中的重要成員，他為新感覺派小說在中國的發展做出過值得肯定的貢獻。「新感覺派聖手」穆時英在〈公墓．自序〉中就曾經提到：葉靈鳳「時常和我討論到方法問題，給了我許多暗示」。在〈南北極．改版題記〉中，穆時英也向「鼓勵我、幫助我」的葉靈鳳表示感謝。葉靈鳳他們的確是拿穆時英當小弟弟看待的。他曾說：「穆時英發表小說後不久就認識了我們，他很年青，不過二十一二歲的樣子，而我們將近三十了，我們都當他是小弟弟，一起出外喝茶時，他很少付賬，即使有錢想付，我們也會說：『怎會輪到你呀！』」葉靈鳳還講到一段穆時英強佔他心愛的《第一日記》的趣事：

當時我們都喜歡寫日記，日本有間「第一書房」很有名，書也出得好，現在沒有了。「第一書房」的人就是留法的一批作家和畫家。當時所有時髦的日本作家都在那裏出書，出的書除普及版外一定還要出豪華版，每年出一本《第一日記》，編得非常漂亮。封面是木板的，上海內山書店每年春天有賣，書本身印得不多，分到上海也不過兩三本，我是最喜歡的了，所以跟老闆講好，無論如何要留一本給我。那時我還沒結婚，獨自住在虹口的一間像青年會宿舍的公寓裏，某次在內山買了很多新書和《第一日記》，我把《第一日記》當寶貝地放在書桌上，穆時英一大清早來，我還沒起身。他看到書就要，那怎麼行呢，我只有一本，而且又買不到。他說「給我，給我」就把書打開在上面寫上「穆時英」三個字，你不答應也沒用了。

天底下終究沒有不散的筵席。中國的新感覺派曾經像星星一樣熠熠閃光，但它卻是一顆流星，只一閃就消失在夏夜。新感覺派的一群四散而去，各自有着各自不同的歸宿。抗戰爆發後，劉吶鷗據説曾任汪偽報紙《國民新聞》社長，於一九三九年秋天在新雅茶樓的樓梯上被狙擊喪命，暗殺者據説是潛伏上海的「鋤奸」組織。穆時英平時就追求都市生活享受，終於在夜總會的醇酒美人和回力球賭博中沉淪。「七七」事變後，他曾經由上海跑到香港，尋找出走的作過舞女的太太。葉靈鳳念於舊情，曾介紹他找香港的舊友侶倫幫助。劉吶鷗被暗殺以後不久，在香港的穆時英突然辭職回滬。按照侶倫的說法，「穆時英回去上海是接任劉吶鷗遺下的職位。——其實不僅是接任職位，而且是接任死亡。……」「命運終於來了這麼一天。穆時英因公事外出，坐着手車在南京路上走，不提防迎面射來了槍彈，打中要害，使他從手車上倒下去。」（侶倫：〈悲劇角色的最後〉）

當年，葉靈鳳曾寫下〈哀穆時英〉一文，文章說：

> 短短六個月的小漢奸的生命，就斷送了一個二十九歲的青年生命；對於這件事，有的人感到痛快，有的人感到惋惜。但對於過去曾經和他有過相當「友誼」的我們，則穆時英今天的死，自從他公然叛逆國家和民族，成為漢奸以後，是早在大家意料之中的。這並非說大家早料到他必然要死於非命，而是說，在只有抗戰到底才是整個國家民族，甚至個人的唯一的活路面前，其他妥協投降的途徑都是死路。一個人走上這一條路無異是自殺，而一個人一旦真的踏上這一條路之後，他已非我族類，他的存在與否早已不值得加以考慮了。

話說得真是冷若冰鐵，決絕極了。但在當時情況下，面對「那些正在踏入他自毀覆轍以及誘致他『下水』，事前事後為他佈置一切的『軍師們』」，肯定別無選擇，正如葉靈鳳所說，「大家連惋惜的心情都被克服了。相反的，正因了過去的關係使大家感到對於國家該負起更大的討伐他的責任。」多年以後，當香港《四季》雜誌邀請葉靈鳳談談穆時英時，葉靈鳳忍不住掬了一把老淚：「大義與私交之間，實在令我在感情上很難處理。」當黃俊東問起穆時英「叛變」的真實原因，葉靈鳳說：「我可以用幾個字來說明，那就是：『年青人的糊塗』。」（〈三十年代文壇上的一顆彗星〉）

至於劉吶鷗，葉靈鳳在日本佔據香港期間曾經以「趙克臻」的筆名寫過一篇回憶文章，題目叫〈看《瓊宵綺夢》有感——憶劉燦波先生〉，發表在《大眾周報》一卷二十五期。劉燦波就是劉吶鷗。葉靈鳳是因為觀看劉燦波編劇的電影《瓊宵綺夢》，而對這位故友發生了「介紹和悼念」之情。這篇非常時期寫下的紀念文章，曾經招致研究者的批評，因為文章中有如下一些表述：

> 劉君對於東亞民族的共同團結早有着深切的理解，他常常說日本人的智力，毅力，確實超過一般的中國人，他是中日親善的實踐者，他愛日本，他更愛中國，他對於中日親善，東亞共榮的努力，可惜壯志未酬，竟以身殉！
>
> 劉君被害時，我已經在香港，這不幸的消息，一直到三年後的今日，心中還是懷着無限的悲痛，當我看了《瓊宵綺夢》銀幕上映出編劇者劉燦波三字，好像又見到他英偉的身影，溫和的笑貌，在舊日的公園坊裏，朝夕聚首的情形。

出於對葉靈鳳先生的無比敬重，我們也只能這樣解釋：這正是他在〈跌下來的果子〉中所說的那種「最痛苦的，同時也是最壞的，是自己所不想寫而又不得不寫的文章」。或者，一半是這樣。

文藝而稱畫報

因了對於美術的偏嗜與熟稔，在葉靈鳳歷年所編刊物中，是始終如一保持着圖文並茂這一鮮明特色的。如果說，前一階段，由於沒能主持《現代》筆政，多少束縛了他的手腳，那麼，在辭去現代書局職務以後，葉靈鳳爽性甩開膀子，公然祭起了《文藝畫報》的大旗。

支持者是剛剛創辦上海雜誌公司的老友張靜廬。他曾在《在出版界二十年》一書裏回顧這段往事：

雜誌營業的日益發旺，畫報——包括一切有價值的雜湊投機的——佔着絕大部分。這種畸形發展真使人寒心，雖是客觀條件造成這種不良趨勢，然雜誌公司的積極經營，不能說沒有責任；換句話說，不能推諉沒有罪過！因之，我也想從畫報來轉移讀者的視線。（畫報最大部分是銷香港與南洋群島的），要從而提高它的水準。靈鳳主編《文藝畫報》，就想負起這任務。

《文藝畫報》最初的列名編輯人是葉靈鳳與穆時英。這兩位「中國第一流作家」攜手辦刊，辦的又是一份別開生面的《文藝畫報》，自然在當時文壇造成了一定的「轟動效應」，就連魯迅先生，也似乎有一層「翹首以待」的意思在內。他在〈花邊文學．奇怪（三）〉中寫道：「『中國第一流作家』葉靈鳳和穆時英兩位先生編輯的《文藝畫報》的大廣告，在報上早經看見了。半個多月之後，才在店頭看見這『畫報』。」

《文藝畫報》的創刊時間，是一九三四年十月。刊物為十六開。內頁用重磅加拿大紙印刷，共六十二頁，另加全是印畫的粉紙八頁。厚畫紙作書皮。創刊號的封面為彩印，上方紅底白字刊名，下方用黑線勾勒一位執書的裸女，四周輔以流線型的綠葉紅花，乃當紅畫家郭建英之手筆。

關於《文藝畫報》的創辦旨趣，從刊在卷首作為開場白的〈編者隨筆〉中，可略窺一斑：

> 文藝而稱畫報，或許有人要歎氣，覺得未免太「海派」了，其實，請看了內容便知道。雖然並不怎樣的「京」，卻也不全然的「海」，也許有時要登幾張女明星的照片，不過遇到了明覆宋槧的孤本，或是什麼石洞裏的唐人寫經之類，我們也許會「附庸風雅」的來複印幾張的。不過，我們決不想因了這來自鳴清高或者作為進身之階。不夠教育大眾，也不敢指導（或者說麻醉）青年，更不想歪曲現實，只是每期供給一點並不怎樣沉重的文字和圖畫，使對於文藝有興趣的讀者能醒一醒被其他嚴重的問題所疲倦了的眼睛，或者破顏一笑，只是如此而已。

當然這只是葉靈鳳們的一廂情願，至少在魯迅那裏，投來的便是譏笑。雜誌出版沒幾天，他就在一九三四年十月二十六日的《中華日報．動向》發表了一篇〈奇怪（三）〉，文章不長，全文抄在這裏：

「中國第一流作家」葉靈鳳和穆時英兩位先生編輯的《文藝畫報》的大廣告，在報上早經看見了。半個多月之後，才在店頭看見這「畫報」。既然是「畫報」，看的人就自然也存着看「畫報」的心，首先來看「畫」。

不看還好，一看，可就奇怪了。

戴平萬先生的〈瀋陽之旅〉裏，有三幅插圖有些像日本人的手筆，記了一記，哦，原來是日本雜誌店裏，曾經見過的在《戰爭版畫集》裏的料治朝鳴的木刻，是為紀念他們在奉天的戰勝而作的，日本紀念他對中國的戰勝的作品，卻就是被戰勝國的作者的作品的插圖——奇怪一。

再翻下去是穆時英先生的〈墨綠衫的小姐〉裏，有三幅插畫有些像麥綏萊勒的手筆，黑白分明，我曾從良友公司翻印的四本小書裏記得了他的作法，而這回的木刻上的署名，也明明是FM兩個字。莫非我們「中國第一流作家」的這作品，是豫先翻成法文，託麥綏萊勒刻了插畫來的嗎？——奇怪二。這回是文字，〈世界文壇瞭望台〉了。開頭就說，「法國的龔果爾獎金，去年出人意外地（自注：可恨！）頒給了一部以中國作題材的小說《人的命運》，它的作者是安得烈瑪律路」，但是，「或者由於立場的關係，這書在文字上總是受着讚美，而在內容上卻一致的被一般報紙評論攻擊，好像惋惜像瑪律路這樣才幹的作家，何必也將文藝當作了宣傳的工具」云。這樣一「瞭望」，「好像」法國的為龔果爾獎金審查文學作品的人的「立場」，乃是贊成「將文藝當作了宣傳工具」的了——奇怪三。

不過也許這只是我自己的「少見多怪」，別人倒並不如此的。先前的「見怪者」，說是「見怪不怪，其怪自敗」，現在的「怪」卻早已聲明着，叫你「見莫怪」了。開卷就有〈編者隨筆〉在——

「只是每期供給一點並不怎樣沉重的文字和圖畫，使對於文藝有興趣的讀者能醒一醒被其他嚴重的問題所疲倦了的眼睛，或者破顏一笑，只是如此而已。」

原來「中國第一流作家」的玩着先前活剝「琵亞詞侶」，今年生吞麥綏萊勒的小玩藝，是在大才小用，不過要給人「醒一醒被其他嚴重的問題所疲倦了的眼睛，或者破顏一笑」。

如果再從這醒眼的「文藝畫」上又發生了問題，雖然並不「嚴重」，不是究竟也辜負了兩位「中國第一流作家」獻技的苦心嗎？

那麼，我也來「破顏一笑」吧——哈！

藏有《文藝畫報》的收藏家謝其章先生注意到「《文藝畫報》也引起魯迅的吐槽」，他給出的感慨是：「凡沾『葉靈鳳』三字皆不能倖免，可見魯葉結怨之深。」（〈「我與魯迅翻臉極早」〉，澎湃新聞，二〇二〇年十一月二十五日）而且，魯迅還是喜歡「倒後賬」的，他在文章當中特意強調「良友公司翻印的四本小書」，恐怕也是提醒葉靈鳳：不要以為我們有過麥綏萊勒的這次「合作」，從此就成為「統一戰線」了。

魯迅不愧是魯迅，既然你是《文藝畫報》，我就專拿你的「畫」說事。關於在戴平萬小說中使用日本人《戰爭版畫集》的插圖，以及在穆時英小說中使用麥綏萊勒的插圖，非行家之眼是看不出這門道的，特別是前者，如果「上綱上線」的話確實是夠葉靈鳳「喝一壺的」。在幾期《文藝隨筆》中，都不見葉靈鳳有所回應，最初以為他這次是「認了」，事實上，從第二期開始，他也確實增加了不少原創插圖，像是接受了魯迅的批評似的。可是後來讀到他作於三年以後的〈獻給魯迅先生〉，這才知道葉靈鳳也不是輕易就會認輸的，即使面對的是魯迅先生。這篇文章說：

三年以前，我曾編過一種《文藝畫報》。既稱畫報，當然有相當的插圖，創刊號出版後不久，我就在那時的《中華日報》副刊上發現一篇短文，批評這期《文藝畫報》的插圖，指摘在描寫東北情形的文章內，插着日本人作的誇耀滿洲戰功的木刻，在穆時英的小說內，又用了馬賽賴爾的插圖，文章寫得很刻薄。我當時很詫異，覺得這篇短文的作者倒也看過幾本書，至少和我也有相同的嗜好，訂購着日本出版的《版藝術》和《黑與白》。雖然對於他的意見我不敢贊同，因為利用與文字情調相同的圖版作插畫，是外國有插繪的雜誌的慣例，尤其在戴平萬先生描寫失陷後的關外生活的散文中，插入幾幅從《戰爭版畫集》選來的關於滿洲日軍的木刻，我以為正是很好的一種對照，一點也看不出有什麼可笑之處。

這是三年前的舊事，這回拜讀《花邊文學》，發現這篇短文赫然在內，才知道竟是魯迅的大筆。我撫摸着三年前的這一隻暗箭的創痕，正是「冤有頭債有主」了！

除了魯迅此文之外，《文藝畫報》還遭到傅東華射來的一支冷箭，甚至牽涉到了他的中學同學李公樸。事情的起因是為着第一期所發表的張諤的一幅漫畫〈眼睛吃的冰淇淋〉，張諤此時是《中華月報》畫刊美術編輯，同時主編《漫畫生活》。這幅漫畫大概是諷刺電影的以美女招徠觀眾，不意遭到了《文學》編者傅東華的批評，葉靈鳳在《文藝畫報》一卷二期的〈編者隨筆〉中說了此事：

譬如說，《文學》的編者傅東華先生，我們原是相熟的，早一向還杯酒聯歡，看了他在酒家的銀枱面上，用烏木筷子蘸了酒杯裏的酒，在桌上寫別字簡筆字，高談大眾語，卻不料也躲躲藏藏的放起冷箭來，要中傷這新生的刊物了。

據朋友說，在一篇論翻譯文字的文章內，傅先生對於本刊上期所刊的張諤先生的一幅漫畫〈眼睛吃的冰淇淋〉，作了許多難堪的污蔑。我不曾見到原文，不知道傅先生污蔑這張畫到怎樣的地步。只是我覺得，創刊號的文藝畫報該指摘的地方確是很多，而偏偏張諤先生的這張漫畫卻是一無可罵的地方。凡是略為留意國內電影批評的人，大約總知道所謂〈眼睛吃的冰淇淋〉是一個怎樣的典故。我們從來不曾見過傅先生發表對於電影的主張，如今竟這樣的對這幅漫畫罵了起來，真使人有點摸不着頭腦。也許正如他自己所說，線裝書多讀了一點，連報紙也不看，才鬧出這樣的笑話。關於這件事，我們在這裏要向作畫的張諤先生道歉。至於傅先生，我們卻原諒他了。

對於一切新生勢力，舊有的腐朽的人們總不惜要藏在假面具之下而恣意加以摧殘的，這是歷史告訴我們的事實。

在這之後，他才知道原來傅東華的文章是發表在他老同學李公樸創辦，並且由他牽線搭橋並作保的《讀書生活》，於是便在下一期的〈編者隨筆〉中狠狠吐槽了一番：

這回是該提到《讀書生活》了。

翻開第五期的《讀書生活》，才知道傅東華先生〈眼睛吃的冰淇淋〉的文章，是刊在《讀書生活》的，而且是用「伍實」的筆名。傅先生到底是朋友，又襲用了以前罵魯迅先生時的故智，很客氣的選用了這筆名。我想，以後也許同樣的要來一套賠禮的把戲吧，我試等待着看。

因為《讀書生活》屢次提到《文藝畫報》，好像他們的幾位編者和我都認識的原故，在作義務廣告。有一次遇見了它的主幹，我的小時候的同學李公樸先生，我便向他表示我的謝意，他卻很抱歉的說：「《讀書生活》的幾位編者大都是不看文藝書的，他們如果事先知道〈眼睛吃的冰淇淋〉是在《文藝畫報》上的，那篇文章也許不會登了」，這卻使我失望不小。在《讀書生活》和出版所訂立的合同上，當時我是媒人，曾在各執一紙的合同上畫過十字。這點意外的收穫，我想，大約是所謂「謝媒」了。

正像文中所提到的，傅東華先前就曾以「伍實」的筆名寫過一篇〈休士在中國〉，引起魯迅的強烈不滿，甚至決定辭去編委職務，並不再向《文學》雜誌投稿。最後是茅盾、鄭振鐸出面才化解了此事。但是，和傅東華一樣，鄭振鐸也對《文藝畫報》提出了批評。這事葉靈鳳在《文藝畫報》一卷三期的〈編者隨筆〉中也有回應：

照例又是「低級趣味」。這回卻不是《文學》上的東方朔先生，而是《文學》的編者鄭振鐸先生了。

據一位北方的朋友寫信來說，鄭先生最近在北平演講中國文壇現狀，末了提到《文藝畫報》，說是因為提倡低級趣味，所以銷路不好。可惜鄭先生不曾見到本期《文藝畫報》的封面，因為本期封面不僅是他讚歎過的一幅壁畫，而且是和他同行到西北去的朋友手攝的。我想他如果見了，一定要改口說：「雖然內容低級，但是封面是『如何的偉大，如何的崇高呀』」的了。

以前有人說鄭振鐸先生是《文學》的傀儡編輯，只掛名，無權問事。現在看來，卻也遙通聲氣，不無微勞了。

筆戰歸筆戰，葉靈鳳與鄭振鐸不至於就此「反目」。葉靈鳳說：「在抗戰初期，在『八一三』滬戰初起之際，他住在靜安寺的廟弄，我們經常到他家中去夜談。」在鄭振鐸一九五八年因飛機失事遇難後，他專門撰寫悼文，稱其為「版畫圖籍的搜集功臣」，並說：「鄭先生搜集整理我國珍本圖籍和保護文物的成就，本是多方面的。但我一向是喜愛版畫藝術的，覺得僅是從這一方面來說，對於這位突然離我們而去的文化功臣，實在不勝悼惜之至。」

除了「冷箭」之外，《文藝畫報》時期的葉靈鳳，還面對不少「謠言」。「最得意的謠言是說穆時英先生和本刊分了家，而且反目了，因此與穆先生有關係的人的文章都臨時抽了。文壇消息上這樣報告，『文探』也這樣傳說。」葉靈鳳在一卷三期的〈編者隨筆〉中這樣回應：

可惜事實又不是這樣。穆先生雖然確是分了家，但是卻不曾反目，只是因為參加了籌備中的《六藝半月刊》的編務，無法再兼顧的原故。這一期還笑嘻嘻的交來了新脫稿的〈田舍風景〉，便是一個好證據。至於因此抽去旁人稿件的事，那更是無稽之談。也許有人真的將文壇當作了官場，女婿跟了丈人，學生跟了先生，同沉同浮，同進同退，可是小小的《文藝畫報》，還沒有這樣的排場。

還有比這更大得多的謠言，竟然說葉靈鳳「做了官」，害得葉靈鳳不得不在一卷三期上專門發表了一篇〈闢謠〉：

雖然不是要人，卻也時常被當作製造謠言的資料。

這些謠言，照例是風花雪月，賢者所諱言的事。我知道是自己「德薄」，便只好「罪己」，從來不敢怨人。

但這回的謠言卻不同了，是大題目。說我做了「官」。於是某某先生寫信來問我那篇文章能不能發表，某某編輯因為單行本出版有問題，託我設法。

其實，關於我「做官」的謠言，是「古已有之」的。在一九三十那年，我離開了上海，在香港住了幾個月，回來的時候，才知道朋友們共傳我到廣西做官去了，這事一直到最近還有人提起。不過那一次說是做「武官」，這一次卻是「文官」了。

實際上，生活的貧乏，說穿了真要使造謠的先生們覺得可笑。一直到今天為止，我不僅不曾做過「幹事」或「科長」的官，就連小小的小學教師也不曾當過，鄭振鐸先生那樣的教授位置更不用說了。庸庸碌碌的海上十年生活，我都消磨在所謂「文化街」的四馬路上，從這家書店跑到那家書店，從這張寫字台換到另一張寫字台而已。「資格」倒也有的，卻不在「清官冊」上，而在書店小夥計的口中。他們看着我漸漸的老起來，我看着他們漸漸的大起來罷了。

也許就是這種生活過得太長久了的原故，年輕不善交納的我，在職務上和文字上得罪的人逐漸的多，謠言便也隨着不絕的發生了。以前多是關於「私生活」方面，現在則漸漸牽涉到「國家大事」了。我想，既然說是「做官」，也許不久就有「發財」的謠言出現，我得預先在這裏聲明：十年不值錢的文字生活，縱然不是「一貧如洗」，然而孑然一身，幾套薄薄的洋服，袖口小得連「清風」也裝不住，家裏只有幾張畫和幾本書，說得美一點雖是「四壁琳琅」，其實只是幾架賣起來一錢不值的舊書罷了。

在這種風雨飄搖之中，《文藝畫報》只維持了四期，便壽終正寢了。當初寄予厚望的張靜廬顯然是失望的，他說：「後來因它的一再拖期，所獲的效果是等於沒有！」這話說得未免過於悲觀。當時遠在香港的讀者侶倫幾十年後猶在回憶這本「只是側重文藝趣味，輕鬆活潑，圖文並美，編印得相當考究」的雜誌：「《文藝畫報》在當時的出版物中可說是獨創一格的。它的內容是『文』與『畫』並重。文字方面包括小說、散文、雜文、隨筆、文學與藝術的理論、國內國外的文壇動態。圖畫方面，除了介紹中國和外國的現代木刻畫，還有書籍插繪、幽默趣味的文藝漫畫等。」（〈三十年代的文藝畫報〉，《開卷》一九七九年第三期）

至於飽受攻訐的「低級趣味」問題，翻讀全部四期刊物，是絲毫得不出這個感覺的。在這方面，就連持論一向「正統」的應國靖也是不予附和的，他在《現代文學期刊漫話》一書中指出：

在《文藝畫報》上發表作品的作者有劉吶鷗、高明、崔萬秋、邵洵美、杜衡、章克標、傅彥長等人，這些人都是葉、穆的好友。可是我們也看到其中有阿英、魏金枝、馬國亮、蘆焚、徐遲、胡考等進步作家的作品。這說明進步作家在當時並沒有將他們當作敵人，何況葉、穆辦《文藝畫報》不是為國民黨當局的政策助威吶喊，只是作為一個純文藝的刊物，要是完全以官方面目出現的文藝刊物，那麼多進步人士就決不會登門贈稿了。

不僅無害，而且有益。且不說這個刊物充分展現了葉靈鳳處理圖文的高超的編排藝術，單是對新興木刻畫家的大力扶助，就功不可沒。在這四期刊物上，一方面雲集了郭建英、梁白波、周多、鄭川谷、黃苗子等當紅漫畫家插畫家的作品，一方面不惜勻出篇幅，特別推介張慧、李樺、唐英偉、羅清楨等青年木刻家的作品。李樺特別注意到了這一點，專門致函葉靈鳳，說：「讀貴刊創刊號，深知對木刻甚加愛護。」他還說：「中國木刻運動，最初發生於滬上，現已擴張到全國。可是關於南中國的木刻運動，似尚未有人注意過。在這裏，我敢自薦，介紹些廣州木刻消息及作品給你們，並希望佔些貴刊的篇幅。」葉靈鳳不僅將李樺的來函以〈木刻運動在廣州〉發表，並附刊了幾幀木刻，還專為此文寫了熱情洋溢的〈編者按〉：

從李樺先生的通信中，我能知道木刻運動，在廣州最近已尋到了它的新的園地，而且很快的滋長了起來。這消息，對於愛好藝術，尤其是留意中國木刻的人，該是一件怎樣可喜的事。從李先生函中所附來的幾位先生的作品，就是在本期所披露的幾幀，我們可以看出，中國木刻，已經脫離了初期艱澀的線條，獲到了很圓熟的技巧，巧妙的將黑白二色運用了起來。而且，在題材方面，領域也擴大了，已經能夠自由的擇取，免去了初期千篇一律的單調。

和暖的南國空氣，實在是最適合一切新的藝術滋長的地方。僅在木刻方面，我們過去知道汕頭有張慧、羅清楨幾位先生在不斷的努力，如今廣州又有這有力的版畫研究會的出現，前途的發展正是未可預料的。對於這年青的新藝術的扶助，我們願盡量的呈現我們的篇幅。

按照李樺的說法，這很可能是最早的關注南中國的木刻運動的文字了。

文藝而稱畫報，不是僅僅為文藝作品配幾幅畫那樣簡單。最高的境界，是將文藝作品與插畫弄得水乳交融，渾然一體。既懂文藝，又懂美術，同時又懂得雜誌編排技術的葉靈鳳，無疑是既有追求，又有心得的，《文藝畫報》就是一個範例。可惜他還是太曲高和寡了。

《六藝》：最後的安魂曲

《文藝畫報》前兩期的編輯人是葉靈鳳和穆時英，到第三期就只剩下了葉靈鳳一個人。因此外邊盛傳穆時英與《文藝畫報》「分了家，而且反目了」。對此葉靈鳳在一卷三期的〈編者隨筆〉中這樣回應：「可惜事實又不是這樣。穆先生雖然確是分了家，但是卻不曾反目，只是因為參加了籌備中的《六藝》半月刊的編務，無法再兼顧的原故。」

其實《六藝》創刊號是直到一九三六年的二月十五日才出版的。葉靈鳳和穆時英都是「編輯人」，其他三位則是高明、姚蘇鳳、劉吶鷗，姚蘇鳳並任發行人。葉、穆、劉、高，都屬於「新感覺派的一群」，此時都住在江灣劉吶鷗的公園坊，朝夕相處，一起弄一本雜誌出來，非常自然。只有姚蘇鳳，似是這個圈子裏的新人。姚蘇鳳之所以加盟《六藝》一群，媒介恐怕是電影。李歐梵在《上海摩登》一書曾說：「說起來，電影院既是風行的活動場所，也是一種新的視聽媒介，與報刊、書籍和另外的出版種類一起構成了上海特殊的文化母體。」他接着說：

> 看電影的習慣對新文學的很多作家，尤其是上海作家來說，都是重要消遣。魯迅本人喜歡蘇聯電影，從他開始到施蟄存、徐遲、劉吶鷗、穆時英、張若谷和葉靈鳳，還包括左翼作家像田漢、洪深和夏衍都是電影愛好者。……而對劉吶鷗和穆時英來說，電影院和舞廳基

本是可以互換的，就像在他們的小說和真實人生中一樣，這兩個地方是他們足跡常至之地。劉吶鷗是一個電影迷，他寫了大量的電影評論和關於電影美學的文章，刊登在《婦人畫報》和《現代電影》這樣的雜誌上，他的話題包括電影寫作、電影節奏以及從攝影角度談對葛麗泰．嘉寶（Greta Garbo）和瓊．克勞馥（Joan Crawford）美麗的臉龐的欣賞。而且，在三〇年代晚期，也即他被殺的一九三九年之前的一段時間，他還積極參加了電影製作。

葉靈鳳不僅是電影迷，看電影也是他小說中的經典場景。在小說《落雁》中，開篇就是——

恩貝西戲院開映《茶花女》的第一晚，開映的時間是在九點一刻，我在七點四十五分就到了那裏。

是因為怕片子好了人多會擁擠，同時因為在這清冷的秋夜，一人在寓所裏實在太孤寂的原故，所以便這一早就跑了出來。

在香港，看電影仍是他不多的業餘消遣方式之一。一九四七年，因了邵洵美的誘因，他幾乎動了回上海搞電影的念頭。那是四月十二日，「邵洵美忽自滬來港」，「據説係接洽所辦之教育影片公司事，並向我磋商劇本」。四月十三日，「洵美來暢談近年遭遇及影片公司事。有意攝製英語之中國電影往美國放映」。四月十六日，「洵美以陳果夫之電影故事《骨肉重逢》交來，託加以改作，使適合於攝製電影。翻閱一遍，覺故事本身頗不宜於電影，這工作倒不易。」四月三十日，「送洵美返滬。他一意要辦電影公司，如計劃能實現，我也想回上海了。」

姚蘇鳳更是一個職業電影人。他原名姚賡夔，蘇鳳是筆名，後來成了正名。因為他是蘇州人，「蘇鳳」可能就含有「蘇州之鳳」的寓意。這倒跟「靈鳳」有異曲同工之妙。巧的是，「雙鳳」還是同庚，都是一九〇五年生人。姚蘇鳳出身書香門第，自少年起就愛好文藝，曾是蘇州文藝社團「星社」的創始會員。他在蘇州高等工專學的是建築，畢業後在上海謀得了一個建築工程師的職位，但短短五個月就產生厭倦，由自己的興趣決定，加入了電影界。在電影公司作過宣傳員，寫過影評，編過劇本，直到一九三二年加入《晨報》，編輯的也是《每日電影》副刊。

《晨報》是國民黨文化大員潘公展於一九三二年六月在上海創辦的，潘自任社長。潘公展由於欣賞姚蘇鳳編劇的影片，「因此把姚蘇鳳引為親信，把自己主辦的《晨報》交給姚蘇鳳負責。而姚只對副刊和電影感興趣，就擔任了副刊《每日電影》的主編」。（歐陽文彬：〈多才多藝姚蘇鳳〉）潘公展創辦《晨報》，本意是要建立起自己的反共宣傳陣地，但姚蘇鳳卻與左翼影評人打得火熱，經常發表他們的文章，為此一再受到潘公展的批評。《每日電影》副刊經常發表電影座談會記錄，早在一九三三年十月，葉靈鳳就參加過〈春蠶〉的座談。一九三五年八月二十五日，《每日電影》副刊發表〈自由神〉座談，葉靈鳳又有參加，其他參加者為劉吶鷗、江兼霞、高明、穆時英、姚蘇鳳。研究者將這個座談會稱為「標誌性事件」，因為這幾個人，除去江兼霞（杜衡），基本就是《六藝》編輯部的班底。（張華：〈姚蘇鳳和一九三〇年代中國影壇〉）這班人集體跟《晨報》接近，穆時英是關鍵人物。他在姚蘇鳳主編的《每日電影》發表了大量影評文章，有的長達四萬字，連載一個月之久。一九三五年春，經姚蘇鳳介紹，穆時英與潘公展拉上關係，擔任了《晨報》副刊《晨曦》的主編。姚蘇鳳創辦《小晨報》後，穆時英也成為三位主編之一。所以有人說，「姚、穆二人關係因此更密切些」。

在主編《晨報》副刊《晨曦》期間，穆時英還創建了「晨曦文學社」，並自任主席，葉靈鳳、劉吶鷗、高明、姚蘇鳳、樊仲雲、向培良、黑嬰等均是成員。（蔡登山：《一生兩世》）一九三六年一月一日，《晨曦》推出元旦專版，除了穆時英的〈三六年致辭〉，其他文章包括葉靈鳳的〈讀書日記〉，高明的〈一九三六年中國文壇回顧〉，向培良的〈三五年劇壇檢討〉和一組新詩，姚蘇鳳的〈雨〉是其中一首。這個作者陣容，與稍後創刊的《六藝》創刊號作者群高度重合。

葉靈鳳與姚蘇鳳這對同庚的雙鳳，倒也有不少志趣上的契合。有人曾拿《文藝畫報》創刊號的〈編者隨筆〉與姚蘇鳳的言論作對比，指出兩者的「不謀而合」。前者云：

> 不夠教育大眾，也不敢指導（或者說麻醉）青年，更不想歪曲現實，只是每期供給一點並不怎樣沉重的文字和圖畫，使對於文藝有興趣的讀者能醒一醒被其他嚴重的問題所疲倦了的眼睛，或者破顏一笑，只是如此而已。

後者則在〈偏見集〉（一九三五年九月十三日《小晨報》）一文中云：

> 說話的趣味第一在不受題材的限制，沒有預定的作用。因此，我厭惡演說，我厭惡訓話，我厭惡客套，我厭惡「吃豆腐」。我所喜歡的說話是可以從墨索里尼的帽子說到蚊蟲的性交之類的無目的的漫談，我不希望掮出辯證法的理論而希望大家有些自己的偏見。

姚蘇鳳時常被人稱作「多才多藝」。夏衍曾說：「他是編副刊的好手，曾經自己表白，生平最喜歡做的事就是編副刊。」歐陽文彬說：「事實確是如此。姚蘇鳳幾乎把畢生的主要精力都用來編副刊了。他編過的副刊，單說我們所知的就有近二十種。」「對副刊工作的熱愛和多年積累的實踐經驗，使他形成了獨特的排版。」（歐陽文彬：〈多才多藝姚蘇鳳〉）

至於葉靈鳳，更是由編雜誌出道，編副刊編到退休。恰在《六藝》創刊前夕，《中央日報》的「中央公園」於一九三五年一月刊出一個名為「編輯之群」的連載，「打算將目前中國文壇上的幾個編輯談論一下」，第一個談的是趙家璧，第二個就是葉靈鳳，由此也可看出葉靈鳳在編輯這一行當裏的聲望。作者「大西」說：「葉靈鳳是一個很有編輯才幹的人，他是道地的一個內行編輯。」在文中，大西這樣說：

> 平心而論，葉靈鳳可以說是很懂得編輯奧妙的一個人。他的編輯技巧，非常活潑新鮮。他為人本極聰明，加之他這幾年來都是做書店裏的職業，平時對於外國的許多雜誌，非常接近，憑了他那一點聰明，所以他常常會在編輯上，有一種新的格局表現出來。他的編輯風格，非常摩登，非常美觀，非常玲瓏，並且非常經濟。使讀者看了，十分有好感，覺得留戀可愛。葉靈鳳本來很喜歡圖畫，會畫些封面扉畫、插圖之類，這使他在編輯上，有人家的不能及得的地方。因為我們知道，一個做編輯的人，他自己如其能夠動手畫一點小品畫，這對於他有極大的方便。許多地方，如封面以及裝幀等點，他可以自己規劃支配，不必求助於人，而能運用自如。

其次，我們知道，「作者」與「編者」，完全是兩種人才。能寫得好文章的，不一定能夠編刊物。做一個編輯的人，他一定要懂得編輯的門道。然而如何才算是編輯的門道，則又沒有一定的解釋。我們可以說，葉靈鳳的確是很懂得「怎樣做一個編輯」的人物。他編出來的東西，富於誘惑性，使讀者十分注目，而決不覺得討厭。

正是由於這種惺惺相惜，《小晨報》創刊之後，姚蘇鳳便邀請葉靈鳳為他們寫連載小說，葉靈鳳給他們寫的是《永久的女性》，這是他的最後一部連載小說，此前已分別於一九三三年和一九三四年，應黃天鵬和朱曼華的邀請，為《時事新報》寫了《時代姑娘》和《未完的懺悔錄》。在《永久的女性》的〈題記〉中，葉靈鳳說：

> 一九三五年的秋天，應了那時新創刊的小晨報之約，我寫下了這部《永久的女性》。這是我第三次為每天出版的日報寫連載小說，而且也是最長的一部。以前在時事新報所載的兩部只有六七萬字，這回卻差不多有十四萬字，連載了四個多月。這小說結束不久，小晨報也就停刊了。

《六藝》的編輯人雖為五人，但在形制上，葉靈鳳的符號非常強烈。所謂「六藝」，古義是指禮、樂、射、禦、書、數，《六藝》雜誌則指文學、戲劇、電影、音樂、繪畫、雕塑諸類。且不說內容，僅是在創刊號的封面畫上，就已經得到藝術的體現。這幅署名 Von 的封面畫，很顯然是葉靈鳳的手筆，在紛雜的幾何圖案中，可以依稀分辨出代表「六藝」的人體、畫板、膠片、面具、樂譜、風景等，黑白紅的原色和醒目的刊名，都極富裝飾性和衝擊力。《六藝》的開本和頁數也跟不久前停刊的《文藝畫報》相同，不僅如此，插頁的設置也非常相似，只不過是將「文藝」擴展到了「六藝」，不僅有「六藝畫苑」、「六藝文壇」，還有「六藝舞台」、「六藝銀幕」。在創刊號上，還編發了一頁「木刻連環故事兩種」和一頁「文藝漫畫六幅」。

文字方面，也充分體現了藝術的多樣性和聯合性，不僅有文藝理論和評論、小說、詩與畫，甚至出現了電影劇本和樂譜。《六藝》的編輯人和關係密切的作家、畫家、藝術家紛紛披掛上陣。葉靈鳳貢獻了小說〈七顆心的人〉，高明譯有長谷川如是閒的〈原形藝術與複製藝術〉，姚蘇鳳拿出了影評〈蝴蝶論〉和短詩〈煙捲之我〉，劉吶鷗翻譯了電影劇本〈墨西哥萬歲〉。此外，還有邵洵美的〈我的生活與戀愛〉，江兼霞的〈一九三五年中國文壇的傾向流派與人物〉，向培良的〈一年來戲劇之趨勢〉，龐薰琹的〈談畫〉，王敦慶的〈三五年的中國漫畫藝術〉。

美術方面也是群星閃耀，張光宇、張振宇、周多、胡考、龐薰琹、陸志庠、張英超、雷圭元等紛紛登場。不過，稱得上「巨獻」或「逸品」的，還是用兩頁通欄刊於中心插頁上的大型漫畫〈文壇茶話圖〉，在這幅用淺黃色道林紙專色印刷的漫畫上，文壇名流群賢畢至，不分派別濟濟一堂。單看畫頁底端的文字說明，就能感受畫面上的氛圍：

> 大概不是南京的文藝俱樂部吧，牆上掛的世界作家肖像，不是羅曼羅蘭，而是文壇上時髦的高爾基同志和袁中郎先生。茶話席上，坐在主人地位是著名的孟嘗君邵洵美，左

面似乎是茅盾，右面毫無問題的是郁達夫。林語堂口銜雪茄煙，介在論語大將老舍與達夫之間。張資平似乎永遠是三角戀愛小說家，你看他，左面是冰心女士，右面是白薇小姐。洪深教授一本正經，也許是在想電影劇本。傅東華昏昏欲睡，又好像在偷聽什麼。也許是的，你看，後面魯迅不是和巴金正在談論文化生活出版計劃嗎？知堂老人「道貌岸然」，一旁坐着的鄭振鐸也似乎搭起架子，假充正經。沈從文回過頭來，專等拍照；第三種人杜衡和張天翼魯彥成了酒友，大喝五茄皮。最右面，捧着茶杯的是施蟄存，隔座的背影，大概是凌叔華女士。立着的是現代主義的徐霞村，穆時英，劉吶鷗三位大師。手不離書的葉靈鳳似乎在挽留高明，滿面怒氣的高老師，也許是看見有魯迅在座，要拂袖而去吧？最上面，推門進來的是田大哥，口裏好像在說：對不起，有點不得已的原因，我來遲了！露着半面的像是神秘的丁玲女士。其餘的，還未到公開時期，恕我不說了。左面牆上的照片，是我們的先賢，計開，劉半農博士、徐志摩詩哲，蔣光慈同志，彭家煌先生。

應該說，這幅漫畫一定程度上體現了那個特殊年份的時代背景以及《六藝》的辦刊趣旨。江兼霞〈一九三五年中國文壇的傾向流派與人物〉一文描繪了過去一年所面臨的形勢：

帝國主義者的侵略到三五年度已經達到了最急劇的一階段，而民族的鬥爭情緒也達到了最膨脹的爆炸點。每個人都意識地或無意識地感覺到只有整個民族的反帝鬥爭才是解決全民族的也就是解決個人的出路問題的唯一路線。他們所要求的是反映民族鬥爭的鬥爭情緒的文學，是組織全民眾反帝鬥爭的鬥爭情緒的文學，是強調整個民族在苦難中英勇地發動強大的民族鬥爭的鬥爭情緒的文學！

表白《六藝》同人旨趣的〈編輯室隨筆〉則說：

一九三六年已經擺在我們的目前了，一個決定全人類的命運的大決戰馬上就會到來。無論我們願不願意參加這大決戰，在事實上我們是必然會被捲進這裏邊去的。我們將成為最大的犧牲者，也將成為最大的勝利者：這完全要看我們自己的決心和力量。只有我們自己的力量和決心才是我們的命運的唯一的決定者！

也許對於自己的決心，我們可以有百分之百的自信力；但對於我們的力量呢？在這一點上，我們不能不是一個悲觀主義者。力量，主要地導源於組織，然而我們這民族，卻無論從哪一點看來都是一個無機體。也許有人會說我們輕視了民眾，民眾是早已在迅速地，活潑地組織起來了。這樣的高調，我們未嘗不會唱，但我們卻不願泯盡天良來欺騙民眾，在大決戰的前夜我們不能不對自己的力量有極審慎的估計。也許在民眾中間並不是完全沒有組織，但像現在這樣的組織是非常不健全的，在決死的鬥爭中完全不能發揮效力。

所以現在我們當前的最主要的課題是在鬥爭的過程中，把我們每一個人都組織起來！

〈編輯室隨筆〉還說：「在藝術領域中，我們尤其深切地感到這一點。全國的藝術從事者的人數不能算少，但相互間的聯絡卻完全沒有。」在這樣的語境下，靠一幅漫畫把全國的藝術俊傑「聯合」起來，或許就是用一種特殊的方式「要求所有藝術方面的同志來參加這一工作」。

這幅漫畫的作者，在目錄頁上署名「魯少飛」，漫畫底端的文字說明署名「少飛」，但在幾十年後，漫畫家魯少飛並不承認是自己的作品，只說「線條像我」，「記不起來了」。有人推測，可能是魯少飛怕引起漫畫所涉及的作家的不滿而不予承認；也有人認為可能是魯少飛年長日久或年邁失憶而忘記了；老漫畫家季小波甚至斷言，該畫的風格與魯少飛大相徑庭，絕非其手筆，「此畫顯然是另有人在開魯少飛的玩笑。」一時間，真成了一樁撲朔迷離的疑案。

魯少飛模稜兩可的態度引起了施蟄存的不滿，作為〈文壇茶話圖〉的「畫中人」，他寫了〈魯少飛的心境〉，說：「此畫刊出後，有人來問我『畫得像不像？』我說：『都像，連各人的神氣都表現出來了。只有一人不像，那是彭家煌。』」他又說：「這幅以邵洵美為主人，坐在主位上。這是畫家的構思，並非實有其事。魯少飛畫一幅以邵洵美為主的〈茶話圖〉，也不會受到邵洵美的玷辱，我很不理解魯少飛為什麼要否認這幅畫。邵洵美門下『食客』雖多，至少魯迅、周作人、洪深總沒有在邵家吃過一頓飯，當時他們見到這幅畫，都沒有表示反感，因為大家知道漫畫的藝術處理有此一格。」施蟄存還說：魯少飛的態度是「拒不出土的心境」，「好像今天的魯少飛，還怕沾染邵洵美這個『紈絝公子』的病毒細菌，他像倪雲林一樣地有潔癖，非要撣掉身上的一些灰塵不可。」謝其章在援引施蟄存這段話之後認為：施蟄存話糙理不糙，魯少飛心存餘悸情有可原。

儘管《六藝》的〈編輯室隨筆〉以及那幅〈文壇茶話圖〉所欲表達的意思不無積極意義，但《六藝》的編者群體在當時卻並非文壇的主流力量，甚至始終招致一些非議，更遑論穆時英、劉吶鷗後來走上「附逆」一途。據淩夫在〈《六藝》和《文壇茶話圖》〉（《尋根》二〇一七年第二期）一文中說，一九三六年五月，《六藝》出版三個月，北平創刊的《每月文學》第一期上就有署名「雪野」的一篇〈讀偶得〉。文章揭露〈一九三五年中國文壇的傾向流派與人物〉的作者江兼霞為杜衡的化名，譏刺杜衡在文中的自吹自擂。同時指出，〈文壇茶話圖〉漫畫及文字中說鄭振鐸「假充正經」、傅東華「好像在偷聽什麼」，卻尊稱徐霞村等為「大師」，高明「老師」看見魯迅在座要拂袖而去，葉靈鳳「手不離書」，一貶一褒，立見態度。這與杜衡文中稱「現代一群」是「目前最流行、給予最大的影響，而且不斷的努力着的」作家群，稱《文飯小品》是「最嚴肅的刊物」，稱他自己的長篇小說《叛徒》是「三五年度最優秀的作品之一」，如出一轍。文中點名魯少飛的〈文壇茶話圖〉是「受了嗾使專門攻擊異己」而畫。並說：「小孩子在牆上用白灰畫忘八，在畫上注明他要罵的人的姓名。這不能叫做漫畫。」〈文壇茶話圖〉「與孩子的白灰畫雖然工細不同，其意義是一樣的」。

淩夫認為：「《每月文學》是由王余杞編輯的左翼刊物，自然為左翼作家發聲。杜衡文中說的『現代一群』，指《現代》的編者施蟄存和《六藝》的編者等作家群體，與左翼作家觀點素有不合。《六藝》出版之後，有人稱他們為『六藝派』。但漫畫家魯少飛並不屬於『現代一群』。雪野的論斷缺乏證據，未免離譜。」

杜衡是以「第三種人」著稱的，這在一九三〇年代的文壇，已經變成一個恥辱的名稱。雖然施蟄存等人並不承認自己是「第三種人」，葉靈鳳比之他們更與杜衡疏遠，「但是他們相似的文學主張和幫扶的同人姿態，致使左翼和外界都把他們視作『第三種人』的同類」。李洪華在《上海文化與現代派文學》一書中對當時的一些觀點做過梳理：

一九三九年十一月《文藝新聞》上刊登的〈「第三種人」的近況〉便把施蟄存、戴望舒、穆時英、杜衡、葉靈鳳一同歸為「第三種人」。魯迅也在多種場合把施蟄存等視作是「所謂『第三種人』杜衡輩」。作為「第三種人」第二階段的代表韓侍桁也說，「客觀上講，或許在『第三種人』的名稱下，是應當含有施蟄存、葉靈鳳、戴望舒、穆時英、甚至高明等人」。施蟄存本人也說：「《現代》從三卷一期起，由我和杜衡（蘇汶）合編，給文藝界的印象，確實好像《現代》已成為『第三種人』的同人雜誌或機關刊物。」

無論是被人視為「現代一群」，「新感覺派一群」，還是「六藝派」，乃至「第三種人」，葉靈鳳的內心恐怕都是五味雜陳的。他的藝術探索之路得到了擴展，也收穫了一些多年難忘的友情，但無疑，他在文學界的形象愈來愈灰色，與左翼陣營也漸行漸遠。在《永久的女性》的〈題記〉中，他曾這樣說：

> 寫這小說時，我正搬到上海市外不久。那時的我，不僅在思想上很苦悶，就是生活上也很空虛，不能安心讀書，更不能安心執筆。這小說的寫成，與其說是我的努力，不如說是我運用這機遇收拾我疏散的心情而已。

《六藝》並不比《文藝畫報》長壽，僅僅出版了三期之後也宣告關門大吉。在民族危亡日益迫近的當兒，《六藝》雜誌實際成為葉靈鳳十年一覺藝術夢的安魂曲。

中篇

在救亡的洪流中

一九三七年，「七七」事變爆發，從此揭開了抗日救亡的序幕。民族解放戰爭不僅改變了中國作家的人生追求，同時也改變了他們的藝術追求、美學理想。站在十字路口、荷戟獨彷徨的葉靈鳳，在中華民族到了最危險的時候，毅然撕碎了「藝術人生」的舊夢，義無反顧地投身於救亡的洪流之中。

一九三七年七月九日，也就是「七七」事變後的第三日，上海文化界人士一百四十餘人在鄧脫摩登飯店舉行聚餐會，會議決議組織救國團體和電請前線將士力保國土。葉靈鳳位列其中。

七月二十八日，上海文化界救亡協會召開成立大會。文化界、文藝界五百餘人參加會議。葉靈鳳和蔡孑民、潘公展、趙景深、鄭振鐸、茅盾、錢俊瑞、謝六逸、宋之的、沈起予、張天翼、巴金、歐陽予倩等人一起被推選為理事。在「文救會」裏，設立了一個「會報委員會」，由潘公展、潘漢年、胡愈之、葉靈鳳、汪馥泉等五人組成。會議通過宣言，指出：我們文化人上前線，與全國同胞共同為抗敵救國而奮鬥，讓全世界都知道中華民族是決不讓自己的領土主權遭人侵犯的偉大民族。

流亡日本十年的郭沫若，此時也響應祖國的召喚，潛行返滬。殷塵的《郭沫若歸國秘記》一書，披露了他陪同郭沫若「冒着九死一生逃出虎口」的經過。殷塵本名金祖同，葉靈鳳在〈郭老歸國瑣憶〉一文中解讀過他這個筆名的含義：「原來他對甲骨文和金石考古很有興趣，當時在日本讀書，其時郭老也正在埋頭從唯物史觀的立場，研究甲骨文和金文，希望從其中發掘中國古代社會史料，他遂從郭老遊。『殷塵』這個筆名，顯然與甲骨文有關，因為那些龜甲牛骨上所刻的文字，全是殷人的卜辭。『殷塵』者，殷人的塵屑之謂，所以這筆名一望就知道是對金石考古有興趣的人所擬。」

殷塵的《郭老歸國瑣憶》一書，出版於抗戰勝利後的一九四五年，身在香港的葉靈鳳「未曾有機會讀過，不知如何寫法」。事實上，在該書的末尾，提到了郭沫若和葉靈鳳這一對師生闊別十年之後的重逢：

> 第二天，鼎堂搬到滄州飯店，來訪的人許多，如沈啟予，葉靈鳳，夏衍，阿英，周憲文，鄭伯奇等……

葉靈鳳在〈個人的銘感〉一文中回憶說：「當時先生悲壯決絕的心情，正是整個民族精誠團結共赴國難的最代表的流露。上海文化界，乃至全國文化界，因了先生的突然歸國所激起的興奮，印象還新鮮地活在每個人的心裏。毋庸我拙筆在這裏描摹。從那時以來，因了事務上的關係，差不多每天追隨在先生左右，直到國軍退出上海後，這年年底秘密離開上海為止。」

郭沫若的棄家歸國，共赴國難，無疑是文化界的一件大事，因此，文化界救亡協會曾在上海南市民眾教育館開了一個歡迎大會。那天，就是葉靈鳳陪他去出席。在〈郭老歸國瑣憶〉一文中，葉靈鳳回憶說：「歡迎會開得非常成功。官方一直想控制會場，始終未能如願。赴會的青年對郭老的每一句話都報以掌聲，並且在開會之前和散會之際，不停唱着救亡歌曲。」

最令葉靈鳳感動的是在「八一三」的晚上。這天晚上，他正陪郭沫若參加一個小規模的報人聚餐會。閘北的炮聲響了，郭沫若以微微重聽的耳朵傾聽着，說這是民族解放的「喜炮」，站起來要求大家乾一杯酒。這時，葉靈鳳看見郭沫若眼中充滿了眼淚，喜悅的眼淚。

八月二十四日，以「堅持抗戰反對投降，堅持團結反對分裂」為宗旨的《救亡日報》在上海創刊。對於創辦這樣一張報紙的背景，林林在《八八流金》一書中說：

> 七七事變不久，我黨即決定創辦一份黨報。這事由周恩來通過潘漢年傳達給夏衍等人。郭沫若回到上海大約十天左右，潘漢年向郭、夏傳達了周恩來的口信：由於考慮到《新華日報》不能很快出版，所以決定由「上海文救」出一張日報。

夏衍在〈記《救亡日報》〉一文中說：「這張報最初是打算由『上海文救』獨立舉辦的。但是在籌備期間，發生了——也可以說終於實現了——中國共產黨和中國國民黨的第二次合作。這年七月下旬郭沫若同志從日本回到了上海，『文救』也成為有國民黨人士參加的統一戰線團體，因此，這張報也就有了國民黨人士參加。」夏衍還記錄了他和郭沫若、潘漢年與國民黨的潘公展談判合作的情形：

> 我們三人到了浦東大樓潘公展的辦公室，寒暄了幾句之後，潘公展主動提出說：現在沫若先生回來了，那麼這張報紙就請郭先生當社長。表面看來他似乎很慷慨，事實上這是

理所當然，眾望所歸的事，也是『上海文救』主要負責人和群眾所公推的，潘公展自己也知道無法抗拒，因此樂得表示一下慷慨。他接着說，既然是雙方合作來辦，那麼應該有兩位總編輯，兩位編輯主任，經費由雙方負責。郭沫若表示同意，並立即根據我黨的決定，提出我方由夏衍任總編輯。潘公展看來也已經有了準備，說他想請暨南大學教授樊仲雲任總編輯，接着他又提了要汪馥泉任編輯部主任，由周寒梅任經理，此外還派了一個叫張鏞的當了幹事。當時郭沫若和潘漢年對其他人事沒有預先商定，因此說，我方的編輯主任、副經理以及其他工作人員都由社長來決定。

創刊第二天的《救亡日報》報頭揭出編委會名單，葉靈鳳位列其中。其餘委員是：巴金、王芸生、王任叔、阿英、汪馥泉、邵宗漢、金仲華、茅盾、長江、柯靈、胡仲持、胡愈之、陳子展、郭沫若、夏丏尊、夏衍、章乃器、張天翼、鄒韜奮、傅東華、曾虛白、魯少飛、樊仲雲、鄭伯奇、錢亦石、謝六逸、薩空了、顧執中。

李育中在《南天走筆》一書中說：「《救亡日報》在上海初辦時，潘派出的文人除樊仲雲、汪馥泉之外，其實還有葉靈鳳。不過葉靈鳳還有些良心，只做表面工作，實際也插不得手。」意思是說葉靈鳳是潘公展代表國民黨方面派到《救亡日報》的。這顯然不符合歷史，也是忽視葉靈鳳與潘漢年、郭沫若、夏衍的特殊關係的。夏衍曾說：「除國民黨派定的樊仲雲等人之外，其餘的編輯、記者以及工作人員，絕大部分都由郭沫若和我和『上海文救』宣傳部協同決定。」葉靈鳳不僅是編委，並且實際參加了編輯部的工作。最初一個時期，報紙編輯部的工作人員還有：阿英、樊仲雲、毛羽、彭啟一、丁丁、左堯、王惕予、高季琳、邢若閃、潘孑農、金日同、張鏞、汪馥泉。

報紙出版一個星期後，由於潘公展的親信、《救亡日報》經理周寒梅施展手段，使報紙的印刷發生問題，不得不停刊了幾天。針對這一情況，「文協」常務理事會立即對人員做出調整，其中最重要的變化，是葉靈鳳取代了周寒梅，成為出版部的經理。

上海時期的《救亡日報》無疑是活潑多彩的。「幾乎沒有一個「文化人」不同這張小小的報紙發生過關係，支持、捐助、介紹、寫稿。幾乎所有在國民黨統治區或者說在『大後方』生活的愛國者，都是《救亡日報》的廣義的『同人』。」（柏元：〈是報紙，還是祖國的召喚〉，《讀書》一九九二年第七期）它做到了周恩來所要求的：《救亡日報》要辦成「文化界抗日民族統一戰線」的報紙，要「講人民大眾想講的，講國民黨不肯講的，講《新華日報》不便講的」。從各個側面忠實地記錄了時代的足音。

《救亡日報》最初設在上海南京路大陸商場六三一號，僅有一間辦公室。工作無疑是艱苦的，但同時又是那樣的緊張和充滿激情。當年與《救亡日報》勇士們有過很多接觸的柏元先生，半個世紀之後，仍在為他們那種獻身精神所感動：「他們不拿薪金，不拿稿費，每月只領三五元的生活津貼。『吃大鍋飯』——現在這是一個貶義詞，五十年前在這『浮華世界』卻是一種崇高的舉動。」

葉靈鳳則在〈金祖同與中國書店〉一文中，記敘了那段難忘的歲月：

> 金祖同跟郭老一起回國後，在上海「八一三」那一段期間，同大家往來很密切。這正是《救亡日報》在上海創刊的時期。後來淞滬戰場發生變化，租界上流傳着日本人將不

利於《救亡日報》的消息。我們為了慎重計，臨時放棄設在大陸商場樓上的辦事處，將編輯部暫時設在中國書店，借用他們的「灶披間」發稿，就由後門出入。每天晚上，在隱蔽的燈光下，大家就在那裏工作，直到將大樣送往承印的印刷所付印了，這才僱一輛出差汽車，一路送大家回家。

文中所說的「中國書店」，是金祖同家開的。葉靈鳳說：「金氏的家裏在上海經營中國書店，這是當時上海專門買賣古本線裝書的一家書店，開設在南京路新世界遊藝場對面的弄堂裏，營業的主要對象是受外國圖書館委託配購中國古書，所以，同日本的那些古籍書店也有來往。日本出版的關於研究中國典籍版本的著作，也託他們代售，因此，我們的一些藏書家也是中國書店的主顧，鄭振鐸、阿英等人就經常出入這家書店的。」

一九三七年十一月中旬，日寇已全部佔領蘇州河和南市一帶，除租界外，上海已陷於日寇的鐵蹄之下。舉目四望，到處是焦土青煙、斷瓦殘垣。《救亡日報》的勇士們依舊蟄伏在租界裏小小的弄堂，在只有七八平方米的灶披間，編發着一版又一版的檄文，報道全國的抗戰形勢，記錄大上海淪陷的實況。同時，鑒於上海淪陷已不可避免，「上海文救」宣傳部在浦東大樓緊急磋商，決定將報紙遷往廣州，繼續堅持戰鬥。

最後的打擊終於在十一月二十一日這天來到了。下午，就在他們籌畫報紙版面的時候，日本陸軍武官原田少將趨訪公共租界工部局總裁費信敦，針對《救報》發出了赤裸裸的威脅。二十二日，工部局向各報發出了勒令停刊的通知。吳頌平、趙寧寫的〈《救亡日報》大事記〉（《救亡日報的風雨歲月》〉記錄了這天下午的情形：

本日下午出版滬版終刊號（即八十六號），載郭沫若所寫滬版終刊詞：〈我們失去的只是奴隸的鐐銬〉，忍淚和上海讀者告別。預言「上海克復之日，就是本報和讀者再見之時」。這個下午版未及發行，就傳聞日本偵探將前來搜查，為保住一些用以送報的重要幹部地址、《救亡小叢書》及下午版報紙不被搜去，彭啟一、葉靈鳳等除趕忙送出幹部地址和一些報紙外，就把那幾萬分報紙塞到灶裏燒掉。從此這間小房也不能住了。

《救亡日報》遷址廣州後，於一九三八年一月一日復刊，到十月二十一日因廣州淪陷停刊，共經歷了十個月缺一旬。葉靈鳳是一九三八年的三月隻身離滬到達廣州的。抗戰前夕，他的家由虹口租界搬到法租界亨利路永利邨，和好友戴望舒分住二、三樓。所以，未及帶走的家眷，則在稍後的五月份和戴望舒結伴抵達香港。葉靈鳳在廣州的時間將近八個月，負責編輯《救亡日報》的新聞版。《救亡日報》的同事林林在〈葉靈鳳印象〉一文中曾回憶他們在廣州時期的相處：

一九三八年元旦，《救亡日報》從上海遷到廣州復刊，葉靈鳳也來參加報館的工作，我們之間接觸就多了。曉得他很懂外國文學、美術等，文藝修養也很高，我不時請教於他，經常在一起談些問題。……由於經常接觸，增進了相互瞭解和友情。

上海淪陷後南京跟着淪陷，日軍在南京進行大屠殺，有個叫石川達三的日本作家，寫了日本士兵南京的暴行，他已感到自己是快要死的，寫了《未死的兵》這本書。那時我們在廣州與香港保持聯繫，日本出版了什麼東西，想些辦法是能夠搞到的。夏衍把《未死的兵》翻譯出來，出版工作由葉靈鳳負責。他對封面設計、校對等都很仔細認真，此書在南方出版社出版後影響很大，利用日本人自己對戰爭的揭露提高大家的認識，很有說服力。

葉靈鳳雖然沒有提起過《未死的兵》，但或許，《未死的兵》的翻譯出版，給了他一些啟發。就在廣州期間，他發表過一篇〈我想盡的責任〉，談的是「在抗戰期中，我想寫些什麼；尤其在這第三期抗戰期中，我想寫些什麼？」他說：「這問題，不用旁人向我提出，我正是隨時自己在反問着自己的。」「作為一個中國的知識分子，我們該盡量使得每一個寫下的字都是一種力量，都是對於敵人的打擊。」在他想寫的文字中，就包括翻譯：「我還想運用我的貧弱的外國語知識，將反映我們英勇的抗戰以及反侵略的國外文藝作品，隨時翻譯一點過來。」這計劃隨後就實施了，不過翻譯的並不是日本作品，畢竟《未死的兵》不可多得；他將目光投向的是法國作家巴比塞、蘇聯作家拍夫朗訶，他們同樣以反戰文學蜚聲文壇。特別是巴比塞，他被國際作家協會頌揚為「在全世界文學作家中的第一位、也是最偉大的一位反對帝國主義戰爭的戰士」。他的小說《火線下》，與《未死的兵》有着異曲同工之妙，都是以淋漓盡致的筆觸，暴露了帝國主義戰爭的殘酷和非正義。

一九四〇年十一月，葉靈鳳在香港西南圖書印刷公司印行了一本《忘憂草》。他在書末的〈後記〉裏說：「一九三八年三月間，我離開上海隻身到了廣州，在廣州住了近八個月，在她失陷前幾天，才來到香港。」「這集子裏的前幾篇散文，是在廣州寫的，以後的七八篇，則是初來香港時，對於這個失陷了的我心愛的城市的追憶。」一九六九年冬季，香港藏書家翁靈文在舊書鋪中買到一本《忘憂草》，扉頁上題有這樣幾個字：「贈夏衍兄，紀念在廣州的一段生活，靈鳳。卅年五月一日。」由葉靈鳳的贈言，可以再一次印證這本書的內容，以及出版這書的用意，都是為了紀念已經落入日寇魔爪的廣州。

從篇目來看，寫於廣州的部分，很有些花木小品的性質，譬如〈散尾葵〉、〈相思鳥〉、〈鳳凰木〉、〈文竹〉、〈水橫枝〉、〈雙鷓鴣〉、〈忘憂草〉……但它們顯然不是一般的吟風弄草之作，而是以「草木寄情」，寄的是家園之失的「憤慨和沉痛」。在他的筆下，花木蟲鳥總是與警報、彈片或者廢墟共存，充滿「感時花濺淚，恨別鳥驚心」的況味。例如，那篇〈相思鳥〉，寫的是「宿舍騎樓上有一隻不知被誰拋棄在那裏的空鳥籠，茶黃色竹絲製的，市上所慣見的豢養相思鳥的鳥籠」。有一天下午，「正是轟炸後的第四天」，他們正在討論問題，「突然，窗外嗤的一聲，騎樓上飛來了一隻相思鳥，很熟悉的停在那一隻空鳥籠上」。飛走飛來幾個回合，那只相思鳥沒有了開始時的驚嚇和躊躇，「很自在的從開着的籠門鑽了進去」，「貪婪的啄着缸裏的荔枝」。目睹着眼前這「餓透了」的可憐的相思鳥，他們「恍然於眼前這一幕」：「房屋炸成了平地，主人也許不幸殉了他的家園，但這小小的相思鳥，卻神跡似的成了漏網之魚。」文章的結尾更是點題之筆：「一想到和這相思鳥一樣，流散在祖國地面上無數的失去了家鄉的人，圍着籠子，大家不覺一時都沉默了起來。」

〈忘憂草〉這篇，則是對失落在廣州的他那幾本心愛的小書的追懷。看看書名，你就知道都是愛書人的心頭之愛：《獵書家的假日》、《英國的禁書》、《書與鬥爭》、《藏書快語》、《藏書這玩意》、

《書志學講義》和《紙魚繁昌記》。其實，葉靈鳳失去的豈止這七本書？上海淪陷，他的萬卷藏書不能帶走，最終全部失散。隨身帶到廣州的這幾本「談論書物版本聚散變遷」的「戰時的奢侈品」，也因廣州的淪陷，「永遠不能和我見面了」。這組文章，一方面，開啟了他此後善寫的讀書隨筆的先河；另一方面，也更沉鬱的，是書外的情愫：「我忘記不掉這幾本書，正像忘記不掉使我安居了八個月的那一片可愛的肥沃的土地一樣。」每一個愛書家幾乎都是視書為生命的，葉靈鳳同樣對失掉的心愛的書「不能忘去」，但他之所以記下這一筆，又意在「忘記了罷，像忘記一朵開過的花」。血債總要清償，「如果清償的取得還需要更多的日子和更多的犧牲，我也毫不吝嗇那倖存着的另一部分貧弱的收藏。」

廣州時期的《救亡日報》，曾經在一九三八年四月二十五日刊出《本報二百號自壽》專頁，有夏衍、彭啟一、葉靈鳳、周鋼鳴等的紀念文章。八月二十四日，是創刊周年紀念號（第三二〇號），四版的專頁上刊出夏衍、林林、葉靈鳳、彭啟一的回憶文章。但是，葉靈鳳卻沒能和《救亡日報》共始終。一九三八年十月二十一日，日軍攻陷廣州，《救亡日報》被迫停刊，夏衍等十二位「救報」同人輾轉抵達桂林。而在此前，葉靈鳳已經去了香港。葉靈鳳是不是「逃兵」？是不是被大轟炸嚇跑？對此，是有同事發表過微詞的。譬如曾任《救亡日報》記者的彭啟一就說：「在廣州遭到獸機大轟炸中，那兩個從上海來到廣州的葉靈鳳和汪馥泉也不約而同地離開了，一個到了香港，當了星島日報的文藝副刊編輯；一個則回到了淪陷後的上海。」（彭啟一：〈廣州時期的救亡日報〉，《新聞研究資料》一九八〇年第三輯）《救亡日報》同事林林在《八八流金》一書中也提到過廣州大轟炸的事情，他說：

一九三八年五月日軍對廣州狂轟濫炸，死傷慘不忍睹。我們在宿舍碰到日機轟炸時，震得室內的電燈搖搖晃晃，葉靈鳳就跑到樓梯下蹲着，我看不錯，就跟着蹲在一起。日軍不斷轟炸，葉靈鳳想離開廣州去香港，我們不好挽留，夏衍就同意他離去。

葉靈鳳離開廣州到香港，自此沒能參加桂林時期的《救亡日報》是事實，但也不能就此認為他是被大轟炸嚇破膽而當了逃兵。大轟炸的確是殘酷的，葉靈鳳不僅身臨其境，也眼見自己熟悉的朋友在大轟炸中葬身瓦礫。一九四一年六月一日他發表在《立報·言林》的〈悼孫寒冰先生〉一文，就記錄了廣州大轟炸的殘酷：

三年前的五月間，正是日機開始瘋狂地轟炸廣州市的時候。有一次在市內相當稠密的住宅區投了一顆炸彈，被炸中的是廣州市內少見的一排上海式的巷堂房屋；我那時正在救亡日報社，從電話中知道了日機投彈的地點，心裏不禁一沉，因為在那巷堂裏正住着以前在上海時就相識的湯德明先生和來粵不久的孫寒冰先生，接着便知道了被炸中的正是他們所住的一宅，我知道一定要有不幸的消息了。果然，從匆匆趕來的黃慎之先生的口中，知道湯先生和另一位朋友的太太不幸遇了難。孫先生則因往中大授課得以倖免。據說他在那一天本不預備去上課的（那時廣州各大學已無形中停課），只是為了不想曠課，特地去看看。結果遭難的只有他所住的亭子間。

孫寒冰在廣州雖然躲過一劫，但三年後卻在重慶犧牲於日機的轟炸之下。葉靈鳳接着說：「當時朋友們曾在可倫布餐室慶祝他的幸運」，那時怎麼都不可能想到，「事隔三年，在日機更殘暴的以我文化機關為目標的暴行中，孫先生終於遭了難」。「我不是想說定命論一類的廢話，我是想借這個不幸的消息為大家指出，孫先生終於為他的職責犧牲在日本軍閥的手下，正證明了這一次的抗戰無分前方和後方，更不僅是某個人或某一黨派的責任。這一次抗戰是全民族的抗戰，誰都該為民族盡他自己的責任，誰都該有為國家準備犧牲自己的決心。」「怎樣撫慰孫先生的家屬，是朋友們私人間的責任；怎樣為孫先生以及抗戰以來直接或間接犧牲在日閥手下的文化戰士復仇，則是我們全體文化界的責任。面對着侵略者的暴行和賣國賊的醜行，我們要加緊團結，□□□□！」

最後四個字是被港英當局抽檢去的，推想應該是「抗戰到底」。要抗戰就會有犧牲，這是不言而喻的事實；「誰都該有為國家準備犧牲自己的決心」，這是葉靈鳳的態度。綜觀整個抗戰前後葉靈鳳的全部言行，來自個別人的妄自揣度是不值一提的。

對葉靈鳳作「逃兵」的揣度，在時間和細節等方面也對不上。第一，他是在廣州「失陷前幾天，才來到香港」，與國民黨方面的編輯主任汪馥泉五月間就因大轟炸「倉皇逃港」不可同日而語。第二，他之回香港，似乎不是計劃好的「一去不復返」，而只是一次「偶然的離別」，因為他最心愛的幾冊「關於書的書」和他用心搜集的將近三百幀抗日題材的木刻，並沒有隨身帶走，而是留在了廣州他的臥室裏。他在〈忘憂草〉一文中這樣說：

> 這幾冊書都不是小說詩集或散文，而是談論書物版本聚散變遷的「關於書的書」。這類作品，在戰時幾乎成了奢侈品，我悄悄的將它們帶到廣州，原不過想在疲勞的一天工作

之餘，在飛機的轟炸下幸而健在，在燈下或在臨睡的一刻，展開來隨意翻閱幾頁，調劑一下始終在緊張着的心情。不料放在那樣樸素的桌上和環境不相稱的這一疊書，還沒有經過幾次翻閱，卻因了一個偶然的離別，便永遠不能和我見面了。

前幾天遇見剛從廣州來的嶺南大學巴克教授，他說第二天就要回去，問我可有什麼事委託他，我說我忘不掉房內桌上的幾冊書，他隨即將位址抄了去，笑着說，這一帶大約沒有燒掉，說不定他能給我找回來，或者用幾毛錢從賊攤上買回來。但我知道這是妄想。陷在魔手裏的這一塊肥沃的土地和它地上的一切，如果不重行經過一次民族炮火的洗練，是無法拭去玷污在那上面的膻腥的。

在〈木刻〉一文中，他說：

為了要紀念在這偉大的時代裏，年青的木刻家所跋涉的辛艱的旅程，我搜集着抗戰以來的木刻作品，差不多快三百幀了，這是一個可貴的偉大的收穫。這些木刻都藏在廣州我臥室的幾雙抽斗裏。這一次，隨着我的衣物，一同淪陷在敵人的手裏了。這是夢寐難忘的一件損失。

與《救亡日報》天各一方的葉靈鳳，時時牽掛着「救報」的行蹤。一九三八年十一月二十八日，他在《星島日報．星座》發表〈救亡日報的消息〉：

廣州淪陷後，救亡日報的行蹤頗為一般文化人所懸念，茲特簡單報告如下，只是他們沿途寄來的信件有幾封遺失了，所以怎樣離開廣州的情形卻不十分清晰。

救亡日報的社長是郭沫若先生。廣州情勢緊急時即曾去電向他請示今後的行止，他回電說必要時可撤退至廣西桂林，因此留粵社中同人在廣州淪陷前二日即遵命乘肇慶輪西上，當時旅粵的文化人隨行的很多，大都在梧州分了手。撤退時秩序很好，所以物質方面的損失並不大。館中工友都隨同撤退，據來信述及，連我們從廣州市上收容來的流浪兒「細佬阿華」，這被我們素來擬為未來的中國高爾基的，也背着僅有的一件夾衣西上了。

現在救亡日報桂林辦事處的地址為：桂林鳳北路貢前路六十八號二樓，因了紙張缺乏，目前還未能復刊。現在留桂的同人是：夏衍，林林，彭啟一，高灝，替代周鋼鳴職務的蔡冷楓（周君恰巧於事前請假回籍省親去了）。此外，和他們在一起的文化人還有：東北作家楊朔，漫畫家特偉，前上海海關長征團的葉厥蓁，詩人陳紫秋，李育中等。他們沒有提及巴金的消息。

在桂林，他們曾見到白薇（新華日報駐桂記者），艾青（廣西日報副刊編輯），朱雯羅洪（桂林中學）以及在五路軍政訓練部的番草等。

本月初旬，因了進行救亡日報復刊計劃，夏衍動身到長沙和郭社長磋商去了（願他們在長沙火災中平安無恙）。萬一印刷條件和環境使這張辛苦支持了一年多的報紙無法復刊，則大家決意去從事戰地工作。

從這篇消息可以得知，「救報」的同人們沿途都在與他保持着通訊聯繫。他寫這篇消息，既是表達對老東家的思念之情，又是替老東家向全國的抗戰文化工作者書報平安。

《救亡日報》在桂林復刊後，葉靈鳳仍有文章在報上發表。一九四〇年五月二十五日，《救亡日報》第四版《文化崗位》副刊推出整版「香港文藝界聲討文化漢奸專頁」，其「前記」云：

汪逆傀儡登場之後，為着混淆視聽，在港滬收買文氓，作捧場工具，杜衡，穆時英，劉吶鷗之流，在各漢奸報上，居然大發謬論，提出「和平文藝」口號，後更在港擬組織「中華全國和平救國文藝作家協會」，為漢奸理論張目，自《南華日報》發表小漢奸娜馬〈吳宮曲〉的〈和平救國文藝運動〉後，由「文協」港分會，及大公報《文藝》編者楊剛，立報《言林》編者葉靈鳳，星島日報《星座》編者戴望舒等大張撻伐，鳴鼓圍攻，在港作家紛紛作文聲討，在「文協」機關志（附各日報）發表，但港地環境特殊，重要部分均被刪除，故特航寄本報，全文發表，足見在港文藝作者維護抗戰國策之真誠與熱意也。

本版文章包括楊剛〈怎樣反漢奸文化〉，喬木〈徹底的清除這一群〉，葉靈鳳〈及早回頭〉，陸丹林〈文化界清潔運動〉，施蟄存〈盡我們本分〉，林煥平〈迫切的任務〉，文俞、黃繩〈奴隸與狗的「文藝」〉，馮亦代〈斥責之外〉，陳畸〈肅清文化漢奸〉，宗玨〈跟行動分不開〉，溫功義〈罪己的精神〉，列地〈反和平文藝運動〉，黃魯〈肅清文化漢奸〉。葉靈鳳的〈及早回頭〉在港全文被檢，其文如下：

在今天，任是一些文化界的敗類怎樣不顧廉恥，妖言惑眾地為日本入侵中國，為汪兆銘的賣國行為辯護；任是他們怎樣為日本人的罪行卸責，怎樣抹煞抗戰三年的成就，甚至抹煞三年來文化戰線上的成就，他們自身的賣國行為終是無法掩護，「漢奸」的罪名終是無法逃脫的。

這罪案的成立並不是一時一地，或是一黨一派的私見，而是全國民眾，全民族的裁判，今日文藝陣營中的叛變者，在中國文藝史上將永遠是叛逆者，今日的降日主和的賣國賊在億萬代中華民族子孫眼中將永遠是賣國賊。

誤入歧途者該及早回頭。只要真能痛改前非，效忠民族，誰都不會追究既往的。若是甘心賣國，則不僅在歷史上將永遠是一名中華民族的罪人，眼前的國法和輿論就不會容你們存在。

這篇文章，無異於一篇戰鬥檄文，這正是初到香港的葉靈鳳所慣常寫的，其主線不外是「一面加緊團結，擁護抗戰。一面加緊用我們的筆，暴露漢奸的陰謀，尤其是文化漢奸的『文化陰謀』」。《救亡日報》「香港文藝界聲討文化漢奸專頁」的〈前記〉提到的小漢奸「娜馬」，是以《南華日報》為據點的「和平文藝」的馬前卒，葉靈鳳的《忘憂草》收進三篇罵他的文章，並且在他的「娜馬」的名字之後說：「我疑心它是不是姓『丟』」。娜馬自然覺着很受侮辱，曾在《南華日報．半周文藝》發表了一篇回擊文章，標題也叫〈忘憂草〉，文章的核心內容只是嘟嘟囔囔怨葉靈鳳不同時附上他的原文，其餘一無可觀。娜馬究竟是誰，幾十年過去始終無人認帳。香港的文學史家也為這一謎團所困擾，鄭樹森、盧瑋鑾在一篇關於淪陷時期香港文學及資料的對談中，曾經拼湊出一些有關娜馬的消息。鄭樹森說：「剛才提到的娜馬，不知何許人，今天似乎很難考據他的真實身份，我們從舊詩詞的酬唱活動以及其他資料，可以歸納幾點。首先他是廣東人，是廣東的國民黨，後來成為汪派的國民黨，來往粵港之間，相當熟悉廣州情況，他也有一些遊記作品，可見他對其他華南地區不陌生。香港淪陷前，他已經在香港活動，曾經因汪派『和平文藝』問題和『新風花雪月文學』跟葉靈鳳筆戰。葉靈鳳在論戰中還激動得以『娜馬』諧音的髒話斥罵，又認為娜馬背後是一小撮人，可能有五六位。香港淪陷後，『新風花雪月』實際上已被『諧部』取代，『和平文藝』不能再講，被日人要求的『大東亞文學』取代，娜馬便是個搖旗吶喊的人物。和平後看不到他有什麼活動，或者他已經改頭換面，以其他身份出現。」盧瑋鑾說：「他接着去了廣州，還說要去北方，不再回來。」鄭樹森說：「他說的北方應該是指南京，但他在南京當上什麼位置？不清楚。」值得注意的是，《救亡日報》「香港文藝界聲討文化漢奸專頁」的〈前記〉透露了娜馬的另一個名字「吳宮曲」，這倒是一個重要線索，也可以印證他有可能姓吳，因為他在〈關於參戰文藝理論教程的話〉裏提到有人稱呼他「老吳」。但這個「吳宮曲」，也有可能仍是個筆名。

《救亡日報》在桂林再度停刊後，報社部分同人逃亡香港，參加《華商報》創刊。夏衍的孫女沈芸在〈尋找「林仰崢」〉（二〇二三年十月三十一日《文匯報》）一文中說：在桂林《救亡日報》開啟美術生涯的林仰崢，「得到了葉靈鳳的照顧，借閱葉家大量的美術藏書，在繪畫上開闊了視野，葉靈鳳還送給他一套難得的日本刻刀。」黃蒙田、黃新波、郁風等人到港後，亦曾與葉靈鳳並肩戰鬥，並成為終身的摯友。

島上烽火

一九三八年十月十二日，日軍在中國大亞灣登陸，在未遭遇強烈抵抗的情況下，長驅直入，直逼廣州。二十一日，日軍坦克車隊入城，廣州失陷。隨着廣州的失守，華南地區頓失一個重要的文化據點。

廣州失陷前幾天，葉靈鳳被隔阻在了港島，沒能隨《救亡日報》向桂林轉移。事實上，葉靈鳳滯留香港，也許並不是他原始的意願，更不是當逃兵，去享受這所謂「樂園」的島上的安逸。歷史的陰差陽錯，使他不能追隨勇士們而去，但他同樣是在另一個戰場戰鬥。因為隨着廣州的淪陷，抗戰的南方據點，一個是桂林，另一個正是香港。早在一九四七年，藍海就在《中國抗戰文藝史》中指出香港的「據點」位置：

> 在沉寂的一年中最活躍的地區是作為文藝據點之一的香港，因大批文藝作者的集中和一些書店資金的外移，香港的文藝活動在入夏以後，顯得蓬勃而活躍起來。

藍海講的是香港這個地方的「活躍」。小思也曾提及葉靈鳳本人的「活躍」。她說：「在搜集資料過程中，發現葉靈鳳在香港三十多年，除了在三十年代末期較為活躍外，愈往後期，就愈低調。」（小思：〈葉靈鳳書話．選編後記〉）葉靈鳳的這個「活躍」期，恰與香港作為抗戰文藝「據點」的「活躍」期重疊。

一九三九年三月二十六日，中華全國文藝界抗敵協會香港分會（簡稱「文協」香港分會）成立，葉靈鳳是大會選出的第一屆幹事會成員之一，另外八人是樓適夷、許地山、歐陽予倩、戴望舒、劉思慕、蔡楚生、陳衡哲、陸丹林。一九四〇年，葉靈鳳蟬聯第二屆理事，其餘八名理事是：喬木、許地山、楊剛、戴望舒、施蟄存、袁水拍、黃繩、徐遲。葉靈鳳還出掌組織部，並參加宣傳部「編輯委員會」。一九四一年度，葉靈鳳又和許地山、楊剛、林煥平、戴望舒、茅盾、夏衍、端木蕻良一起，當選為第三屆理事，並繼續負責組織部和宣傳部「會報編輯委員會」兩項工作。盧瑋鑾指出：「看以上開列的名單，人選在文藝界均有一定分量，理應構成一較理想的核心力量，可惜他們因局勢動盪及個人生活問題，流動太大，加上私人事務繁忙，對會務的推動，並無助力。只有部分留港時間較長、工作崗位較穩定的幹事如許地山、楊剛、戴望舒、葉靈鳳、林煥平等，努力支撐局面。」（《香港文縱——內地作家南來及其文化活動》）

就在「文協」香港分會成立的那天，葉靈鳳在《立報．言林》發表〈留港文藝工作者的責任——遙祝文協總會一周年紀念〉，文章說：

遙對着祖國，留港的文藝工作者應該一面克服身邊的困難，說服爭取工作圈外的同伴，一面利用環境負起一個運輸站的責任，將淪陷區民眾的希望和世界的同情寄回祖國，再將祖國新生的氣息傳遞到黑暗的區域和全世界。

負起運輸站責任的主要是報刊。在香港這個當時的「中國文化的中心」，創建了大量報刊。就報紙副刊而言，最有名的是四大副刊：《立報．言林》、《華商報．燈塔》、《星島日報．星座》和《大公報．文藝》。《立報．言林》最初由茅盾主編，不過他只編了八個月左右。葉靈鳳的在任時間則長達兩年以上，由一九三九年一月初直至一九四一年六月。經他的手，《言林》刊發了許多緊扣「抗日建國」精神的作品，「文化抗戰的方針一以貫之」。他自己也在《言林》以及戴望舒主編的《星島日報．星座》發表了一系列鼓動抗日熱情的雜感和書評。

據文獻記載，一九三七年至一九四一年十二月期間，香港報紙七天便能運抵桂林，而大後方的報刊，也由桂林轉往香港，再轉運上海等淪陷區。「香港成為戰時報刊的中轉站，當中的意義是，許多抗戰消息、情報和相關的文藝作品和宣傳文字，都借由香港報刊登載，經桂林轉往中國內地，由此突破了日軍的封鎖。」（陳智德：《板蕩時代的抒情：抗戰時期的香港文學》）應當說，葉靈鳳在這方面盡到了自己的一份責任。

黃繼持曾指出：「抗戰期間，各種政治派別，與思想意識形態的紛爭，形成香港三十年代後期的文藝思想以抗日救國為主要任務。」在他參與編選的資料集中，以論爭為綱收錄了多種歷史文獻，他發現，每一場論爭《言林》都沒有缺席，橫跨茅盾、葉靈鳳兩位主編的任期。（《香港文縱——內地作家南來及其文化活動》）在這些論爭中，最著名的莫過於與汪偽「和平運動」的鬥爭。夏衍曾說，葉靈鳳「也是當時香港反對汪逆『和運』的健將」。（姜德明：〈夏衍為戴望舒、葉靈鳳申辯〉）在〈再斥所謂「和平救國文藝運動」〉一文中，葉靈鳳說：「正如全國民眾在每一次『謠言』澄澈之後，愈加熱烈的擁護抗戰，加強團結一樣，這類『文化陰謀』也絕對不能動搖始終站在文化戰線最前列的今日中國作家抗戰意志，反而只有加緊我們打擊漢奸言論，撲滅漢奸文藝的決心。」

他先後寫下〈肅清漢奸著作〉、〈哀穆時英〉、〈及早回頭〉等揭露漢奸嘴臉，聲討賣國行徑的檄文。指出：「在今天，任是一些文化界的敗類怎樣不顧廉恥，妖言惑眾地為日本入侵中國，為汪兆銘的賣國行為辯護；任是他們怎樣為日本人的罪行卸責，怎樣抹煞抗戰三年的成就，甚至抹煞三年來文化戰線上的成就，他們自身的賣國行為終是無法掩護，『漢奸』的罪名終是無法逃脱的。」

一九三八年，葉靈鳳曾寫下〈我想盡的責任〉，探討在抗戰期中寫些什麼，可以使「文藝這武器」「瞄準敵人，一面更堅定讀者對於勝利的信念」。計劃中就包括，「運用我的貧弱的外國語知識，將反映我們英勇的抗戰以及反侵略的國外文藝作品，隨時翻譯一點過來。」在主編《立報．言林》期間，葉靈鳳連載了多部由他翻譯的「反侵略的國外文藝作品」，包括蘇聯拍夫朗訶的《紅翼東飛》，蘇聯諾爾拉的《不認識的同志》，法國巴比塞的《火線下》，蘇聯費雷爾曼的《早戀》，義大利西龍的《狐》。其中《紅翼東飛》由大時代書局出版了單行本。他之所以在抗戰初期選擇翻譯《紅翼東飛》，看重的就是它的題材是「反日」戰爭。這部「主題先行」的「奉命之作」，也許並不十分符合他的藝術標準，但他寧願拋開自己的唯美主義傾向，而奮筆翻譯這樣一部作品，委實是在大時代面前對於「小我」的勇敢捨棄。

他還自費成立了「新藝社」，編選出版了《凱綏．柯勒惠支畫冊》和《哥耶畫冊》，不僅是為了供愛好藝術者收藏和欣賞，更是為了給文藝工作者提供戰時藝術宣傳的良好借鏡。當年，王琦得到了這兩本珍貴的畫冊，他在多年之後還寫過一篇〈從幾本外國版畫集想起的〉（《讀書》

一九八四年第十一期），強調它們在戰火紛飛的年代是如何「親切和有用」：

在抗戰時期，看到這兩本畫冊，感到特別親切和有用，因為當時中國人民正經歷着侵略與反侵略、壓迫與反壓迫的嚴重鬥爭，畫冊裏所表現的內容，也正是和中國人民一樣所身受的苦難和血淚的歷史。同時，也正是需要有良心和正義感的畫家，像幾百年前的果耶和現代的柯勒惠支那樣，把侵略者、剝削者的罪惡向全世界善良的人民進行有力的揭露與控訴。這兩本畫冊印數不多，發行到內地的更有限，在藝術界中引起珍視是自然的。一九四三年秋，我在育才學校美術組任教時，有兩位美術界友人把這兩本畫冊借去。不久，他們要去新四軍參加工作，我便把畫冊贈給他們作為紀念。

「我們可以斷定的說，抗戰產生了一個新的中國，同時也將產生一種新的中國文藝。」這是葉靈鳳在〈戰時生活與作家〉一文中的期許。他一方面用寫作和編輯工作積極宣傳抗戰，另一方面也不斷研究探索戰爭文學所應遵循的規律。在〈戰爭和偉大的作品〉一文中，他曾對什麼是偉大的戰爭文學表達過他的觀點：「在戰爭期間所產生的戰爭文學，唯一的缺憾是時常會被過度的愛國主義和仇敵觀念所渲染，以致暫行價值減低了它可能的永久價值。」在他心目中，偉大的戰爭文學，必是「足以記錄人類這次慘痛教訓的」偉大作品，「而從戰爭中蒙受災禍最甚的民族將有產生最深刻作品的最大可能。」他始終認為，「目的性」不代表就要否定「藝術性」，宣傳抗戰，並不是提倡一味「唱高調」的「抗戰八股」。他曾在〈言林廣播〉一文中要求讀者：「與其寄一篇一千字的『抗戰必勝論』來，請不如寄一篇五百字的『記擦鞋小童阿輝的義賣』。」「言林將暫時拒絕一切『我苦悶喲，我將要回到祖國的懷抱去了』，而結果仍留在這裏的這類公式的『散文』。一句話：言林需要短而充實的文章，不要唱高調，不要『趕熱鬧』，更不要言之無物的文字。」即使是翻譯介紹那些內容與抗戰情勢相關的外國小說，他同樣看重它們的藝術成就。

「他不願文藝被消解於政治之中」，「他深信文學有獨立的價值，更重視文藝撫慰、滋潤人內心的作用，期盼慰藉健全的思想和態度來克服一切困境——不止是當前的反侵略戰爭。」（樊善標：《諦聽雜音：報紙副刊與香港文學生產（1930-1960年代）》）在戰爭年代的《救亡日報》，在《立報．言林》，在《星島日報．星座》，他仍不時發表讀書隨筆。重視這種閱讀活動的記錄，固然有他私人的因素，就像他在《忘憂草》中所說：「原不過想在疲勞的一天工作之餘，在飛機的轟炸下幸而健在，在燈下或在臨睡的一刻，展開來隨意翻閱幾頁，調劑一下始終在緊張着的心情」，但這當中無疑也有他對戰時文化產品的認識。在〈精神食糧之重要〉一文中，他說：

> 欲堅定必勝之信念，必須使每個人皆明瞭戰爭的勝敗與一己切身的利害有關；欲永久維持戰鬥精神之健旺，必須不時有所激勵。凡這一切，皆要借力於文化。換言之，必須時時供給以精神食糧。

在戰時，他所選擇閱讀的作家也別有深意。在〈法國文學的印象〉一文中，他說：「有的作家使我尊敬，有的作家使我欽佩和羨慕，有的作家卻使我喜歡。在現代法國作家中，羅曼羅蘭和巴比塞，是最受我尊敬的兩位。」他特別強調羅曼．羅蘭和巴比塞，主要原因在於他們都是偉大的反戰戰士，又都寫出了偉大的戰爭文學。他翻譯了巴比塞的《火線下》，把它稱作「一個銅刻」。「從教育的意義上說，電影的效果當然遠非其他藝術作品所能比擬。但大多數的電影觀眾僅看一次，而每一個銅刻愛好者則必然將他所愛好的作品加以珍藏，時時玩賞。」他翻譯過羅曼．羅蘭的《白利與露西》，這正是一部控訴戰爭罪惡的作品。他在〈悼羅曼羅蘭〉一文中說：「為了自由，為了解放，為了歷史的新頁的開始，戰爭向世界需索着最鉅的代價。文藝不是懦怯漢，更不是逃避者，他當然也要擔負他份內應負的一份。」

葉靈鳳還和郁風、葉淺予、戴望舒、馬國亮、張光宇、張正宇、黃苗子、丁聰、馮亦代等發起出版《耕耘》雜誌。這是一本既有文學，又有美術，圖文並茂，別具一格的刊物，不但刊載在港作者的作品，也刊出大後方作者的作品，甚至還刊載了延安的文藝消息。《耕耘》雖然只出版了兩期，但影響遠及內地。值得一提的是，《耕耘》雖然產生於戰時，內容也主要是宣傳抗戰，但它仍然不忽視藝術標準。編者之一的郁風在〈滿載寶藏的沉船〉一文中說：「直到八十年代，我又到香港，從香港大學馮平山圖書館打撈出兩期一九四〇年出版的《耕耘》，複印下來，被八十年代香港最摩登的雜誌主編們看到，歎為奇跡。」

在接替茅盾主編《立報．言林》之前，葉靈鳳還主編過《時事晚報》的副刊。那是在廣州淪陷不久。「大約余漢謀因為敵人一在大鵬灣登陸，自己沒有幾天就丟了廣州，實在無法下台，為了和緩百粵父老的責難，便撥了一筆經費到香港來辦報，繼續鼓吹焦土抗戰，這便是《時事晚報》。社址就在今日擺花街近荷李活道處。老喬是主筆，編港聞和負責採訪的是梁若塵，我則承乏了副

刊。」老喬即喬冠華，他那時的名字還是喬木。（葉靈鳳：〈喬木之什〉）

初來香港那幾年，葉靈鳳安家在西環的學士臺。這是一個處於半山的所在，你必須走上一段段台階，才能見到一個個平台，每個台就是一條小街，建了些老式房子。聚居在那裏的，都是由內地南來的著名文化人，「在當時儼然成為香港的拉丁區」。戈寶權曾經回憶起當年他去葉家拜訪時的情景：「我還記得第一次從卑路乍街爬上高高在上的學士台的數不盡的台階，真有些吃力。但當來到葉靈鳳的家門口時，回頭環顧眼前那一片蔚藍的海水，看到那些風帆檣影，又不禁感到心曠神怡。」（戈寶權：〈憶葉靈鳳〉，一九八〇年六月十日香港《新晚報》）

葉靈鳳在上海時的許多舊友，如戴望舒、施蟄存、張光宇、張正宇、葉淺予、卜少飛……都住在左近。穆時英和杜衡也曾經合住一座房子。還有許多以往不太熟悉的作家詩人也紛紛雲集這裏，有的日後發生了一些很深的緣分。蕭紅就是其中一個。一九四〇年一月，蕭紅和端木蕻良從重慶來到香港，他們是應孫寒冰邀請前來幫忙編輯「大時代文藝叢書」的。劉以鬯〈端木蕻良在香港的文學活動〉一文說：端木和蕭紅初到香港，住在九龍金巴利道諾士佛臺三號孫寒冰處，距離大時代書局所在的樂道不遠。後來，孫寒冰知道樂道八號二樓有空房，就建議端木和蕭紅租住那地方。一九四〇年一月三十日，葉靈鳳主編的《立報．言林》曾發佈消息：「端木蕻良、蕭紅，日昨由內地來港，暫寓九龍某處。」據說，在那段日子，葉靈鳳和戴望舒與端木蕻良和蕭紅時有往還。蕭紅於香港淪陷不久的一九四二年一月二十二日因貧病交加逝世，兵荒馬亂之中被人草草埋葬在淺水灣海邊。這年的夏天，葉靈鳳曾和戴望舒在日本友人幫助下進入當時還是禁區的淺水灣，在荒涼寂寞的灘頭拜謁了蕭紅墓。戴望舒還寫下了著名的〈蕭紅墓畔口占〉：

走六小時寂寞的長途，
到你頭邊放一束紅山茶，
我等待着，長夜漫漫，
你卻臥聽着海濤閒話。

以後，人事倥傯，似乎沒有誰再到過那裏。轉眼到了一九五七年的春天，蕭紅墓已經被糟蹋得到了令人難以忍受的地步，作為標誌的寫有「蕭紅之墓」四個大字的木牌也沒了蹤影。並且因為要在那裏修建旅遊設施，蕭紅墓眼看要毀於一旦。這種情形引起了文藝界朋友的不安，開始商議謀求挽救的辦法。葉靈鳳因是十五年前見過蕭紅墓原狀的人，大家便要求他出面為這件事情做出呼籲。葉靈鳳負起了這任務，就在那年的三月，葉靈鳳在香港中英學會作了一個公開的報告，他介紹了蕭紅的身世和著作，並以新舊照片作對照，説明了蕭紅墓的原貌和現狀。報告激動了在場許多人的情感，一致認為對蕭紅墓的遭遇不能漠視。經過與內地的聯繫，擬將蕭紅骨灰遷葬廣州。此後，作為香港文藝界遷送蕭紅骨灰返穗委員會三主委之一的葉靈鳳，和馬鑒、陳君葆等人一起，奔走經月，辦理挖掘和遷送事宜。因為蕭紅在港無一親人，就由葉靈鳳以「友好」的名義，申請了開挖遷移許可，並於七月二十二日在場看着仵工進行發掘，花了五個鐘頭的時間，終於使在寂寞灘頭長眠了十五年的蕭紅骨灰又再見天日。八月三日，葉靈鳳等人將蕭紅骨灰護送到深圳，交給前來迎接的廣東作協代表。在交接的那一瞬，葉靈鳳不禁暗自禱祝：「魂歸樂土，看山河壯麗，待與君同！」這事的始末，當時穗港兩地的媒體均作過報道。葉靈鳳也寫過〈蕭紅墓發掘始末記〉和〈寂寞灘頭十五年——記蕭紅骨灰遷送離港始末〉兩文。

葉靈鳳不僅與戴望舒走六小時寂寞的長途去往蕭紅墓，日常也是往來最密的。在上海時，他們兩家就曾兩度同樓而居。在香港，他們的名字更是經常地出現在一起。戴望舒後來搬到薄扶林道上的林泉居，葉靈鳳也是常常走一段曲折的山徑，又經過一座橫跨小溪的石橋，去看老戴。在三年零八個月災難的歲月裏，稱得上相依為命的，還是戴望舒。那時的戴望舒，因了獄中的折磨，哮喘病益發厲害，再加上婚姻的很不如意，內心異常淒苦。當他到羅便臣道葉靈鳳的住處探望時，「常常站在窗口向外望，對着遙遠的雲天打發他不能告人的抑鬱」。（侶倫：《向水屋筆語》）葉靈鳳深深理解老友心中的痛楚，在生活上和精神上給了他許多照料和撫慰。在他設法將戴望舒保釋出獄後，就安排他住在自己家裏。當春天已經重臨到祖國的土地上，戴望舒執意要離港北上，那段時間，他就住在葉靈鳳家的客廳。葉靈鳳積極支持他的決定，忙着幫他找關係，等候回信，打聽船期，一直忙碌了一個多月，才能夠成行。當戴望舒臨行前，葉靈鳳專門設宴為他餞行，遺憾的是戴望舒因船期已定，匆匆而去，未能和這位患難知己再來一次把酒話別。而這一別，竟成永訣！追逐新生活而去的詩人，不出一年，便病歿於北京。戴望舒死後，葉靈鳳先後寫下〈憶望舒〉、〈望舒和災難的歲月〉、〈死得瞑目的望舒〉，寄託對故人的哀思。他說：「在這裏，我們是共同渡過了那『苦難的歲月』的。他雖然已經躺在地下十五年了，我相信那些記憶一定仍銘刻在他的骨骼上。」（〈死得瞑目的望舒〉）

戴望舒在香港，一直是主編《星島日報》的《星座》副刊的，葉靈鳳後來也接編了《星座》，一直將他經營到了退休。但在香港淪陷前，葉靈鳳在《星島日報》主編的卻是《中國與世界》。

一九四一年底，香港局勢開始緊張，日本軍隊已在本港周邊地區密集。十二月八日，日機兩度轟炸本港，許多報紙均已減版，葉靈鳳和戴望舒所供職的《星島日報》也自十日開始，把原有的《中國與世界》、《星座》、《娛樂》及晚報《星雲》各版停刊，改出報紙一張，副刊改名《戰時生活》，由戴望舒、葉靈鳳、張君幹、梁度孫四人負責合編。

山雨欲來風滿樓，災難的歲月即將開始。

葉靈鳳是漢奸？

葉靈鳳是漢奸，源於一九五七年版的《魯迅全集》，在〈三閒集‧文壇的掌故〉一文下面，曾有這樣的注釋：「葉靈鳳，當時雖投機加入創造社，不久即轉向國民黨方面去，抗日時期成為漢奸文人。」一九八一年新版的《魯迅全集》注釋，雖然刪去了「投機」、「轉向」和「漢奸」等，而改為：「葉靈鳳，江蘇南京人，作家、畫家。曾參加創造社。」但這樣一種方式的「平反」，並沒有就此撥去籠罩在葉靈鳳頭上的重重疑雲。

關於「漢奸」問題的指控，早在抗日戰爭勝利後就已開始了。一九四六年二月一日，《文藝生活》光復版二期刊出〈留港粵文藝作家為檢舉戴望舒附敵向中華全國文藝協會重慶總會建議書〉，雖然檢舉的是戴望舒而不包括葉靈鳳，但證明「與敵偽往來，證據確鑿」的三個「附件」，卻件件包括葉靈鳳。這三個「附件」是：

附件一：抄錄民國卅三年一月廿八日偽東亞晚報所載〈香港佔領地總督部成立二周年紀念東亞晚報徵求文藝佳作〉啟事一則。（內「新選委員會」名單計有：委員長佐野增彥，委員小椋廣勝，盧夢殊，黃析衡，陳廉伯，葉靈鳳，溫文照，劉鐵誠，黃寶樹，羅昭良，陳添富，張孤山，葉一舟，盧帝鑾，戴望舒，劉鑾唐等）

附件二：偽文化刊物《南方文叢》第一輯一本。該刊於「昭和廿年八月十日發行」，載有周作人，陳季博，葉靈鳳，戴望舒，黃魯，羅拔高及敵作家火野葦平等之文字。

附件三：剪貼戴望舒作〈跋山城雨景〉一文。按〈山城雨景〉為羅拔高所作，羅即盧夢殊，在香港淪陷期間任偽《星島日報》總編輯，曾赴東京「覲見」東條。該書在三十三年九月一日香港出版。

以上附件三中所說的《山城雨景》，為葉靈鳳作序，亦曾發表在一九四四年七月二十三日《華僑日報·文藝周刊》二十六期。

葉靈鳳也確實曾經被聲討過「附逆」。姜德明〈夏衍為戴望舒、葉靈鳳申辯〉一文（一九八八年九月二十四日《文藝報》）說：

那是抗戰勝利的初期，上海和重慶文藝界有聲討附逆漢奸文人之說，列名其中的就有戰時留在香港的葉靈鳳和戴望舒。是時，夏衍由重慶到上海恢復《救亡日報》，改名為《建國日報》出版了。一九四五年十月二十四日終又被國民黨強迫停刊。就在這終刊號的副刊《春風》上，夏衍以編者的名義為戴、葉兩位被目為「附逆」的作家進行申辯。……關於葉靈鳳，他是這樣寫的：

「葉靈鳳先生也是香港文協分會理事，他也是當時香港反對汪逆『和運』健將，香港淪陷後，本報同人之一曾和葉氏在防空洞中相遇，約其同行離港，葉答以有事不能遽離……」

夏衍講到葉被捕出獄後，確曾接編過敵偽出版的刊物，因此內地就有葉附逆之說，然而同時也有葉自淪陷後即負有使命留港的說法，所以夏衍提出：「……葉氏經過詳情，恐怕要等他脫險後自己來說明，我們希望暫時不作過早的結論。」我以為夏衍同志公開發表這意見是用心良苦和實事求是的，或者還有什麼難言之隱。

由於年代已久，加之《建國日報》非常短命，發行量也小，所以夏衍以編者名義所說的這番話少為人知，自然蓋不過《魯迅全集》的風頭，這樣一來，從一九五七年，一直到一九八一年，葉靈鳳就這樣長期頂着一個漢奸罪名，到死也沒有等到摘帽。就是一九八一年新版《魯迅全集》對於葉靈鳳注釋的修改，也是甚少有人注意的；甚至葉靈鳳這個名字也不是有很多人知道。

話題的再度引發，是由於三聯書店在一九八八年出版了葉靈鳳的三卷本《讀書隨筆》。一方面，人們由此知道還有這樣一位能寫一手漂亮書話的愛書家；另一方面，通過卷首三篇文章，即絲韋的〈前記〉、沈慰的〈鳳兮鳳兮〉、宗蘭的〈葉靈鳳的後半生〉，人們還知道了這位愛書家還有如此傳奇的人生。這三篇文章其實都是羅孚化名而寫，稍後，他又在《讀書》雜誌發表一篇〈鳳兮鳳兮葉靈鳳〉，關於葉靈鳳是不是「漢奸」，就是羅孚重新提起。羅孚的價值，是援引胡漢輝和陳在韶兩個人的口述，首次提及葉靈鳳曾從事「情報工作」。在〈葉靈鳳的後半生〉中，他說：

> 日軍佔領香港的三年零八個月，《星島日報》換了一個名字：《香江日報》。而葉靈鳳還在日本軍方辦的「大岡公司」工作，不過，一九八五年七月底去世，有香港「金王」之

稱的金融界大亨胡漢輝，八四年初寫過一篇憶舊的文章，提到一個叫陳在韶的人，當時由香港「走難」去重慶，被國民黨中宣部派回廣州灣（今天的湛江），負責搜集日軍的情報。他說，「陳要求我配合文藝作家葉靈鳳先生做點敵後工作。靈鳳先生利用他在日本文化部所屬大岡公司工作的方便，暗中挑選來自東京的各種書報雜誌，交給我負責轉運」。他又說：他日間「往星島日報收購萬金油，在市場售給水客，以為掩護；暗地裏卻與葉靈鳳聯繫。如是者營運了差不多有一年之久」。

不過，羅孚儘管認可葉靈鳳從事了「敵後工作」，卻又認為「不能把葉靈鳳稱為國民黨的地下工作者」。在〈葉靈鳳的地下工作和坐牢〉一文中，他說：「他不是國民黨員。他是先成為『特別情報員』後，才成為『黨務幹事』的。他似乎不是為『黨』（國民黨）辦事，而是為國辦事，為中國對日抗戰的大業服務。」在以柳蘇筆名寫的〈鳳兮鳳兮葉靈鳳〉一文中，他又說：「他其實也是『配合』，而不是什麼專業人員。他不過是苟全性命於亂世，陷身『曹營』，不忘『漢室』，盡可能做點對得起國家民族的事，以求心安而已。」

羅孚原名羅承勳，生於廣西桂林，一九四一年在桂林加入《大公報》，一九四八年被抽調參與香港《大公報》復刊工作，擔任該報屬下《新晚報》總編輯。儘管他長期從事宣傳和統戰工作，與葉靈鳳交往也很深（有時可能還代表組織對葉靈鳳提供過一些力所能及的幫助），但對於那段撲朔迷離的史實，也只能提供這麼一些線索。他的敘事當中，還有一些小的差錯，例如文中他說「葉靈鳳，日本去過一次」，就被證明不是事實，葉靈鳳一生未曾走出國門；他說葉靈鳳供職的是「大岡公司」，準確名字也應該是「大同圖書印務局」。至於他所言葉靈鳳只是「配合」，而不是什麼專業人員，很快也被陸續披露的幾份重要文獻所否定。

一是陳在韶本人一九四二年十二月所寫的〈香港近況報告書〉（見《葉靈鳳日記．別錄》）。其中有關葉靈鳳的片段如下：

> 淪陷後，以前出版之雜誌即完全停版，敵以報紙當不能盡量宣揚其「和平運動」與「大東亞新秩序」，於是壓迫胡文虎、何東合資設大同圖書印務局發行雜誌及書報等，以冀不費一錢，可以肆意造謠，藉以遂其以華制華之陰謀，胡何等處於刺刀之下，不得已允諾，由胡何等共籌港幣五十萬元為資本，於今年七月間成立，計劃發行新東亞雜誌、大同畫報及漫畫雜誌、兒童雜誌等定期刊物。該局事務分三部⑴總務⑵編輯⑶印刷等，由胡好（胡文虎之子）負全責，編輯方面則由葉靈鳳同志任之（按葉同志為本處派港宣傳指導員），而負責該局之指導之責任者敵報道部特派囑託野原任之。
>
> 八月初新東亞第一期出版，繼之大同畫報亦出版，俱為月刊，每月各出版一冊，現已各出至第三期。綜觀已出版之各期，不論圖畫及雜誌雖不能不替敵宣傳，但無隻字片畫為汪偽宣傳，此其特色也。此兩種刊物除銷售香港外，澳門廣州灣兩地最近亦有一部分運到，惟推銷困難。

二是香港憲兵隊本部編寫的「極秘」檔《重慶中國國民黨在港秘密機關檢舉狀況》。曾任新加坡國立大學圖書館日本資料部主任的朱魯大在《南北極》月刊一九九〇年四月號發表文章〈日本憲兵部檔案中的葉靈鳳和楊秀瓊〉，對《重慶中國國民黨在港秘密機關檢舉狀況》的內容做了局部披露。朱魯大說：

筆者有幸，近日接觸到一本日治時期由香港憲兵隊本部編寫，蓋有「極秘」印章的小冊子，其標題是《重慶中國國民黨在港秘密機關檢舉狀況》。（這本當年視為「極秘」的小冊子，兩年前已由東京「不二出版」複印，公開發售）。這本小冊子，就提到了葉靈鳳怎樣為國民黨在香港做情報工作，同時更揭露了當年香港婦孺皆知的游泳健將楊秀瓊，也是為國民黨做情報員。她跟葉靈鳳同屬一個小組，在香港站站長邱清猗（又名蘇子樵或名李蘇雲）的領導下，對日軍展開搜集情報工作。日軍憲兵部這份極秘檔案，對葉靈鳳的底細可謂瞭若指掌。

朱魯大在這篇文章中，還對柳蘇（羅孚）的一些觀點提出了不同意見：

讀者閱讀了上面這些材料，加上影印的組織系統圖表，我相信無人再會同意柳蘇說的，「不能把葉靈鳳稱為國民黨的地下工作者。他其實也是『配合』，而不是什麼專業人員」。必須指出的是，一經按月支領金錢上的報酬，在特務組織上就算正式參加了工作，納入了系統。雖然區區五十元在當時是個微不足道的數目，但救亡抗暴，人人都有責任，豈可計較金錢？利用為日本人工作上方便，順手牽羊，把一些對抗戰有用，足以打擊敵人的情報弄出來，我認為不應有什麼專業人員或非專業人員的分別。更不可因葉靈鳳早年參加創造社，受過國民黨憲警拘捕，便斷然一口咬定「不能把葉靈鳳稱為國民黨的地下工作者」。當時的中共不也要搞統一戰線，為了抗日可以捐棄一切成見嗎？

相比羅孚，朱魯大的觀點更為客觀，也獲得更多的回應。鄭樹森在《淪陷時期香港文學資料選（一九四一至一九四五）》一書中說：「抗戰時期的重慶是聯合政府，葉靈鳳當日從事地下工作，只能說是為國家做事，若以此論定葉靈鳳只是國民政府情報人員並不準確。」莫世祥、陳紅《日落香江》一書說：「抗戰事業，本應是抗日民族統一戰線的事業，即便在共同抗日的秘密諜報戰線上也是如此。」「被日軍殺害的國民黨駐港諜報人員，也是為中華民族的抗日戰爭事業而犧牲的。」

葉靈鳳自己，對於抗日民族統一戰線也有着深刻而自覺的認識。為了激勵抗戰，他在一九三九年翻譯蘇聯作家拍夫朗訶的反日小說《紅翼東飛》，「書中有兩處地方，提到『國共』的內戰舊事，有短短的兩段」，他「認為在今日的情勢下實沒有譯出的必要，特地略去了，並在略去的地方加以注明」。在〈譯者題記〉中，他特地指出：「拍夫朗訶這部小說是在我們抗戰以前完成的，對於這略去的兩小段，在今日，我想他當也是贊同的。」

一九九一年，曾經負責編選《葉靈鳳散文選集》的鄭煒明，寫過一篇〈有關葉靈鳳先生的幾條線索〉，將朱魯大曾經摘要介紹的《重慶中國國民黨在港秘密機關檢舉狀況》內有關葉靈鳳的資料，做了更為細緻的梳理。

1.《狀況》第三部分《檢舉機關セル並被檢舉者ノ活動狀況》之（三）《調查統計室香港站》第3節《調查統計室香港站關係被檢舉者ノ活動狀況》中，記載了葉靈鳳先生乃特別情報員，一九四二年八月由蘇武介紹，成為香港站長蘇子樵（丘清猗）指揮的特務，月薪五十円，表面上於大同圖書印務局（按：屬日本人的機構）工作，任編輯部長，實則負責搜集大同圖書印務局的出版物及有關香港文化界的資料。

2.《狀況》第三部分之（四）《港澳總支部香港黨務辦事處》第1節《港澳總支部香港黨務辦事處ノ沿革》中，記載了在一九四三年一月，葉靈鳳先生以葉林一名，成為香港黨務辦事處幹事。

3.《狀況》第三部分之（四）第3節《港澳總支部香港黨務辦事處關係被檢舉者ノ活動狀況》中，記載了葉靈鳳先生於一九四二年八月成為特別情報員，至一九四三年一月，香港站長蘇子樵，即尤思靜，本名丘清猗，以港澳總支部香港黨務特派員的名義推薦葉靈鳳先生任香港黨務辦事處幹事，他的工作包括對黨員的各項調查、舊黨員的動向調查和招收新黨員等，工作費用每月五十円。

4.《狀況》的附錄《別紙第一．被檢舉者名簿》中，記載了葉靈鳳先生在一九四三年五月十二日下午二時於日本佔領香港的總督部報道部被檢舉。從有關葉靈鳳先生的經歷概要中，我們可以看到原來他自一九四一年日本侵佔香港後，已在日本人的總督部工作，至一九四二年八月才開始成為中國國民黨在港的特別情報員，至一九四三年一月成為中國國民黨港澳總支部香港黨務辦事處幹事。

5.《狀況》的附錄《別紙第二（ロ）．香港無電台通信報告通牒內容（自昭．一七．五．至昭一八．四）》中，記載了在一九四二年十二月，葉靈鳳先生曾將香港、九龍和新界二十多間學校的校長並主要職員的名錄及經營狀況做成報告。而在一九四三年三月又就香港九龍地區各學校的學生人數情況，加以報告。同月，又曾就香港的文化狀況，包括新聞社及刊物出版等情況，提交報告。

6.《狀況》的附錄《別紙第四（ロ）．港澳總支部調查統計室香港站發信內容》中，記載了有一封一九四二年八月四日由香港寄往韶關的信中提到葉靈鳳先生乃香港站的十二位工作人員之一，排行第五，俱受站長蘇子樵（本名丘清猗）領導。

7.《狀況》的附錄《別表第一．重慶中國國民黨在港秘密機關組織系統圖》中，顯示葉靈鳳先生乃特別情報員，屬重慶中國國民黨中央執行委員會轄下海外部的港澳總支部（設在韶關，由陳策任主任委員）其下的調查統計室（在韶關，由沈哲臣任主任）的香港站（由本名丘清猗的蘇子樵任站長）的特別情報員。而從架構上說，調查統計室又屬於中央執行委員會秘書處轄下的調查統計局領導。從《系統圖》中可以看到葉靈鳳先生負責搜集新聞、雜誌、日軍的文化施政情況和宣傳檔等的資料，並須作出調查報告，直接受蘇子樵領導。

8.《狀況》的附錄《別表第二．重慶中國國民黨在港秘密機關聯絡系統圖》中，顯示葉靈鳳先生乃特別情報員兼中國國民黨在香港的黨務幹事，與香港站的站長、黨務特派員丘清猗單線聯繫。

在條列了上述各條檔案材料之後，鄭煒明認為，如果全部屬實的話，「我們可以看到下列兩點：一、葉靈鳳先生在香港淪陷時期，身為中國國民黨的特別情報員，因此他並非漢奸，或可定論。二、葉靈鳳先生曾為中國國民黨香港黨務辦事處的幹事，由此推論，他應該曾經是中國國民黨的黨員。」

不過，鄭煒明認為，圍繞葉靈鳳的情報工作，還是有謎待解。一是為什麼「他是幫日本人做事在先，成為特別情報員在後」，二是「抗戰後他和共產黨有所合作」，「與潘漢年在抗戰前後一直有很多來往」，所以「他的真正身份，現在恐怕已沒有人敢判定了」。「總之，其可能性之多，耐人尋味」。

這兩個問題其實是一個問題，不過是表和裏的關係。我們再回到姜德明那篇〈夏衍為戴望舒、葉靈鳳申辯〉。這篇文章我在前邊只援引了上半，文章的下半部分還有這樣的內容：

> 最近我致函夏公詢問此事，承他於八月十二日函覆我，「在防空洞裏遇到他的是我，他說『有事』，則是一九三九年潘漢年交給他的『事』，後來（解放前的四七、四八年）潘說過：要他（指葉）保持超然的態度，不直接介入政治，留待將來『為我們幫忙』。這些事，潘案以前不能說，案後更不能說了也。」潘與葉當年是創造社的戰友，彼此的瞭解和信任是可以想像的。又由於中國革命的特殊環境，更增加了事物的複雜程度，很多事情如果光看表相便難以得出準確的結論，對於人的問題更要持慎重的態度，講講這段文壇掌故，也許對於今人仍然不無意義。

夏衍給姜德明的覆信，比較清楚地披露了潘漢年於香港淪陷前和淪陷後兩次交給葉靈鳳「事」的情況。由此可以認為，葉靈鳳之滯留香港未走，並打入日軍報道部內部，是首先得到潘漢年的指示，是先於國民黨地下組織的。查夏衍書信集《春秋逝去的賢者》，這封寫於一九八八年八月十二日的夏衍致姜德明信，日期之後還有一句附言：「關於葉和國民黨地下組織的關係，還是提到羅文的程度為止，不必細說。」此中深意，尚待揣摩。

關於葉靈鳳開始從事秘密工作的時間，從張光宇那裏也可以得到一點線索。一九四一年十二月，香港淪陷，為維持一家人生活，張光宇與張正宇辦起一間明裏是飯店，暗裏是聯絡站的中餐館「福祿壽」。這個「福祿壽」大有文章。在根據錄音整理的《苗子談漫畫》中，黃苗子說：「明裏『福祿壽』是個飯店，暗裏是聯絡站。葉靈鳳和汪公紀在這裏接頭。」汪公紀是國民黨方面的人物，彼時可能是廣東省政府秘書。從這點來看，葉靈鳳至少是在香港剛剛淪陷的時候就已進行秘密工作了，並不是「幫日本人做事在先」。黃苗子曾在接受其兒子黃大剛和兒媳唐薇錄音採訪時說：「光宇可能不知道，葉靈鳳表面上是替國民黨工作，搞日本人的情報，實際上是替共產黨工作。他和潘漢年很久就在一起了。」

潘漢年和葉靈鳳二十歲左右就一起成為「創造社小夥計」，後來又共同賃屋上海霞飛路，在「聽車樓」裏一起主編《幻洲》和《現代小説》。一九二九年六月，中共六屆三中全會決定成立中央文化工作委員會，年僅二十三歲的潘漢年被任命為第一任書記，葉靈鳳之加入「左聯」和《救亡日報》，都可以尋到潘漢年的作用。一九三七年冬，上海淪陷，潘漢年撤往香港，繼續從事文化、情報活動，一直到一九四一年太平洋戰爭爆發前才撤離香港。按照夏衍的説法，就是在這期間交給他

「事」。至於夏衍説解放前的四七、四八年潘説過：要他保持超然的態度，不直接介入政治，留待將來『為我們幫忙』，也可以在《葉靈鳳日記》中找到蛛絲馬跡。一九四七年二月六日，葉靈鳳「在香港酒店遇見漢年……約定明日偕夏衍、乃超來家中小敘」。次日漢年、夏衍、乃超來到葉靈鳳家中，「晚飯後始行」。

一九四六年五月三日，葉靈鳳在日記中曾透露：「開始計劃寫《流在香港地下的血》，記所參加的秘密工作及當時殉難諸同志獄中生活及死事經過。在卅餘人中，只有我是寫文章的，而我又幸而活着，所以我覺得我有這責任。」盧瑋鑾在箋注此條日記時說：「可惜一直未見此文，家人亦云未見。如果真已寫成，而又人間湮滅，則一筆血史永不昭彰了。」聯想到幾個月之後潘漢年與他的相晤，則可以推斷，既然潘漢年指示他繼續留港，「保持超然的態度，不直接介入政治，留待將來『為我們幫忙』」，那他也就不便公開發表這個足以「暴露身份」的文章了。

還可以展開想像空間的是，在葉靈鳳留港問題上，廖承志是否發揮了更為關鍵的作用。早在一九三七年冬天，他就和潘漢年一道，作為中共直接領導的八路軍、新四軍的代表，常駐香港。一九三八年一月，根據中英雙方的口頭協議，廖承志、潘漢年等人在香港皇后大道中十八號二樓開設「粵華公司」，作為八路軍駐香港辦事處的實際工作地點。一九四一年十二月八日日軍進攻香港，毛澤東急電周恩來：許多重要民主人士、文化界人士被困留香港，這批人士好些是文化界的精英，要不惜任何代價，不怕困難，不惜犧牲，想盡一切辦法，把他們搶救出來，轉移到後方安全地區。八日和九日，周恩來幾度急電廖承志和潘漢年，提出秘密營救在港民主人士和文化人的具體方案。

值得注意的是，周恩來在九日給廖承志和潘漢年的急電中提出：「能否有一部分人隱蔽？」在廖承志的具體指揮下，經東江遊擊隊和中共地下黨參與營救和護送的進步民主人士、文化人及其家屬共達數百人。以葉靈鳳的影響和在中華全國文藝界抗敵協會香港分會「主幹人物」的地位，毫無疑問應在營救離港之列，但葉靈鳳卻「有事不能遽離」，是否就是廖承志落實周恩來「能否有一部分人隱蔽？」指示的組成部分？

在潘漢年一九五五年被定為反革命之後，葉靈鳳這個與潘漢年淵源極深、而且還背着「漢奸」罪名、此時又在香港右派報紙供職的問題人物，卻在一九五七年開始，先後三次受邀回北京參加國慶觀禮，並應邀出席了李宗仁回歸記者招待會，非常耐人尋味，想必是在潘漢年之外，尚有高層人物清楚他的底細，而長期負責統戰工作和港澳工作的正是廖承志。《葉靈鳳日記．別冊》披露了一九六四年十月三日葉靈鳳在北京人民大會堂參加國慶十五周年國宴的邀請函，邀請人就是廖承志。一九六五年十月一日，葉靈鳳又在北京參加「十六周年國慶日」，他在這天的日記中說：「八時半出發赴天安門觀禮。十時開始，十二時禮畢。今年群眾遊行隊伍特別壯大。氣球標語有採用剪紙方式，是今年新有的。」第二天的日記說：「中午苗子、郁風、光宇夫人、張正宇夫婦及子女和女婿來新僑，以午餐招待。中午本有廖承志午宴，特去道謝。」

葉靈鳳夫人趙克臻一九八八年六月二十四日致羅孚函中曾說：「靈鳳生前，不想我提起這些事，他說一切已成過去，說出來也於事無補，但求問心無愧也就算了。從此一直沉默了幾十年。」這既是工作的特殊性要求，也是葉靈鳳的「素性」。早在一九四四年二月六日，葉靈鳳在〈杜鵑〉一文中寫過這樣一段耐人尋味的話：

無庸隱晦，在年輕時候，我曾經許下過許多承諾。由於命運的作弄，有人負過我，我也負過人。旁人責我薄幸，我只報以微笑。這是我的素性：我寧可負一個薄情的罪名，我不願旁人知道埋藏在我心底的哀樂，我說：年輕時代的恩怨，讓年輕時代的記憶去負擔罷。

現在，歷盡了人世的悲歡，懷着一顆空虛的心，在那一瞬間，我便以最大的自信接受了命運留給我應擔負的這一份。在靜夜，對着高高閃耀在天空的北斗五星，我默默的自誓，我決不再讓任何人從我心上搶奪你的位置。一年一度開在那不知名的山腰上的紅杜鵑，將是我這不滅的深情的證據。

然而，曾幾何時，命運就使我陷進了這難以解說的境地。為着珍惜你，我用荊棘和恥辱的灰塵在心上築下了不可超越的防禦。旁人指責我的薄情，我便以一個浪子浮囂的表情無言的接受了這世俗的譴責。為了回護你，我不惜蒙受任何無可辯解的冤抑。

「一場幽夢同誰近，千古情人我獨痴。」這是比葉靈鳳小一歲的女詩人關露的詩。一九三九年，關露受中共地下黨派遣，策反汪偽特務頭子李士群，後又打入日本大使館與海軍報道部合辦的《女聲》月刊任編輯，成為著名的「紅色間諜」。抗戰勝利後，她被國民黨列入漢奸名單；新中國成立後，又因漢奸罪名兩度入獄，直到一九八二年才獲平反昭雪。當年，就是廖承志、潘漢年與她進行的絕密談話。潘漢年最後對關露說的一句話是：「今後要有人說你是漢奸，你可不能辯護，要辯護，就糟了。」（張雲著：《潘漢年傳奇》）

香港學者鄭樹森在論及葉靈鳳的漢奸問題時，也聯想到關露。他說：「中共女作家關露則是中共打入日偽的特務，她在文化大革命中被鬥至絕路時才說出真相以求活路，可惜已經不能挽回。……葉靈鳳的情況也極有可能類同。……如果潘漢年確為葉靈鳳的上司或曾經指導葉靈鳳的工作，葉靈鳳的附逆問題便只有潘漢年能保住他。如果潘漢年沒有出事，葉靈鳳三年零八個月的事情也不成問題，中共也不會計較；偏偏一九五五年潘漢年案爆發，葉靈鳳的附逆問題便無從解釋。」（《淪陷時期香港文學資料選（一九四一至一九四五年）》）

史料顯示，當年關露接受了這項艱巨的任務後說道：「為了黨組織，我願意犧牲一切，包括生命！」潘漢年一臉凝重地對關露說：「關露同志，比犧牲更難的，是毀掉自己的名譽。」

淪陷時期的寫作

與「漢奸」和「情報人員」密切關聯的，就是如何評價葉靈鳳在淪陷時期的寫作。這也是個充滿爭議、見仁見智的問題。

較早可見對葉靈鳳淪陷時期寫作進行評述的，是羅孚以「柳蘇」筆名發表於一九八八年第六期《讀書》雜誌的〈鳳兮鳳兮葉靈鳳〉。作為「致力於為葉靈鳳平反的代表人物」，他在此文中，以三個例證「高度讚揚了葉靈鳳在日本統治下借古喻今，『寄故國之思，揚民族大義』的做法」。（趙稀方語，見《報刊香港：歷史語境與文學場域》）第一個例證是〈南荒泣天錄〉，「推想這很可能是以南宋在廣東抗元的故事為背景的一個歷史小說」，「如果是這樣，這顯然是在日軍統治之下，寄故國之思，揚民族大義的作品」。第二個例證是〈煤山悲劇三百年紀念——民族盛衰歷史教訓之再接受〉，「在日軍的刺刀下，能這樣提倡團結抗戰的主張，儘管是含蓄地借古喻今，也是不容易的事，需要一點勇氣的吧」。第三個例證是〈吞氈隨筆〉，「當他陷身日軍佔領下的香港的第二年，就默默地以這『吞氈』明志，不做宣傳地做起蘇武來了」。儘管羅孚認為，「在日軍佔領香港的三年零八個月期間，他也不是沒有可以引人議論之處」，他提到了葉靈鳳自辦的《大眾周報》上每期都有的署名「豐」的〈小評論〉，但認為：「就看到的幾篇來說，也多是不痛不癢的東西。這一切看來屬於負面的東西，似乎並不能掩蓋『吞氈』、『情報』和坐牢的正色。」

趙稀方認為：「羅孚的文章奠定了八十年代以後學界對於葉靈鳳的基本評價，後來出現的材料和文章則在不斷地進一步驗證和深入這種說法。」對於後期的代表性研究，他舉了張詠梅於二〇〇五年發表的〈信非吾罪而棄逐兮，何日夜而忘之——讀《華僑日報．文藝周刊》（一九四四年一月三十日至一九四五年十二月二十五日）葉靈鳳的作品〉為例，強調：「作者專門提醒我們，『葉靈鳳沒有離開香港，還要在日本統治下寫稿編輯，恐怕內心不無所感，在現實環境的種種限制下，他不能公然表白個人立場，只能夠盡量在文章中埋下伏筆，筆者循此方向解讀葉靈鳳淪陷時期的作品，希望能夠讀懂其『真』意。」趙稀方說，他「對於葉靈鳳的印象，原先基本上來自於上述研究，但在實際看到葉靈鳳在香港淪陷時期所發表的文字後，看法卻完全改觀，並且感覺相當意外。」他在分析了多篇來自於《大眾周報》的「小評論」之後認為：「葉靈鳳這些公然支持日本侵略者及汪偽的賣國文字，實在讓人難以置信。」「這些『小評論』並不小，而是置於首頁最顯着位置的社論，是每期《大眾周報》的靈魂文章。」「作為負責人的葉靈鳳，在此發佈媚日親汪的思想，無疑具有惡劣的社會影響，絕非無足輕重。」

趙稀方還認為：「二〇一三年盧瑋鑾、鄭樹森主編，熊志琴編校的《淪陷時期香港文學作品選：葉靈鳳、戴望舒合集》就已經披露了葉靈鳳的相關材料，但並沒有引起注意。這應該與編者的態度有關，盧瑋鑾等人自身就沒有重視葉靈鳳的這些賣國文字，而是一如既往地維持着羅孚等人的看法。」實際上，鄭和盧作為葉靈鳳淪陷時期作品的編選者，不可能不注意到這類文字。他們是將其置於「地點」和「身份」這兩大背景之下看待它們。鄭樹森說：「淪陷時期的香港文學寫作，因為是一個異族替代另一異族，與內地的情況不盡相同。」盧瑋鑾說：「無論當時他的身份是國民黨間諜還是共產黨臥底，他都要靠這身份留在香港寫捧日本統治者的文章，也不知道這種生涯要維持多久。我覺得這才是他既冒險而又偉大之處，也是令我欣賞他的地方。」

盧瑋鑾說：「我盡量透過日記去接近葉靈鳳當時的內心世界。」葉靈鳳的內心，顯然有常人體會不到的痛苦。他在〈跌下來的果子〉一文中說：

> 我寫過很多的文章。
>
> 我有我理想中美好的文章。我所已經寫下的，只是我能力所能寫得出的，並非我理想中認為應該如此寫的。
>
> 寫文章，有時為了自己，有時為了別人。
>
> 最好的文章是還不曾寫出來的文章。最痛苦的，同時也是最壞的，是自己所不想寫而又不得不寫的文章。

在那個時刻，在那個條件下，他最想寫的文章是什麼，在一九四三年九月二十九日的日記中，他就悄悄拉了一個清單：

> 蘭畫師——鄭所南畫蘭的故事，不着根，因為土地給番人奪去了。「全是君子，絕無小人」畫蘭題詞之一。
>
> 《鐵函心史》，《鄭所南文集》（《知不足齋叢書》），《鄭所南傳》（《戒庵漫錄》），宋

史無傳。書畫譜或其他筆記中或有他的逸話，待查。

白鷴——陸秀夫負帝投海事。詳《厓山集》，《涵芬樓秘笈》有此書。

引句用文天祥詩，《過伶仃洋》——「人生自古誰無死，留取丹心照汗青」。

王直，蔣陳二生，張少華——明末沿海，寇邊故事之一，可寫中篇或長篇，材料見《戒庵漫錄》，有抄稿。《嘉靖東南平倭通錄》等書中亦有敘及（《中國內亂外禍歷史叢書》第八冊）。

《吞氈隨筆》

《兩忘集》

《南冠集》

《書魚閒話》

《禁書史話》

《讀書隨筆》

讀《少年維特之煩惱》，第二遍讀，第一遍讀是在二十年前，先後為郭譯稿裝幀二次，此書拿破崙據說曾讀過七次。維特是青衣黃背心。一般傳說「青衣黃袴」似誤（郭似如此），最近重讀，前半讀來沒有耐心，後半漸感興趣。

今日「少年維特」之煩惱，不是為了有夫之婦的夏綠蒂，而是另一種煩惱！

〈記鄭所南〉他寫了，發表在一九四五年三月十八日《華僑日報·文藝周刊》，以下這段文字，當能品出他和鄭所南相同的「寄沉痛於幽蘭」的心曲：

他的原名並不是「所南」，那許多名字都是後來改的，而且各有寓意，「所謂所南者，以南為所也；憶翁，憶乎宋也；思肖者，思乎趙也」。他又題自己的臥室為「本穴世界」，據盧熊說：「本穴世界，以本字之十置下文，則大宋也」。

鄭所南最著名的逸話，便是自宋亡以後，畫蘭露根不着土，自謂土地已為番人奪去。所謂「露根蘭」，便是他的獨創的畫風。

葉靈鳳在〈記鄭所南〉中還寫道：「鄭所南還有一部時常被人提到的作品，那便是所謂《鐵函心史》，係於崇禎十一年得之蘇州承天寺眢井中，外封鐵函，故名《鐵函心史》，蘇撫張國維刊刻行世。」看似一句不經意的話，字裏行間卻是雲水翻騰。因為文化人都知道，《心史》重見天日之後數年，滿清入關，京師淪陷，又一次華夏天傾的浩劫來臨。相同的情境，一樣的情懷，《心史》成了明末清初士人們的精神支柱之一。梁啟超曾言：「此書一日在天壤，則先生之精神與中國永不盡也！」

至於白鷳，則與十萬衣冠崖山蹈海的亡國一幕相關。南宋末年，宋元在廣東崖山進行了決戰。南宋戰敗後，左丞相陸秀夫背着小皇帝趙昺投海殉國。小皇帝落水的時候，他親自餵養的一隻白鷳在鳥籠裏悲鳴掙扎，最後帶着籠子一起落入海中，被後人稱為「義鳥殉葬」。明朝修建崖山祠時，特意為這只白鷳修建了一座「白鷳塚」。

崖山，還有伶仃洋，都離港島不遠。宋皇台則在香港的九龍，那是宋朝皇帝趙昰和趙昺南逃避難曾經休息的一塊巨岩。葉靈鳳在寫〈秋鐙夜讀抄〉（一九四二年十月一日發表於《新東亞》一卷三期）時，這些人物場景縈繞心頭。他說：

我曾經在宋皇台下住過一些時候，就將那幾位南渡君臣悲壯淒涼的末日，試寫一篇歷史小說罷。

從友人處借來了宋史，厓山集，以及關於文天祥，陸秀夫等人的資料，在燈下檢着有關的一切，從本紀以至列傳，任情的涉獵者。

在這篇文章的末尾，他全文抄錄了文天祥的〈正氣歌〉。他更將〈正氣歌〉的最後四句，用作〈秋鐙照顏錄〉的序言：「哲人日已遠，典刑在夙昔。風簷展書讀，古道照顏色。」譯成白話，則是：「先賢們一個個已離我遠去，他們的榜樣已經銘記在我的心裏。屋簷下我沐着清風展開書來讀，古人的光輝將照耀我堅定地走下去。」

〈呑旃隨筆〉他也寫了。「呑旃」的典故出自《漢書．蘇武傳》，是講漢代蘇武出使匈奴，「匈奴欲降之，武不屈，被幽大窖中。斷飲食，武齧雪，與旃毛併呑之」，這個人們早已耳熟能詳。值得一說的是，很多年後，葉靈鳳在香港文人慕容羽軍的追問下談到過蘇武。慕容羽軍在《看路開路》一書中說：

和葉靈鳳交往的那段時間，什麼都談過，單是有關許多人聲討他戰時「落水」的過程，幾度想開口問個究竟，可是，終覺這個問題不適宜由我這「晚輩」追問。有一次，曾經鼓起勇氣，趁着向他討教外國人以香港作題材的文學作品告一段落時，衝口而出說：「有一個問題想了很久……」說到此處，卻突然住嘴，忙改口說：「那是很幼稚的問題，算了，還是談別的吧！」

葉老此時瞪着眼睛望着我，良久，說：「我知道你想問什麼，蘇武的故事你應熟知，他從塞外歸來，別人的目光不也對他投以異樣的冷漠！」

他這麼說，讓我領會到一些「內情」，此時，更不敢多說什麼了，連忙點頭說：「我倒相信正是如此。」

有關他替日本人工作的「內情」，似明白而又似不明白的算是從他口中取得了答案。記得他曾對我說過：你曾在抗日前線擔任過工作，那是正面的，也是直線的；有些人所做的是迂回的，效果應該是一樣，想來，他是替那一回的談話作了注釋。

即使在當時，葉靈鳳也曾預見到，他為日本人做事，不僅有可能被誤解，甚或有可能被誣。他寫過一篇〈關於張家玉的被誣〉（一九四四年十二月二十一日《香港日報．香港藝文》），其文曰：「張家玉以一介書生，於明室垂亡之際，舉兵起義，轉戰鄉里，支撐殘局，最後兵敗負傷，壯烈自殺，年僅三十三歲。關於他的生平，明末各家野史記載者很多，但有一點，諸家互有出入，聚訟紛紜的，那便是關於他當李自成攻入北京時，曾向李自成上書，並向李自成屈膝下跪的傳說。」其實這些傳說的根據都是阮大鋮等人別有用心篡改過的。

退一萬步講，即使葉靈鳳確屬為時勢所逼而「事敵」，他也是知廉恥的。他在〈吞旃讀史劄記〉（《大眾周報》三卷二號五十四期增刊《南方文叢》第一號，一九四四年四月八日）裏寫吳梅村：

> 吳梅村為明季詩壇一代宗匠，明亡後為時勢所逼，更事新朝，後世論者對他的批評雖不同於錢牧齋龔芝麓，頗加曲諒，但他自己則始終以枉節自歉。據說當時侯朝宗曾再三以書勸他，叫他審慎出處，他未能遵從，侯朝宗死後，他的挽詩曾有「死生終負侯嬴諾，欲滴椒漿淚滿樽」的痛語。他在清初雖仕至國子監祭酒，可是臨終時仍囑「殮以僧服，葬於鄧尉靈蔚之間，墓前立以圓石，題曰詩人吳梅村之墓足矣」。

他在〈記鄭所南〉中描述的鄭所南死時囑託，與此類似：

> 他晚年棄家漫遊，耽信佛老，多寄寓寺院中，病亟自知不起，囑他的友人唐東嶼說：「思肖死矣，煩書一牌位，當云大宋不忠不孝鄭思肖」。自贊其像曰：「不忠可誅，不孝可斬，可懸此頭於洪洪荒荒之表，以為不忠不孝之榜樣」。

試想，從古至今，真正的漢奸賣國賊有哪個能做到像吳梅村、鄭所南這樣呢？大凡漢奸賣國賊，不僅是不忠不孝，而且是寡廉鮮恥的。

類似這樣借古甚至借洋以明志的文字，三年零八個月中還寫了很多。例如一九四四年十一月發表在《大眾周報》的〈獨漉堂詩〉和一九四五年二月發表在《華僑日報．文藝周刊》的〈讀獨漉堂詩〉，一再引述明遺民詩人陳恭尹的詩作，並說：「但讀着陳恭尹的詩，驀然鄰家的一隻警犬、狼一樣的叫得那麼淒厲難聽，我的胸間卻始終有一股熱氣在激蕩着，我不知道這是向於他的作品的意境同我置身的世界融合了，還是我的想像走進了他的世界中。」陳智德評論說：「強調個人對陳恭尹詩作相契、感同身受的處境，誠如張詠梅所論：『從這段文字，顯見葉靈鳳強調自己閱讀的投入感，正來自其身世之感，覺得獨漉堂詩寫出了自己處於異族統治下的心情。』」（《板蕩時代的抒情：抗戰時期的香港與文學》）

即使是一些看似正面寫日本人的篇什，也不過是借着方便審查，借你的殼，說我的話。例如《秋鐙照顏錄》寫吉田松陰，看中的無非他是「攘夷志士」。你有你要攘的夷，我有我要攘的夷，我要強調的只是攘夷而已。有一次，他甚至在《大眾周報》上直接使用了「抗日作家」的字樣。方寬烈在《香港文壇往事》一書中是這樣說的：

> 二卷八號刊出寒流的〈桂林作家群〉，葉靈鳳說：「是一篇極可珍貴的關於中國抗日作家的報告，原文曾發表於中國內地各報，廣州南支日報將此稿譯成日文刊在該報。我們知道廣大的大眾周報讀者亟欲知道重慶治下文化界的真相，特請梁君根據南支日報的日譯文再譯成中文。」按「南支日報」即《支那派遣軍南方日報》的簡稱，為日本軍部所辦。葉靈鳳在這裏引用「抗日作家」四個字算是大膽。葉靈鳳既是《大眾周報》的主編，在每一期的首頁當然要寫一篇社論表示立場，除了在第一卷二十四期用葉靈鳳三個字發表以外，其他都用「葉」字或「豐」字署名，可是在寫作構想上確實要費相當心思的，既不

想太露跡擁護日本政策，但又怕日方懷疑他有異心，於是只有強調英美的侵略罪惡、中日應同心協力之類，試看他在二卷三號所寫：「百年以來，誰剝奪了中國的自主，誰侵犯了中國的獨立，誰用帝國主義和殖民地政策榨壓着中國民眾的汗血，這種罪惡的強盜行為者是誰？是眾目昭彰，盡人皆知的事。」表面上是指英美，但細心一想，日本亦是「帝國主義」呢。

方寬烈對於葉靈鳳也是不乏微詞的，認為他有兩面性。但方寬烈對於葉靈鳳淪陷時期的寫作，卻能設身處地體味他在刀尖上跳舞的良苦用心。

但是，直到抗戰勝利七十年之後的二〇一五年，比方寬烈措辭還要激烈的批評仍未絕跡。劉潤和在為周家建《濁世消磨——日治時期香港人的休閒生活》一書所寫的序言〈濁世消磨〉就說：

戰前不少文藝工作者都反對親日主張的「和平文藝」論，戴望舒、葉靈鳳就是其中兩個例子，但於日治時期，為了苟存性命於濁世，及為了生活，也難免走上同一消磨志氣的漢奸路途上。話雖如此，由於葉靈鳳始終沒有片言隻字交代過這段歲月的經歷，我們懷着對他至深的同情與敬意，才說了上面「為了苟存性命於濁世，及為了生活」的結論，其實單看一些他當時刊於《大眾周報》的社論及小說評論如〈中國人之心〉、〈騎虎果難下乎〉、〈聖戰禮贊〉等等篇章，其中的漢奸嘴臉實在難看，而他所負的漢姦污名，最多只能算是一件懸案，尚未能徹底清洗乾淨。

即使是參與編輯《葉靈鳳日記》的許迪鏘，一方面尊葉靈鳳「是我仰望的前輩」，一方面也還在個別問題上持保留意見，「本來一百分，我就扣他三五分吧」。在《葉靈鳳日記》的編後記中，他和盧瑋鑾對談時這樣評價葉靈鳳淪陷時期的寫作：

他最引人爭議的自然是投敵的問題，「漢奸文人」的惡名掛了二三十年才給除掉。其實，在那年頭，生死繫於一線，不止是個人，更附帶着一個家，唱高調容易，親歷其境，任何決定都是艱難的。先生身在曹營心在漢，您在箋語中已有所提及和暗示了。近日有位學者列舉日治期間先生頗「露骨」的挺日文字，認為他是真心投敵。白紙黑字，固不容隱晦，縱觀《日記》中的言論，我有另一個想法。先生由始至終就對英美殖民者切齒痛恨，日人把英人趕走，實現所謂「大東亞共榮」，他未必完全反感。

許迪鏘所說的「有位學者」，應該是指趙稀方。其實趙稀方也有相近的想法，在《報刊香港：歷史語境與文學場域》一書中，他做了更為系統透徹的分析：

另外一個更重要的問題，是香港的特殊性。日本的「大東亞戰爭」，對於中國與對於香港的意義是大不一樣的。日本的「大東亞共榮圈」理論以解放殖民地為號召，其前提是歐美殖民主義對於世界的霸權，特別是對於東亞的殖民侵略，其基本點是以東亞為單位抵抗歐洲的殖民主義。就此而言，「大東亞宣言」認為，東亞各國應攜起手來，「使大東亞解脫英美之桎梏，保障其自存自衛」，而大東亞各國之關係，是「互相尊重其自主獨立」、「互相尊重其傳統」和「撤廢人種的差別」等。

對於主權獨立的中國而言，「大東亞理論」就是侵略的藉口，對於香港以及東南亞前殖民地國家而言，「大東亞理論」卻有投懷送抱的意味。香港本來是英國殖民統治地區，在日本人看來，是他們幫助香港人推翻了英國殖民統治，恢復了東方文化。就認同來說，香港人的確處於尷尬的地位。一般來說，殖民地是通過認同舊的政權來抵抗外族侵略的，然而香港之舊政權本身卻是英國殖民統治。日本之推翻西洋殖民主義，恢復東方文化，對於香港人來說，不能不說具有一定的迷惑性。事實上，同樣受到日本侵略的東南亞國家，事後並不怎麼憎恨日本，原因就在於日本幫助他們推翻了西方帝國主義。

趙稀方認為：「對於日本在香港的『去殖』行為，學界很少予以注意，而從葉靈鳳的記載看，正是這種行為在某種程度上打動了他。」「對於日本人的這種行為，葉靈鳳是加以肯定的。」「從葉靈鳳的敘述來看，他把日本人在香港的行為，看作是驅除英國殖民文化，恢復中國文化，這的確是他所支持的。在他看來，日本之抵抗英美，亞洲及中國都是受益者，而最受益者是香港，他引用劉鐵城先生之語說：『英美以廣義的鴉片政策毒害東亞民眾，受禍害最深者為中國，而歷時最久者恰為香港。香港土生華人以及旅居斯土稍久之僑胞，所受英人殖民政策毒害之烈，凡略有民族思想者無不扼腕太息』。如此，日本人『去殖』就顯得很有必要了。」

趙稀方最後總結道：

值得注意的是，葉靈鳳對於英國殖民主義之反省，對於香港史地之熱愛，非一時之現象，而是一直持之以恆。……在較少有殖民反省的香港史上，葉靈鳳的這些著述是很獨特的。筆者在《小說香港》一書中，曾經評論說：「（香港）開埠百年來的歷史全是由西人敘述的，葉靈鳳以詳盡的歷史敘事的方式申訴了中國人的立場，打破了西方人對於香港的知識壟斷，這是他的香港著述的根本意義所在。葉靈鳳在著述中，以詳盡的歷史材料揭露了英國殖民者侵略中國的各種史實，這就戳穿了西方歷史敘事中對於侵略行為的『美化』。」由此看來，葉靈鳳對於日本「大東亞共榮圈」的正面評價，都是建立在香港的特殊歷史經驗的基礎之上的，葉靈鳳的歷史選擇，有其獨特的思想基礎，這是歷史的弔詭之處。

從葉靈鳳淪陷時期那些所謂「露骨」的「挺日」文章來看，很多是不得已而做做樣子，但在反對英美殖民主義這個問題上，他似乎是「假戲真做」了。從這一方面來看，他又不是一介普通書生，是懂一些政治的，並且很有一些預見性。且看他一九四三年十一月六日發表在《大眾周報》二卷六號三十二期的〈老獪與邱吉爾〉：

近來報上的國際新聞，看了使人最痛快的，是從美國視察世界各地戰線歸去的議員口中，暴露了邱吉爾瞧不起中國，說未來的世界和平會議，重慶將不能與英美蘇並肩一席。

我說痛快，並不是因為自己的祖國被人家瞧不起而痛快。誠如重慶某發言人所說，「過去作戰六年之目的，即在求國際的平等」，今竟如此，實在是該痛苦的事。我說痛快，是說邱吉爾這老狐狸，任憑他怎樣狡獪，也終於露出了尾巴。

在這次戰爭中，對於英國，邱吉爾誠然不失為一隻中流砥柱。可是忠於英帝國的功臣，根本不會成為中國的朋友。過去是這樣，眼前也是這樣。這矛盾是無法挽救的。近來英國好像很看得起我們，這不過因為自鴉片戰爭以來，英國紳士沒有像今天這樣需要這黃面孔的苦力為他賣力如此之亟。骨子裏他根本不曾將我們當作「人」，更談不上「朋友」。一切的一切，都是受寵若驚者的自作聰明而已。可是天網恢恢，偶一不留神，老狐狸終於露出了尾巴，我們自以為「英國已經將我們當作朋友」的論者也挨了一頭冷水，這叫人見了怎不痛快？

人到底是不能不要朋友的。可是一百年來的教訓，我們應該認識，英國怎樣也不會成為中國的朋友。中國如要朋友，應該反而求諸己。一個人只要自己爭氣，不怕沒有朋友。

葉靈鳳這篇文章發表之後的十七天，也就是一九四三年十一月二十三日，開羅會議開幕。根據中國駐英大使顧維鈞的回憶，邱吉爾曾對赫爾利說過一句斬釘截鐵的絕情話：「中國要收回香港，除非跨過我的屍體！」蔣介石在十一月三十日反省本月大事中寫道：

> 開羅會議之經驗，英國絕不肯犧牲絲毫之利益以濟他人。彼對於美國之主張亦絕不肯有所遷就，作報答美國教英人之表示；其於中國存亡生死，則更不值一顧矣。……英國之自私與貽害，誠不愧為帝國主義之楷模矣。

一九四五年八月十五日，日本天皇宣布向同盟國投降。八月二十五日，英國特遣艦隊駛抵香港以南的中國擔杆列島海面。九月一日，英軍司令官夏愨宣布成立香港臨時軍政府，英軍搶先接收香港。

戰後，葉靈鳳繼續留在香港，直到一九七五年十一月二十三日去世。一九四六年六月十五日，他在日記中寫道：「香港不能收回，這終是中國的恥辱。」此後，他潛心研究英帝國主義侵佔香港史，發表一系列史料詳盡、不容辯駁的論著。

一九九七年七月一日，中國對香港恢復行使主權。此時，葉靈鳳已逝世二十二年。他雖然沒能得見中國收回香港，但他的女兒葉中敏卻為他感到欣慰。她記得夏衍跟她說過，靈鳳寫的很多東西都很好，最重要的就是關於香港的這一部分。「中英就香港回歸進行談判前，相關人員要看遍所有研究香港的書，大家讀的最賞心悅目的就是父親寫的這一部分。」

假如真的像夏衍所說，潘漢年指示葉靈鳳繼續留港，「保持超然的態度，不直接介入政治，留待將來『為我們幫忙』」，僅憑這一點而言，葉靈鳳也是無愧於這個使命的。

「書淫」並非「淫書」之謂

香港淪陷時期，葉靈鳳還寫過不少「為稻糧謀」的文字，最具代表性的就是《書淫豔異錄》。這個專欄從《大眾周報》一卷一期開始連載，一直持續到四卷十七期。在開始連載的時候，還附有一篇〈小引〉：

十年前，在上海曾用這題目為某報寫過一些短文，每天一篇，雜談男女飲食，乃至荒誕不經之事，有的錄自故紙堆中，有的卻摘自西洋專門著述，一時嗜痂的讀者頗多，許為別有風味之作；好事之徒，更互相抄剪，打聽這賅博的作者是誰。其實我不過是愛書有癖，讀書成性，見有這類材料，隨手摘錄，雜湊成章而已，不僅不足道，而且是不足為訓的。不料十餘年來，時時還有人以這類文章有否存稿見詢，最近《大眾周報》的編者，更異想天開，要求我重整故業，為他們新辦的周報再寫一點「書淫豔異錄」之類的東西撐場面。我對於文章一道，雖然洗手頗久，可是朋友們終是朋友，盛情難卻，而且年來側身「大東亞共榮圈之一環」的香港，「六兩四」之餘，有時閒得難受，有時餓得幾乎不能安貧，便只有拼命的買舊書，讀舊書，正如宋人某氏所謂：「饑以當食，寒以當衣，孤寂以當友朋，幽憂以當金石琴瑟。」如果一定要獻醜，則讀書之餘，隨手摘錄幾句，雖不能歌功頌德，騙騙讀者倒是綽然有餘的，這樣既可以敷衍朋友情面，又可以換幾円兩軍票買「黑市米」，何樂不為呢？思之再三，遂決意再作「書淫艷異錄」。

不過，十年漂泊，書劍無成，「南渡衣冠幾人在，西山薇蕨此生休」，到頭來還是寫文章騙騙稿費買米，思想起來叫人毫不淒涼煞也！正是：

「五十無聞，河清難俟，書種文種，存此萌牙；當今天翻地覆之時，實有秦火胡灰之厄；語同夢囈，痴類書魔；賢者憫其癖好而糾其謬誤，不亦可乎。」

葉靈鳳欺負日本人沒文化，仍然在這裏搬弄典故，以「南渡薇蕨」自況，以「秦火胡灰」他諷，正是寓孤憤於淫狎，延續了他淪陷時期寫作的一貫作風。這且略過不表。單說偽託編者力邀（其實《大眾周報》的編者正是他自己），並且不露真容（署名白門秋生）這一點來看，他自己還是自認寫這類文字「不僅不足道，而且是不足為訓的」。一九四六年，他又逐日為《新生晚報》寫過與此類似的《歡喜佛盦叢談》，使用的仍是「秋生」的化名。幾個月之後，在一九四七年一月二十七日的日記中說：「以『秋生』筆名所寫的稿，已成公開秘密，很覺無趣。」

至於〈小引〉中所說十年前就曾連載《書淫艷異錄》的上海「某報」，則是指姚蘇鳳主編的《辛報》。姚蘇鳳不僅與葉靈鳳同庚，文學趣味也非常相投，因此也便有了同編《六藝》雜誌的合作。姚蘇鳳也是一位編輯副刊的高手，他所開創的有特色的版面設計，曾被稱為「姚式編排」，不僅以清新美觀著稱，更注重趣味通俗。一九三五年九月，姚蘇鳳在主編《小晨報》時，就曾邀葉靈鳳逐日連載通俗小說《永久的女性》。《小晨報》停刊後，姚蘇鳳又於一九三六年六月一日創辦《辛報》，創刊號起就開始連載葉靈鳳的《書淫豔異錄》，一直持續到十月二十日，總共刊出一百零六則（九十篇），達十餘萬字。有趣的是，《辛報》因刊載《書淫豔異錄》，曾以傳播淫穢罪名被人投訴到租界當局。巡捕房為此特發出傳票，將《辛報》傳喚到庭。結果是姚蘇鳳甘願接受十元罰款，文章則照登無誤。（張偉：〈葉靈鳳的一本另類書話〉）

《辛報》連載的《書淫豔異錄》，亦有一篇〈小引〉。其云：

古人以讀書不曉事為書痴，愛書過溺為書淫，秋生對於這兩種癖好，可算兼而有之，每遇見好書，總不惜傾囊購來；枵腹讀書，是常有的事。久而久之，物以類聚，袋中常空，架上的書卻漸漸的豐富了。而且所買的書，大都是不能登大雅之堂，屬於獵奇趣味方面的居多。蘇鳳兄主編《辛報》，囑將讀書所得，寫一點貢獻給讀者，因撰「書淫豔異錄」。孔老夫子曰：「吾未見好德如好色者也」，話雖如此，但是他老先生卻也要拜見衛國漂亮的南子。聖人尚且如此，秋生又何能免？然而所記雖多豔異猥瑣之事，必出以乾淨筆墨，以科學理論參證之，雖不想衛道，卻也不敢誨淫，至於見仁見智，那要看讀者諸君自己的慧眼了。

這篇〈小引〉雖短，對於「書淫豔異錄」的釋義卻最充分。首先，「書淫」並非「淫書」之謂。正如葉靈鳳所說，「愛書過溺為書淫」，他自己就是一個十足的「書淫」——「書籍對於我，便成為唯一的無言的伴侶。他任我從他的蘊藏中搜尋我的歡笑，搜尋我的哀愁，而絕無一絲埋怨。也許是因了這，我便鍾愛着我的每一冊書，而且從不肯錯過每一冊書可能的購買的機會。」（〈書齋趣味〉）當然，書淫讀書既多，也就不挑食，「不能登大雅之堂」的，乃至禁書「淫書」，也會不予排斥。所謂「讀書無禁區」，正是標準「書淫」的生動寫照。他曾說：「我至今仍有讀雜書的嗜好。愈是冷僻古怪的書，愈想找來一睹為快。若是見到有人的文章裏所引用的書，是自己所不曾讀過的，總想找了來翻一翻，因此，書愈讀愈雜。」

他也並不諱言也讀「不正經」的書，而且這習慣是從學生時代就已養成了的。在〈我的讀書〉一文中，他說：

> 我的讀書，這就是說，除了學校的課本以外，自己私下看書，所看的又不是現在所說的「課外讀物」，而是當時所說的閒書。據自己的記憶所及，是從兩本書開始的。這兩本書的性質可說全然不同。一本是《新青年》，是叔父從上海寄來給我大哥看的；一本是周瘦鵑等人編的《香豔叢話》，是父親買來自己看的。這兩本書都給我拿來看了。
>
> 就是這兩本書，給我打開了讀書的門徑，而且後來一直就採取「雙管齊下」的辦法，這樣同時讀着兩種不同的書，彷佛像靄理斯所說的那樣，有一位聖者和一個叛徒同時活在自己心中，一面讀着「正經」書，一面也在讀着「不正經」的書。

說到靄理斯，葉靈鳳顯然是認真研讀過他的著作，不僅是他的《性心理研究》，就是他的論文、雜感、自傳，也都讀得津津有味。對於靄理斯，他在〈《性心理研究》作者靄理斯〉中有一段中肯的評價：「哈費洛克·靄理斯，將以他的那部大著《性心理研究》之中所含蓄的明徹的智慧，和對於人生正確沖和的指導，永遠為世人所記憶和感激。他與野狐禪的金賽博士之流不同，從不販賣『性』的野人頭，而是以詩人的理解、醫生的知識、人生哲學家的觀點來研究並指示怎樣處理男女兩性問題。」

葉靈鳳又何嘗不是這樣。他在〈小引〉強調的「所記雖多豔異猥瑣之事，必出以乾淨筆墨」，無異於撰寫性學文字的葵花寶典。為葉靈鳳編輯了《書淫豔異錄》一書的張偉曾說：「不必諱言，葉靈鳳的這部《書淫豔異錄》是寫性的，幾乎篇篇和性有關聯。」「題材敏感，範圍廣泛，內容涉及古今中外，很考驗執筆者的綜合能力。」「可以說，他交出了一份合格的答卷，而且寫出了自己的風格：即平實舒雅，行文有據，講究知識性卻絕不炫耀，筆端更是乾淨清澈，沒有任何褻瀆之處。」張偉更是感歎：「同時代及後輩中少有人能如此掌控自如，平衡有度。」

香港南粵出版社一九八九年出版過一本葉靈鳳的《世界性俗叢談》，封底的圖書簡介也表達了類似評價：

> 本書是一部趣談男女間性愛逸聞的故事集，內容無奇不有，如各國的婚姻性俗，道來又如天方夜譚；對不守婦道的名媛閨閣因縱情恣欲而引惹的身禍，說來又見懲戒之意；還有風流的齋戒和尚、心猿難制的尼姑的荒誕笑話，以及春宵秘戲的行樂圖，措辭冶豔，堪稱神品；而描繪閨房中的樂趣和床笫間的技術，更令衛道之士目瞪口呆。這些故事即使視為好事者杜撰之辭，聊為笑談，實也無傷大雅。然作者意在勸善懲淫，敘述間雖有渲染誇

大，卻並不過分。

葉靈鳳在香港的知音還有很多。高雄大概算是首次公開揭秘的人。葉靈鳳去世後，他寫了〈送葉老之喪〉（一九七五年十一月二十七日香港《成報》），文中說：

我認識葉先生甚久，我在新生晚報開始寫經紀拉日記時，佢則在新生晚報寫一篇極其吸引人的讀書雜記，欄名叫「書淫豔異錄」，是他老先生在讀正經書之時，把其中略不正經的資料擷錄出來寫成的，不過「書淫」二字，並非「淫書」之謂，這兩個字非常典雅，是「書迷」的意思，所記的中外古今書籍中事，皆以「豔異」為主，樂而不淫，非常得讀者擁護。好多人都不知道出於葉先生的手筆，現在我把這一件事公開出來，葉先生在泉下有知，料亦不會見怪，因為這些小品文字，後來俾好多人抄襲翻刊，亦再冇第二個人可以寫出來。因為這是葉先生讀書的「副產品」，埋首書卷之中，偶有發現，則摘錄下來，以志其趣，後來作為寫小品的材料，自非始料所及。葉先生博覽群書，才會有這種剩餘物資收穫，好多埋頭苦幹做學問的，即使念文學也好，如果是走單邊路，亦不會有佢咁多見識。

新生代作家董啟章甚至把葉靈鳳寫進了小說裏。在長篇小說《愛妻》中，男主人公佘梓言，一個大學教授，突然產生以葉靈鳳為研究對象的念頭，「可是，我可以怎樣研究葉靈鳳，其實還不太有頭緒。我反覆地讀着他的小說和書話。我總是覺得，他的《書淫豔異錄》會是個切入點，但又提不出具體理據來。在書本、性和小說之間，存在某種微妙的三角關係。」他知道：「葉靈鳳對性心理的興趣由來有自。回看他年輕時代的短篇小說，許多都存在強烈的性暗示。事實上他在性描寫方面已算克制，跟西方和今日華語寫作界的露骨，不可同日而語。不過，在當時也許在意識上已算超越界限，觸犯了某些讀者和評論家的道德禁忌。我認為，與其以道德上的前衛抑或保守為指標，不如把這些小說視為一個少年的成長過程中，所展現的好奇、刺激、衝動、試探、失衡和自衛。自我的文學啟蒙，以性啟蒙的形式得到實現。」

另一位香港作家杜漸，曾在〈葉靈鳳的《讀書隨筆》〉（《書痴書話》）一文中表達過一個遺憾：

> 據我所知，葉靈鳳生前所寫的有關書的文章，還有不少尚未收入這三大冊的《讀書隨筆》中，例如他研究世界性風俗和性文學，就寫了不少十分有趣的文章，也是很有價值的。大概把這些文章收進《讀書隨筆》會有點兒「不雅」吧。我倒是沒有這種潔癖，我覺得葉靈鳳那些文字是寫得樂而不淫，很有意思，能增加我們的知識，也能使讀者倍增樂趣的。

三聯書店版《讀書隨筆》，不僅沒有收入這一類文字，甚至將葉靈鳳生前出版的《文藝隨筆》中幾篇「與性有關」的文章都刪去了。負責編選《讀書隨筆》的羅孚，儘管喜歡葉靈鳳的很多類著作，但對於他那些以「白門秋生」筆名寫的「關於性的小文章」，卻一直是不感冒的，曾經說過「其實這些文章並不怎麼樣」；還說：「他當年要以白門秋生的筆名寫這一類文章，恐怕也多少認為這些東西有些不雅，或有些無聊，才用筆名而不用真名的吧。」雖然羅孚自已也勉強承認：「書不算淫書，文章也不是誨淫之作，閒書而已！」但骨子裏他是排斥的，他的這種「潔癖」可能也左右了他的選編標準。不過，歷史檔案顯示，刪去幾篇「與性有關」的文章，是三聯書店老闆范用的指令，羅孚只是執行而已。一九八四年范用致羅孚信中有這樣一段話：

星期天在家將葉翁的幾本集子翻看了一遍，覺得可即以「讀書隨筆」為書名，集《讀書隨筆》、《文藝隨筆》、《北窗讀書錄》、《晚晴雜記》為一書，約有二十五萬字，不算少。現列印了一份編目，請酌。刪去的幾篇多半與性有關，是大忌。有幾行現在不適宜再印的話，也作了刪節。

葉靈鳳在〈悼羅蘭羅蘭〉一文中說：「從德萊菲大尉的所謂賣國案件開始，經過第一次世界大戰，有一時期，羅曼羅蘭曾被他本國的『愛國分子』們像狗一樣的投着石子，直到戰爭的狂熱過去之後，他們才發覺他們所侮辱的正是一位先知。」葉靈鳳不是先知，但他的作品能在百十年後被人們接受，甚至引發持續的閱讀和討論興趣，也能說明一些問題。

陳君葆日記中的葉靈鳳

淪陷時期，與葉靈鳳交往甚密的，有一位陳君葆。

陳君葆，一八九八年十月七日出生於廣東省中山市三鄉鎮平嵐鄉，一九八三年六月二十五日壽終香港。一九三四年，受聘為香港大學馮平山圖書館主任兼文學院教席，與許地山為同事，對香港新文化及平民教育貢獻良多。日軍侵佔香港後，搜查香港大學，並封閉馮平山圖書館，陳君葆忍辱負重，茹苦含辛，誓與藏書共存亡，不但使館藏得以完璧，而且還廣搜校外書籍搬回保存，使得日軍要將其焚毀或賣掉的放言淪為空談。香港淪陷前夕，南京中央圖書館將一百一十箱珍貴典籍寄存於馮平山圖書館，還沒來得及轉往海外即被日軍盜回本土，日軍投降後，陳君葆多方設法，將其尋回，避免了這批國寶級書籍流失異邦。

陳君葆素有寫日記的慣習，經年未斷，棄世方休，歷年積攢多達百冊。一九九九年，陳君葆女婿謝榮滾與陳氏後人一道，將其中一九三三年至一九四九年間的日記整理注釋，交由商務印書館（香港）有限公司出版。香港浸會大學歷史系主任周佳榮博士將此書譽為「大時代的證言」，所評殊非妄言。陳氏身處動盪年代，結交多為一時豪傑，腕底春秋，毫端月露，堪稱風雲際會，其中尤以日佔時期香港生活實錄為最珍貴。而這一時期，他與葉靈鳳雙雙滯留孤島，顧影相憐，相濡以沫，因之關於葉靈鳳行狀的記載甚多，甚至遠遠多於葉靈鳳的夫子自道。《葉靈鳳日記》雖然也在此後終於整理出版，但他的日記時斷時續，尤其是淪陷時期的日記，只留下片言隻語，也許他從事的地下情報工作不允許他有更詳細的記事，也未可知。所以，梳理陳君葆日記中有關葉靈鳳的記事，就是一個難得的參照和補充。

日軍開始攻打香港，是在一九四一年十二月八日，經過十八天的戰爭，香港於一九四一年十二月二十五日正式淪陷，史稱黑色聖誕節，此後香港就陷於三年零八個月災難的歲月。一九四一年十二月二十八日那天，陳君葆記：「傍晚有兵入屋，家人均驚惶不已。阿霞幾乎羅厄，後來我和那二等兵説明她是女僕，同時他又發現我案頭的幾多佛學書，才叫那勤務兵把她釋了。雲湘膽子最小更為震恐，但我可有甚法安慰她。」虛驚一場，尚屬幸運，但不是所有的人家都能逃過一劫，劉智鵬、周家建所著《吞聲忍語：日治時期香港人的集體回憶》，記載了吳溢興的一段口述，可再現彼時令人髮指的情形於一斑：「日本兵進入我們的店鋪時，幸好我家姐及時躲上了屋頂，但鄰居的婦女卻被他們強姦，她們的家人只能走出屋外哭泣，不願留在屋內，既無助又無奈。」此後的一九四二年，整整一年，陳君葆的日記也只記了十八天，印象最深的是九月十五日：「自月初以來則每覺鬱鬱不樂，在苦悶中成無題七絕六首。」其中第一首云：「休問書生為底狂，水寒消息斷人腸，小園賦罷花零落，總不逢君也自傷。」陳君葆説：「不是有閒情來作詩，結在胸裏的話是要衝口出的。」

到了真的「逢君」，也就是葉靈鳳出現在陳君葆日記時，已經是一九四三年的年初。一月二十六日陳君葆記：「午後往訪靈鳳，望舒也在，大家均似感精神食糧缺乏而希望圖書館能早日開放。」陳君葆當時可能不知，那個月，葉靈鳳剛剛被秘密任命為中國國民黨港澳總支部香港黨務辦事處幹事。上一年的年中，則經調查統計室香港站工作人員蘇武介紹，已被發展為特別情報員。表面上的身份，卻是香港佔領地總督部臨時囑託。在這同時，他還擔任和日方有關的大同圖書印務局的編輯部長。但是，陳君葆的身份也很「曖昧」。是不是也是「奉命留守」，甚至是「最高層次的高手」呢？也不是沒有草蛇灰線可尋。盧瑋鑾、鄭樹森、熊志琴在〈淪陷時期香港文學及資料三人談〉的一段對話，就是討論這個問題。

鄭：回應之前討論葉靈鳳的問題，陳君葆在淪陷時期，是否奉命留守呢？

盧：沒有什麼證據顯示他「奉命」留守。但他的活動範圍很廣，活動能量極強，不似普通學者。他的日記也不見破綻。多少年來各類文化界回憶文字也少見他的蹤影。可以說收藏縝密，應是最高層次的高手。後來他似乎不大喜歡葉靈鳳。

鄭：兩人同是地下工作，但線路不同。陳君葆很特殊，很早就露出底牌。

盧：他很明顯，毫無疑問。姚德懷是他帶到大陸參觀的第一批學生，據說回來後即受到香港政治部審查，但一直沒影響陳君葆的工作。他的活動稱得上八面玲瓏，又十分穩妥。

鄭：他當時已經有一份待遇優厚，而且地位崇隆的工作。

盧：葉靈鳳辛苦得多，卻沒有什麼具體、物質的好處，但陳君葆絕對有。

鄭：因此他在淪陷時期裏跟日本人、落水文人的周旋，要以比較宏觀的角度來看。

熊：還有一九四五年和平後，「捉漢奸」之聲四起，但偏偏沒有為難他，以他在戰時有過這麼多虛與委蛇的事，很難撇清，結果他卻能全身而退。

鄭：從來沒提過他。

盧：這就是八面玲瓏，你看他天天拿米分給香港大學圖書館的同事拿得多容易。

鄭：他甚至分配給其他人，以供溫飽。

盧：他的日記還提到怎樣跟日本人、英國人討價還價，非常特別。

熊：他後來還獲頒OBE，港督楊慕琦授勳。

鄭：他最成功就是潛伏這麼長時間，又得到大英帝國的勳銜。

熊：大英帝國自然瞭解他背景。

盧、鄭：當然了。

一九四三年五月三日下午，陳君葆「遇靈鳳於車上」，一直到八月底，葉靈鳳才又重新出現，為什麼葉靈鳳突然消失了小半年？原來這期間他被日軍抓去坐牢了。話說葉靈鳳的情報工作營運了差不多一年之久，香港站的據點突被日軍憲兵發現，根據搜查出的名單抓捕了許多人，其中就包括葉靈鳳。家人講，他是端午節進去，中秋節出來，在香港高等法院的舊址，被關了三個多月。一九八八年六月二十四日，葉靈鳳夫人趙克臻曾經給羅孚寫過一封長信，詳述了葉靈鳳的坐牢和她設法營救的過程。大約在中秋的前一日，葉靈鳳獲得無罪釋放，但被勒令不能離開香港。「可惜其他四十多人，大都被判死罪，或病死獄中。」

這些內情葉靈鳳當然不便和陳君葆講，事實上他一直到死也沒跟任何人講。香港重光後的一九四六年五月三日，葉靈鳳曾在日記中寫道：「開始計劃寫《流在香港地下的血》，記所參加的秘密工作及當時殉難諸同志獄中生活及死事經過。在卅餘人之中，只有我是寫文章的，而我又幸而活着，所以我覺得我有這責任。」但他終於沒有寫出。興許是戰後在香港碰上了年輕時的戰友潘漢年，又從中共方面領得了新的任務，因而不便寫此類敏感文章，也不是沒有可能。因為香港淪陷之前和之後，潘漢年作為秘密戰線的負責人，都曾在香港活動，據葉靈鳳自己記載，一九四七年二月六日，他「在香港酒店遇見潘漢年」，並「約定明日偕夏衍乃超來家中小敘」。次日潘漢年他們一直在他家滯留到「晚飯後始行」。當然這都是後話。

葉靈鳳出獄後不久，陳君葆就遇見了他，這是一九四三年的八月三十一日：「從東亞研究所出來到大同去走一遭看看望舒，靈鳳已出來了，相見之下不勝感慨，他面色灰白似舉步不大健的樣子，屈指相隔已三個多月了。」可知這三個多月的牢獄之災給葉靈鳳肉體和精神所施予的雙重折磨。

十月間，陳君葆與葉靈鳳過從相當頻繁，而每次的相聚幾乎都與東亞研究所有關。據香港學者黃振威考證，東亞研究所全名為東亞研究所香港事務所，是東京神田區駿河台東亞研究所的分支，位於中環畢打街十八號，與葉靈鳳工作的大同圖書印務局近在咫尺。東亞研究所有幾位靈魂人物，主要是小川、小原、中込，都是日本來港的研究人員。根據陳君葆日記的記載，十月二日，「午與靈鳳往訪小川，因到京滬飯店午飯」。十月十七日，「晚葉靈鳳戴望舒假大華飯店請宴，到的東亞研究所的小川、小原和中込，同盟社的小椋。靈鳳的太太也於此次初認識，以前她大概不大出來活動也。小椋據說是廣東通，但普通所謂『通』也者只在飲食起居穿着女人方面講究耳，雖然這也是入手方法，並不應十分菲薄的。真正對學問有研究的仍以小原為首屈一指，堀內也頗有眼光」。這期間還從台北大學來了位島田教授，陳君葆於十月二十日「午後二時半與島田教授於香港大酒店門口會齊同往南方出版社介紹渠和葉靈鳳、戴望舒認識，縱談歐洲文學至差不多四點才興辭出」。

陳君葆所用的這一個「興」字，也道出了葉靈鳳與他們交往時的感受。葉靈鳳主編的《華僑日報．文藝周刊》曾經向島田和另一位受聘來港的日本學者神田約稿，在〈編輯後記〉裏，葉靈鳳寫道：「連日以來，我們向兩位先生請教之餘，不僅在學問上獲益不少，同時兩先生態度謙沖誠摯，也使我們年來寂寞的心上感到一種溫暖。」葉靈鳳還在文中論述了中國與日本在文化方面的相互影響，並指出：「中日事變已相持了六七年，但無論在怎樣的情形下，中國文藝者從不曾在文化上將日本當作過敵人。」但陳君葆對於所謂的中日「文化交流」似乎語多揶揄，在一次歡迎神田、島田「兩位友邦文人」的酒店小集之後，他寫成絕句四首，其中第三首云：「浮海人來有盛名，千秋事業獨關情；如何文化交流日，鼙鼓猶聞戰伐聲？」而在一九四四年十月三日他和葉靈鳳都有參加的「應神田的茶會」之後，又寫道：「在茶會中，神田演說，顯然而非閒視其事了，隨後他又三番四次地分別徵求各人關於文化聯絡的具體的意見，誠如散席後觀偉所云，大有迫不及待的樣子，似乎他總要做些文章出來好交卷，這在許多人看來總露出辦事欠老到哩。照這樣看文化協會一類的組織一下子也弄不起來也。觀偉的見地，側重友誼的聯絡作基礎，我意也以為不能更有進於此者。靈鳳提出刊物的意見，卻又是本色話了。」

關於葉靈鳳、陳君葆與日本學者的交往，黃振威有句話倒是頗能說出個中三味：「葉、陳等雖與小原等各為其主，但在日夕相處之下，彼此也開展了真正的友誼。」這是問題的一方面，更深層次的內幕可能遠沒有這麼簡單。例如那位「同盟社的小椋」，盧瑋鑾、鄭樹森、熊志琴在〈淪陷時期香港文學及資料三人談〉中，就有過如下一番討論：

鄭：小椋廣勝本身是記者，屬於一九三〇年代的左派，在軍部鎮壓左派時曾經下獄。但他在香港的活動，即使日軍全面鎮壓，又沒有怎樣受到影響。我們要記得，日本軍部不是鐵板一塊，一向有海軍陸軍之爭，小椋究竟被哪一方重用，因而受到某個程度的保護？這點現在很難判斷。他在和平後仍繼續傳播左翼思想，翻譯了很多中國左派和西方講解社會主義的書，大多由岩波出版。他的翻譯和個人著述非常反帝、反殖，是支持共產黨的文化人。他後來在日本因著述而成為教授。……

盧：小椋廣勝很早就到香港，他一九四四年就是同盟社香港支局局長，位置很高，管理新聞是很重要的位置。……奇怪的是，陳君葆很討厭他，而他和葉靈鳳的關係卻很好，這也是當時葉靈鳳在香港能有許多活動的原因。夏衍曾經提及，蕭紅墓的石圍是小椋出資的，這說明了他用錢方便，而夏衍也認識他。

熊：同盟社主管香港新聞發佈，小椋是同盟社香港支局負責人，而葉靈鳳跟他熟稔，葉靈鳳在做地下工作，夏衍又跟他認識——說白點，就是他們在左翼脈絡上有聯繫。那麼，就是小椋當時潛伏得很成功，十分隱蔽，以至陳君葆也不知道他是同路人。

鄭：一般都會這樣。

這不由讓人聯想起葉靈鳳一九五一年四月三十日日記中的一段話：

李輝英晚間到報館見訪，同出至合勝記小坐，他吞吐向我表示，彼離開東北來港，並非如他在文章上所表示，係過不慣當地生活，而係負有特別任務者。——不知何故對我作此表示，甚怪也。

天底下沒有不散的宴席，淪陷後期，日本大勢已去，再無力維持香港的東研。一九四四年六月二十九日，陳君葆日記記載：「午後順路到東研去會小川們，因靈鳳也在那裏，他說因為聽見東研要結束，少不得到那裏去坐坐，人生聚散不常，小川們幾個還算談得來的，在目下情勢中總算難得之至，多敘會幾次也好，其實他們也十分可憐了，東京好幾個月沒有匯款來，據說小原要把蚊帳賣掉了。」這天，他們少不了要喝上兩杯，但場面實在寒酸。「小川拿出啤酒來，每人只分得一茶杯」，「香煙也抽盡了，大家往後要吸便不能不累望舒把他所餘的幾根也掏出來了」。值得一提的是，即使自己處於窮途末路，小川、小原也不忘一再幫助陳君葆：「昨晚小原遣李姑娘送三百円來，並附一封英文信，那使我十分感動。那三百円本來是華僑日報給那譯〈宮崎滔天〉一文的稿，隔了許多個月才發出來；但那譯稿的酬金早已由東研付了，而小川得此亦無甚用處，因轉而以移贈與我云。這又是知我貧而想出許多要幫忙我的一片苦心了。我雖然不能接受他們的好意，可是回想到自己在香港有許多故舊都不能接受他們的助力，倒是無緣無故地只憑一面思想文字之交便使他們異邦人士對我如此關懷，這倒使我中夜撫膺，愧恨無地自容也。國際的情勢，對此使我只感到痛苦，有時覺得無以自解，單純人類的交感作用使我感到本國人的素質劣，而民族前途仍然暗淡。」

日記中提到的小川，全名叫小川平二，戰時在香港主理東亞研究所，一九四五年一月離港，東亞研究所亦結束。一九四九年，小川任眾議院議員，其後曾任自治大臣、文部大臣等職。戰後的一九五二年八月，他曾過港與葉靈鳳一見，葉靈鳳八月三十日日記說：「舊時相識之日本小川平二氏，訪問緬甸過港返日，今日上午忽至報館見訪未遇。後同事來電話見告，遂至半島酒店訪之。彼現已為日本國會議員，下午即離港返日。」一九五二年十二月九日葉靈鳳日記還說：「日友小川前此過港曾約晤，今日又接駐港日領事小川四郎名片，乃係彼弟，謂其兄託有物見饋，約日相晤。」小川四郎即小川平四郎，後來成為首任日本駐華大使。一九六二年十月十一日，葉靈鳳曾在香港《新晚報》的「霜紅室隨筆」專欄發表一篇〈「日中不再戰」〉，提到了小川平二兄弟。文章頗能透出他對日本以及中日關係的態度：

我們這一代的人，可說都是在日本侵略陰影籠罩下長大的。在小學讀書時，就恰巧碰上了「二十一條」事件，然後就是兩年三年一次的抵制日貨高潮，接着就是驚天動地的「九一八」。而生活在上海的人，更先後經歷了「一二八」和「八一三」。避到香港來，喘息初定，又遇上了「十二月八日」，飽嘗了三年零八個月的淪陷生活滋味。

前幾天就剛巧有人向我問起，為什麼談起日本人，就仍有餘恨猶在似的。我回答說這事一言難盡。總之是，我們這一代的人，尤其是身經「一二八」和「八一三」戰禍的人、再加上在香港的三年零八個月的生活，無論怎樣想用理智來壓服感情，談起日本人，總無法能忘記過去所深受、以及耳聞目睹的一切。不要說是二三十年的歲月，就是更久一點的時間，也無法平復我們這一代的人心上和身上所受的創痕。

就個別的來說，我也有幾個日本朋友，我自己的這一條命，就是在日本人的「寬宏大量」之下拾回來的。從日本憲兵隊監獄裏能生還的人並不多，我卻是其中之一。又如現任日本駐港總領事小川先生的令兄，我覺得就是一位極難得的儒雅謙沖的好日本人。可是一個兩個，個別的幾個，又哪裏能夠抵消得過，自「九一八」以至「八一三」，再加上香港的血腥記憶？

但這一切已是過去的事，我們所不能忘記的，就讓我們自己不忘記罷。但是我們的下一代、中日兩國的下一代，卻千萬不能再有這樣的經驗。「日中不再戰」、「中日兩國人民世世代代友好」，但願這不只是紀念碑文，同時也是彼此真誠的盟誓。

小川平二看到了這篇文章，「正在香港的弟弟平四郎送來前面提到的《新晚報》」，但小川平二不知道這個「筆名叫霜崖的人」就是他的故交葉靈鳳。他寫下一篇〈不再戰爭〉，文章說：「漸漸出現了戰況不利的端倪，香港不時受到美軍的轟炸。《華僑日報》對此提出了反論，『如果將美軍的轟炸作一個比喻，就等如用劇毒去殺死體內的淋菌一樣愚蠢』。結果在那時引來了一番爭議。將佔領軍稱為淋菌的大膽作為，叫我們苦笑，但想下去這已經是當時的知識分子盡了心力的抵抗吧！」「現在看到霜崖那篇刺中我心的文章，我為當時雖然無力清去淋菌的毒害，但也算屬於雜菌一類的自己感到羞恥，亦覺得對不起當日的舊朋友。」

一九八二年，葉靈鳳遺孀趙克臻攜長孫葉超駿去東京探望在那裏讀書的女兒葉中嫻，恰好長子葉中凱也在東京開會，他們一起前往小川的辦公室拜會了他，小川和夫人熱情地設宴款待了他們。

二〇〇二年十月十三日，在日本音樂史上創造了一個又一個奇跡的搖滾樂隊 GLAY，登陸北京工人體育場，舉行了名為「GLAY ONE LOVE IN BEIJING」的中日邦交正常化三十周年紀念演唱會，氣氛火爆異常。葉靈鳳的長孫葉超駿恰是 GLAY 樂團經紀人公司國際部負責人，全程參與了此次演出的組委會工作。

再回到陳君葆日記。陳君葆的貧，絕不是文人的為賦新詞強說愁。在淪陷時期的香港，物價飛漲，三餐不繼，特別是淪陷後期，更是「物價益複高漲，人心似更張惶」。「連日以來路上每發見餓斃的市民」，惹得陳君葆「不禁為之心酸一陣」。就連結婚的茶會也帶了戰時的風味了：「先由侍役來數一數各桌的人數，然後才每人派定西餅兩件茶一杯」。愛書的陳君葆「這一向都不曾到地攤去買書了，原因之一是袋裏沒有錢」。就連買片糖，也要等着葉靈鳳送稿費來。一九四四年五月三十日這天一早，「葉靈鳳遣女僕送了稿費二十円來，剛好這幾天正等着買些片糖來煲番薯糖水，雖然二十円只能買四斤糖左右」。但過了一年，片糖價格已漲得非常離譜，「次等的也要七十二円了」。陳君葆「寫了一封信給靈鳳說『平居無別嗜，僅喜糖茶咖啡，此與足下殊酸堿，夙所知也，現姑擬以此定筆潤，每千方塊易片糖二斤或白糖一斤如何？』書去後下午他打電話來說『提出抗議已知道了，一切均容易』，我說『抗議則何敢，吃糖則因所願也』，相與一笑」。真正是苦中作樂，甘苦與共。

葉靈鳳自己兒女一群，生活也是大不易，「側身『大東亞共榮圈』之一環的香港，『六兩四』之餘，有時閒得難受，有時餓得幾乎不能安貧」，為了換米，只好在《大眾周報》上經營《書淫豔異錄》這個「多豔異猥瑣之事」的性學書話欄目。陳子善說：「當香港淪陷，葉靈鳳留港擔任國民黨中央調查統計局香港站特別情報員，從事秘密的抗日地下工作。因此，不難理解，編輯《大眾周報》正是一種偽裝，一種掩護，續寫『書淫豔異錄』專欄也應該別有懷抱和寄託在。」這就有些過於鄭重其事。陳君葆日記曾載：「小川謂據靈鳳告訴他，香港辦報若不談女人那便沒有人看了。」可以推想，葉靈鳳之重作馮婦，一方面是舊癖難醫，另一方面不過是為稻粱謀而已。耐人尋味的是，這些文章雖屬「雜談男女飲食，乃至荒誕不經之事」的不登大雅之作，卻往往「出以乾淨筆墨」，甚而至於「文字清通優美」，儘管如此，作者卻似乎不願暴露真實身份，不只署以白門秋生和番僧的筆名，還在〈小引〉中故意營造編者力邀，盛情難卻的假像。反觀他寫的那幾篇禮贊「大東亞聖戰」的社論評論，卻堂而皇之地掛上了葉靈鳳的金字招牌，難道他不清楚這類「漢奸文學」性質上比「飲食男女」嚴重得多？要想追本探源，恐怕不能離開彼時彼地的歷史情境。趙克臻在寫給羅孚的信中，對當時的「高壓」態勢有過這樣一番回顧：「靈鳳在釋放後，仍主持『南方出版社』及《時事周報》，不久又惹上了另一次風波。在農曆新年的周報上，他寫了一篇小品文，題目是『誰說商女不知亡國恨』，內容是元旦日他路過石塘咀，見到那裏的導遊社等風月場所，居然掛上了國旗，很是感動。誰知此文刊出的第二天，中區憲兵分部『田村曹長』，帶隊來到我家，要將靈鳳帶回去問話，聲稱文中有煽動性及不友好的意念。」有人這樣為葉靈鳳辯解：「以葉靈鳳當時的處境而言，日本人要利用他的名望做『統戰』工作，不會讓你一直躲在『白門秋生』的假面具後混日子，總得不時以本名『表態』一番的。」

葉靈鳳在一九四五年一月二十一日發表在《華僑日報．文藝周刊》的〈跌下來的果子〉一文中曾說：「最痛苦的，同時也是最壞的，是自己所不想寫而又不得不寫的文章。」不只是寫自己不想寫而又不得不寫的文章，葉靈鳳還參加過一些與日本佔領軍有關的文化活動，陳君葆就在日記中記述了葉靈鳳組織新聞學會的一些情形：一九四四年六月七日，「葉靈鳳打電話邀我到松原茶敘，並交香版的一篇文章〈關於《廣東續通志》〉給我看。他並告訴我新聞記者協會成立已把我舉了作名譽顧問，而這又是拿來代替新聞班的機構云。我想這已是無可與辯的事也只好聽之而已，但究不知將來演變至若何形態。並且將來又具若何妙作用」。七月六日，陳君葆又記：「葉靈鳳們組織新聞學會邀我作名譽會員，已設法推辭，今天他們開成立大會，靈鳳又寫信來約去參加，並說『總督也出席，而且有午餐』，我待不去，他打電話來說『座位是排好的，缺席恐不好看』，於是我只得去了，在一方面看，倒像哺餟也似的。」在這個成立大會上，總督磯谷、海軍司令大雄、總務長官計泊以及民治部長、憲兵隊長等都有出席。坊間還有個傳說，葉靈鳳「又是日軍報道部選派到東京出席『大東亞文學家會議』的兩名香港代表之一」，但葉靈鳳的夫人趙克臻在寫給羅孚的信中對此予以了澄清，說葉靈鳳「從來不曾去過東京」。羅孚後來撰文也改變了說法，稱葉靈鳳「台灣，沒有去過；外國，更沒有去過」。關於這件事情，張泉發表在《新文學史料》的研究文章考證甚詳：「關於中國代表的人選，日方本期望周作人、俞平伯、張資平、陶晶孫、葉靈鳳、高明等名人能夠參加，但實際到會的都是一些不太知名的人物」，「日本利用權威人物提高『大東亞文學』號召力的設想，一開始就未能如願以償」。

歷史上不乏「奉命」做「漢奸」的人，例如袁殊。他二十歲加入共產黨，立即就被派去參加情報工作，一幹就是十四年，當到了汪偽國民黨中央宣傳部副部長，是個「奸」名遠播的響噹噹的「漢奸」。據羅孚在《北京十年續編》一書中透露，袁殊後來常對人說：當時好像我們是演戲，幕後指揮的是潘漢年、王子春，台上演戲的是我，只要戲演好了，羞辱是個人的，算不了什麼！葉靈鳳似也是「奉命」「演戲」，內心肯定有難以排解的羞辱感，那個時期，他密集研究史上被迫屈節出仕的人物，表達的可能正是自己隱隱作痛的心曲。

葉靈鳳的悲哀還在於，他的心中一直有一個鬱結，他的衷曲卻一直難與人道。不說「別人」，即使是陳君葆這樣的知交，對葉靈鳳也不是沒有產生過須臾的懷疑。一九四五年八月二十三日，陳君葆在日記中寫道：「靈鳳的意志似見動搖了，他的《文藝周刊》時期的作風仍未能免。我真不明白，他留港的目的在發財呢，抑或在有所建樹？現在的結局不曉得當時他們曾否有着真正的信心；抑或純然投機主義？」說這話時，日皇剛剛發佈投降詔書沒有幾天。此後的一個時期，陳君葆忙於重光之後各種重建事務，但與葉靈鳳的酬酢並未減少，而且，他們的交情一直持續到終老。他們曾一同和文化界人士郊遊，一同到香港佛門堂考研摩崖石刻。陳君葆還數次賦詩為靈鳳賀壽，葉靈鳳去世前一年寫下的〈賀葉林豐六十九壽辰〉，更是對葉氏不平凡一生的蓋棺論定：「一生歲月幾知非，笑疾誰從問陸機。六十九年遽伯玉，聖人門戶見馬稀。」

一九七五年十一月二十五日，葉靈鳳先生的喪禮在香港殯儀館舉行，致送花圈及弔唁者甚眾，他的好友陳君葆特撰挽聯向他拜挽：

心眼果能通增邀野鶴呼靈雨
火花疑未斷應與寒丹住鳳凰

淪陷時期的書事

書有十厄，兵燹是其一。所以當戰爭到來，愛書人恐怕比一般人更為惶恐，所受的劫難更為嚴重。

葉靈鳳在上海的萬冊藏書已經毀於戰亂，廣州淪陷所失雖然不多，但都是心肝寶貝，所以忘憂也難。不想僅僅過了三年，厄運又一次來臨。他在香港淪陷次年寫的〈火線下的《火線下》〉一文説：「當香港戰事爆發後，正如大多數的西區居民一樣，立即倉皇從西區避難到東區」，在跑馬地防空洞裏領受了十幾日的交織炮火的滋味。等回到遺棄在西區的家，「仔細一檢點，作為文人的我，所蒙受的意外損失可有點驚人了。」「由於鄰人的好意，我的架上的書籍，《抗戰大事記》也罷，邱吉爾的言論集《汗血眼淚》也罷，凡是有點那個的，都不翼而飛了。……總之，凡是有字的東西，幾乎全都不見了。」「哪裏去了呢？鄰人笑嘻嘻的説，説是恐怕有人來查問時有點那個。有些給我燒了，有些來不及燒的都扔在後邊山溝裏了。」蒙難的又豈止葉靈鳳一人，一九四四年九月二十九日《香島日報》發表的蘇子〈記馮平山圖書館〉説：「香港攻略戰後，叢書有散失於民間，撕毀作包裹落花生之用者，文獻損失，斯誠不免，亦吾國文化之劫厄。」

淪陷時期，逛書店也成為奢侈之事。彼時的香港，見於文獻資料的書店僅有兩所。張年發表於一九四二年十二月八日《南華日報》的〈大東亞戰爭一年來新香港的文化建設〉説：「本港尚有堀內書店及興亞書店兩所，該店羅列各種有關興亞建亞的圖書。」這時期出現在葉靈鳳日記裏唯一的書店正是堀內書店，這一天是一九四三年的十月七日：「今日見堀內書店有《吉田松陰集》，他的名句是：雖然我的軀殼被丟掉了去腐爛，在那武藏的平原上，我那日本人的精神卻將永遠長存。」那時，香港正處於水深火熱的日據時期，能夠堂而皇之開書店的，肯定是日資無疑。香港文學研究者黃振威則說，堀內書店是日據時期葉靈鳳和陳君葆常逛的日文書店，位於畢打街十二號。淪陷時期葉靈鳳供職的大同圖書印務局就在畢打街的畢打行，與堀內書店近在咫尺，所以出出進進的必定很方便。

小思曾說：「葉靈鳳是著名小說家，更是知名的藏書家，無論來港前或來港後，買書藏書讀書，已成為他生命重要的元素。在平靜的日子裏如是，在烽火漫天、朝不保夕、不易為人理解的三年零八個月，香港陷入日寇之手的困境中更如是。」不過，在屈辱的日子裏逛書店當是另一番心情，所以葉靈鳳關於逛堀內書店的記載也只這麼一條，這麼簡單一句話。他在淪陷時期所寫的有關書和書店的文字，也更多是對往昔的追懷。例如在〈愛書隨筆〉中，他再一次回憶起廣州淪陷時永遠失去的那七冊「關於書的書」，並且發出這樣的慨歎：「七年的炮火，曾經毀滅了許多生命和城市，當然更毀滅了不少可珍貴的典籍。」

葉靈鳳在回顧香港淪陷那段災難歲月時曾說：「有時閒得難受，有時餓得幾乎不能安貧，便只有拼命的買舊書，讀舊書……」那個時期的葉靈鳳日記很不完整，即使有一些日子有記載，按照盧瑋鑾的說法，也「多似提綱」，「未見實紀生活」，所以關於買舊書，雖然有「年來昏昏然，買書甚多」這樣的說法，但具體的行腳，則語焉不詳。在香港土生土長的方寬烈，曾在《香港文壇往事》中提到：「四十年代以前舊書販多聚集在上環摩囉街一帶，不過四五家而已。」葉靈鳳日記首次提及摩囉街，則已是香港重光的次年，在一九四六年元旦這一天，葉靈鳳出外逛店淘書，逛的正是摩囉街，而且頗有斬獲：

> 逛摩囉街，有相識之舊書賈打招呼，謂有書若干，頗合我所好，邀往一看。檢視之下，乃鄭振鐸所印之《中國版畫史》等，皆購求多時而未得之書，不禁大喜，價錢亦不貴，遂盡量購下。計有版畫史第一輯，第二輯，版畫史外輯，顧氏畫譜，北平榮寶齋所刊箋譜。光緒三十一年印校《欽定書經圖說》，有圖五百餘幅，係寫本石印，頗精緻。又 Roger Fry 等所著《中國藝術》一冊，係根據布寧頓美術雜誌號外擴大而成，有彩色圖二十六幅，頗精，又朱偰所編《金陵名勝古跡影集》一冊。新年出行即得此，頗覺高興。整夜披閱，未讀書。
>
> 書賈阿董並謂另有舊書一批，俟接洽妥當後，當約期往看。

有人猜測，葉靈鳳珍藏的那部海外孤本《新安縣志》，沒準兒就是得自摩囉街的舊書攤。如果說這是「意外驚喜」，倒不如說是搶救文物之舉。戰亂時期，很多華人從內地避難來港，他們隨身攜來的古董珍本，有許多就流入摩囉街市場。香港淪入日軍之手之後，摩囉街不幸迎來「書劫」。就如吳昊說的：「當人人都在捱餓，生命朝不保夕，誰有閒情看書？舊書店都怕烏蠅了。」更慘的一幕是：「天氣冷了，燃料缺乏，舊書店把舊報紙和舊書賤價出售，『買來當柴燒呀！』」葉靈鳳他們就是在這樣的情況下，奮力從灰燼中搶救珍寶。方寬烈在《香港文壇往事》中對此頗加稱許：「葉靈鳳和戴望舒，在香港給日本佔領時期，為了搶救有價值的書籍，免致淪為廢紙燃料，先在中環利源東街開了一家舊書店，又在報紙刊登廣告，收購淪陷時期難民家中或準備回鄉的藏書，那冊孤本的木板《新安縣志》就是在這情況下，獲得葉靈鳳保存的。」

離摩囉街不遠，皇后大道中央戲院附近的樓梯街一帶，是舊書攤雲集的地方。三四十年代之交，戴望舒寫過一篇〈香港的舊書市〉，像導遊一樣引着讀者一家家將那些書攤看過去。在這些書攤書鋪中，有一家三益書店，是淪陷時期葉靈鳳經常光顧的。據方寬烈講：「抗戰勝利後，葉靈鳳在《星島日報》專欄裏，寫了一篇談舊書店三益的文章，雖然只數百字，已給我留下深刻的印象。」方寬烈本人後來也經常到三益購書，認識了老闆，知道了它的歷史，在《香港文壇往事》中有詳細介紹。香港神州舊書店老闆歐陽文利在《販書追憶》一書中也給了三益許多筆墨，他說，三益書店在鴨巴甸街十八號，原來是一間醬油舖，店主蕭金每天需要大量紙張包裹醬油，所以他經常到街市購買大本過期的年鑑和和舊書刊來包紮，而這種書刊堆放多了，居然引來行人和同業挑選。他發現原來舊書都可經營，於是逐漸把醬油店轉為書舖，讓他弟弟蕭安打理，蕭金自己出外購貨。歐陽還提及，「香港著名的書話家黃俊東和許定銘都喜歡到三益淘書」。可是，葉靈鳳在三益淘書的故事才最感人，這事見於方寬烈〈葉靈鳳的雙重性格〉：

> 三益的老闆叫蕭金，死後由弟弟蕭安繼承，最初的地址在西環卑路乍街，五十年代遷到灣仔軒尼詩街，我因經常購書，和他們相當熟稔。六十年代香港《星島日報》刊載葉靈鳳一篇記敘三益書店的文章，那天我恰到三益，和蕭安談及葉靈鳳，蕭說葉的為人不錯，

香港淪陷時期，他才十三歲，跟隨廿多歲的哥哥看店，葉靈鳳每天經過，都進去搜購舊書，風雨不改，因為葉住在西環山道，卑路乍街是返家必經之路。淪陷期間，生活十分困苦，有時沒有好的書售給葉，葉會暗中詢問蕭安：「小孩子，今天吃過東西沒有」，順手塞幾塊錢軍票給蕭安，讓他買麵包果腹，從這點看來，葉又不是一個冷酷無情的人呢。

這個軼事許定銘在〈書人書事．珍貴的資料〉裏也寫過，他沒明說哪個書店哪個老闆，但肯定是三益的蕭安無疑：

老闆談得興起，告訴我很多他賣舊書的舊事，其中一段是賣書幾遭殺身之禍。他說：「那是淪陷時期，我不過七八歲。一日來了個憲兵，隨意付港幣一百，就想拿了我們兩本值十倍過外的書，我死搶着不放，憲兵拔出劍來要斬我，幸好剛巧我大哥回來，一把拉開，否則……」

他還告訴我一段葉靈鳳的軼事。他說那時候葉天天黃昏都來書店，提着水火燈摸着書架慢慢選，就算書要得少，也總給他們五斤米的糧票。他這種習慣是風雨不改，每天必到。

其實是日日為他們送糧，令老闆感激不已。

舊書攤逛多了，自然成為惹眼的人物。葉靈鳳的〈賣書的女人〉就記載了一次奇遇，這篇文章發表在淪陷時期的《華僑日報．文藝周刊》，由於不太好找，索性就全文抄在下邊：

傍晚，夾着一包沉重的書，很吃力的從街角走上石級的時候，有一個聲音很膽怯的從後面喊着：

「先生，先生」！

我回過頭去，後面是一個婦人，一個很憔悴的我不相識的四十幾歲的婦人。我懊悔了，我想，路上該被稱作先生的決不止我一個，我為什麼愚蠢得聽見有人用這稱呼便以為是喊自己？

可是這婦人卻走了近來，趑趄着：

「先生……」

我明白了，望着她那憔悴的顏容和那已經消失了色澤的灰黑色的上衣，我明白了。

「先生，很對不起」，她低聲的說，似乎很膽怯。「我每天看見你從這條街上走過，每天總看見你挾着一包書，他們說你是很喜歡買書的，我這裏有幾本書，很值錢很好的書，買給你罷。」

聽了這話，我才注意到她脅下果然挾着一個兩寸多厚的紙包。從面積推測起來其中該是三四冊三十二開本的書。她一面打開着紙包，一面向我說：

「這是很好很值錢的書，可是他們不識貨，你先生買了罷」。

紙包打開了，我接過來一看，厚厚的兩冊卻是我自己早年寫作的選集。這太出乎我的意外，我怔住了。

「是不是？這不是很好很值錢的書嗎？他們那有你先生識貨！」

我問她是哪裏來的？她說，這是她女兒的遺物，女兒今年春初染病死了。平時最喜歡看的就是這兩本，所以她知道一定是很好很值錢的書。

我想對她說，這是世間最壞最不值錢的書，但是我沒有這勇氣，我不想破壞她對於已死的女兒的記憶，這未免太殘酷了。我終於給了她一個使她意外歡喜的價錢，將這兩冊對我自己是一無所用的書換回，令她高興的走了。

這篇文章的副題是「都市的憂鬱」，可以說道盡了彼時的心境。香江月冷，濁世消磨，樂享之中自有無盡憂鬱，寒夜之中亦可見一絲溫情。無論是書市，抑或是書本身，從來不是孤立於人之外的沒有生命的物品，而是永遠和人世間的死離生別糾纏不清。

坊間還有葉靈鳳淪陷時期開書店的傳言。陳智德在《板蕩時代的抒情：抗戰時期的香港與文學》一書裏說：「戴望舒出獄後一度與葉靈鳳、黃魯等人合股經營書店。」方寬烈在〈葉靈鳳的雙重性格〉中說得更是有鼻子有眼兒：「香港給日本統治三年零八個月當中，葉除了經常到三益書店搜購書刊之外，曾和戴望舒在中環利源東街十號，開設一家專門買賣舊書的懷舊齋，並在《大眾周報》刊登廣告，以南方出版社文化服務部名義代客徵求和銷售珍本書籍，因此淪陷期間散在市面的好書，不少落在葉手裏，像一套被稱孤本的《新安縣志》。」

葉靈鳳收藏的嘉慶版《新安縣志》，的確是一部海外孤本，而且十有八九是在戰時的亂世入手的。葉靈鳳生前拒絕了向外國人轉讓這部價值連城的珍籍，他死後由他的家人將它捐獻給了廣東的中山圖書館，因此，說他是「文化界的功臣」也恰如其分。但是，說他與戴望舒合股經營懷舊齋，卻像一個撲朔迷離的疑案。因為葉靈鳳始終不曾提到和戴望舒一起開書店，並且，就在懷舊齋事件之後的一九四四年，他還寫過一篇〈書齋隨步〉，承認開書店只是一個夢想。文章說：「十多年來，始終想經營一間這樣為了讀者和作家打算，同時也不抹殺出版者利益的文藝書店。可惜這夢想至今還不曾有機會給我實現。」那麼，懷舊齋究竟是怎麼一回事呢？黎明起的一篇〈回憶望舒〉給出了答案：

> 最使我永志不忘的是一九四二年春季我們合股經營的一家舊書店「懷舊齋」，這家舊書店雖然僅僅經營了四個多月的短期間，可是卻把我們的友誼搞得更密切。「懷舊齋」的股東一共三人，我、望舒和萬揚，當時的資本是每人一百元軍票，由望舒的介紹，向一個姓沈的朋友購進一批舊書，數目總在千多二千本以上，同時我們自己又拿出一些用不着的舊書來，我們既然有了這麼一大批貨色，於是「懷舊齋」便很快的開張了。當時的「懷舊齋」是開設在利源東街的一家洋服店前面，店務全由我一人主持，因為萬揚另有事務，沒有空閒，望舒又是外省人，買賣間語言諸多不便，不過，望舒卻時常在店裏幫忙，比如抄錄新購進的書目、定價以及計算帳目等。「懷舊齋」第一個月的生意總算不錯。賺了一點錢，我們三股東都歡喜不已，但是從第二個月起，我們的生意卻漸漸的走向下坡了，第四個月就完全不能再支撐下去，於是便只有關門大吉，關門的原因自然很多，但最主要還是

由於我們不善經營之道，平日大家只知搖筆桿，一旦拿起算盤來便不期然的感到手足無措了。

黎明起是廣州詩人黃魯的筆名，曾出版詩集《紅河》。廣州淪陷時來到香港，用「黎明起」這筆名在報刊發表文章。香港淪陷期間他也留下沒走，在葉靈鳳主編的報紙副刊上發表過文章，也和葉靈鳳、戴望舒一樣被日軍拘捕下獄。戰後的一個時期，黃魯頻繁地出現在葉靈鳳日記當中。一九五一年二月十二日，「傍晚，苗秀、黃魯、黃茅、尊古齋潘氏兄弟，及順記雪糕店主呂順，一起來拜年，少頃，鄭家鎮亦來。一同看新買的畫集，炒上海年糕，並冷盆酒餚款客，至晚九時始散。」一九五一年五月八日，「與黃茅、黃魯等喝茶閒話。」一九五一年五月三十一日，「與苗秀黃魯等在高升飲茶，謂《南洋商報》挽人來邀寫稿。」一九五二年七月二十二日亦寫到黃魯，卻是一個噩耗：「上午出外，得悉文友黃魯因心臟病突發已在昨日下午去世。明早出殯。苗秀已代我送了一個花圈，他有兩個孩子，聽說太太已有孕，下月就要分娩了，境況很不好，此是人間最淒切事也。」不禁讓人想起望舒去世時黃魯的感歎：「說人生如夢，而回憶中的友誼，更使人生出造夢一般的感覺啊！」葉靈鳳日記最後一次提到黃魯，是在一九五二年八月七日：「源克平來訪，為黃魯的太太發起一點捐款，我捐了五十元。」

戰後的「再就業」

一九四五年八月十五日正午，日本裕仁天皇向全日本廣播，接受波茨坦公告、實行無條件投降。這是歷史性的一天。葉靈鳳這天記有日記，不過非常簡單：

日本發表投降，接受波次坦宣言，戰爭結束。

平靜的外表之下，可以想見葉靈鳳內心的不平靜。

葉靈鳳曾在日記中感歎：「自『九一八』、『一二八』、『七七』、『八一三』以至香港的『十二月八日』，我的一生最好的日子，都是消磨在日本侵略戰爭的陰影下。」（一九七〇年十月二十四日）八年中，見證了上海、廣州和香港的相繼淪陷。經歷過大轟炸，坐過日本人的牢，目睹過戰友的慘死，又經歷過敵營潛伏的煎熬。現在，和平終於來了，但和平之後迎接他的，卻是質疑的眼光以及再就業的迷茫。

這之後的四個半月，葉靈鳳只留下兩條日記，無非是購銅鏡、讀舊書。倒是他的好友陳君葆，在一九四五年八月二十三日的日記中記錄下了他當時的狀態：

靈鳳的意志似見動搖了，他的《文藝周刊》時期的作風仍未能免。我真不明白，他留港的目的在發財呢，抑或在有所建樹？現在的結局不曉得當時他們曾否有着真正的信心；抑或純然投機主義？

這段沒頭沒腦的話引發多位研究者的想像，但陳君葆這天的日記只有這麼多，並沒有上下文可以提供更多的語境。從陳君葆與葉靈鳳持續終年的友誼來看，不見得是對葉靈鳳的人格有什麼懷疑。唯一能看得出的是，葉靈鳳的情緒在那時的確有所波動。

葉靈鳳的夫人趙克臻倒是在一九八八年六月二十四日致羅孚的信中透露了那個時候的一段往事：

和平以後，我們又受到重大的損失，光復後的「邱雲」，轉達「葉秀峰」的主意，要靈鳳等接收淪陷時的《南華日報》，後改名《時事日報》，靈鳳任社長，負責一切開支，既沒有廣告收入、銷數又不好，艱辛的維持了九個月，這用去了我們全部財產，大約十五萬港元。所謂中央政府，一直不聞不問。我們實在已無力再支持下去了，唯有宣布停刊，從編輯部到字房，總共也有三四十人，員工要求一個月遣散費，可無計可施下，唯有把我的一個鑽石扣針，一對翡翠手鐲，請尤君賣去，得款二萬多元應用。「邱雲」還要叫我們再等幾時，一定會得到補償的。可是一等多年，不久「邱雲」因病去世，從此更沒有了下文。這筆損失，叫我向誰去追討，當年的二十萬元，現在是無可計算了。

關於《南華日報》的背景，關禮雄在《日佔時期的香港（增訂版）》一書是這樣介紹的：

《南華日報》戰前是國民黨中央黨部宣傳部的機關報，所以這個報館的負責人與國民黨中央黨部宣傳部的大員是有非常密切的關係的。例如《南華日報》的負責人林柏生，與梅思平，甚至有段時間與陶希聖都是有聯繫的。但是到了「南京政府」成立後，《南華日報》就偏向了汪系政府，與渝系的國民政府就脱離了關係。這張報紙的政治色彩是非常強烈的。

一九三八年十二月二十九日，《南華日報》刊出汪精衛表明對日議和立場的「豔電」，隨後開始刊載有關「和平運動」的宣傳，汪系政治色彩愈益明顯。一九四〇年，香港曾發生一場「和平文藝」與「抗戰文藝」的論爭，其中一方的營壘就是《南華日報》。它與南京的《中華日報》遙相呼應，為汪偽的「和平文藝」搖旗吶喊。「在他們的對立面，支持『抗戰文藝』的左右翼文人，如戴望舒、施蟄存、徐遲、葉靈鳳、胡春冰、陸丹林等都發表文章譴責，《星島日報．文協》還組織過〈肅清賣國文藝特輯〉痛加抨擊。」（陳國球：《香港新文學大系一九一九——一九四九．評論卷一．導言》）

葉靈鳳的《忘憂草》一書，收有三篇與「和平文藝」陣營論戰的文章，他用犀利的筆法，將「汪記傀儡班」的「嘴臉指示給大家看」。在〈再斥所謂的「和平救國文藝運動」〉一文中，他寫道：

> 正如全國民眾在每一次「謠言」澄澈之後，愈加熱烈地擁護抗戰，加強團結一樣，這類「文化陰謀」也絕對不能動搖始終站在文化戰線最前列的今日中國作家抗戰意志，反而只有加緊我們打擊漢奸言論，撲滅漢奸言論的決心。

太平洋戰爭爆發後，《南華日報》被港英政府強制關閉，該社總司理陳少翔被抓捕入獄。十八日戰爭後，《南華日報》得以復刊。關禮雄《日佔時期的香港（增訂版）》一書說：

> 日人為了要統制言論和消息，是絕對不容許太多的報紙在香港出版的，異己的當然不用說了。他們授意在港的報人，將若干報社合併，以一九四二年六月為期。結果，在六月一日起，《大眾日報》併入《華僑日報》；《華字日報》併入《香島日報》；《南華日報》也同《自由日報》、《天演日報》以及《新晚報》合併了。此後香港中文報章就只有《南華日報》、《香島日報》《華僑日報》和《東亞晚報》。

淪陷時期，葉靈鳳幾乎在所有中日文報刊上發表過文章，唯獨沒有觸碰汪偽背景的《南華日報》，這是很值得回味的。香港光復後，「邱雲」令葉靈鳳接收汪偽的《南華日報》，也比較符合情理。因為這個「邱雲」，就是葉靈鳳擔任「特別情報員」時的上司「邱清猗」。這也從另一個角度印證了葉靈鳳非但不是「漢奸」，反而受國民黨委託接收汪偽逆產的身份。不幸的是，由於「邱雲」的因病去世，再加上國民黨心思並不在此，使得葉靈鳳沒有經費經營下去，這就無端又遭受了一次「賠了夫人又折兵」的重創。

接收《南華日報》的事情，在葉靈鳳的文章中沒有留下任何記載，在他的日記裏，也只能隱約尋到一丁點蛛絲馬跡。一九四六年五月三日說：「為報館事，拍一電致君尚。」七月二日說：「君尚來信，附致一華僑陳伯旋君的介紹信，囑往接洽為報館經費設法事。」這裏的「報館」，應該就是他奉命接收《南華日報》以後創刊的《時事日報》；君尚則是他的姊夫周尚，在上海和香港都有一些人脈，所以才請他幫忙斡旋，但顯然沒能斡旋成功。

報館既已解散，為了生計，只好「病急亂投醫」。一九四六年八月十一日，「范甲約新亞藥廠經理許冠英來談，有意出資辦一周刊，通俗性質」，葉靈鳳認為是個機會，「歸來略為計劃了一下」。新亞藥廠是許冠英的哥哥許冠傑在上海創辦，太平洋戰爭爆發，被迫為日方加工製造藥品。抗戰勝利後，擔心戰時的這段經歷會被軍統特務敲詐勒索，便於一九四五年十一月避居香港。范甲也是上海人，據說是做暖水瓶生意的，後來成為著名的書畫收藏家。《萬人周報》於一九四六年十月十日創刊，督印人范甲。從第一期開始，葉靈鳳以「秋生」筆名連載《十二金人室秘鈔》，這是與淪陷時期《大眾周報》連載的《書淫豔異錄》相類的文字。但「銷路不好，出至第九期停刊」。

同年十月至十一月，葉靈鳳又「入《國民日報》編副刊一月餘」。十月一日，主編《國民副刊》的第一天，就刊出以「靜聞」筆名翻譯的羅賓非的小說《地下是黑暗的》。第二天，以「聞」為筆名刊出〈關於《地下是黑暗的》〉，解釋刊出原因：

> 這本書是一個中國青年用英文寫的，最近在美國出版。……作者所參加的華北地下組織，據他自己說，既不是國民黨領導，也不是共產黨領導的，而是一種基於愛國熱忱的自動組織。……作為一種記錄無數青年在這次抗戰中為祖國奮鬥的縮影，這書自有其存在的價值。

《國民日報》實質上是國民黨在香港的機關報，於戰後的一九四五年復刊，地址在中環干諾道中一三三號。復刊不久，曾遭到港府停刊一月的緊急處分，甚至引發國民政府與港英政府的角力。起因是國民政府廣州行營公佈通緝漢奸名單，香港《華僑日報》社長岑維休名列榜上。《國民日報》刊發〈通緝岑維休！〉的社論，因姿態太高，反令港英對國民黨可能威脅香港治權起了戒心，乃出短期停刊之懲罰性嚇阻。葉靈鳳在一九四六年六月十五日日記中記載了這一事件，並感慨說：「今日港政的潛勢力仍是一九四一年以前的舊頑固分子，自然會有這結果。香港不能收回，這終是中國的恥辱。」葉靈鳳為《國民日報》編副刊，只維持了一個多月。這也是他與國民政府的最後一次「合作」。

在一九四六年即將結束的時候，葉靈鳳這樣總結過去的一年：

今年一年似乎過得最糊塗，茫茫然日復一日，不知日子究竟是如何過去的。此非我一人如此，我想，整個世界都在這情況下度過了這一年。

在無頭蒼蠅一樣亂碰亂撞了一年多之後，葉靈鳳想到了他的老東家《星島日報》。《星島日報》是一九三八年八月一日在香港創刊的。關於《星島日報》的來歷，鍾紫在《香港報業春秋》一書中曾作介紹：

星系報業創辦人胡文虎是為了宣傳虎標萬金油而辦報的，只要報紙發行廣泛，能達到推銷萬金油等藥的目標便可。胡氏自己不管報紙業務，都交給他聘用的報人去辦。因此，報紙的立場和傾向，往往視不同時期的不同辦報人而異。……《星島日報》創辦時，曾聘請國際問題專家金仲華擔任總編輯，總管星島日、晨、晚、周四報編輯事宜。上海名作家戴望舒曾主編《星島日報》副刊。星島報還聘請楊潮（羊棗）為軍事記者，當時，在報上發表的抗日戰爭軍事評論，內容翔實，筆調明快，立論有據，見解獨到，給海外及南方各省讀者留下了深刻的印象。一九四一年春「皖南事變」發生以後，國內形勢有變，並波及香港。同年五月三十一日，金仲華、楊潮、邵宗漢、郁風等登報告別讀者，被迫退出《星島日報》。

太平洋戰爭爆發前，葉靈鳳也在《星島日報》供職，負責一個《中國與世界》專欄。一九四一年十二月八日，日軍進攻香港，許多報紙均被迫減版，《星島日報》也從十日開始，把原有的《中國與世界》、《星座》、《娛樂》及晚報《星雲》各版停刊，改出報紙一張，副刊改名《戰時生活》，由葉靈鳳和戴望舒、張君幹、梁度孫四人合編。日軍佔領香港後，胡文虎一度被羈押在半島酒店，後來被迫與何東一起出資開辦大同圖書印務局，並請葉靈鳳負責編輯事務。所以，葉靈鳳也算得上是《星島日報》的老臣。

此時萌發再回《星島日報》的念頭，還有一個契機，那就是新任總編輯沈頌芳是他的故人。葉靈鳳二十幾歲的時候，曾經在上海參加過一個稱為「辛酉劇社」的話劇團體，主持人朱穰丞，是一家經營茶葉出口的洋行的買辦。葉靈鳳在〈袁牧之與辛酉劇社〉一文中說：「我那時也不過二十幾歲，剛在美術學校畢業，卻已經主持着幾個刊物的編務，也參加了這個劇社，擔任着舞台裝置工作。」沈頌芳就是在那時相熟的，他也是辛酉劇社的參加者。「大家有時便到我的聽車樓來閒談」，「總要一直玩到夜深才散」。

葉靈鳳「晤頌芳，談擬入《星島》編副刊事」，是在一九四七年二月十二日，一直到五月二十八日才有眉目，這天，「頌芳約談星島事，議定編輯周刊一種，係關於香港者，定名《香港史地》。擬六月三日創刊。」這無疑是一個重要的安排，不僅解決了葉靈鳳的生計問題，更為他日後深入研究香港史地，提供了一個重要平台和誘因。葉靈鳳在〈《香港史地》發刊詞〉中，不僅闡述了「本刊創刊的志趣」，更闡述了在他心目中香港這地方以及香港學研究的重要性：

不管你是喜歡還是憎惡，香港終是一個重要的而且值得研究的地方。中國近代對外關係的變動，是以香港為轉捩點的。一八四〇年在中國近代史上是一個重要的年代：中國上下從那時起開始對所謂列強有了新的認識，而列強也開始對這個「天朝」有了新的認識。香港恰恰就從這時在歷史舞台上出現。一百年以來，香港已成了人口二百萬的世界大都市之一。不管你喜歡還是不喜歡，香港的重要性並不因此有所改變，而且看樣子，在最近的將來，她的重要性有可能還要繼續增加。

對於這樣一個重要的地方，我們可說太缺乏注意了，更談不到學術上的研究。過去對於香港這地方的一點自然史地研究成績，可說都是外籍人士做的，正因為如此，已經有人走在前面了，我們如要參加這行列，可以免除自行摸索的困苦。編者認為，香港在種種方面都是一個值得研究充滿興趣的地方，不論你所注意的是國際問題也好，中英關係也好，歷史考古也好，甚至草木蟲魚也好，香港這地方都可以提供豐富的資料不使你失望。

《香港史地》於一九四七年六月五日創刊，總共出了三十五期。對於這個副刊，研究者給予了很高的評價。小思在《香港故事》一書中說：

一九四七年到一九四八年，看《星島日報》，一定給那些高水準的周刊和雙周刊所吸引，所有編者都是一時之選，例如一九四七年六月創刊的《香港史地》，主編是葉林豐（葉靈鳳），是香港史地特別是史料方面，最專門的有系統的研究專刊，直到目前，我還未看到比它更全面的其他刊物。

可惜《香港史地》在一九四八年四月二十八日突然停刊了。這樣一個有特色的副刊何故沒有繼續下去？原因是葉靈鳳在稿子中用到「英夷」二字，惹怒了港英當局。陳君葆一九四八年五月十八日日記記載了此事：

午在扶輪會席上，頌芳說靈鳳編的史地曾登了一首關於九龍城的詩，文裏用到「英夷」二字，因此引起了港政府注意，為此杜德曾召胡文虎去告誡一番，而老虎也不肯示弱，以為這小事自有報館的人負責，為什麼要找到他「老虎」頭上來，這樣便把事情弄得沒可轉圜了。老虎一怒之後，便對社長、總編輯一路下來發脾氣，還說若果事情鬧得不好便要靈鳳辭掉，不過事情已弄錯了，為什麼要辭退人來洩氣，這於事又何補！我說，這事我不能借箸為謀，我與杜德不熟也不能為說項也。其實杜德既然招了老虎去談話，他盡應利用那機會，把事情說開了，認了一句疏忽則當下解決萬事也就完了，何必爭一點面子，致把事情弄僵呢！

多年之後，葉靈鳳猶自記着這個刊物。一九六九年一月十一日，「晚間清理多年前所編的《香港史地》。共出了四十多期，由於九龍城問題，被華民署授意報館要停刊的。」有「英夷」二字的，是崔鳳鵬的舊體詩〈九龍城即事〉，詩云：「頹垣敗瓦苦斯民，太息英夷辣手伸，顧我空拳思衞土，有人挾韌説親鄰，佔巢鳩鳥難相喻，毀室鴟鴞足與倫，弱國外交惟一牒，不須催淚淚沾襟。」

好在葉靈鳳同時還為《星島日報》主編着一個《藝苑》雙周刊。編輯這個《藝苑》，是在議定《香港史地》時就向沈頌芳提出過的。葉靈鳳說：「我又提議出《藝苑》，介紹新的藝術作品。他擬從緩。」但沈頌芳對葉靈鳳還是很夠意思，不久就同意出刊了。在晚年，他還津津樂道於對於葉靈鳳的支持：「我就任總編輯後對星島大事改革，並加強編輯部陣容，調整人事……周鼎、葉靈鳳主編副刊。」《藝苑》雙周刊是一九四七年九月十七日創刊的，至一九五〇年一月八日停刊，總共出刊四十九期。葉靈鳳充分發揮他的美術特長，把《藝苑》辦得圖文並茂，不僅介紹了畢卡索、馬蒂斯、馬約爾、高更、羅丹、大衛、魯奧等西方美術大師，還非常注重對於中國民間藝術的宣揚，舉凡石刻、壁畫、篆刻、剪紙、銅鏡、皮影，都有涉及。他還不忘舊情，先後用整版篇幅推出「比亞斯萊逝世五十周年紀念特輯」和「現代西洋藏書票選」。最有意義的是，他開始翻譯英國道格拉斯·布利斯的《世界木刻史》，並在《藝苑》連載。我收藏的一本《藝苑》剪報集，封面標有「參加全國文學藝術工作者代表大會展覽資料——香港徵集」的字樣，由此可見國內文藝界對葉靈鳳主編的這個副刊的高度認可。

不過，無論是《香港史地》，還是《藝苑》，都還是編外人員的兼職，一直到接編《星座》副刊，葉靈鳳才算正式回到《星島日報》。這一天是一九四七年六月二十七日，葉靈鳳的日記說：「頌芳來電話，謂《星島日報》副刊《星座》已決定邀我編輯，約今日下午一談。下午往晤沈及林靄民，決從下月一號開始，但本月二十九日即應預先發稿。他們要求要編得不高不低而又有趣味，這工作倒也不易。」接編《星座》一年多之後，他在〈作者、讀者與編者〉（一九四八年八月一日《星島日報》增刊）一文中說：

我不曾在創刊號的星座上寫文章，但是我卻看過那一天的星座，因此，我與星座的關係是以讀者來開始的，接着我便成了星座的經常寄稿者，這關係一直繼續了許多年，而現在，更輪到我扮演一張報紙副刊不可缺的三個角色之中的最後一個角色了。

有了這三重關係，他對《星座》的感情自可想見。但他自己可能也沒有想到，自打接編《星座》，他「從此就和《星座》同命運」，一直編到了退休。「他一退休，這個活了一個世代還多的副刊也就被停掉。」（羅孚：〈葉靈鳳的後半生〉）陳畸在一九八〇年一月九日在《星島日報》發表過一篇〈話舊〉，細數了這個老牌副刊的歷史：

我們報紙於出版之初，《星座》就是主要副刊之一。當時的主編人就是著名詩人戴望舒。

由一位詩人來編輯一份報紙的副刊，也可見我們報紙之重視這個副刊，至於出版之後，是否受到讀者的歡迎，現在我們不想自我吹噓；因為，三十年代我國的不少作家都在這個副刊發表過他們的力作，對中國新文學，具有一定的貢獻，是誰也不能否認的。

> 太平洋戰爭爆發，香港繼之陷於日本皇軍的鐵蹄之下。在「黑暗的香港」中，我們自難望荒廢的田園，能夠長出芬芳的花朵。
>
> 戰後我們報紙復版，《星座》也隨之重生。主編這個副刊的，是以前在《星座》曾經從事耕耘灌溉的周為，也就是我們報紙現在的總編輯周鼎。
>
> 周為主持《星座》編務的時候並不長，他就被調到編輯部分量更重的崗位去。於是，《星座》就由名作家葉靈鳳負責。
>
> 葉靈鳳最初寫小說，後來他的寫作與研究範圍非常的廣泛，這就反映到他所主編的這個副刊來：《星座》也就不是早期的純文學的副刊了。
>
> 葉靈鳳於前幾年退休。《星座》就擴大分散而成為《星辰》與《星島小說》，繼續為我們報紙的讀者服務。

一位署名「莫日」的，則於葉靈鳳逝世不久的一九七五年十二月一日，在《明報》發表〈葉靈鳳的哀思〉，對他編輯的《星座》如何「高級」娓娓道來：

> 葉氏退休後，星座版即告取消，以一大報而缺乏一稍重學術性的副刊，實在令人感到遺憾。
>
> 在葉靈鳳主編的《星座》，有很多令人懷念的地方。這個副刊所刊登的文章，真是上下古今，中外佚聞，無論文學、藝術、考古、民俗，甚至科學，都是式式俱全。撰寫文章

的作者中，有自行創作，亦有根據外國最新的雜誌譯述。記得有一位懂日文的老作者，在版面上經常從日本書道雜誌上，譯出了不少講述書法的文章，便大受歡迎，像這一類所謂「高級」的文章，其他的報刊是很少披露的。但只有《星座》，才能夠圖文並茂的刊出。類此的特點，還有不少。

由於葉氏本人習美術，因此《星座》的版面，也特別精心設計。佔頭條的文章，一定有相應的插圖。許多的插圖，從原書翻影，相當珍貴。其他發表的每一篇文章，文首也一定配有一個美觀的小版頭，吸引讀者閱讀的興趣。而遇到特別重大的事件，如「猴年」之初，一定會發表大量「談猴」的文章，從動物學、民俗、考古、民間故事等各角度「談猴」；又如某人獲諾貝爾文學獎，《星座》常能及時推出特輯。有編報經驗的人，都知道這是要花不少心血與精力去幹的，而葉氏若非平日儲有豐富的資料，大量的藏書，也不能有此。除《星座》版外，停刊前的《星島周報》，葉靈鳳也出過大力。當時的《星島周報》，每期有一專題畫頁，如「石刻藝術」、「陶俑」等等之類，也由葉氏供應圖片，並加文字說明，這也是讀者所珍愛的。

劉以鬯對《星座》也給予很高評價，他說：「由他主編的《星座》，在這個『商』字掛帥的社會裏，能夠維持那樣高的水準，足見他有一份可愛的固執。」（〈短綆集．記葉靈鳳〉）高伯雨則在〈聽雨樓隨筆．胡公館西席〉（一九八九年十二月八日《信報》）一文中這樣感慨：「主編一個報屁股長達二十七年之久，在香港少見。」

下篇

我同永玉很要好

年輕的黃永玉初來香港的時候，投奔的是他的偶像黃新波。沒過多久，就成了葉靈鳳家的常客。「幾乎像一隻狼那樣發狠地刻着木刻」的黃永玉，隔三差五也要進城來葉靈鳳家，不僅蹭吃蹭喝，更蹭精神食糧。黃永玉在《比我老的老頭》一書中曾動情回憶：

> 我一生遇見的好人那麼多，卻總是難忘三個人。一個是福建仙游縣的陳嘯高先生，一位是香港的葉靈鳳先生，一位就是苗子老兄。這三個人在不同的時空裏都讓人咒罵為不借書給人的「孤寒種」。相反，我卻在這三人的書齋、書庫裏為所欲為，看盡他們的藏書、藏畫，得益太多。他們對我慷慨而我對他們放肆，「邑有窮讀愧買書」啊！我這輩子不可能有他們這種肚量和境界了。我很小氣，想起抄家的好書好畫冊沒有退還，老是大方不起來。這些狠心人哪知我們得一本好書不易。

葉靈鳳日記中，也留下了不少黃永玉與他相互往來、看書賞畫的記載。一九四九年十二月九日：「黃永玉來，贈彩色木刻複製品一幅，謂在寫一部給中學生看的木刻教程。翻閱英國派克女士的《木刻集》，愛不忍釋。借去《木刻史》及《木刻集》共三冊」。一九五〇年二月二十三日：

「黃永玉以新作年畫兩幀見贈。係由鄭可以絲網油漆彩印，頗絢爛可觀。」一九五一年一月七至八日：「參觀黃永玉的畫展。」一九五一年二月十五日：「晚參加美術家春茗聚餐會，……散會後另與黃永玉等往南島飲咖啡閒談。」一九五一年三月三十日：「晚與黃永玉等在美利堅喝茶吃點心。」一九五一年五月十五日：「與黃永玉在灣仔新開之龍鳳大茶樓飲茶。其閣仔名『鳳閣』。中午生意很熱鬧。」一九五一年六月九日：「整天陰雨。晚間赴報館，黃永玉來訪，又途遇鄭可，同在美利堅喝茶。」一九五一年六月二十三日：「晚與黃永玉在美利堅喝茶。」一九五一年七月二十五日：「黃永玉夫婦又來，請彼等在美利堅宵夜。」一九五一年八月六日：「黃永玉來，謂明午來我處看書，並要求招待便飯。」一九五一年八月七日：「中午黃永玉夫婦來，飯後始走，看畫集，為孩子們映相，又畫像，四時始走。借去木刻等畫冊四本。」一九五一年八月十日：「與黃永玉等在美利堅宵夜，至一時半始歸。」一九五一年八月二十八日：「黃永玉畫了一幅香港中心區的風景在《星座》發表，因此特地寫了一篇短文作配，題名〈香港心臟的畫卷〉，不覺費了半日時間。」一九五一年八月三十一日：「晚間黃永玉送來木刻《血錢》一幀，係以老妓賣肉所掙得的血汗錢為題材者。」一九五一年十一月一日：「晚間黃永玉見訪，他們將在月中赴北京，說將任職於中央美術學院。以木刻一幅見贈。又還來所借去的羅丹雕刻集等。」一九五一年十二月十九日：「高雄夫婦、君葆及黃永玉來晚餐，十時始散。永玉談有人擬在香港開辦美術學院。」一九五一年十二月二十六日：「晚間黃永玉、李維陵兄弟約在龍鳳茶樓飲茶。李君弟兄三人皆愛音樂繪畫，所作素描及本港風景速寫皆清新可喜。」一九五二年三月二十六日：「夜十二時黃永玉來報館約喝茶，他本說日內要走，現在又不走了。」一九五二年五月十五日：「晚間與劉芃如、黃永玉夫婦在美利堅喝茶。永玉將開畫展。事後即擬離港。來報館約喝茶，他本說日內要走，現在又不走了。」一九五二年六月十日：「黃永玉以漢磚『千秋萬歲』及六朝造像的拓片四幅，來交換我剪存的畢卡索素描。這些拓片都有華西大學博物館的收藏印。」一九五二年六月十八日：「晚在美利堅與黃永玉喝茶，他在等候入口證，即返內地。」一九五二年八月十一日：「上午黃永玉偕吳君來看書談天。適彭成慧亦來，遂坐談至下午五時始散，時大雨傾盆，真是留客天也。以炒麵招待。永玉為我以墨筆畫速寫像一幅。」一九五二年八月三十日：「晚與黃永玉、劉芃如等在美利堅喝茶。黃如今尚拿不到通行證，因此無法返國，可是太太就要分娩了。彼甚忿急。」一九五二年九月二十九日：「下午《大公報》之劉芃如、黃永玉等來，又偕對面萊頓英文書院之女教師休士夫人，借去《成吉思汗傳記》二冊，她說正在向學生講馬可波羅。黃永玉最近得了一個男孩。」一九五二年十一月二十六日：「晚與黃永玉等在灣仔一新開之咖啡店飲茶。店中以新派畫多幅佈置，色彩風味均不錯，聞店主人係在法國學畫者。」一九五二年十一月二十七日：「晚上黃永玉來歸還所借書。」一九五二年十二月一日：「下午至報館發畫刊稿。又至思豪酒店看街頭攝影畫展。遇見永玉、芃如，同至聰明人茶廳喝茶。」一九五三年二月九日：「晚間，永玉偕李維陵來，我適在趕着寫稿，他們稍坐即去。」葉靈鳳不僅給他看自己的藏書，遇到倆人都喜歡的，還會給他也買上一冊。一九五一年八月十日日記說：「在別發書店見又有《英國木刻選集》一冊，遂購歸贈予黃永玉」。

在他們相聚的地點中，「美利堅餐廳」頻頻出現，聽名字，原來以為是一間很洋氣的大餐廳，但葉中敏告訴我，那是一家山東人開的小店，主營「童子雞」。黃永玉在〈為什麼老頭兒號啕大哭？〉一文中也寫到它。那是在一九四八年，內地許多文化人還雲集這裏，漫天風雨待黎明：

在香港灣仔國泰影院看《松花江上》，電影散場時，國泰的負責人歐昶兄叫住我：「夏公在『美利堅』，紺弩也在，他說要我在門口等你，叫你去。」

「美利堅」是間小飯店，燒雞出名，便宜爽好，很多文化人常去。離《星島日報》近，向葉靈鳳先生要稿費也方便。

我和歐昶進了玻璃門，喝！好多人，呂恩、白楊、第一次見面的張駿祥先生……沒想到葉靈鳳先生也在。

坊間還一直流傳一個黃永玉在「美利堅」急喚救兵，葉靈鳳趕來埋單的趣話，黃永玉本人承認並非傳說，他在〈速寫因緣〉一文中寫道：

我原來靠投稿過日子，後來在一家報館當非永久性的美術編輯。又為一兩家電影公司寫劇本，為他們的電影畫報每期畫四幅速寫。有時人物，有時風景。葉靈鳳先生在《星島日報》編「星座」副刊，我間或有一兩幅速寫在那裏發表。記得報館不遠處有間賣「童子雞」很有名的餐館，名叫「美利堅」，我常和朋友在這裏小敘。一次吃到半中腰時才清楚大家口袋裏都沒有錢。匆忙地由我對着飯館裏飼養的熱帶魚畫了一張速寫，用手指頭蘸醬油抹在畫上算是色調，給了葉先生一個電話。不久，葉先生笑眯眯地來了。我們交上了稿，他預支的稿費付清「童子雞」錢還有剩餘，賓主盡歡而散。料不到四十年後的上個月，有位年輕的先生送來了這幅畫，啊！蒼黃之極，那麼令我熟悉而親切，彷佛這事就發生在昨天。葉先生、芃如兄、廷捷兄，都久已不在人世……我在畫上題了許多小字，說清這段緣由。

這段題字收在《葉靈鳳日記．別錄》中，其云：「此作作於香港灣仔美利堅餐廳。某日與友人共食於該處眾皆覺囊空情急間電星島葉靈鳳救急，赭色乃醬油也。」葉靈鳳一九五一年五月二十八日日記也有記載：「晚間，黃永玉以畫一幅欲發表，並立即預支稿費拾元。」興許就是這晚的記錄。

葉靈鳳對黃永玉「唯命是從」，是因為他的木刻「特別適合我個人愛好」。早在一九四七年香港舉行全國木刻第一次展覽會時，葉靈鳳就注意到黃永玉，在〈一個木刻展和三部木刻選〉中，他特別提到「兩位前此未見過的特別適合我個人愛好的作者」，一個是黃永裕，一個是麦稈。黃永裕正是黃永玉的本名。葉靈鳳說：「前者的作品是牧歌式的，所刻的幾幅童話插畫，具有高度的裝飾美。」葉靈鳳自然也是像長輩對待喜歡的孩子那樣對待黃永玉。在〈睹物思人〉一文中，他寫到一張紙質已經變黃微有黴斑的署名「玉」的紙條，說：「『玉』就是黃永玉，是個大孩子，這幾行字和口氣，就十足表示了他的調皮性格。但我非常喜歡他的木刻，同他很要好。」

黃永玉離港回北京工作之後，葉靈鳳仍然密切關注他的每一個進步。一九五七年葉靈鳳第一次回北方旅遊，就到過黃永玉北京的家裏，「在他們家裏玩了很久」。他甚至為黃永玉的子女黑蠻兄妹寫畫評。在刊載於《文藝世紀》一九六一年三月號的〈黃黑蠻兄妹的畫〉裏，他這樣說：

一九五八年，永玉的孩子黑蠻的作品，在英國倫敦舉行的國際兒童美術工藝展覽會中得了獎。消息傳來，我曾高興的寫過一篇短文記敘這事，題目是〈神童父子的喜訊〉。我所以用這樣的題目，是因為永玉自己還很年輕，而他在更年輕的時候就已經刻得一手好木刻，因此大家就戲呼他為「神童」。同時，在他兒子的喜訊傳到香港時，他自己設計的一套保護森林的郵票，也運到這裏來發售了。一位木刻家能使自己的作品印成郵票，這實在也是一種了不起的榮譽，因此我的那篇小文就採用了那樣的一個題目。

黃永玉忘不了葉靈鳳，晚年重回香港期間，寫過一個專欄，當中一篇〈香港最早的奶〉，又是回憶葉靈鳳的：

葉靈鳳先生過世很久了。老獺是他的忘年之交，向他求教，得到他教誨許多年。他的音容笑貌實在令人難忘。

當年他編《星島日報．星座》的時候，自己每天有一篇小而短的文章，濃縮的有益知識香馥而深刻。寫這樣的文章真不容易，一萬擔沙淘出一耳勺的金沙。多少長時間的閱歷和多少頓書本！他還有過不少彙編和寫作計劃，都沒有完成。他是香港這座寶島之寶。一個有用的人過早地告別歷史，傷痕就會像山谷那麼深。

我和魯迅的那樁「公案」

凡是讀過葉靈鳳後半生日記的，無不為一件事咋舌，那就是他昔日苦主魯迅的高頻次出現。第一次的亮相，是在一九四六年五月三日，話題竟然正是那個最具話題性的比亞茲萊。「如果上海的存書果然一冊不失，則《比亞斯萊及其作品》，也應該早遲使其實現，這一來完成多年的希望，一來聊伸對魯迅的一口氣。」此時，距魯迅逝世差不多已近十年。十年的歲月流過，似乎仍未令葉靈鳳心平氣和，果真如他在〈獻給魯迅先生〉一文中說的，「此恨綿綿無絕期」了。

不過，隨着年歲的增長，在比亞茲萊問題上對於魯迅的這口氣，是逐漸減小而最終趨於無的。一九六七年夏天將盡的時候，葉靈鳳「又燃起了讀書的興趣」，讀了不少比亞茲萊的畫冊和傳記。九月六日，「檢出張望在一九五六年所編印的《比亞斯萊畫選》，全引魯迅之言作護符。」這句話未必有何貶義，可能只是覺着，在那個年代能出版這種「頹廢」的畫冊，只有拿魯迅的話充當保護傘了。十月二十四日，「翻閱《魯迅日記》，想查閱有關出版比亞斯萊畫集的記載，未果。」可能也是為寫比亞茲萊評傳搜集資料而已。傳記沒有寫成，倒是寫下一篇〈比亞斯萊的畫〉，文章中他這樣提及魯迅：

我一向就喜歡比亞斯萊的畫。當我還是美術學校學生的時候，我就愛上了他的畫。不僅愛好，而且還動手模仿起來，畫過許多比亞斯萊風的裝飾畫和插畫。為了這事，我曾一再挨過魯迅先生的罵，至今翻開《三閒集》、《二心集》等書，還不免使我臉紅。

即使在香港，日常生活中與魯迅偶遇，也是時有發生。一九五一年一月二十七日日記說：「看《我這一輩子》及《表》的電影試片。前者是根據老舍的小說，後者是根據魯迅譯蘇聯童話，都是上海文華公司出品。兩部片子都不錯，但《我這一輩子》更好，是描寫北京一個巡警的一生，從清末至現在。這是一部中國近代史的縮影。『我這一輩子』，歷盡苦痛辛酸，誰都是這樣，何獨一個小巡警。但願從現在好轉吧。」不久之後又是看電影，這次是魯迅本人的作品了，時間是一九五一年三月十五日：「高雄夫婦約往一著名之小飯館『操記』晚飯。飯後看電影《祥林嫂》，依據魯迅小說《祝福》改編者，主演者為今日上海著名之越劇皇后，袁雪芬。此係紹興戲，為地方性的歌戲，俗稱的篤班。演來成績頗佳。片上有說明，不懂江浙土語者，看來均有點隔膜。」

再一次則不是電影，而是書了。一九五一年八月六日，「苗秀來信謂有人有精裝本《魯迅書簡》出售，索價二十元，問我要否，躊躇未能即答。」躊躇了一夜，次日「覆苗秀信，託購《魯迅書簡》」。為什麼要躊躇？恐怕是擔心花錢添堵，就像打開《魯迅全集》一樣，到處都是挨罵的文字；為什麼躊躇一夜之後又要託購？恐怕就是好奇心在作怪了。罵是免不了，好奇的是罵的花樣。

再次日，也就是八月八日，「苗秀送《魯迅書簡》來，紅布面裝訂與全集一式。翻閱一遍，發現其中頗多關於漢畫石刻資料。」「翻閱一遍」，當會發現一九三四年致魏猛克信中的那一句：「至於葉靈鳳先生，倒是自以為中國的 Beardsley 的，但他們兩人都在上海混，都染了流氓氣，所以見得有相似之處了。」這個說法並不新鮮，所以葉靈鳳在日記中提也沒提。「在《魯迅書簡》裏，有三封寫給趙家璧的信，就是講到這四本木刻故事集的。」這是葉靈鳳在〈麥綏萊勒的木刻故事集〉一文中寫下的，可能正是讀了《魯迅書簡》之後想起這段往事的。所謂「這四本木刻故事集」，是指比利時版畫家麥綏萊勒的四部木刻連環故事：《一個人的受難》、《我的懺悔》、《沒有字的故事》和《光明的追求》。圍繞這四部木刻連環故事所發生的故事，葉靈鳳說得很清楚：

一九三三年夏天，我在上海一家德國書店裏買了幾冊麥綏萊勒的木刻故事集，給當時良友圖書公司的趙家璧見到了，這時良友公司正在除了畫報以外，轉向印行新文藝書籍。趙家璧想翻印這幾本木刻集，拿去徵求魯迅先生的意見，魯迅先生認為可以，並且答應寫一篇序，於是這項工作就正式進行了，這就是當年這四本麥綏萊勒木刻故事集在中國出版的由來。當時由魯迅先生選定了那部《一個人的受難》，由他自己寫序，將《我的懺悔》交給郁達夫先生作序。我因為是這幾本書的「物主」，我自己又一向喜歡木刻，便分配到了一本《光明的追求》，也寫了一篇序。剩下一本《沒有字的故事》沒有人寫序，因為趙家璧是良友的編輯，便由他自己自告奮勇的擔任了這一冊的寫序工作。

原本每一冊的前面本有一篇介紹，是用德文寫的，魯迅先生和郁達夫先生兩人都懂德文，看起來不費事。我不懂德文，這可吃了苦頭，自己查字典，又去請教懂德文的段可情，再參考其他資料，這才勉強寫成了那篇序。但是後來還是不免被魯迅先生在一篇文章裏奚落了幾句，說我只知道說了許多關於木刻歷史的話，忘了介紹《光明的追求》本身。

這事葉靈鳳在日記裏也沒有再提到。他唯一感興趣的，是書簡中頗多「漢畫石刻資料」。魯迅之熱衷收藏金石拓本，尤其是漢畫石刻，已是盡人皆知。弔詭的是，葉靈鳳對此的痴迷，絲毫不亞於魯迅，過去只是少人論及而已。早在一九三三年，他為自己設計「鳳凰」藏書票時，這個愛好就已見端倪。論及藏書票，葉靈鳳曾說，有的人是將「自己所特別愛好的物件，構作圖案來應用的」。他的藏書票，就是採用了漢代畫像磚中靈動的「鳳」作為主要圖案，並以漢碑的碑陰花紋作邊框。在一九五〇年主編《國風》雜誌時，他又將漢畫圖案巧妙地拼接成一個極富裝飾趣味的封面畫。他又曾在他主編的《星島日報．藝苑》上，策劃推出武梁祠畫像專輯，並撰寫了《漢武氏祠畫像石刻小史》。在《葉靈鳳日記》中，搜藏石刻拓本的記載俯拾即是，其中更不乏黃永玉以漢磚「千秋萬歲」及六朝造像的拓片四幅交換他剪存的畢卡索素描這樣的美談。他說：「我很喜歡搜集石刻拓本，以畫像為主。覺得它比畫在紙絹上的繪畫作品，更具有一種古拙樸素的美感。」（〈石刻畫像趣味〉）

八月八日這天的日記，葉靈鳳還說：「我與魯迅翻臉極早，因此從未通過信。也從未交談過。左聯開會時只是對坐互相觀望而已。在內山書店也時常相見，但從不招呼。」其實，葉靈鳳與魯迅曾經是住在一條街上的芳鄰，魯迅的家在施高塔路的大陸新邨，葉靈鳳則在馬路對面的興業坊。據說，兩家的保姆是同鄉，經常一起聚會。但兩家的主人，儘管「我認識他，他大約也認識我，但是從不曾講過話」。晚年的葉靈鳳公開反思過年輕時所走過的「彎路」，澳門作家李成俊就曾親見，他在《待旦集》一書中說：

好像是一九七二年的五月底，香港作家舉行了紀念一位偉人有關文藝問題發表三十周年的座談會。葉靈鳳在會上說自己從事文藝工作數十年了，走了很多彎路，當年左翼作家聯盟會在上海成立，自己坐在魯迅的對面，依稀還記得魯迅說過些什麼話，但真正體會魯迅有關文藝方向性問題的話，還是這幾年的事。他反省自己進步得慢，表示要迎頭趕上去。他的「自以為非」的態度，值得稱道。

魯迅逝世之後，葉靈鳳曾寫過一篇〈魯喪有感〉，文章說：「自從在報紙上見到魯迅先生逝世的消息後，我心中有一種說不出的空漠之感，幾次想要到殯儀館去參加憑悼，但是終於未果。我不去並不是想起魯迅生前在文字上和我有過許多糾紛，倒是因為不想在這『亂哄哄』的『辦革命喪事』的空氣中去『湊熱鬧』。」他說：「真正痛悼着魯迅先生逝世的，只有他的家屬和少數的知友，以及許多純潔的渴望他的指導的青年讀者。」說這番話並不是假惺惺的，葉靈鳳以後的行動就能證明他也是真正痛悼着的一個。一九五一年十月十七日日記說：「後日為魯迅逝世十五周年紀念，搜集材料為《星座》編一特刊。《人民日報》有一木刻像，前曾剪存，現在頗合用了。作者許宗岐，似是新木刻家。」在那個年代，在香港，在《星島日報》這樣一個使用中華民國紀年的報紙，編輯這樣一個特刊，還是需要一定勇氣的。

為了編好這個特刊，他「又從書簡中取一信（給許廣平的）製版作插圖」，可見其用心。幾天之後，又「在三聯書店購許廣平回憶魯迅之《欣慰的紀念》」。不過他對許廣平的印象似乎不很好，一九六七年十月二十日日記說：「讀《大公報》轉載許廣平的一篇罵周作人的文章，周已在去秋逝世。文章寫得很惡刻，這裏面提到了許多家庭弟兄間的恩怨。」相反，在一九六九年二月十二日，他也買到過周作人的《魯迅小說裏的人物》，倒是「讀來很有趣」，因為這書乃「回憶一些舊事，有些是與我的家鄉南京有關的」。

一九五七年，《文藝世紀》十月號推出「魯迅先生逝世廿一周年紀念特輯」，葉靈鳳也積極供稿，他寫的是〈魯迅先生在香港〉，對魯迅三次到香港的史實考索甚詳。這個特輯裏的其他文章，還有知堂的〈魯迅的文學修養〉、曹聚仁的〈魯迅與舊文學〉及〈魯迅年譜〉、黃蒙田的〈讀魯迅像及其作品的插畫〉、李陽的〈魯迅與青年〉、袁仰安的〈魯迅和電影〉、蒲且的〈魯迅作品在國外〉以及鷗閣翻譯的增田涉〈心隨東棹憶華年〉等。此外，插圖很多，版式極美。有人說，這個特輯，即便放在內地，也是毫不遜色的。

葉靈鳳還寫過一篇〈魯迅先生筆下的香港差人〉，對魯迅所擬的一幅舊時香港「小照」，頗表認同，那就是——「中央幾位洋主子，手下是若干頌德的『高等華人』和一夥作倀的奴氣同胞」。他認為：「恐嚇、狡獪、無賴、貪污，港英當年這些差人的嘴臉，在魯迅先生的筆下，簡直無所遁形了。」

葉靈鳳不僅多次出席魯迅逝世紀念日的集會，集會之後甚至還寫文章「問候」一下當年同樣挨過魯迅罵的人。例如〈一個第三種人的下落〉，就是「參加了一個紀念魯迅先生的集會，使我想起了一個當年被稱為『第三種人』的人：蘇汶即杜衡。」究其根源，就因為杜衡「終於到了台灣」。他在文章裏的一段話頗能透露出心思：「今年的魯迅先生逝世紀念日，台灣也有人在那裏『做文章』。……我不知道今日台灣許不許看《魯迅全集》？若是幸而還有這福分，杜衡如果翻一翻《魯迅全集》，回想一下自己所走的路，能有勇氣提筆寫下怎樣的紀念文章，倒是一個很有趣味的問題。」他還惡損林語堂，說他「英文已經不很高明，中文簡直更差。偶然寫幾篇『幽默』短文，事先託人潤飾一下，還看不出什麼馬腳。可是後來跟了人家提倡『袁中郎』，要寫那種『晚明小品』式的散文，那就露出本相來了。」何以如此？這篇〈小談林語堂〉的結尾一句露了玄機：「林語堂現在正在台灣唱他的反共老調子，這是重抱琵琶，不值一噓。」

不僅是在台灣的，就是對「在這裏屬於台灣系統的作者」，葉靈鳳也是「道不同不相為謀」，或者「許久沒有往來」，或者時有出擊。一九五二年五月三十一日日記說：「卜少夫招宴。飯後與克臻至百貨公司買物。我買了一雙皮鞋。因卜在主持《新聞天地》，道不同不相為謀，許久沒有往來，日前他相約吃午飯，不好推卻。吃飯時他邀我寫文章，只得王顧左右而言他推開了。」一九五二年八月一日，「今日為報館創刊十四周年紀念日，晚間在英京酒家請客，到了許多流亡政客和文化人，我避坐角落上的一席，不想多招呼。」一九六五年十二月，徐速創辦《當代文藝》，創刊號一出，葉靈鳳就寫了一篇〈讀《當代文藝》〉（《新晚報》一九六五年十二月三日），對其進行手術刀式的「解構」，惹得徐速大為光火，迅速在下一期雜誌的「編後」予以回應，有趣的是，徐速又拿當年葉靈鳳與魯迅「大開筆戰」說事。趙稀方在《報刊香港》一書對此引述甚詳：

> 徐速的「文藝復興」運動，是以這批右翼作家為班底的。這些作家的重新聚集，不能不引起人們的注意。據《當代文藝》「元月號」的「編後」，刊物面世後，既受到歡迎，也受到批評。批評者中，被專門提到的是《新晚報》的霜崖先生（葉靈鳳——引者注），

「聽說霜崖先生就是當年在上海和魯迅大開筆戰的名老作家，從行文運字看來，果然名不虛傳，老而彌辣」。「編後」提到，霜崖先生對於《當代文藝》的鼓勵期望以及指責嘲諷照單全收，「但是有一點我們要向霜崖先生的朋友解釋，順便也向廣大讀者聲明的。因為那位霜先生的貴友竟給敝主編頭上糊里糊塗地戴上一頂染着政治顏色的帽子」。徐速大吐苦水，「說起來可歎，當別人搞派分系時，咱們這一代人還是未成年的『細佬哥』；當別人成王稱帝時，咱們正流落在香港屋簷下，成為無依無靠的無牌難民。這種心情絕非書齋裏的霜老前輩所能瞭解的了」。他借機聲明《當代文藝》的非政治性，「在這裏我們再一次嚴正的聲明，我們不屬於任何黨派，也不為任何黨派服務。思想自由是個人的事，但《當代文藝》絕不捲入現實政治的漩渦，我們希望有權有勢的大政治家們高抬貴手，不必對這個小小的文藝刊物，擔心害怕，也不必派出搶手，攻擊不設防地的文藝園地。因為我們這個園地，既無『香花』，更無『毒草』，只是想為讀者弄一塊『精神點心』(不敢自稱食糧)及為作家開闢一個筆耕的荒地而已」。

趙稀方指出：「徐速在這裏未免過於『自謙』，他到香港一開始的確落難於屋簷之下，然而自從《自由陣線》把他收羅後，他就成了香港反共文學的寫手，也是香港綠背文學的先驅。後來離開《自由陣線》後，他才開始擺脱政治是非。雖然徐速屢屢聲明文學應該脱離政治，然而他不可能超越自己的政治立場，《當代文藝》的右翼傾向無可避免。」正如評論家王家琪所言：「徐速每每強調文藝去政治化，然而自己從來不脫政治性，所以『我們不能相信編輯之言』。由此，《當代文藝》

受到左翼批評家的批評也在情理之中。這場批評與回應，正是香港文壇左右對立的題中之義。」

左右兩大群體的對立，是五十年代以後香港文學的一個基本結構。葉靈鳳所在的《星島日報》雖然在戰前有過在左右之間搖擺的情形，但在一九四九年之後仍使用中華民國紀年，於此就可以看出其傾向之一斑。十月一日國慶日和「雙十節」接踵而來的時候，表現得尤為明顯。一九五二年十月一日葉靈鳳日記說：「今日為國慶，往年報館中一部分同人都去參加新聞出版界的慶祝集會。今年報館空氣特別惡劣，遂無法去參加。」幾天之後的十月九日，日記說：「將前次報館交來的桂中樞稿發排，因指定要在雙十節刊出。這是幾年來未有的壓迫，心中很不愉快。將明日應刊出的自己的《香港史話》抽出，以作消極的抗議。」更為嚴重的是，還曾「聽說報館收到台灣方面開來的黑名單，也有我的名字在內」。他在一九五二年八月二十五日的日記中不由感歎：「這是報館想又接近台灣的必然結果。」儘管身處這樣一個環境，儘管時有職位不穩的傳聞，但葉靈鳳並不隱諱自己的左翼立場，幾乎成了左派報刊的台柱子。一九六六年元旦，他更在〈回顧，勉勵和祝賀〉一文旗幟鮮明地宣稱：

> 遇到一些要面臨抉擇的問題，我覺得我自己還不至糊塗，如對於馬蒂斯、畢卡索和抽象派的選擇，我選擇了馬蒂斯、畢卡索，不要抽象派；對於台灣和北京的選擇，我選擇了北京，不要台灣；我覺得在這些地方，年歲並不曾使我糊塗，反而使我糾正了年輕時候的錯誤，能夠選擇得更為明智了。

「糾正年輕時候的錯誤」，也體現在「年輕時候不大喜歡看的書，這一次卻看得津津有味了」。他指的是「一九一四年魯迅在當時北京教育部任職時，曾捐俸銀洋六十元，由金陵刻經處用木刻刊印過一百部」的《百喻經》（又名《痴華鬘》）。年輕時不理解，沒讀過，只知道施蟄存因為「讀《莊子》與《文選》」與魯迅打筆仗時，曾經拿此書説事，「暗射魯迅」一箭。待他買來一冊讀了，才發現正是自己素來喜歡的「故事」。他不僅寫了〈魯迅捐俸刊印《百喻經》〉，又寫了〈美麗的佛經故事〉。他說：「魯迅先生對於佛經裏的故事的文學價值，也早已注意到了。他在早年曾自己捨錢託金陵佛經流通處雕版印過一部《百喻經》。這就是《伊索寓言》似的故事集，裏面的比喻非常機智美妙。後來北新書局也出過加了標點的排印本，題為《痴華鬘》。這就是這部佛經的原名。」由《百喻經》，葉靈鳳還提出了他的一個重要觀點：

> 不一定要做和尚做尼姑才應該去讀佛經；佛經更可以不一定當作宗教經典來讀。我在這裏要向佛教的諸大德告罪一句，我就是將佛經當作文學作品來讀的。當作寓言集，甚至是當作《十日談》來讀的。就是對於基督教的《聖經》，我也是如此。

可以說，年歲愈長，葉靈鳳與魯迅的趨同也愈多。這裏固然有葉靈鳳努力向魯迅學習，「要迎頭趕上去」的因素，但更多的卻是「巧合」，很多相同的趣味，早在他們「翻臉」的年代就已存在了。可以說，葉靈鳳恐怕是魯迅罵得最多最狠的一個，但與魯迅趣味最多重合的，除了葉靈鳳恐怕找不出第二個。這是非常弔詭的一件事情。跟魯迅和葉靈鳳都熟悉的曹聚仁，「在一篇文章裏談魯迅，謂魯迅也有不知之事，也會有錯處。說他淹博之處，未必及得上我（指葉靈鳳）云云。」葉靈鳳早已沒有了年輕時的輕狂，他說：「未免扯得太遠。怎麼可以說我還比魯迅更淹博呢。曹兄一向讚我夠得上是一個通人。這次未免讚得太過分了。」

「唇白齒紅」的葉靈鳳也迎來了暮年。他生命中最後一次致敬魯迅，是由張向天引發的。在香港，張向天是可以稱作魯迅研究第一人的。他原名張秉新，安徽人，一九三〇年代即以「張春風」筆名在《論語》、《宇宙風》、《大風》等雜誌發表作品。到香港定居後，他的職業是中學教師，業餘勤於寫作，寫得最多的就是魯迅，代表作是《魯迅舊詩箋注》及《魯迅詩文生活雜談》等。葉靈鳳他們一班在香港的左派文人，有一個堅持多年的餐聚，張向天雖不是核心人物，但也屬於積極參加者。葉靈鳳還和他一起，出版過六人合集《新綠集》。

平時，葉靈鳳就關注張向天的魯迅研究。一九七〇年四月十九日日記說：「張向天（葵堂）今日有一篇長文，為魯迅與周作人感情決裂事有所辯證，係指責『今聖歎』者，刊今日的《新晚報》。」由張向天的研究，還引發了葉靈鳳對於與魯迅相關的一些史實的回憶，例如那首〈悼楊銓〉，例如那首〈慣於長夜過春時〉。他說：「對於魯迅的舊體詩，尤其是其中的某幾首，我的感受有時與別人有一點不同。許多人都從這些舊詩中欣賞他的格調的冷雋，修辭的典雅，以及字裏行間所流露的那種不與惡勢力低頭，敢於反抗的精神。至於我讀到這些舊詩，首先想到的卻是他動筆寫這些舊詩的當時的情狀。」

葉靈鳳應張向天之邀，做了一件與魯迅有關的事情，這事見於一九七三年三月十六日的日記：「日前見張向天，他要求我繪一草圖示魯迅在虹口的各個住處。當奮力一試。」此後連續三天，他都在埋首於「奮力一試」。三月十七日：「試作魯迅晚年在上海虹口住所草圖初稿，此種事現在能知道的已不多了。」三月十八日：「今日星期，在家休息，試作魯迅晚年在虹口寓所示意圖，共四處，大致不錯。因我在『大陸新邨』對面的興業坊住過，所以對那些地方較清楚。」三月十九日：「又作『內山書店』內部情形示意圖一幅，表示當年魯迅到內山後，多數坐在何處。此等情形，見過的人也不多了。」三月二十九日在新美利堅聚餐的時候，張向天也在座，「因出示所作魯迅住所及內山書店圖交彼，並略作解釋。他大感興趣。因今日弄得清楚那些情形的人，已不多了」。

這時的葉靈鳳，由於飽受疾病的困擾，已經很久不執筆作文了，但在一九七四年春上，卻有如迴光返照，掀起一個小小的寫作的高潮，第一篇就是寫魯迅。三月四日的日記說：

寫一短文記一九五七年回上海參觀魯迅故居事，兼談及大陸新邨，題即作〈大陸新邨與魯迅故居〉。一二八之役，我當時住在大陸新邨對面的興業坊。

寫得很短，僅得六七百字，然而這是將近兩年來的第一篇寫作也！

至此，葉靈鳳與魯迅一生的糾纏畫上句號。

葉靈鳳與魯迅的恩怨糾葛，歷來是個津津樂道的話題，但多的是人云亦云的「選邊站」。即使在熟悉的朋友當中，最懂葉靈鳳心事的，也要屬阮朗，也就是那個寫過《金陵春夢》的唐人。他在〈葉靈鳳先生二三事〉（《海洋文藝》第二卷第十二期）一文中說：

朋友們痛惜葉老的逝去，還在於他的胸懷，在於隨着天地的寬闊，他的視野能突破糾纏多年的白內障阻礙而同時寬闊。二十六年前初見葉老，以為他對二十年代、三十年代上海文壇激烈的筆戰不願再提，沒料到他並不介意，在以後多次閒聊中，葉老認為：回想起來，魯迅真是當年中國文壇的主帥，在上海租界裏多面作戰，太不容易，今天來看魯迅作品，仍然是虎虎有生氣，而他自己，「我太年輕，曾經畫過一幅漫畫，還記得畫的是魯迅躲在一個酒缸後面，意思不必問，當然是諷刺。當時我以為他真像有些人所譭謗他的說法那樣，魯迅頹廢得只能用酗酒來逃避。可是事實說明，頹廢者正是中傷魯迅的那幫人哩！」

相處既熟，朋友們老是笑他和魯迅有一樁「未了公案」，葉老也總是和大家一起笑。有一年，葉老旅行內地回來，在餐桌上異常興奮地說：「我和魯迅那樁『公案』已經了卻了，我去『魯迅紀念館』看他，對他說，我來看你了，我也老了，我們之間的事情沒什麼了，你是對的……」

《香港方物志》

定居香港的前十年，葉靈鳳似乎一直抱有過客心態，「故鄉今夜思千里，雙鬢明朝又一年」，一九四七年舊曆除夕寫下的這一聯語，毋寧是他內心的真實寫照。一九四六年一月二日，他在日記中記下「計劃中今後擬寫的書」，依舊是「河山只在我夢縈」，長江、長城、黃河、泰山，才是他心中所念。他對香港本地史乘的關注，始見於一九四六年八月十一日的日記：「報載香港邊界因界石損壞，香港政府要求中國會同勘定邊界，擬乘這機會寫一篇關於九龍割讓和租借的論文。」由此可知，他對於香港史地的研究，從一開始就如小思所說，是「把自己生活所在——香港與祖國，作出了血緣不可分割的論斷」。

真正的催化劑是一個新生的副刊。一九四七年五月二十八日，「頌芳約談星島事，議定編輯周刊一種，係關於香港者，定名《香港史地》。」頌芳即沈頌芳，當時是葉靈鳳所供職的《星島日報》總編輯。這個周刊於同年六月五日創刊，葉靈鳳興致勃勃地為它擬定版頭，製作插圖，並在〈發刊詞〉裏充滿期待地說：「香港在種種方面都是一個值得研究充滿興趣的地方，不論你所注意的是國際問題也好，中英關係也好，歷史考古也好，甚至草木蟲魚也好，香港這地方都可以提供豐富的資料不使你失望。」不過他隨即發現，從第一期開始，「文章都要自己寫了」，因為一直到第六期出版，「外間來稿幾乎一篇沒有」，這在客觀上促使葉靈鳳投身相關研究，也印證了他在這一領域的拓荒者角色。

葉靈鳳曾在《香港史地》刊出他整理的〈西文香港史地書錄解題〉，這些文獻無疑給了他諸多參考；那一時期，他還買到淮德的《塞耳彭自然史》，雖然他說「此書遠不如其聲譽，尤其對於外國讀者」，但這本清新美麗的小書對於《香港方物志》的誕生，無疑產生了重要的啟發作用。他專門寫過一篇〈淮德的《塞耳彭自然史》〉，將它熱情地介紹給讀者：

《塞耳彭自然史》是用書信體寫的，塞耳彭是倫敦西南五十裏的一個小教區，作者淮德（Gilbert White）是當地的助理牧師。他愛好自然，喜歡觀察生物動態。因了職務清閒和生活安定，他便利用自己的閒暇從事這種心愛的自然觀察工作。他將自己觀察所得，大至氣候景物的變化，小至一隻不常見的小鳥的歌聲，一隻蝸牛生活的情形，都詳細地記下來，隨時向遠方的兩位研究生物學的專家朋友通信，一面向他們報告自己的觀察所得，一面向他們請教。

葉靈鳳認為，「淮德的個性，他的文筆以及在生物學上的成就」，「這三者對於這本書都是同樣重要的。缺少一樣，《塞耳彭自然史》將是一部普通的散文集或自然史，早已被人遺忘了」。為什麼兩百年來它「繼續不斷的為男女老幼所愛讀」？葉靈鳳對此也有非常生動的剖析，這些方面實際也成為他日後寫作《香港方物志》的密鑰：

這件事情看來很神秘，但原因也很簡單。第一，淮德不是有心要寫這本書的；他寫信的動機，完全是為了自己愛好，同時實在清閒，便將自己心愛的事情不厭瑣碎地告訴遠方另一些同好的朋友，因此這些信便寫得那麼親切自然可愛。同時，他研究生物，觀察自然，態度完全是業餘的。他從不曾將那些鳥獸蟲魚當作死的，被生物學家分門別類的標本來研究；它將它們當作是自己的鄰人，自己的朋友，或是偶然路過塞耳彭的一位過路客人（那是一隻偶然飛過的候鳥）來觀察，因此書中到處充滿了親切，同情和人情味，超越了時間和環境的限制，至今為人們所愛讀。

對他產生更加直接影響的另一本重要著作，則是香樂思（Geoffrey Alton Craig Herklots）的《野外香港》（*The Hong Kong Countryside*）。香樂思曾任香港大學生物學講師，同時是一個自然愛好者，在這小島上消磨了二十年歲月，平時留意觀察，將耳聞目睹隨手作成劄記。日佔時期，他被關到赤柱集中營整整三年零八個月，即使在羈留期間，仍然堅持觀察鳥類動態，最終寫成一部傳世之作《香港的鳥》。葉靈鳳是一九五一年一月十四日在別發書店見到香樂思的《野外香港》的，無疑深受觸動，因為時隔三四天，他就在日記裏立志「以『草木蟲魚』為題，寫關於香港的小文」，並「着手搜集資料」。葉靈鳳自己後來在〈序新版《香港方物志》〉中回顧：

> 自己當時為了嘗試撰寫這樣以方物為題材的小品，曾經涉獵了不少有關這方面的書籍，從方志、筆記、遊記，以至外人所寫的有關香港草木蟲魚的著作，來充實自己在這方

面的知識，在資料的引用和取捨方面都是有所根據，一點也不敢貿然下筆的。

葉靈鳳所涉獵的書籍實在很雜，例如，一九五二年四月二十七日，他「買了一部廉價版的《無脊椎動物》，都是講水中軟體動物和昆蟲的」，他就從裏面發現了寫蜉蝣的內容——「他們的生命僅有一天，但自卵化為成蟲要費一年至三年的時間」，這些內容就用作了《香港方物志》裏那篇〈朝生暮死的蜉蝣〉的素材。遠在馬來亞檳城的友人溫梓川知他所好，也特意寄贈《馬來亞半島的鳥類》一冊。其實，葉靈鳳關注此類文獻，往上還可以推到一九四五年。那年的二月一日，他就在《香港日報．香港藝文》發表過一篇〈香港植物志〉，詳細譯述了蘇格蘭人法卿氏的著作《中國北部諸省漫遊三年紀》中有關香港植物分佈狀況的描寫。

總之，經過一段時期的準備，葉靈鳳於一九五一年五月二十五日，「開始以『草木蟲魚』為題，寫香港的自然界短文」。第一篇是〈香港的蝴蝶〉，以葉林豐筆名發表在《星島日報．星座》。正式在報紙開起專欄，則是在一九五三年，是應了劉芃如的邀請。葉氏在一九五二年十二月二十五日的日記中說：「芃如約為《大公報》的副刊《大公園》寫一有關香港草木蟲魚的連載。」次年一月二十一日的日記又說：「自元旦起，開始在《大公報》的《大公園》寫《太平山方物志》，記本港的鳥獸蟲魚和人情風俗，每天約一千字。」由報紙的影印件可知，作者署名「南村」，香樂思為《野外香港》手繪的插圖，有不少也被拿來裝飾了版面。對於葉靈鳳與香樂思的關係，翻譯過香氏這部不朽之作（譯名為《野外香港歲時記》）的彭玉文曾說過這樣的話：

香樂思寫此書以歐美人士為讀者，斷想不到，最會欣賞此書，並把本書原著發揚光大的一位讀者，是從上海南來的「新感覺」、「都市派」、「浪漫唯美」的作家葉靈鳳。葉靈鳳把《野外香港》很多內容都轉化，以至節譯在他的傳世之作《香港方物志》中。《香港方物志》於一九五〇年代在香港初版，直到二〇一一年仍有新版，內地亦有多個版本，把西方自然文學的實證傳統，作為營養，注入中國草木蟲魚小品，一改感慨多觀察少，無病呻吟、缺乏生動真實的細節、堆砌概念之舊貌，使讀者驚豔。

葉靈鳳日記自一九五四年至一九六二年這一段是中斷沒有的，此間《香港方物志》的出版經過就不好考索。目前見到的「香港一版」，出版日期是「一九五八年十一月」，出版者是「中華書局股份有限公司」，封面採灰綠色做底，白色美術字書名置於頂端，作者名下是一幀圓形木刻畫，畫的是港島的太平山以及山下的維多利亞港灣。這本書首次採用了「葉林豐」筆名，封面署「葉林豐著」，扉頁署「葉林豐」，版權頁則署「編者葉林豐」。內文繁體橫排，卷首有作者作於「一九五六，七，十二，香港」的〈前記〉，全文如下：

> 這些短文，都是在一九五三年的一年間，陸陸續續在香港大公報的副刊上發表的。這不是純粹的科學小品文，也不是文藝散文。這是我的一種嘗試，我將當地的鳥獸蟲魚和若干掌故風俗，運用着自己的一點貧弱的自然科學知識和民俗學知識，將它們與祖國方面和這有關的種種配合起來，這裏面有科學也有傳說，用散文隨筆的形式寫成了這樣每篇千字

左右的短文。

在報上發表時，讀者的反應還不錯，這才使我現在有勇氣將它們加以整理，保存下來。

葉靈鳳說「讀者的反應還不錯」是有根據的，香港學人區惠本就曾說：「這本書是用的文藝筆法，寫科學小品，不時又指正傳說的錯誤，迷信的害人，他寫來輕鬆活潑，令人喜讀，銷路奇佳。」香港散文家和美術批評家黃蒙田說：「不知道別人的看法怎樣，我很喜歡這本集子裏所寫和香港自然風物有關的文章，……文章寫得平易可親而言之有物，就像對朋友娓娓而談那樣毫不做作。」香港資深報人羅孚說：「《香港方物志》之能吸引人，不僅在於它告訴你許許多多香港自然界的豐富知識，也在於它提供了一篇又一篇可讀性很高的美好的散文。」香港歷史博物館前總館長丁新豹則說：「葉林豐還有一本《香港方物志》，那是香港同類書籍的鼻祖了，其書涉獵花鳥蟲魚、飛禽走獸，以至風土習俗，充分反映了作者學識之廣博龐雜。」

中華書局版《香港方物志》在一九六五年有過再版，但似乎並沒有通知葉靈鳳，也沒有送樣書，一直到一九六七年三月十九日他才知道這事，這天的日記說：「柳木下見告《香港方物志》已有了再版本，有便當到中華書局去買幾冊。」葉靈鳳買來了再版《香港方物志》，但顯然對這一版不甚滿意，因此就有了一九七三年的新版。

新版《香港方物志》改由香港上海書局出版，繁體豎排，封面是黃色，九龍沿海島嶼地圖作了反白的暗紋，墨綠的底色上是反白的隸書體書名和作者名。書前增加二十四面銅版紙印的圖片，除了班遜《香港植物志》書影，還有木刻家唐英偉所繪老鼠斑標本、英人測繪的第一幅香港地圖，更有作者珍藏的清嘉慶《新安縣志》相關圖版。葉靈鳳的忘年交區惠本曾在〈葉靈鳳與香港史地的研究〉一文中對於這些插圖的深意特別做了強調：

> 由於他的癖好，葉老所藏有關香港書籍，特別豐富，其中有中文、英文，有葡文。他的最得意的藏書就是一部清朝嘉慶年間的《新安縣志》。在近年新版的《香港方物志》中，第一幅插圖就是清嘉慶《新安縣志》所載九龍沿海島嶼地圖，第二幅插圖就是《新安縣志》卷三〈物產志〉書影一頁，以上並特別標出「作者藏」的字樣，可見他對藏有這個海外孤本的欣悅之情，真是躍然紙上了。

葉靈鳳在卷首的〈序新版《香港方物志》〉中，詳細敘說了新舊版本之異同：

> 這本《香港方物志》，是在十多年前，在偶然的機會下寫成的。從輯集成書到出版，這中間頗經過了一些周折，而且擱置了好幾年，因此排印出版以後，若不是無意中從報上見到廣告，作為作者的我，一直還不知道自己的書已經出版了。
>
> 十多年來，本書還不曾被人忘記，而且還繼續有新的讀者，這倒是作者深引以為自慰的，但他也明白這裏面的原因，主要的乃是由於有關香港史地知識的出版物，實在太缺乏了，尤其是關於方物的記載，在十多年前簡直是一片空白，因此我的這本小書，就無可避

免地填補了這空虛。……

可惜初版本書出版時，作者未曾有機會親自校閱，本來應該附有若干插圖的，也未及附入，這樣倏忽之間已經過了十多年，自己一直引以為歉。這次改由上海書局出版，承他們給我改訂的機會，將內容略作修正和刪改，並增加了一些新的材料，以便能配合時代的進展，同時更按照原定計劃，附入若干插圖，使本書能以新的面目與讀者相見。

此一序文的落款時間是一九七〇年新春，版權頁上的再版時間卻是一九七三年十一月，由此又可看出在香港出一本書之不易。事實上，再版《香港方物志》的動議早在一九六九年歲稍就已有了，那時節，他的《北窗讀書錄》剛由香港上海書局出版，又因眼疾停了在《成報》的小說連載，少了一份固定的收入，於是「擬整理舊稿為單行本，以此暫時來彌補」，並且「託黃茅向上海書局詢問可否每月整理單行本，交彼等出版，每月固定支稿費若干（約四百元）」。一九六九年十二月二十六日，葉靈鳳在日記中寫道：「約趙克及黃茅在陸海通飯店晚飯，以書目一份交趙。他閱後無甚異議，可以按每月交五萬字左右取四百元計劃進行，並謂第一次可先整理《香港方物志》。」上海書局是香港一家舉足輕重的出版機構，趙克正是書局的總編輯。羅隼曾在《香港文化腳印二集》中詳述這家書局在香港的落腳與壯大：

國共內戰重燃，許多文化人避白色恐怖，紛紛南下香港，這時星洲上海書局兩位老闆派方志勇先生來香港請宋雲彬先生為主編，網羅得著名作家、學者葉聖陶、孫起孟、吳研因、陳君葆……組織成現代課本編輯委員會。編成國語、算術、常識、自然、公民、尺牘、地理、歷史……連各科教學法百多冊，於一九五〇年出版。由於這套小學課本是戰後新編，又是海內外著名學人編審，內容新穎，適合時代進展，因此得到香港及海外僑校採用，一紙風行。香港上海書局也正式註冊成立，資本十萬大元，那時十萬元可買千尺樓一幢。

發行課本賺了錢，便成立了雜書編輯部，由趙克兄主持，配合課本出版參考教材、兒童讀物及雜書。在幾年內人力由兩三人增加到十幾二十人。

上海書局答應將《香港方物志》再版，大大激發了葉靈鳳的熱情，連續多日都在為修訂和插圖的事忙碌。一九六九年十二月二十九日：「購再版本《香港方物志》四冊，將其中兩冊拆開供修改用，並擬配以插圖若干。」一九七〇年一月三日：「着手整理《香港方物志》，集中過去所寫的有關香港自然的稿件，作為修改的根據，又擬定要用的插圖項目。」一九七〇年一月二十六日：「上午繼續將《香港方物志》全部修改完竣。下午三時往上海書局晤趙克，交出稿件，取得稿費八百八十元。尚有插圖容日內另交。」

葉靈鳳身後，不同版本的《香港方物志》在內地和香港不斷出現，創造了在一代又一代讀者之間代代相傳的奇觀。香港民俗學家陳雲說：這本香港人寫的香港自然小品，「年少一代未經其事，固然要看，年長、年老的一代，更加要看，此書趣味盎然。」

張保仔不只是個傳說

在香港，張保仔可是個響噹噹的名字，流傳着許多關於他的傳說。傳說，這位大海盜，巢穴就在香港島，島上留有不少他的遺跡。比如，西營盤和東營盤，據說就是他所設的軍營；一些離島以及港島赤柱的天后廟，不僅具有祀奉的功能，也被他的部屬用作哨站，天后廟神案下還有地道出海；港島半山有張保仔古道，傳說是為逃避官兵追捕而修；又謂其出海打劫所獲財物，分藏於塔門洲、長洲、南丫島及港島舂坎角等地山洞，被人們稱作張保仔洞。

張保仔不僅為香港華人故老相傳，外國人也對這個傳奇人物很感興趣。曾在香港任教職的丁格氏（Tingay）就曾寫過一本《張保仔之洞》（*The Cave of Cheung Po Tsai*）。葉靈鳳說，這是一本《金銀島》式的冒險小説，講的正是到長洲張保仔洞去尋寶的故事。不過葉靈鳳發現：「香港人喜談張保仔，但大都傳聞多於事實」，「除了因襲地沿用一些流傳已久的不可靠的傳説故事以外，從不肯認真地就這有趣的課題去發掘新的較為可靠的資料」；外人的著述，雖然不乏親歷者的口述，但也「照例不免有曲解和誇張之處」。因此，他「決定對他的真相史實做一點勾稽工作，藉以澄清那些所謂『故老相傳』的故事」。

這本書，出得晚，開筆寫卻不晚，一寫就寫了二十多年。他的忘年交區惠本，很清楚這個漫長而不易的寫作過程，他曾說：「這本書包括了十五篇考證張保仔事蹟的文字，都是葉老二十多年來不斷從方志、筆記、史書、詩集、奏稿以及外國人著作中仔細考證寫成。」葉靈鳳自己在〈後記〉中也是首先強調了這一點：

這本小書，字數雖然不多，但是寫作所經歷的時間卻很長。其中的大部分，雖是近年所寫，但是有幾篇，如〈外人筆下的張保仔〉、〈張保仔與澳門〉等篇，第一次使用這些材料所完成的初稿，都是二十多年前的事了。

張保仔的名字確實很早就出現在葉靈鳳筆下了。一九五二年一月七日的日記說：「午後往訪陳君葆談《國風》事，並往港大英文圖書館借閱紐曼氏的《中國海盜史》，其中有張保仔之材料頗多，但與《中國文庫》所引用者亦大同小異。紐曼此書係譯自中文，原書名《靖海氛記》，出版於道光十年，作者為袁某，係順德進士。未知什麼地方能找到這原書也。」《國風》是「紅色會督」何明華提議創辦的一份月刊，由葉靈鳳主編，第一期在一九五〇年十二月十五日出版，不過由於經費問題，後續難以為繼。從第一期內容來看，此時的葉靈鳳已有意識地增加「在地」色彩，文字方面有鄭籌伯的〈香港青年應有之道德理想〉，圖版方面亦有黃永玉的速寫〈香港風情〉。更重要的是，他已悄悄開始香港史地資料的尋訪。而且，由日記中這段話可知，他對於張保仔的研究已經進行了一段時間，相關資料已經接觸了不少。

區惠本曾說：「中國人以學術論文方式撰寫香港考古文章的，以許地山為第一人。」「許地山在港時，葉靈鳳與之時有過從，估計葉氏研究香港考古、史地，也始於此時。不久許地山逝世，就由葉靈鳳一人獨擔大柱了。」說「時有過從」是一點不誇張的，一九三九年三月，中華全國文藝界抗敵協會香港分會成立，許地山、葉靈鳳同時當選九名幹事之一，可以說是並肩作戰，相濡以沫。只可惜許地山不幸於一九四一年八月四日英年早逝，他們沒能就香港史地研究做更多的交流分享。一九四九年十月十九日，葉靈鳳曾到香港大學，看許地山存在圖書館的遺書，他所着意的，恐怕正是有關香港史地的特藏。

為了研究張保仔，葉靈鳳在文獻方面可說是上窮碧落下黃泉，例如，一九六八年十二月十二日記說：「燈下讀樊昆吾的《南海百詠續編》，在『招安亭』條下，無意發現有關張保仔資料一則。甚難得，原來此亭即當時兩廣總督百齡為受降張保仔，特地建築的。他書未見記載過。」很多少為人知的洋文資料也給他挖來了，《中國文庫》就是一個例子，葉靈鳳在〈《中國書目提要》和香港〉一文中提到過它：「是當時專門譯載有關清朝研究資料的英文月刊，創刊於一八三二年（清道光十二年），一八五一年停刊，一共出版了二十卷。最初是在廣州出版的，在鴉片戰爭期中曾移到澳門出版」。友人也多襄助，例如，一九五二年三月十八日，「馬鑒寄來有關張保仔資料一則，係錄自《金壺七墨》者，記張投誠以後事。」

但他並非只是「搬字過紙，摘錄資料做『抄手文章』」，羅孚說：「他是做了細緻的考證工夫的。」黃蒙田也說：「考證這個海盜一生的歷史，到目前為止還沒有第二個人像靈鳳那樣下過一番苦功。」功夫不負有心人，他的研究考證確實對這個向來「故老相傳」的神奇故事起了澄清作用，成為「一件很有意思的破除人云亦云，以訛傳訛的好例子。」「譬如說，香港和離島有許多張保仔洞，這只是後人穿鑿附會的傳說，事實上這些小洞也未免小覷了張保仔，此人當年是擁有千艘以上武裝帆船和集眾兩萬多人的江洋大盜，他真正的根據地是在形勢險要的大嶼山，這許多張保仔洞實在和他無關。更重要的一點是，張保仔並不是一個和官兵在海上奮戰到底的傳奇式『英雄』，而是一個投降主義者。一八一〇年他向粵督百齡投降並被封『官至三品』，這就是張保仔的真實形象。」

《張保仔的傳說和真相》並非一蹴而就，而是經歷了一個日積月累，聚沙成塔的過程。一九五一年，《星島周報》創刊，葉靈鳳是編委之一，在這年的十二月三日，「寫〈張保仔事蹟考〉，係給《周報》」，「共寫了三千六百字」，「因篇幅關係，許多材料未能盡量引用」。一九五三年一月二十五日的日記說：「《天下畫報》的劉君打電話來，要我寫一篇關於張保仔的故事，約五千字，配以圖片。因為覺得可以借這機會整理一下張保仔的資料，便答應下來了。」《天下畫報》的創辦者應是陳畸，曾是葉靈鳳在《星島日報》的同事，正是他，在一九八〇年將伴隨葉靈鳳退休即告停刊的《星座》恢復出版。一九五二年十一月二十七日日記又記：「陳畸等籌備出版《天下畫報》，來約寫有關香港的文字。」打電話的「劉君」應是該刊的編輯人劉捷，這個名字見於《天下畫報》的版權頁。

轉眼到了一九六七年，又「續寫《張保仔的故事》」，三月二十日的日記說：「可以寫成五六萬字出一單行本，為本地人口中所慣說的這個大海盜傳說做一總結，材料可算不少，只是始終不能讀到當時兩廣總督為了記功所編撰的《靖海氛記》，僅從各縣誌所引讀到一小部分。」這次的續寫是為了在《晶報》連載，不想卻鬧出了一場不愉快，三月二十七日的日記是這樣說的：「為《晶報》寫〈張保仔故事〉。本擬寫兩個多月，然後整理出版單行本。僅寫了一個月，他們要求一定要在月底結束，謂學術性太強云云。甚不快。」

《晶報》創刊於一九五六年五月五日，陳霞子任社長兼總編輯。葉靈鳳日記中記與他的交往只有一次，見於一九六八年四月二十三日日記：「晚應費彝民之邀，到《大公報》晚餐。一桌同席有陳霞子及李自誦等。菜系東興樓特製，甚精。」《晶報》因為「學術性太強」而腰斬〈張保仔故事〉，其實並不稀奇，因為他們這張報紙，正是將讀者對象定位於「屐板階層即今天的草根階層」。魯穆在〈記「三及第」文章宗師陳霞子〉一文中說：「《晶報》在開辦時賣『斗零』一份，這是為了吸引低下層的讀者。他選用了『三及第』文體的社論，也是為了適應這階層的讀者。『三及第』這個名也是他起的。」其實，《晶報》謂葉氏文章「學術性太強」，從一個角度看似是貶低，從另一個角度看則不啻是肯定，充其量是投錯了地方。

這樣，出單行本的機會一直到了一九七〇年才有，也還是要感謝香港上海書局的趙克，肯將這書和《香港方物志》、《晚晴雜記》一攬子出版。這年三月二十四日開始，葉靈鳳連續幾天都在整理稿件。雖然他自嘲「為稻粱謀也」，但內心是頗有些「敝帚自珍」的，認為「有一些考證頗能推翻了一般的傳説」，所以不光文字方面字斟句酌，就連插圖和封面設計都格外用心。三月二十六日，「整理舊資料，要找兩幅有關張保仔的圖片，遍尋不獲。」三月二十八日，「又檢出方志中有關張保仔的記載，交中敏帶往報館一同攝影。」三月二十九日，「中敏拿去報館託映之照片已全部交回，成績極好，令人滿意。」四月六日午後，親往上海書局唔趙克，交出了《張保仔》稿件，還跟他商議了封面事。

慕容羽軍曾經寫過一篇〈葉靈鳳融入香港〉（《香江文學》第二十四期），首先説的就是葉靈鳳對於張保仔傳說的對證梳理。文章說：

說到葉靈鳳之「融入香港」，表現得最積極的，就是他把香港長期流傳下來的傳說，作了根源上的考證，矯正了傳說的訛誤，並且發揚了香港特點，這一系列的工作，他做得十分認真而確實，他從英國人的著作拿來印證香港的傳說，既糾正了港人以意為之的謬誤，亦根據實際情況，矯正了外國人未實未盡的誤解，可以說，他所作的努力，對香港文化，作了很實在的貢獻。

為什麼要講《香江舊事》？

絲韋也即羅孚，不僅替葉靈鳳選編了三卷本《讀書隨筆》，還在稍後又為他選編了三本香港掌故，分別是《香港的失落》、《香海浮沉錄》和《香島滄桑錄》，時在一九八九年，出版方是中華書局（香港）有限公司。在他寫的序言中，有這樣一段話：

他曾經打算把寫香港早年失落的那些文字合為一集，出版一本《英帝國主義侵佔香港史話》或《英國侵佔香港史話》，但這個心願並未實現。現在得償所願，已經是他去世十三四年以後的事。在他生前，只出過《張保仔的傳說和真相》這一本。

這段話卻是不太符合事實的。有關香港掌故的文字，葉靈鳳生前並非「只出過《張保仔的傳說和真相》這一本」，此外還有一本《香江舊事》，恰恰就是擬議中的「英國侵佔香港史話」，只不過太難找見了。三聯書店老闆范用，在編輯《讀書隨筆》期間就曾致信葉靈鳳的女兒葉中敏，稱：「葉翁的作品（在香港出版的），此間大多已找到，惟缺《香江舊事》一書，能否賜寄一冊？或請複印一份寄下，至盼！」葉中敏手邊恐怕也不一定有此書，她為中華書局（香港）有限公司二〇一一年出版的「葉靈鳳香港史系列」所寫的〈葉靈鳳生平簡介〉，就沒有在「生前主要著作」

中列出這一種。

香港淪陷之前那幾年，葉靈鳳和大批南來文人一樣，心心念念的只是「王師北定中原日」，香港只是作為一個臨時據點而已。日本佔領香港的三年零八個月，他用曲筆抒發的依舊是故國之思：「燕子來了的時候，他自會將我們的消息帶給海外的友人，帶給遠方的故國。」他對香港的感受是：「雖然在這裏過了六七個春天，我始終覺得自己仍是一個陌生人」。他之開始「融入香港」，是在香港光復以後，就像黃蒙田所說：「四十年代中期以後，靈鳳興趣的一部分轉移到對於香港史地的研究——更確切地說是鴉片戰爭歷史和以一八四一年二月二十六日為分界的前後的香港歷史。」慕容羽軍寫過一篇〈葉靈鳳融入香港〉，也是把香港史地研究作為他融入香港的標誌。他是這樣說的：

> 說到葉靈鳳之「融入香港」，表現得最積極的，就是他把香港長期流傳下來的傳說，做了根源上的考證，矯正了傳說的訛誤，並且發揚了香港特點，這一系列的工作，他做得十分認真而確實，他從英國人的著作拿來印證香港的傳說，既糾正了港人以意為之的謬誤，亦根據實際情況，矯正了外國人未實未盡的誤解，可以說，他所作的努力，對香港文化，作了很實在的貢獻。

葉靈鳳有意識地進行香港史地研究，直接的契機是他在一九五一年應聘為《星島日報》主編一個《香港史地》副刊，正如他自己所說：一直到第六期出版，「外間來稿幾乎一篇沒有」，全要仰賴他自己捉刀。他大量地撰寫此類文章，也不只是為了填充自己的版面，「領地」還拓展到了其他報章。區惠本在〈葉靈鳳與香港史地的研究〉一文就說過：「葉靈鳳研究香港史地，一向用『葉林豐』一名，在報紙發表文章，筆名更多，早年他在星島日報『星座版』，用『林豐』一名，長期撰寫『香港拾零』，又在『天天日報』，用『秋郎』一名，發表『香海異乘』，此外很多報刊談香港方物風土的專欄，雖然用了種種的筆名，但明眼的讀者，一看就知是葉老的作品。」

絲韋在《香港的失落・序》中，梳理得更為詳細：

三十多年中，他在報刊上寫了許多香港掌故的文字，用葉林豐的筆名寫了《香港史話》、《新界史話》、《香海拾零》、《香海叢談》、《香海舊聞》，用秋郎的筆名寫了《香海異乘》，用香客的筆名寫了《香海浮沉錄》，用龍隱的筆名寫了《香江溫故錄》，用南村的筆名寫了《太平廣記》、《太平山方物志》。最後一種雖說是方物志，卻也有掌故文章。用霜崖的筆名寫的《爐峰新語》，在一般的隨筆中，也夾雜有不少寫掌故的文字。總起來，恐怕是在百萬言以上的。

這百萬言以上的掌故文字涉獵極廣，但他最為着力的，還是有關香港失落的史實。他在一九四五年八月十一日日記中的一條記事，非常強烈地釋放了這一信號：「報載香港邊界因界石損壞，香港政府要求中國會同勘定邊界，擬乘這機會寫一篇關於九龍割讓和租借的論文。」可以這麼說，葉靈鳳之關注香港史地，就是起始於「英國侵佔香港史」這個專題。黃蒙田認為：「當時用中國文字寫的這方面著作幾乎等於空白，如果說有站在中國人立場較為有系統地把這一時期的歷史真實加以整理填補了這塊空白的，是靈鳳這方面的著作。」

可惜的是，「這方面的著作」一直散見於不同的報章，遲遲沒有成為真正的「著作」。其實，將此類文章出版單行本，早在一九五三年即有出版社邀約，但葉靈鳳不願給他們，因為那是「自由」分子的出版機構。關於這事，葉靈鳳一九五三年一月二十四日日記有記載：「晚間應邀去參加胡春冰的生日會。座中有徐訏等，多是『自由』分子，只好聊陪末座而已。他們要我將《香港史話》在大公書局出版，但我對這書局不感到興趣。」胡春冰早年曾任《中央日報》總編輯，一九四九年前後流亡來港，屬於「自由」分子無疑。至於大公書局，則是拿美元津貼的。羅隼在〈「大公書局」首創《我的日記》〉中曾說：「五十年代後期，香港文化界出現反共陣線，以『自由』為旗號，可以拿到一些美元津貼，大公書局便印行一些反共的文學作品，爭取津貼……」這樣的書局，葉靈鳳肯定「不感到興趣」；即使感興趣，那些露骨地揭露「英國侵佔香港」的文字也未必能在他們那裏過關。

這樣說並非空穴來風，當年有關文字見諸報端的時候，就因為犯忌而時常惹出事端。例如，葉靈鳳給《新晚報》寫了一篇〈鴉片快船〉，係介紹一九三三年英國出版的巴席爾．魯布波克的同名著作（*The Opium Clippers*）。文章說：「本書係記載十九世紀初年，輪船未盛行以前，從歐洲及印度往來中國沿海從事貿易活動的商船情形的，這些商船大都是以風帆行駛的快船，所運來的貨物又多以鴉片為主，故名為『鴉片快船』。這種鴉片快船最初停泊在零丁洋，後來便集中到香港。」可是文章刊出來時，不僅文字刪了許多，題目也給改成了〈港海的快船〉。由此可見，對於港英來說，就連「鴉片」這個字眼都是犯忌的。港英當局的報紙審查制度很嚴，出版界因此噤若寒蟬，「他們怕得罪香港政府」，只好這麼辦了。

在此之前，還有一次犯忌的事情，後果是葉靈鳳主編的《星島日報．香港史地》都被要求停刊。那是一九四八年的事情，葉靈鳳日後回憶說：「晚間清理多年前所編的《香港史地》，共出版了四十多期。……由於九龍城問題，被華民署授意報館要停刊的。我刊了一些慨詠九龍城被強入拆屋的舊詩，其中有『英夷』字眼。港方因表示不滿。」為什麼「九龍城」不能觸及？是因為「九龍城寨一向由中國行使管轄權」，具體來講，「九龍成為租借地之後，九龍城城內治權仍由清朝保留，清朝官員仍像過去一樣，仍舊駐紮城內，繼續行使治權」，但港府並不甘心於此，一直處心積慮地「蓄意製造」糾紛，更在二戰結束之後挑起了「九龍城被強入拆屋」的事端。關於此事，葉靈鳳在〈九龍城寨的主權問題〉中是這樣描述的：

> 一九四七年和一九四八年，港府曾公然侵入九龍城，拆毀城內大批民居，又撕下當時城內居民所懸掛的國旗，侵犯了中國主權。港府對於城內居民的抗議，更出動軍警，血腥鎮壓，以致激起了一場極大的風波。結果廣州沙面的英領館被搗毀，英旗被焚。港府懾於中國民情激昂，輿論沸騰，才逐漸縮手，不敢再硬幹下去。

葉靈鳳刊出的那組舊詩〈九龍城即事〉，就是對此一事件的聲討，其中崔鳳朋那首還使用了「英夷」字眼，詩的全文是：「頹垣敗瓦苦斯民，太息英夷辣手伸，顧我空拳思衞土，有人挾刃說親鄰，佔巢鳩鳥難相喻，毀室鴟鴞足與倫，弱國外交惟一牒，不須催淚淚沾巾。」在港英治下直呼「英夷」，難怪當局光火，勒令停刊自然不在話下。

在這樣一種管制環境下，要想出一本全面考證「英帝國主義侵佔香港」的史話，更無異於「痴心妄想」。

一直到一九六七年機會才終於出現。這一年，香港爆發了反英抗暴的「五月風暴」。羅孚在〈《海光文藝》和《文藝世紀》〉一文中說：「『文革』對香港是有了很大的衝擊的，最大的衝擊就是一九六七年的『五月風暴』。左派報紙當時的新聞說得誇張些就只剩兩條：要聞是『文化大革命』，港聞是『反英抗暴』。」葉靈鳳在這一時期也表現得興奮異常，心中對於港英殖民統治的憤恨猶如堆積多年的乾柴，遇火便能熊熊燃燒。我們從風暴剛剛颳起時的一則日記，可以體會他的心態，這一天是一九六七年五月十一日：

> 今日下午，九龍新蒲崗工廠區警察與罷工工人和慰勞者，發生大衝突，警察曾用催淚彈和木彈槍，事後據説有九十多人被捕，九龍局部在晚間宣布戒嚴。
>
> 這一次，港英真要搬起石頭砸自己的腳了。
>
> 寫〈磨刀頌〉，——敵人已經磨刀了，因此我們也要磨刀。

這些天裏，「港府壓迫行動愈來愈甚，我方沉靜以待，大有山雨欲來風滿樓之勢」。葉靈鳳日日關注局勢發展，「心緒不寧」，除了「寫有關時局多篇，其他許多計劃都只好暫時擱置了」。他不僅為中新社撰寫〈有毛主席為我們撐腰〉這樣的文稿，還有很多「都是揭發港英侵略中國史實為題材」，其中，「〈英艦紫石英號挨揍記〉，在《新晚報》連載了十日，《人民日報》的社論也提起了此事，轉載者甚多」。在另外一篇〈港英如芒在背的問題〉的結尾，葉靈鳳這樣寫道：

因此，「我自巍然不動」，不論是文鬥、武鬥、長鬥，齊鬥，都是港英必敗，我們必勝的。

說實話，這種口氣是頗有幾分「文革」風格的。在〈港英曾兩次從香港下旗撤退〉中，他甚至直接把「毛澤東思想」搬了出來：「已經兩次了，會不會再有第三次呢？膽敢與七億中國人民為敵，膽敢向毛澤東思想挑戰的港英，眼看上天無路，入地無門的日子就要來到，根本談不到什麼撤退不撤退了。」可以說，葉靈鳳的「左」，葉靈鳳的「紅」，在「文革」特別是「五月風暴」中有一個大爆發。如果說他真的如人所說是北京的「臥底」，那麼這個時候就等於從隱蔽戰線跳到了前台。但葉靈鳳並不總是通過喊口號逞一時之勇，他的史話篇篇都是嚴謹的學術考證，只不過在字裏行間浸透了感情色彩。關於其學術性，嶺南大學歷史系副教授劉智鵬就說過：「葉靈鳳的文章字數不多，卻參考了大量史料，並且經常在有限的空間裏反覆論證。這些文章已經超出了掌故的水準，進入了歷史筆記的範圍。」

丁新豹在為《香港的失落》寫的導讀中也說：「《香港的失落》所收入的文章，便引用了大量史料……即使在今天，知悉這些資料的讀者仍不多。他更著有專文介紹這些外文書籍，給有意鑽研香港史的讀者作參考。」丁新豹所說的「專文」，大概是指那一組《香港書錄》。這不僅是香港史地研究的副產品，也是非常重要的基礎工作。葉靈鳳說：「這許多年以來，我一直在留意鴉片戰爭歷史和香港百年來受殖民統治的過程，過去的一些有關這些課題的出版物，差不多都涉獵過了。」一九六九年一月十三日的日記則記述了他對於資料搜集的孜孜矻矻：「燈下翻閱穆倫都爾夫的《中國書目》，此係一八七六年出版者，現在已很難得，其中關於香港部分，有《中國文庫》，各期所載有關香港文字。有暇當設法往香港大學圖書館借閱所藏《中國文庫》，因我自己所藏的不全。全套該二十卷，我只有九卷。」

至於「字裏行間浸透了感情色彩」，那也正是葉靈鳳的獨到之處。正如丁新豹所說的：「葉氏的文章短小精悍，文筆潑辣，絕不沉悶；另一方面，葉先生原是作家，並不是歷史學家，他愛恨分明，反英反殖民統治的立場十分鮮明，尤其部分文章完稿於中英關係緊張、極左思潮氾濫的六十年代晚期，有時未免流於主觀、片面，但整體來說仍不失其可讀性。」即使是那些感情色彩較濃的文字，也還不至於流於「感情用事」，而是「言之有理」的，例如，他在〈港英如芒在背的問題〉中對於香港回歸的判斷，就頗具前瞻性，說其料事如神也不為過：

> 自從新中國成立後，英帝國主義就看出他在中國歷年所投的侵略賭注已經完蛋，同時香港前途也早已被注定，因為新中國隨時都有理由，而且也有力量宣布收回。當時英國忽然率先表示「承認」新中國，就是這只國際上有名的老狐狸所要的手段，希望借此來苟延殘喘。……它們十分明白，新中國無須動用武力，只要用一紙通知，或是一個電話，說要

提前收回九龍新界租借地，香港就立時要變成「皮之不存，毛將焉附」了。到那時候，什麼南約北約理民府，什麼鄉議局鄉議會，什麼白皮番狗黃皮番狗，就一起要平地一聲雷，立時一起成為喪家之犬了。

葉靈鳳的女兒葉中敏曾經轉述過夏衍的一段話：「在葉靈鳳逝世後，其生前好友夏衍先生說，葉靈鳳一生最重要的成就是有關香港歷史掌故的工作。其有關著述為國家其後一九九七年收回香港也提供了重要的參考依據。」這是知人之論，也正是葉靈鳳所期待的結果。

但在七十年代的香港，葉靈鳳的苦心未必都能得到人們的理解和認同。遠的不說，就是一貫跟他過從甚密，恨不得三天兩頭餐聚郊遊的報壇怪傑三蘇（即高雄），也突然毫無徵兆地疏遠起來。葉靈鳳一九六九年二月二十三日日記說：「今晚《成報》請春茗，見高雄夫婦，彼此拱手恭喜，自去年起，彼此皆停止往來拜年了。」這個關係的變化，羅孚的〈三蘇——小生姓高〉（《南斗文星高》）一文可做注腳：

他和左派其實是有過良好關係的，整個五十年代以至六十年代的前半期，他是幾家左派報紙副刊的特約寫稿人，一個時期一家報紙每天用他四五篇稿子的就是左派的晚報。他替別的報紙寫的怪論，偶爾有點譏刺左邊的聲音，並不經常，「文化大革命」以後，這樣的聲音漸多漸厲，左派報紙就停用他的稿，於是決裂，「反英抗暴」一來，咒罵就更多了。

很多年之後，甚至《葉靈鳳日記》的特約編輯許迪鏘都對葉靈鳳此一時期的表現不甚苟同，表示「本來一百分，我就扣他三五分吧。」不過，許迪鏘倒真是一個解人，他對葉靈鳳有一段常人所未嘗道的深層次剖析：

近日有位學者列舉日佔期間先生頗「露骨」的挺日文字，認為他是真心投敵。白紙黑字，固不容隱諱，縱觀《日記》中的言論，我有另一個想法。先生由始至終就對英殖民者切齒痛恨，日人把英人趕走，實現所謂「大東亞共榮」，他未必完全反感。這也解釋了六七暴動期間，他對「反英抗暴」的同情，以至在「遍地菠蘿」乃至兩姊弟給炸死的記事中，我覺得很有點冷漠。但事情發展下來，可以看出，他是有所懷疑和反省的，展現一位有感情和思想的知識分子應有的秉持。

盧瑋鑾很欣喜許迪鏘通過編輯《葉靈鳳日記》得到「新的認知」，她希望不必糾結葉靈鳳的真實身份究竟是何，而要把他「作為一個『人』去看」，她說：「在眾多不同立場材料出現以後，我漸漸覺得他是一個很執着、很敏感、很自我的文化人，在糅合現代、浪漫的人生裏，他愛恨分明，從頭到尾都憎惡英國的殖民統治方式，這也是中國人應有的態度。」嶺南大學歷史系副教授劉智鵬也敏銳地捕捉到葉靈鳳的這一心機：「葉靈鳳觀察歷史的時候，往往帶有文人的靈銳觸覺，可以從一般人忽視的現象中看出獨特的歷史意義。因此，他有時候也不免以文人的心思對待歷史。他對英國人佔領香港這段歷史有相當強烈的反應，認為這是一件『煞風景』的事情，並且特別為此事寫了一篇題為『大笪地的痛心史』的文章。事實上香港人生於斯長於斯，大多數人對割讓香港並沒有特別的感覺。葉靈鳳對百多年前發生的事情產生鮮活的共鳴，是南來文人從中華民族的大歷史視野中對香港所表達的關懷。」

接下來就該探秘《香江舊事》的出書過程了。首先是要有願意買的「買家」，這個買家是香港上海書局，但在一開始，選題並不是專門指向「侵佔香港史話」。葉靈鳳在一九六七年八月二十七日日記中說：「上海書局轉來意見，擬將《霜紅室隨筆》分集出單行本。」但葉靈鳳首先整理的，卻是「有關香港各稿」，一九六七年八月二十九日說：「剪貼《霜紅室隨筆》有關香港各稿，以便交上海書局整理出版。昨日已與趙克在電話中接洽過了。」一九六七年九月二十八日又說：「下午三時往上海書局晤趙克，交《霜紅室隨筆》十餘萬字與彼，因他們曾表示想出版，而且指定要有關港澳時局者。」由此也可看出，上海書局趙克並非被動，雙方可以說是一拍即合的。

接下來的問題是書名。葉靈鳳一九六七年十月二十四日的日記說：「上海書局趙克送回前要去的《霜紅室隨筆》，有關香港部分者，都是最近新寫與眼前局勢有關者。他選取了約七萬字，擬出單行本。今日送回來聽取我意見，我擬略加修改，以『霜崖』或『葉林豐』名字出版。書名在擬議中，還不能決定。這本書略有系統地敘述香港被侵佔的經過。」到一九六七年十一月一日，葉靈鳳便有了書名的設想：「整理上海書局交回的稿件，寫了一篇短序，擬取名為《英國侵佔香港史話》。」而且此後的日記中一直使用這個書名，例如，一九六七年十一月二日：「上午整理《英國侵佔香港史話》。下午三時往晤上海書局趙克，交出此稿。尚有錦田吉慶圍抗暴故事未編入，擬重寫一篇新的。」但最終，書名卻有變。葉靈鳳一九六八年二月的日記說：「《香江舊事》出版。原名《英國侵略港九史話》，後改今名。」為什麼改名？聯想起前面説過的「鴉片快船」和「英夷」事件，就不難理解。更何況，在「六七暴動」期間，大批左派文化人士遭拘捕下獄，這樣一本「揭老底」的書能夠順利出版，已是奇觀。

與此相關的是封面設計。按照葉靈鳳的設想，封面會是非常刺激的。一九六七年十二月十一日，葉靈鳳在日記裏説：「趙克來電話，《英國主義侵略香港史話》已付排，囑找一張封面畫送去。」一九六七年十二月十二日：「選定圖片三種，可作《港英侵略香港史話》封面，供他們去挑選。我以為描摹英軍掠奪醜態的漫畫最適合，未知他們的意見以為如何。」但最後成書的封面，卻是一幅老照片，封面的説明文字是：「九龍城龍津碼頭舊貌（即今日啟德機場附近）。」猜想也是為了低調起見。不過，即使只是一張舊風景照，但龍津碼頭本身也是富含深意的。葉靈鳳在〈九龍城寨的主權問題〉中説到了這個碼頭：

> 當港英強迫清廷簽訂所謂「展拓香港界址」專條時，當時九龍城內，有居民六十四戶，共有四百六十多人，據説多數是以泥小販和務農為業的。「專條」上明白規定，城內的這些居民，仍由清政府官員管理，並且「議定仍留附近九龍城原舊碼頭一座，以便中國兵商各船渡艇，任便來往停泊，且便城內官民任便行走。」
>
> 這座碼頭，稱為龍津碼頭，有一條大路，由九龍城直通海濱，稱為龍津大道。這些區域，已被劃入今日的啟德機場範圍之內了，但是仍有不少舊日的照片可以查考。

最後是出版社的問題。根據葉靈鳳日記記載，接洽此書出版的，一直是香港上海書局，但書上署的卻是「香港益群出版社出版」。原來以為是臨陣換社，後來讀到羅琅的文章，才恍然大悟：原來益群出版社是香港上海書局的副牌。羅琅在《香港文化記憶》一書中說：「上海書局旗下的主要出版社包括中流出版社、南星書局、大中書局、日新書店、文教出版社，還有『副牌』如宏業、進修、益群等，各有自己的出版重點。」二〇一四年八月二十二日他還口述說：「為方便向南洋外銷出版書刊，上海書局有多間不同名出版社，益群出版社即其中一家，在香港並無向華民政務司署登記註冊。」既無登記註冊，也便少了些審查之虞。

香港歷史博物館前總館長丁新豹曾說：「細算起來，我接觸香港歷史，可能是從霜崖的《香江舊事》開始。那時的中學歷史課程到鴉片戰爭前便告一段落，要瞭解英國掠奪香港的經過，及開埠初年的管治，便需倚賴課本以外的書籍。我便是通過這本書對這個當時相當敏感的課題獲知一二，所以說《香江舊事》是我認識香港歷史的啟蒙書籍。」這本薄薄的小書，就是這麼重要。

兩本讀書隨筆

在香港的三十七年間，葉靈鳳寫下了大量讀書隨筆，可惜的是生前只結集過薄薄的兩本，一本是《文藝隨筆》，一本是《北窗讀書錄》。然而，就是這兩本小書，也頗能代表他的讀書隨筆的兩大特色，一個是「專」，一個是「雜」。

《文藝隨筆》是「專」的，專就專在專講西書故事。杜漸在〈葉靈鳳的《讀書隨筆》〉一文曾說：「他對外國文學的造詣很深，而他寫的有關外國文學的隨筆，卻能深入淺出，旁徵博引，娓娓道來，讀之如談家常，若講故事，一點不覺乾澀枯燥。」這自然得益於他對西文經典經年不懈的購藏和閱讀。在〈法國文學的印象〉一文中，他曾講到他的外文啟蒙：

為了學畫，雖然老早就在美術學校裏選讀了法文，但是每星期兩小時的課程，使我的程度距離看書還很遠（我一向羨慕亡友望舒的好法文，但是據他自己說，這是在震旦大學捱法國神父打手心苦學出來的），倒是從小就在教會學校裏學的英文，還夠我勉強應付看看英文書。

說「從小就在教會學校裏學的英文」，一點不假。葉靈鳳在〈龍開河的故事〉（《文藝世紀》

一九六五年十一月號）中說：「四十多年前，我就在（九江）這條街上的一所教會小學裏念書。」中學在鎮江念的也是教會學校，他在〈晚晴雜記．金山憶舊〉中曾說：「我的家曾在鎮江住過，我自己也在鎮江的一所教會中學裏念過幾年書。」但是，早年教會學校的學習也只是打了個較好的基礎而已，更多的得益於不停地買，廣泛地讀。上海新象書店一九四七年刊行的《葉靈鳳傑作選》，就在卷首的〈小傳〉中說：「他是一個苦學自修成功者。」他的「藏洋裝書」這一終身愛好，也得益於上海和香港這兩個國際性都市給他提供了便利。在〈舊書店〉一文中，他就描寫了民國年間上海的幾家西書店，像外灘沙遜房子裏的一家，愚園路的一家，卡德路的民九社，北四川路的添福記，更別說大名鼎鼎的內山書店了。在香港就更加如魚得水，根據他日記的記載，隔三差五就要到哈里斯、別發、辰衝等西書店逛逛。他還可以根據西文報刊上的圖書廣告訂購歐美最新出版物，例如，一九四七年六月五日日記說：「別發書店來電話，謂所訂購之畢卡索畫集已到。無錢去取，奈何！」其實，直接從歐美訂購圖書的習慣早在上海時期就已養成了。他有一篇寫於一九三〇年代的名篇〈書痴〉，記述的就是他「從遼遠的紐約買來了一張原版的銅刻」，對於這張銅刻他是如此描寫的：

> 這張銅刻的題名是《書痴》。畫面是一間藏書室，四壁都是直達天花板的書架，在一架高高梯凳頂上，站着一位白髮老人，也許就是這間藏書室的主人，他脅下夾着一本書，兩腿之間夾着一本書，左手持着一本書在讀，右手正從架上又抽出一本。天花板上有天窗，一縷陽光正斜斜地射在他的書上，射在他的身上。

迷上西書也是因為一早就碰上了好的師父，他在〈我的藏書的長成〉一文中說，他因戰事離開上海時，失散的那批藏書就在萬冊以上，「大部分是西書」。「最初的萌芽，是達夫先生給了我幾冊，都是英國小說和散文。」「還有則是張聞天先生也給過我幾冊，大都是王爾德的作品。當時我住在民厚南里，還是美術學校的學生。」西書讀得多了，就模仿那風格寫小說，就翻譯，也開始寫一些有關西書風景西書裏的故事的書話。他的第一本書話集《讀書隨筆》，基本就是寫於一九三〇年代的上海，除了少量幾篇回憶文字，大半都是所謂的「西書什錦」，這也成了葉靈鳳書話的一大特色。

葉靈鳳在《文藝隨筆》的〈後記〉中說：「我發覺自己在讀書和寫作方面都有一點癖性，那就是自己不喜歡的書不讀，自己不喜歡的東西不談。」當然他也指出，「我平時所讀的書，並非僅限於這一個方面。這不過由於要編輯這本小書時，為了不想內容過於廣泛和蕪雜，這才選了一些全是談外國作家和作品的，集在一起，成了這本小書。」這篇〈後記〉，不僅介紹了這本集子的編輯思路，更難得的是披露了他自己的「書話觀」，其重要性不亞於唐弢那段流傳甚廣的名言。葉靈鳳說：「我一向認為要寫這一類的隨筆，將自己讀過了覺得喜歡的書介紹出來，是應該將這本書的作者，他的生平和一點有趣的小故事，融合着這本書本身來一起談談的。有時，一本書在這世間的遭遇，會與這本書的內容同樣的有趣。這都是我特別感到興趣的。能將這一切融會貫通到一起，寫成一篇文章，我才覺得符合我個人的理想，這也就是我自己認為好與不好的標準了。」

《文藝隨筆》由香港南苑書屋於一九六三年十月出版，列為「南苑文叢」的一種。

如果說，《文藝隨筆》是為讀者「開了一扇西窗」，那麼《北窗讀書錄》的「北窗」，則有可能面向的是北方的故國。事實上，這個集子裏不乏〈鄉邦文獻〉、〈朱氏的《金陵古跡圖考》〉這樣的篇什。他說：「近年時時想讀一些有關鄉邦文獻的書」，「在有關家鄉的史乘方志一類舊籍不容易到手的海外，能有機會讀一遍《金陵古跡圖考》，再參閱一下那幾百幅攝影，實在如前人所說：『過屠門而大嚼』，聊當一快。不僅能彌補了讀不到那些舊籍之恨，同時也足慰遊子的鄉懷」。

不只是家鄉南京，他也耽讀有關中國的一切，在這本小書中，他就寫到了方信孺的《南海百詠》、顧愷之的《列女傳》、改七薌的《紅樓夢人物圖》、李福眠的《聖賢圖》石刻，甚至外國人寫的《中國醫學史》、卡夫卡寫的《中國長城》、《天方夜譚》裏的中國，他都涉獵。羅孚曾在〈鳳兮鳳兮葉靈鳳〉一文中說：「他雖然不寫舊體詩（新體也不寫），但對中國傳統文化的東西並不缺乏研究」，這「不也正是他的一顆中國心在躍動麼？」「據說，中國的龍不同於西方的龍。如果鳳凰也有中西之分，那就可以斷言，葉靈鳳是一隻中國鳳。」

當然，《北窗讀書錄》所收的文章遠不止這些，篇目非常之雜。這個「雜」，頗能代表他一生的讀書趣味。他在這本書的〈後記〉中說：「我的讀書趣味一向是多方面的，因此所讀的書很雜。這種傾向，從這個集子裏也可以略見一斑。這幾十篇讀書隨筆，有的是近一兩年寫的，有的已經是十年以前的了，所涉及的範圍很廣。這些書包括了有名的古典著作，以及今人的新作，有中文書，也有外文書，還有藝術圖籍和版畫，因為這些都是我所喜愛的書，也是我喜愛讀的書。」在〈我的讀書〉一文中，他還說：「我至今仍有讀『雜書』的嗜好。愈是冷僻古怪的書，愈想找來一讀為快。若是見到有人的文章裏所引用的書，是自己所不曾讀過的，總想找了來翻一翻，因此，書愈讀愈雜。這種傾向，好像從當年一開始讀書就注定了似的，實在很有趣。」

葉靈鳳拿到《北窗讀書錄》樣書的時候，已經是歲尾了，一九六九年十二月十九日，他在日記中記下這樣一筆：「隨筆集《北窗讀書錄》，已由上海書局於上月出版。」雖然只有簡單一句話，但他心中分明是開心的，第二天，就將樣書分送給他的幾位鐵杆追隨者。十二月二十日的日記是這樣寫的：

下午三時，到紅寶石餐廳晤黃俊東、劉一波，他與太太同來。區惠本已入《明報》工作，因無暇未來。以《北窗讀書錄》分贈各人，至五時許始散。

從行文的口吻分析，這個會晤應該是葉靈鳳主動召集的，主要的目的恐怕就是分享他的新書。他提到的劉一波，本來是在理髮店工作的青年，因為愛好新文藝，自己幾個人創辦了一個小刊物，取名《新作品》。他所供職的「立克爾」理髮店就在葉家對面，當他打聽出住在對面的就是大名鼎鼎的葉靈鳳，就和另一位愛好文藝的舒姓同事登門拜訪。葉靈鳳一九六七年四月二日日記對此有記載：「態度都很誠懇，因談了一些文藝創作的修養問題。勸他們不要騖新，不要貪巧，一定要腳踏實地地去學習。」他還感慨：「在理髮這一行中有這樣愛好文藝的青年，實在是難得的。」後來成為香港書話重鎮的黃俊東，也是通過劉一波牽線搭橋，第一次造訪葉府的，這一天是一九六八年七月七日，七月六日的葉靈鳳日記記載：「劉一波（文藝青年曾在理髮店工作，辦過文藝小刊物）來電話，謂將在明天下午三時半偕黃俊東來訪。黃亦係以前相識者，兩人現皆在《明報月刊》工作。」次日見面的情形則是：「黃俊東、劉一波來，並有一女子，係劉之女友。黃帶來一些我的舊作，如

《紅的天使》、《鳩綠媚》、《時代姑娘》之類，還有一冊《幻洲》。自然不免談了一些過去文壇的舊事。黃為人談吐倒還坦白。三時許來，七時始去，贈以《文藝隨筆》、《香江舊事》各一冊。」

黃俊東從葉靈鳳那裏受益很多，可以說是香港本地最為繼承葉靈鳳衣缽的一個。作為一個老作家，葉靈鳳是非常樂見「年輕的人能夠向文藝伸出了手，而且在開始向前走」。他在〈讀《風雨藝林》〉一文中說：「能夠回頭見到有這樣多的年輕同路人趕了上來，這真是再高興也沒有的事了。」「對於具有這樣熱忱的文藝愛好者，我是願意在這裏搖動着經歷了半個世紀文壇風雨的翅膀，來向他們表示歡迎的。」

幾天之後，葉靈鳳還贈送一冊《北窗讀書錄》給一位給他看病的眼科醫生，「因他曾向我談起從杜甫的詩中看出杜甫晚年也有眼疾」。那一時期，葉靈鳳頗為眼疾困擾，以至於擔心會不會失明，他在日記中說：「父親晚年在杭州也雙目失明，大姊近年也有一隻眼失明。我家對於視力似有不好的遺傳。」視力對他的影響還是很大的，日記停了好幾個月，「讀書和寫作也很少」，甚至為《成報》寫了十五年的連載小說《紅毛聊齋》，「也覺得有點倦了，趁這休養目力的機會停了也罷」。「不寫《成報》小說，每月少了四百元收入」，這對於子女眾多的葉家來說不是小事，因此葉靈鳳才「擬整理舊稿為單行本，以此暫時來彌補」。有此之念，主要因素固然是因了不擬再寫《成報》小說，但《北窗讀書錄》的出版顯然也給了他一些激勵作用，正是在拿到新書的這一天，他立下了這志向。

《北窗讀書錄》最初是應大光書局之約而整理的，葉靈鳳一九六九年五月二十二日日記說：「晚在燈下整理《隨筆》稿，選出可編成一輯者約七十餘篇，擬編成一集。此係應陳凡之約，係大光書局擬出版者。」陳凡是《大公報》副總編輯，與金庸、梁羽生合寫《三劍樓隨筆》的那個，他跟葉靈鳳似乎比較談得來，一九六七年他為《大公報》編輯大型畫冊《我們必勝！港英必敗！》，葉靈鳳為他提供了不少圖片資料；葉靈鳳暮年讀的最後一套大書，就是他寄贈的《藝林叢錄》。一九七四年二月十六日這天的日記記錄了這溫暖一幕：

天暖。陳凡寄來《藝林叢錄》已出者全部共九冊，一至九集。喜出望外，作書謝之，初以為僅能得最近出版之八九集，不料竟能獲全豹也。燈下翻閱一過，不覺忘倦。

「故事大王」生涯

葉靈鳳素來喜歡故事一類的讀物，他寫過一篇〈案頭書〉，裏邊提到他日常放在案頭的三部書，無不屬於此類，分別是《伊索寓言》、《拉封丹寓言》和《坎特伯雷故事集》。談到《坎特伯雷故事集》，他認為：「直率坦白，有笑有淚，富於人情味，而且不避猥褻，這正是這部故事集能流傳不朽，為人愛好的原因。」對於《拉封丹寓言》，他更直言「我很喜歡讀」。因為他不是讓狐狸獅子和猴子講「人話」，「它們說的全是它們自己的話」。「他非常同情自然界的一切生物，從不使他們道貌岸然的向人類說教。」至於《伊索寓言》，就不只是喜歡了，而是進行了一系列研究。「雖然早在明朝就有了第一次的譯本，但是對於伊索的歷史和他的寓言集的由來以及流傳經過，幾乎至今仍是所知不多。」他做了很多考證，但這些考證一點都不枯燥，就跟講故事一樣妙趣橫生。

除此之外，《十日談》、《天方夜譚》、《安徒生童話》，以及《巴爾扎克詼諧故事集》，也都是他喜歡的讀物。在〈《十日談》的版本談〉中，雖然他主要在談《十日談》的版本掌故，但仍不忘強調它的「故事性」，他說：「《十日談》的作者卜迦丘，可說是古今第一流的講故事能手。在這本書裏，他的態度冷靜莊重，不作無謂的指摘和嘲弄，也不拋售廉價的同情。他不故作矜持，也不迴避猥褻。他在《十日談》裏從十個避疫男女的口中所講出的一百個故事，可以說包括了人生的各方面，有的詼諧風趣，有的嚴肅淒涼。但他從不説教，也不謾罵。」葉靈鳳對於《十日談》是真的喜愛，不惜一寫再寫，甚至愛屋及烏，連《七日談》、《五日談》這些模仿之作也關注起來。

比之《十日談》，《天方夜譚》無疑更是「故事」了，因為它的正式譯名就是《一千零一夜的故事》。葉靈鳳曾經援引理查．褒頓的一句名言：「沒有一千零一夜，根本也就沒有故事。」「因為書中那位美麗機智的沙娜查德小姐確是將她的故事講了一千零一夜，每逢講到緊要關頭，恰巧天亮了，她便停住不講，等到天黑了再繼續講下去，就這樣一連講了一千零一夜，一點不折不扣。」《天方夜譚》的版本數也數不清，據説，只有褒頓的譯本保留了「一千零一夜」的形式。本來，葉靈鳳已有了馬特斯的重譯本，那可是八巨冊的限定版，但他還是又買來了心心念念的十六冊的褒頓原刊本。「在北窗下，翻看書本，迎着亮光檢視每一葉紙上那個透明的褒頓簽字的水印，並不曾看內容，我的心裏就已經心滿意足了。」

葉靈鳳喜歡安徒生，那就更不消説了。有趣的是，他喜歡安徒生的理由，「不僅因為他的童話寫得好，更因為他的童話裏時常提到我們中國。」對於這一點，他也是用講故事的方式娓娓道來：

相傳有這樣的一個故事，在安徒生的故鄉奧登斯，市中有一條小河，現在已經成了紀念安徒生的公園，人們傳説安徒生在少年時代，家裏非常窮，母親每天要到這條小河裏來為人洗衣服，安徒生也跟了母親一起來，坐在河邊，對着那些樹木和河上的天鵝野鴨出神，他時常幻想，如果從這條河裏往下挖，往下挖，一直挖到地球的另一角，就可以抵達東半球，到達中國。

其實，安徒生刻意經營的是劇本和長篇小說，這些童話只是利用餘暇信手寫來的毫不經心之作，令他意料不到的是，使得他在文藝花園裏獲得不朽地位的，正是這些小花小草。跟他有些相似的是巴爾扎克，但巴爾扎克的厲害之處是，他自己最為滿意的作品，並不是他的嘔心瀝血之作《人間喜劇》，而是一部《詼諧故事集》。在寫給他的愛人韓斯卡夫人的信裏，巴爾扎克說：「我認為我自己將來的聲譽，大部分將依賴在這本書上。」

甚至對於小說，葉靈鳳也以是不是具有故事性作為評價標準。他年輕時喜歡《茶花女》，幾乎到了走火入魔的程度。在〈《茶花女》和茶花女型的故事〉一文中，他說：

我很喜歡讀小仲馬的《茶花女》，很年輕的時候讀了冷紅生與曉齋主人的合譯本，就被這本小說迷住了，而且很神往於書中所敘的情節。這時我已經在上海，我讀了《茶花女》小說的開端所敘的，阿蒙在瑪格麗的遺物被拍賣時，競購她愛讀的那冊《漫郎攝實戈》的情形，每逢在街上見到有些人家的門口掛出了拍賣行的拍賣旗幟，總喜歡走進去看看。……我也不知道自己是怎樣的心理，有時擠在人叢中也彷佛自己就是當年的阿蒙，可見小仲馬的這部小說令我愛好之深。

詭異的是，葉靈鳳的第一任妻子郭林鳳也愛讀《漫郎攝實戈》，侶倫說，當年雙鳳來香港遊玩住在他家的時候，郭林鳳每晚讀的正是《漫郎攝實戈》。「這個譯本的裝幀設計很漂亮；黑色書皮，封面印上金色圖案字的題名，簡潔高雅，富有古典味。」見他也喜歡，葉靈鳳還寫信向上海光華書局給他要了一本寄來，可惜經過一場太平洋戰爭，不明不白的失了蹤。更可惜的是，郭林鳳竟也和愛讀《漫郎攝實戈》的瑪格麗一樣紅顏薄命。這段故事暫且放下不表，要說的是，葉靈鳳將《漫郎攝實戈》以及《摩爾．佛蘭德斯》、《卡門》、《黛絲》、《娜娜》，甚至《罪與罰》，一律地稱為「茶花女型的故事」。他喜歡的作家裏，有很多也都是善講故事的，比如茨威格，他「不僅是一讀再讀，而且都忍不住譯了出來，逢人就推薦」，喜歡的理由，就是因為「不僅每一篇的故事都好，而且寫得又好」。

他甚至也將聖經佛經這類的宗教經典都當成故事來讀，在〈美麗的佛經故事〉中，他這樣說：

> 不一定要做和尚做尼姑才應該去讀佛經；佛經更可以不一定當作宗教經典來讀。我在這裏要向佛教的諸大德告罪一句，我就是將佛經當作文學作品來讀的。當作寓言集，當作故事集，甚至是當作《十日談》來讀的。就是對於基督教的《聖經》，我也是如此。

葉靈鳳的讀書隨筆之所以耐讀，訣竅可能也在於他是用了講故事的方式。吳其敏在〈葉靈鳳的「文藝隨筆」〉中就指出過這一點，他說：「在〈後記〉中，作者提出他寫此類讀書隨筆時，有所追求的一個目標：『將自己讀過了覺得喜歡的書介紹出來，是應該將這本書的作者，他的生平和一點有趣的小故事，融合着這本書本身來一起談談的。有時，一本書在這世間的遭遇，會與這本書的內容同樣有趣。』他說的成理，做的也切實。這本書，凡所談到的作家和作品，有很多時候就是結合着作家生活裏的小故事以及著作在世間所發生的種種遭遇來談的。」

葉靈鳳不僅介紹了許多有名的故事書，他也親自動手翻譯，經他翻譯的世界各地的小故事可以說不計其數。他也萌發過將它們編集出版的想法，根據一九六八年十二月五日的日記，他這天不僅「譯波斯古宗教傳人魯米的小故事數則」，同時還考慮，「將一些有趣的小故事，包括《天方夜譚》、義大利諧話，印度、波斯、非洲等古典故事，彙集一起，略加介紹，該是一本很好的故事集。」在一九六九年二月二日的日記中他又考慮，將《天方夜譚》裏的小故事「日後彙成一個故事集」。一九六八年底到一九六九年上半年這段時間，他密集翻譯了一批世界各國的小故事。主要發表在他自己編的《星島日報．星座》，使用了「伊萬」這個很像故事中人的筆名；也有部分篇章給了源克平的《文藝世紀》，那時，這個老牌雜誌已經非常不好看了。

是在一九六九年七月五日，葉靈鳳日記中首次出現了擬出版的故事集的書名：「燈下剪存已發表的小故事譯稿。這都是準備編入《故事的花束》內者。」一轉眼又過了四年，一九七三年十一月二十六日才有了下文：「編成《故事的花束》一部，約八萬字，交萬葉書店出版，為南斗文藝叢書之一。」萬葉書店的正確名稱應為萬葉出版社，估計也是小本經營，因為連稿費都不能馬上開出來，一九七四年一月三日葉靈鳳日記云：「萬葉書店謂報紙漲價，書店將現金囤購印書紙張，稿費要過了年再說。」

無論如何，出版單行本的願望畢竟實現了，雖然一本小書很難囊括他所有的此類譯述。在這本總共一百七十九頁的小書中，包括了印度古經優波尼沙故事選、非洲故事選、阿卡巴爾逸聞故事選、瑪斯拉非故事選、故事的花束、百偕集小故事選等六輯。每輯之前會先介紹一下這些故事的來源，例如，『優波尼沙』是印度古經《吠陀經》的一部分、阿卡巴爾是印度十六世紀蒙古帝國的大君、『瑪斯拉非』是波斯十三世紀詩人查拉耳．阿爾丁．魯米的一部長詩等。

《故事的花束》坊間流傳稀少，就連比較權威的《香港當代作家作品選集．葉靈鳳卷》（陳智德編，香港天地圖書有限公司二〇一七年版）附錄的〈葉靈鳳著作書目〉亦未著錄。儘管如此，也還是不乏有眼福的幸運兒。魯家恩在〈回憶的花束——葉靈鳳在香港〉一文中說：「每篇故事都短小精悍，有趣而發人深省。」朱曉劍說：「葉先生看似只翻譯些許故事，也並不能作通俗讀物看，在這民間故事裏也寄託了葉先生對世道人心的態度，簡言之，太急功近利的生活並不太適合香港，這在今天讀來，仍然有其應有的價值。」

有人曾說，也許是葉靈鳳太多才多藝了，他的翻譯家的身份歷來少受重視；同樣的，他的「故事大王」生涯——翻譯故事、研究故事、推廣故事——也是值得好好梳理總結的。

辦刊高手壯志未酬

《故事的花束》是萬葉出版社「南斗叢書」的一種。在香港三聯版《葉靈鳳日記》的別冊中，收有一份一九七四年一月十八日香港《文匯報》的剪報，內容就是「南斗叢書」的出版預告；而葉靈鳳的《故事的花束》，恰列於叢書的首位。這個「南斗叢書」的來歷可說一波三折，其中也反映了辦刊高手葉靈鳳的一刊難求、壯志未酬。

葉靈鳳是辦雜誌起家的，在上海的時候，先後參與或主編過《洪水》、《幻洲》、《戈壁》、《現代小說》、《現代文藝》、《文藝畫報》、《時代畫報》、《萬象》、《六藝》等雜誌，積累了相當豐富的辦刊經驗。一九三五年一月，《中央日報》的「中央公園」曾有一個名為「編輯之群」的連載，作者大西除了認為「葉靈鳳的確是很懂得『怎樣做一個編輯』的人物」，也對他編輯的部分刊物進行了點評。譬如他說：「葉靈鳳以前在光華書局編過一個刊物，叫《幻洲》。在那時，銷路很不錯，這一個刊物，在『編輯』的技巧上，在當時，可謂獨創一格。近幾年來，現代書局出版的《現代》，裏面的文藝畫報，以及封面裝幀等，一大半也都是葉靈鳳的力量。」「最近葉靈鳳主編了一個《文藝畫報》，這一個畫報在文學的立場上，品格之高下，乃是另一問題，但在『編輯』的技巧上說，至少不壞。」

到香港後，葉靈鳳雖然一直做編輯，也參與過《耕耘》、《大眾周報》、《萬人周報》、《國風》、

《星島周報》等雜誌的編務，但有的非常短命，有的做不了主，有的更處於香港淪陷的特殊時期，渾身的技藝難以發揮。比如一九五一年他所供職的星島日報決定出版《星島周報》，他倒是列名十二位編委之一，也曾拿出舊日在上海與張光宇合編的《萬象》雜誌，「交大家傳觀」，認為「這刊物至今仍是所有綜合性刊物中格調最高，印刷最豪華者」，言下之意是以此做標杆。無奈社中「人手混雜，水準不齊」，所以他斷定「這周刊即使出版，亦非一個理想的刊物」。事實也證明他的預判是準確的，所以勉力參與了一陣也就無疾而終地悄聲退出了。

到了一九七〇年前後，雜誌癮又犯了，和幾個好友好一番密謀，躍躍欲試地要辦一個文藝刊物，刊名他都想好了，就叫《南斗》。一九六九年二月二十七日，葉靈鳳在日記中曾提到此事：「偕中敏往訪陳凡，他患胃潰瘍，開刀後在家養病。閒談時許始辭出，曾提起擬辦一小品雜文刊物事，他認為以前就擬定的『南斗』之名很好，不妨即以此為名，出版者最好是上海書局。」但創辦《南斗》的事，此晤之後便沒了下文。

一直到一九七三年一月三十一日，葉靈鳳又與朋輩舊事重提，這天的日記云：「今晚偕克臻、中嫻往新美利堅與諸友聚餐，兼示團年之意，又談起《南斗》創刊問題，務期於農曆新歲成事。」但正如羅隼在〈《文壇》、《青知》與《南斗》〉一文透露，這個擬議中的刊物，「限於資金未成事實」。參與擬議的羅孚多年後也曾感慨：「朋友們都不是有錢人，他除了工資就是為數不多的稿費，除了分擔八口之家，還要買書，哪有力量去支持一個哪怕小小的刊物。」羅孚日後還用「南斗文星高」做了自己一本文集的書名，並在〈跋〉中對「南斗」的來歷進行了解讀：

其所以用「南斗文星高」名，是和已故老作家葉靈鳳有關。他生前有意辦一份文藝雜誌，給它取了一個名字，就叫「南斗」。當年上海一份有名的文藝雜誌就是以「北斗」為名的，閃耀着文藝的光芒。南斗本來和文藝無關，古代傳說是主管壽命的神，現在既然北斗有文藝之名，南斗也就不妨視之為文星了。辭書上說，南斗之星，因位於南方天空，故稱南斗。這正好和香港是中國南方的大都市相似。葉靈鳳這一番心思可惜並沒有完成，他雖有此心，卻無此財力，他的《南斗》終於胎死腹中。這就讓我有可能用上了這個頂好的名字了。

辦刊不成，只好退而求其次，於是有了「南斗叢書」的動議。這事最初的提起，是在一九七三年的三月八日，葉靈鳳在當天的日記中說：「天氣晴好，午後源克平來電話，謂萬葉書店擬出版一套文藝叢書，每冊約七萬字，約我擔任一冊散文小品集。視力不佳，校讀甚難，當奮力為之。」源克平也就是詩人夏果，戰後來港，一九五七年起擔任《文藝世紀》主編，是葉靈鳳他們幾個定期餐敘的核心成員。一晃到了年底，在十一月二十二日這次餐敘時，始見「南斗叢書」的說法，葉靈鳳在這天的日記中寫道：「友輩邀往新美利堅餐室小聚。晚六時半由中嫻陪去。談及擬出版一套叢書，取名『南斗』文叢，克平邀我參加一冊。」

這之後葉靈鳳就開始操作了。一九七三年十一月二十六日日記云：「編成譯稿《故事的花束》一部，約八萬字，交萬葉書店出版，為南斗文藝叢書之一。」但叢書的出版顯然也面臨經費困難，一九七四年一月三日的日記說：「萬葉書店謂報紙漲價，書店將現金屯購印書紙張，稿費要過了年再說。」還好拖得不是太久，一九七四年二月七日，「萬葉書店送來《故事的花束》稿費八百元支票一紙。」一九七四年一月十八日日記：「今日萬葉出版社已在《文匯報》刊出《南斗叢書》出版預告，除我的《故事的花束》外，另有其他九種，大約十種為一輯。紙價太貴，不知能維持否。」一九七四年二月十九日日記：「天暖，中敏送來《故事的花束》清樣全份，共一百七十餘面，當盡快校讀一遍。今日校了三十餘面，錯字甚少。」一九七四年二月二十日日記：「天氣轉暖，因要校《故事的花束》，遂將《藝林叢錄》擱置未讀。」以後連續三天忍着嚴寒校對，於二月二十六日校完，「託中慧帶交中敏，留交《大公報》門市部轉交李陽。」張詠梅為《葉靈鳳日記》所作的注釋說：「李陽，五十年代開始創作，曾於《文匯報．文藝》發表作品，筆名呂達、徐冀。曾主編《茶點》，協助吳其敏編《新語》，協助源克平編《文藝世紀》，後任職萬葉出版社。作品有《海與微波》、《黑夜與黎明》等。」

李陽與羅琅（羅漫）私交甚密，他倆剛出道時曾合作出版一本《兩葉集》。羅琅和李陽一樣，亦曾介入過《南斗》雜誌的籌備。在〈源克平與《文藝世紀》〉一文中，羅琅也記述了《南斗》雜誌胎死腹中以及「南斗叢書」借屍還魂的一些細節：

> 他們籌備創辦《南斗》雜誌，我還為他們找來曾經在新加坡與胡愈之合辦《南僑日報》的溫平先生，同《南斗》籌備者葉靈鳳、趙克臻夫婦、羅孚、嚴慶澍（唐人）、黃蒙田、黃如卉、蕭銅及源克平，到上環南北行街香馨裏的「鬥記」潮菜館聚會，探討合作事宜。溫平兄黃酒下肚，心情興奮，豪氣干雲，大表興趣，想接《文藝世紀》餘緒，為海外華文

文學出力。《南斗》之名據說是葉靈鳳先生提出的，戰前丁玲女士曾在上海主編《北斗》，而《南斗》大概是代表南方香港出版的刊物。

要辦他們所構想的一份文藝刊物，溫平先生酒醒後，大概想起《文藝世紀》出版十二三年，出版人和發行人賠了那麼多錢，況且當時尚在「文革」黑暗歲月，為避免引起麻煩起見而卻步。後來《南斗》之名被在萬葉出版社任職的李陽兄用來出版了一套《南斗叢書》，老闆葉毅兄也賠了不少錢。源克平的《閒步集》和《石魚集》兩書就是其中的兩種。還有葉靈鳳、黃蒙田、舒巷城、阮朗等人的作品均收入這套叢書。

《故事的花束》的出版是在一九七四年的三月。三月十九日的葉靈鳳日記說：「中敏來電話，謂《故事的花束》已出版，有十冊書送到她處。」第二天，中敏就託中慧帶回《故事的花束》十冊。拿到書的葉靈鳳當然很開心，「一冊贈中絢。又以一冊贈中嫻校中圖書室。」中絢是他的長女，中慧是他的三女，中敏是他的四女，中嫻是他最小的女兒。葉靈鳳退休前那幾年，大多是中嫻扶他去報館上夜班。中嫻曾在〈我父親的藏書〉一文中回憶說：「北角新聞大廈是段熟悉的路途，還有那一輛經常等父親下班的『的士』，偶爾去宵一頓夜，回家已接近天亮，明天我大清早卻是要上學，父親一直為此抱歉，而我卻是更加抱歉，因為我只能扶持着他步行，而不能替代他編寫，更不能替代他畫畫。他的晚年雖然兒孫滿堂，可是我知道他並不太快樂，因為他看不見，捧着心愛的書本眼睛看不見。」

手捧着自己的最後一本書，葉靈鳳也有遺憾。三月二十一日的日記說：「《故事的花束》封面似太文靜。《南斗叢書》四字太小。不到二百面，定價五元，似太貴，大約紙張印刷成本太大才如此。」這既是一位作者的直觀感受，也是一位行家的專業品鑑。這位中國現代書籍裝幀的先驅者，對書裝一道有着太多的心得，他自己晚年也曾回憶說：「當年創造社出版部、光華書局、北新書局和現代書局的出版物，大部分是由我負責排印和裝幀的。」他自己要出書的時候，更要親力親為了。當年在《時事新報》做編輯的戈寶權說：「這時候，葉靈鳳寫了一本名叫《時代姑娘》的小說，交給我們的出版部出版……他不僅對全書的排版、印刷很關心，甚至連套色的封面都是他親自繪製的。」可惜到了香港，由於種種條件的限制，他再難為自己的書親手打扮，哪怕一些裝幀的建議，也常常不被採納。

「米當夜會」在香江

一九六〇年代初，葉靈鳳與友人一連推出好幾種六人合集，包括《新雨集》、《新綠集》、《紅豆集》、《南星集》等，幾乎成為一時風尚。為什麼是不多不少六人？恐怕跟葉靈鳳喜歡的「米當夜會」有關。早在戰前，他就寫過一篇〈米丹夜會集〉，文章說：

一千八百八十年四月間，普魯士的軍隊攻入巴黎的十周年，巴黎文壇出現了一部可注意的小說集，書名是《米丹夜會集》（*Les Soirees de Medrn*），一共六篇短篇小說，由六個作家執筆，題材都是類似的，各人都採取着普法戰爭中的一段軼聞。

這六個作家，領銜的正是那時以《小酒店》和《娜娜》奠定了自然主義基石的大師左拉，其餘是：莫泊桑，荷思曼，阿立克西，薩爾德和海立克五人，都是那時剛建立不久的自然主義旗幟之下的鬥士。

在他為《新雨集》寫的序中，又用了很大篇幅介紹「米當夜會」的由來。他說：「幾個朋友湊合着來出版一本集子，在我們的新文藝運動初期是常有的事，近年則除了叢刊以外，這種方式倒不常見了。」雖然葉靈鳳一再說，「我當然不敢將我們的《新雨集》與左拉等人的《米當夜會集》相比」，但這相同的建制，絕對不會是巧合。

《新雨集》的六位作者是：阮朗、李林風、夏炎冰、夏果、洪膺、葉靈鳳，他們都是《文藝世紀》雜誌的骨幹力量，日常也常有「米當夜會」那樣的「夜會」。羅隼刊於《香港文學》第八十三期的〈香港刊物綴拾〉說：

> 《文藝世紀》的幾位長期作者、顧問和編者之間，為了經常交換意見，聯絡感情，每月經常舉行一次大食會，分別輪流做東，他們喜歡到上環一兩處私家做潮州飯菜的飯堂晚飯，因為價錢便宜又合胃口，這些人據我所知他們是：葉靈鳳、羅孚、黃蒙田、柳岸（即夏炎冰）、阮朗（嚴慶澍）、源克平。

沒準兒就是在某一次「夜會」中，他們提出了也出一本「夜會集」的創意，於是便有了《新雨集》。這個書名雖非葉靈鳳的主意，但他是頗為讚許的，在〈介紹《新雨集》〉一文中，他說：「《新雨集》的這個書名我很喜歡，不知道這是哪一位想出來的這個好書名。因為六個人雖然都是熟識的朋友，但是共同向讀者們送出這一件小小的禮物，卻還是第一次，尤其希望對於海外的文藝愛好者，能夠借此結識一些新朋友，那就不負題這個書名的人一番深意了。」在〈《新雨集》序〉中，他也說了類似的話：「雖是舊相知，也不妨以新雨的面目，與讀者們結文字緣了。」

《米當夜會集》中，六個人奉獻的都是小說。《新雨集》卻不同，只有夏炎冰、李林風和阮朗「一向是喜歡寫小說的」，這次也各自「用他們本色的作品與讀者相見」。夏炎冰是六人當中最年輕的，生於一九一四年。他本名黃永剛，筆名還有柳岸、黃如卉等，長期在教育界供職，做過教師、校長、校監。夏炎冰為《新雨集》貢獻了四個短篇，葉靈鳳說：「由於他最年輕，因此他的作品也更接近香港的現實生活。」

阮朗的小說要曲折一些。阮朗也就是寫《金陵春夢》的唐人，他本名嚴慶澍，長期在《大公報》編副刊，朋友們有人喚他作「巴爾扎克」，可能是指他和巴爾扎克一樣，寫得很多、很苦。葉靈鳳說：「我覺得阮朗的小說，有點像美國歐亨利的風格，喜歡從小市民圈子裏找題材，十分現實，可是寫得卻那麼冷靜而又富於同情，看出了抑壓在作者心中的憤怒。」

對於李林風，他顯然是最賞識的，他說：「李林風的小說，可說是小說家的小說。」這個評價很高，也是他自己素來的追求。李林風就是侶倫，他起步很早，被譽為「香港文壇拓荒人」。與葉靈鳳相交也很早，一九二九年就在葉主編的《現代小說》發表作品。侶倫對於寫作的嚴肅認真是出了名的，甘豐穗說他：「寧願餓飯，而不肯放棄自己作為一個新文藝工作者應有的責任，決不炮製『去住先』的粗糙作品。」

至於夏果，他就是《文藝世紀》的主編源克平，葉靈鳳稱他為「南國詩人」，跟他的關係很親密。

洪膺雖然也喜歡寫詩，但他捧出的卻是一輯小品散文。葉靈鳳說：「我們只要讀一遍，就可以看出這些散文不僅寫得含有濃重的詩人氣質，而且有許多篇都是談詩的，可見詩人到底是詩人。」洪膺本名劉芃如，生於一九二一年，讀的是四川大學外文系，在那兒畢業後，又到倫敦大學研究英國文學。一九四九年歸國時途經香港，就留在了這個有山有水的海島，先是擔任《大公報》、《新晚報》的翻譯、編輯和課主任，最後做了新華社香港分社主辦的英文雜誌《東方地平線》（*Eastern Horizon*）月刊的總編輯。葉靈鳳非常喜歡這個小弟弟，經常在一起談天看書，他曾這樣說：

> 自從認識了以後，這十多年以來，我同芃如就經常見面。只有這一兩年，他忙着英文《東方月刊》的編輯工作，見面的機會少了一點。可是每月收到郵寄來的刊物，讀着他用英文寫的《東方日記》，雋永輕鬆，心裏總是又高興又欽佩，知道他已經跨上了一條前程未可限量的大道了。

可惜天妒英才，造化弄人。一九六二年七月十九日，也就是《新雨集》出版後不到一年半，劉芃如應邀參加阿聯建國十周年紀念，飛往開羅，中途失事，機毀人亡，只活了四十三歲。盧瑋鑾在《葉靈鳳日記．出版的緣由》中說：「劉芃如逝世後，葉靈鳳往往在其忌日抒發對他的懷念之情，可見兩人關係密切。」收在《葉靈鳳書話》一書的，就有〈睹物思人〉和〈逝者如斯夫〉。他說：「往者未往，他仍活在我們的心上。」

葉靈鳳在序中說：「至於我自己呢，以前雖然很喜歡寫小說，可是藏拙已久，多年來寫的全是一些短短的隨筆，只好選了一輯來湊熱鬧，因為實在沒有別的東西可以拿得出來了。」從篇目來看，他選擇的這二十篇隨筆，是頗費了一番心思的，最大的特點便是「雜」：既有懷人之什，又有西書拾錦；既有風土掌故，又有畫家軼聞；那兩篇〈春初早韭〉和〈秋末晚菘〉，堪稱美食閒話中的精品；〈海上秋思〉作為純粹的抒情散文，更是獲得廣泛讚譽。這些題材自然都是葉靈鳳本人喜歡的，但同時也是為着照顧不同讀者的需求，無異於為他們精心設計了一個拼盤什錦。《新雨集》之後僅僅五個月，又有一本《新綠集》面世了，出版時間是一九六一年九月，出版社卻換成了香港新綠出版社。這個出版社比較少見，不知是專為出版《新綠集》而設，還是本來就有。至於「新綠」這個書名，史復（也就是羅孚）在為本書寫的〈後記〉中做了一番推測。葉靈鳳對此也有回應，他在〈讀新出版的《新綠集》〉（香港《新晚報》一九六一年九月十九日）中說：

史復先生在這本集子的後記裏說，他一向喜歡綠色，雖然不知道《新綠集》命名的原本用意何在，但一見了這書名就歡喜，彷彿在這座海島上荒涼的文藝園地中，發現了一片春天新生的綠意。這解釋頗新穎可喜，而且含有很大的期待。因為既是新綠，它當然是飽含生機的，幾時能開花結實，綠葉成蔭，覆庇着生活的旅途上喘息的過路人，實在是大家一致期待着的事。

在這篇文章裏，葉靈鳳又說：「在六個作者之中，據史復先生的介紹，年紀最輕的是柳岸先生，既是年紀最輕，他才是真正的新綠了。」柳岸其實在《新雨集》裏就已亮相了，那本書中用的筆名是夏炎冰。對於這個年輕人，葉靈鳳頗多獎掖，他說：「我將那一輯《今物語》讀了一遍，覺得果然清新可喜。他寫的是鳥獸蟲魚，但是所寫的又不只是鳥獸蟲魚。寫這樣的小品文，將自然科學與社會科學交錯起來，一旦攪和得恰到好處，再有簡練的文筆來配合，就很容易寫出第一流的自然小品了。」這可能是因為葉氏自己也愛讀、愛寫此類小品。他曾於一九五二年為《星島日報．星座》寫過一個《古今東西集》系列，是「混合科學小品和小考據的東西」，篇目包括〈叩頭蟲〉、〈脈望〉、〈蠹〉、〈蜉蝣〉、〈蟬翳葉〉等，聽起來就讓人感興趣。

侶倫貢獻的是一組《燈前絮語》，寫的是香港淪陷經過以及這之後他亡命窮鄉僻壤的心路歷程。他說：「儘管戰爭結束已經十多年了，而在這一段悠長的期間中，世界上又發生了幾許新的變化和出現了幾許新的事情，但血腥的記憶是沒法給時間的流水沖刷了去的，它們簡直在我的腦子裏生根。」侶倫的此類文字，既是個人生活的記錄，又為香港這段特殊歲月留下了一宗珍貴文獻。

論起資歷以及對於香港文學的貢獻，吳其敏與侶倫是有些近似的。和侶倫一樣，他與葉靈鳳也訂交很早。在吳其敏的《園邊葉》一書中，有一篇〈想起靈鳳第一信〉，開頭便說：

> 和葉靈鳳正式的交往，始於太平洋戰爭結束，復原回港之後。那時他在一家報館編副刊，我也在那家報館的「娛樂版」上寫些影評什麼的東西，幾位朋友來來往往，這就碰上了。後來辦《鄉土》，辦《新語》，他是當然的拉稿對象，成為前後兩本雜誌的台柱人物。益以好客的張建老的拉攏，我們公私之間的酬對，就頻密了起來，常常集體參加遊宴，所有郊區離島，都不乏我們曾經流連的足跡。

吳其敏生於一九〇九年，逝世於一九九九年，享壽足九十歲，一生出版著作數十種。早年他曾寫過羅曼諦克的小說，中年寫過不少劇本，晚來卻專攻文史小品。《坐井集》、《園邊葉》、《望翠軒讀書隨筆》，都是此中精品。在《新綠集》裏，他的一組《幕邊掇拾》，卻是專寫越劇和潮劇。

向天，也就是張向天，是可以稱作香港魯迅研究第一人的。他在這個合集中貢獻的是四篇〈讀詩雜談〉，談的卻不是魯迅，而是朱自清、聞一多和郭沫若，但葉靈鳳在〈讀《新綠集》再筆〉這篇文章中，卻特別提到他的《魯迅舊詩箋注》。

作為多人合集的幕後推手，張千帆也在《新綠集》披掛上陣，他的四篇《綠窗小劄》，差不多都是寫魯迅，他關於魯迅〈悼楊銓〉一詩的箋釋，引發葉靈鳳打開了記憶之門，在〈讀《新綠集》再筆〉（一九六一年九月二十日香港《新晚報》）中，他回顧了當年楊杏佛被害的有關史實。「慣於長夜過春時」，那是舊社會的情形；《新綠集》中，葉靈鳳則為自己的專輯取名為《歡樂的記憶》，很多篇什記錄的都是他在新中國成立後重遊內地的行腳。最有價值的還是那一組〈天末懷人〉，寫郭沫若，寫成仿吾，寫郁達夫，寫張資平，寫創造社出版部的幾位小夥計，全是有趣的第一手資料。

繼《新雨集》、《新綠集》之後，葉靈鳳他們又推出了一本《紅豆集》，一九六二年三月由香港新綠出版社出版。看到這個書名，立刻想到的是王維的《相思》：「紅豆生南國，春來發幾枝。願君多採擷，此物最相思。」客居南天一角的葉靈鳳們，相思又是為誰？當然是祖國。在為《紅豆集》寫的序中，葉靈鳳坦承：「參加構成這一本小書的六個作者，包括我自己在內，無論是坐在工作室內，或是跋涉在千里之外的旅途上，在執筆的時候，我們都是面對着自己可愛的國家，面對着海外無數的文藝愛好者的。集名『紅豆』，就是表示凝結在這裏面的這一點微意。」在稍後發表於《新晚報》的〈自題《紅豆集》〉中，葉靈鳳又談到這個書名：

> 《紅豆集》的名字，不僅很風雅，而且還很香豔，也不知最初是誰提出來的，大家都

沒有異議，便這麼採用了。可是這個書名卻苦了為我們設計封面的新綠出版社的那位小姐，聽說她易稿再四，才選定了目前所取用的這一幅，褐黃色果實上的那些原紅色的小點，想必就是「此物最相思」的紅豆了。

六個作者中，半數在《新雨集》亮過相，葉靈鳳之外，還有阮朗和夏果。作為小說家的阮朗，這次卻貢獻了一組遊記文字，題曰〈海南島之旅〉。夏果「是詩人，也是畫家」，他的一輯〈生活的鮮花〉，「寫的自然都是有關藝術和日常生活情趣的」。夏果也是搞封面設計的，輯中有一篇〈書籍的封面設計〉，說的都是行話。同樣是行家的葉靈鳳說：他「對於新中國這幾年新出版物的裝幀和封面設計所下的評語，不僅十分中肯，而且有他自己獨到的見解」。這些獨到的見解之一，便是強調：「唯其是民族形式的，也就使人更可親的了。」

黃蒙田和高旅是首次加盟，只不過黃蒙田用了戴文斯的筆名。葉靈鳳也很喜歡他那一輯〈讀畫偶記〉，他在序中說：「作者不只是一個藝術愛好者，他自己就是畫家，因此在他談到朋友們的那些作品時，就顯得更加親切撫愛。因為如魚飲水，冷暖自知，他是能體會到那些作品的產生過程的。」高旅比葉靈鳳小了差不多一輪，但出道很早，輾轉過不少地方從事抗日救亡宣傳工作。五十年代初被派來香港，擔任《文匯報》主筆，也負責過副刊。他出版最多的主要是小說，尤其是歷史小說，但他也寫文史小品，葉靈鳳說他「是有一點歷史癖和考古癖的」，這次收入《紅豆集》的《枕戈小集》，就有這種特色。

最後的一位若望，是黃兆均的筆名。黃兆均一九二〇年出生於廣東順德，畢業於香港皇仁書院，是個名副其實的「書院仔」。一九四一年日軍佔領香港後，他到內地從事新聞工作，一九四八年《大公報》在港復刊，他受聘南歸。《新晚報》創刊後，他又擔任採訪部主任，並和葉靈鳳、梁羽生、王季友等人一起在「下午茶座」寫專欄。張茅發表於二〇一八年七月二十九日香港《大公報・大公園》的〈「怪論」妙筆黃兆均〉一文說，上個世紀五十年代開始，香港報紙副刊盛行「怪話」，最厲害的兩支健筆，一個是三蘇，一個是無牌議員，無牌議員就是黃兆均。以一種俏皮的「三及第」文字，諷刺時弊，揮斥方遒。不過，他持來加盟《紅豆集》的文章，倒不是這種「三及第」文體的「怪論」，而是清麗雋永的遊記〈瑞士風物〉。一九六一年，他曾以《新晚報》記者身份，前往採訪十三國外長出席的解決老撾問題的日內瓦會議，這組〈瑞士風物〉，就是這次日內瓦之行的副產品。

在香港，幾乎所有文人都會有幾個不同的筆名，有時會搞得撲朔迷離，讓人難以分辨。葉靈鳳一生也用過許多筆名，香港時期筆名更多，其背後的原因，張詠梅在《葉靈鳳日記》的〈編後記〉中曾有分析：一來是方便「為立場風格各異的報刊供稿」，二來「可能是他當編輯時為了填滿版面和賺取稿費，只好用不同筆名在同一版面上發表文章」。在《紅豆集》裏，葉靈鳳用的筆名便是「霜崖」，他還在序文中專門「揭露」了這一筆名的秘密：

> 《紅豆集》最末一輯是《霜紅室隨筆》。我要在這裏揭露一個已經不是秘密的「秘密」：這一輯零碎的小文章都是我自己的。那個筆名已經用了多年，許多人都已經知道，但是也許還有人不知道，我覺得在這裏加以隱瞞是不該的。因為這篇小序寫得雖然不好，但是這裏面並沒有一句假話，我若是不指出這件事情，就未免對不起讀者了。

不僅是筆名一個比一個沖淡，他自己的性格也是一天比一天厚重。香港作家劉以鬯在〈記葉靈鳳〉中，就為我們描繪了一個深受尊重的「契爺」的形象：

在《星島日報》編輯《星座》時，給同事們的印象是一位厚重的長者。有些對新文學不感興趣的同事，不但不知道他是「創造社」的老作家，而且不知道他對中國新文學史曾經做過貢獻。縱然如此，葉靈鳳在報館工作時，很受同事們的尊敬。同事們多數將他喚作「契爺」。

葉靈鳳曾經感慨說：「幾個人湊合在一起的詩文合集，已經出版過好幾種。」「這種情形，好像說明了兩種現象：一是在香港這地方要出版一本書，有點不容易，尤其是文藝書。」「另一現象，就是說明在這地方，至少已經有一些人志趣相投，不甘於這裏的文藝園地一直這麼荒蕪下去，擠出一點時間和精力來，一顆種子一顆種子地播下去，希望有一天不僅能開花結子，而且能蔚然成林。」「就是憑了這一點熱情，這樣的合集才可以一本又一本地出了下去。」

這番話是為介紹《南星集》而寫。《南星集》仍然是香港上海書局出品，出版時間是在一九六一年十二月。作者同樣還是六人，這次是阮朗、葉林豐、夏果、黃蒙田、辛文芷、張千帆。本來，他們還邀請了陳凡加盟，但陳凡自謙「拿不出東西來」。於是他們又派他一個差事，將校樣交給他，要他寫一篇序。這樣，《南星集》的陣容就成了「非常六加一」。

陳凡其實不凡。梁羽生在〈亦狂亦俠，能歌能哭〉一文中說：「《大公報》的這位副總編輯，出道甚早，抗戰期間曾翻過十萬大山，沿中越國界邊境線旅行採訪，為《大公報》寫了出色的『中越邊境見聞』系列報道。又曾以『皮以存』的筆名，寫了一本名叫《轉徙西南天地間》的書，報道湘桂大撤退這一場空前災難」。雖說後來的名氣比不得他的部下金庸、梁羽生，當年卻也和他倆並稱「三劍俠」，寫武俠時的筆名是百劍堂主。百劍堂主只是淺嘗輒止，但那本《三劍樓隨筆》，還是記錄了他們曾經的光輝歲月。他還以徐克弱筆名在大光出版社出版過一冊《秋興集》。陳凡還能自寫自畫，《桂林行旅記》便是其中之一種。他的舊體詩詞自成一家，錢鍾書曾送其「秩才豪氣」的四字評語。早年寫的卻是新詩，後來以周為筆名出版《往日集》，葉靈鳳亦為他撰文推薦，自稱從此「又多了一個詩人朋友」。葉氏生前閱讀的最後一套大書，就是陳凡寄他的九卷《藝林叢錄》，得書之後，「喜出望外，作書謝之」。

對於葉靈鳳，陳凡不僅尊重，也是知之甚深。在他的序文中，這樣評價葉靈鳳的那組文章：

林豐先生的《香海叢談》，人、物、史、地，無所不包，且無不有根有據。他的筆墨是比較樸質的，有話則長，無話則短，乘興而言，事盡而止，得暢允自然之妙。我想，香港的讀者，未必都詳知香港的史實，而《香海叢談》用文學之筆，為他們提供了這方面的豐富知識。

這樣的文字無疑是受到讀者歡迎的。就在《南星集》出版不久，柳岸便在一九六二年十二月二十六日的《文匯報．文藝》撰文評介，他特別推崇葉靈鳳那組文章：「葉林豐人稱葉老，這輯《香海叢談》正是他早已膾炙人口的掌故隨筆的又一個結集，他用那簡樸順適的文筆敘述許多在我們周圍而我們卻不大了了的事實和歷史，娓娓談來，使我們平添了不少知識。葉老的通與博是後輩所豔羨的，這裏面包括了他治學的精與勤。讀葉老的這些文章，常會激發我們學習的熱情，固不只在文字上值得效法而已。」

由張千帆的文章可知，他對於書的痴迷，絲毫不亞於他的朋友葉靈鳳。他非常神往魯迅逝世前用心編校的兩部書，一部是紀念瞿秋白的《海上述林》，另一部便是《凱綏·柯勒惠支版畫選集》。但他知道：「這兩部印數極少的初版本，恐怕現在已成為稀有的版本了。」令他想不到的是，「在去年冬天，我幸運地得到葉靈鳳先生送了一本絨面的《海上述林》初版本下卷給我；接着，在今年夏初，又蒙羅孚兄送了一本這部書的初版本上卷給我，這樣就使我獲得了一部完整的、極為珍貴的初版本的書籍。」更令他想不到的是，另一個願望差不多也實現了，送書給他的還是葉靈鳳。

> 最近，葉靈鳳先生送了一本許多年前在香港出版的《凱綏·柯勒惠支畫冊》給我。當然，這本畫冊不是周先生編印的，可是每當我翻閱這本畫冊的時候，就使我聯想到周先生為了紀念柔石所編印的《凱綏·柯勒惠支版畫選集》。

多人合集之成一時風尚，張千帆（亦名張建南）居功至偉。他時任香港中國通訊社社長，雖是北京派來，但他卻是一個老香港，只不過年輕的時候他還不叫張千帆，而叫張任濤。大約正是因為他的香港背景，張千帆才被組織派回香港，負責新聞與文化工作。他也確實不辱使命，不僅團結了大批文化人，還催生了《文藝世紀》、《鄉土》、《新語》等頗有影響的刊物。六人合集外，還策劃推出了參與人數更多的《五十人集》和《五十又集》。

葉靈鳳的女兒葉中敏曾說：「父親與張建南交情深，我們稱他張伯。又因他亦好文學，父親常希望他多支持香港文學出版事業。」葉靈鳳雖然長張千帆兩歲，但卻尊稱他為「張建老」。可惜的是，就在張千帆幹得熱火朝天的時候，一紙調令卻要他離港回京。羅隼在《香港文化腳印．一張舊相片》中，記錄了當年送張千帆北返的情形：「由於他在港的工作做得很細緻，對朋友真誠，所以大家聽說他要北調，都離情依依。那天到尖沙咀車站送行的就有不少人。葉靈鳳先生同夫人趙克臻及女兒一家都到車站。」羅隼還說：「別後我於一九六五年夏天在北京遇見他時，他送我一張容庚的畫，託我帶給葉靈鳳先生和夏果的畫和印章，其中一幅是劉海粟的長屏荷花。」葉靈鳳自己到北京時，也與這位老友有過歡晤，一九六五年九月三十日的日記說：「上午張建老來，以溥心畬山水小品一幅見贈。」

羅隼還清楚地記着：「當我們去送車時，我問他何時再返香港工作，他說快則一年，慢則二年就會回來。」豈料人算不如天算，羅隼等來的不是張千帆的歸來，而是他的噩耗：「第二年『文化大革命』開始，自此我知道的是張老先生下放到江西幹校去，『文革』末期我又到北京去，四處詢問下落想見一面，但人人都說不知道。最後聽到他的消息，是來自北京的朋友，說他病死在江西幹校。」羅隼感歎：「他若在港可能會有五十又三集、四集出版下去，但好人、熱心人卻注定早死，是天意吧。」

西洋美術之旅

葉靈鳳自幼喜愛繪畫，中學畢業後便到上海就讀美術專科學校，一度也曾以畫家身份馳名文壇，雖然很早就封存畫筆，專事寫作，但對於美術的熱情未有稍減。陳君葆〈壽葉靈鳳六十〉詩云：「霧豹文章何落落，蠹魚箱篋自休休」。在那「蠹魚箱篋」裏，自然少不了他一生鍾愛的西洋畫冊，而這箱篋的日漸充盈，也是有着別樣的甘苦甜酸的過程。

還在上海的時候，葉靈鳳就擁有了一批豐富藏書，當中就包括比亞茲萊、蕗谷虹兒等人的精美畫集。比亞茲萊的是一本英國原版的《莎樂美》，「十六開的大本，附有比亞斯萊的全部插圖，封面是硃紅色的，用金色印了比亞斯萊設計的孔雀裙圖案草圖，富麗堂皇」。兩冊蕗谷虹兒畫集是創造社前輩鄭伯奇用身邊剩餘的日本錢在內山書店為他買的，「這全是童話插畫似的裝飾畫，使我當時見了如獲至寶，朝夕把玩」。一九三八年，葉靈鳳南來香港，那批書幾經轉移託寄，最終全部失散於戰火之中。每當念起自己離散的舊愛，他都會吟誦司空圖的詩句：「得劍乍如添健僕，亡書久似失良朋。」那一批書，可都是他「用最初寫文章所得的稿費，甚或是在學生時代節省了車錢」，一本一本積攢起來的。

「人生百病有已時，獨有書癖不可醫」，轉戰香港的葉靈鳳頑強地開始了第二次積累，但不久香港也告淪陷，覆巢之下，書肆畫廊紛紛關門大吉，買書讀畫這類風雅之事自然淪為奢侈之舉。

我們在葉靈鳳的記載中，也只見到過那麼一次買畫的經歷，那是在日本投降之前半年，買的是Clarke：「想買Clarke插畫的愛倫坡小説集，多年未見，最近無意得之，雖然封面被撕去，複失去彩色插畫三幀，然而已經夠滿足了。」這本沒有封面的殘書得於何處，葉先生沒有交待，猜想是在摩囉街之類冷攤。戰亂之時民生凋敝，拿書換米的大有人在；逃難歸鄉如走馬燈一般，臨行散書也是司空見慣。

重光之初，百廢待興，書市也難立刻恢復往昔繁華。一九四六年四月八日，老字號別發書店恢復營業，葉靈鳳「特往流覽一遍，偌大店面，書佳寥，數百冊，而且價貴，一無可購」。那當兒，「畢卡索已成為現代畫派之第一人」，但葉靈鳳「至今尚未能買得畢卡索之畫集」，念茲在茲，「又託別發書店往訂購」，在沒有畢卡索畫冊的日子裏，只好「從各處剪下畢卡索彩色複製品」，聊以望梅止渴。一直到一九四七年的四月十一日，別發書店才送來他訂購的《畢卡索——藝術五十年》，不巧「身邊沒有錢，特走去新生晚報借來稿費一百元應付」。過了將近兩個月，別發書店又來電話，謂所訂購的另一本畢卡索畫集已到，竟又「無錢去取」。一周之後好不容易籌夠了錢到書店取書，「伯謂候我多日不來，已賣去了」。葉靈鳳仰天喟歎：「沒有錢的影響，夫復何言！」多年之後他還忘不了這事：「數年前曾訂購畢卡索的素描集一冊，係仿原尺寸的大畫冊，訂來後一時無錢去取，竟為別人購去，後來絕版不能再得。此心至今梗梗未能忘也。」

好在總算有了一本畢卡索，更何況「翻閱之下，果不負期待。印刷及編排都好」。當天就「翻閱至深夜，為近來僅有的一件痛快事」。後來的一陣子，他又添置了不少畢卡索畫集和傳記評論，其中還有一冊畢卡索近年的彩色版畫集，「取出來放在一旁對看，頗有味」。他曾寫過好幾篇畢卡索，在〈畢卡索的版畫〉中，他對畢卡索的尊愛之情溢於言表：「畢卡索並不是純粹的版畫家，就他的藝術活動來說，版畫可說是他的業餘產品，然而僅就數量來說，就已經超過了許多純粹的版畫家。」「畢卡索的素描，他的線條的準確，流利和瀟灑，簡直有點像我國的畫評家稱讚吳道子的白描那樣：下筆如春蠶吐絲，無往而不便利自如。他的素描功夫，在西方藝術中是古今都沒有第二個人能比得上的。」多彩多姿的畢卡索陪伴了葉靈鳳有些蕭索的餘生，在他下世後，他的家人特意撿了兩本他喜歡的畫冊一起火葬，一本是比亞茲萊，另一本便是畢卡索。

在葉靈鳳所買的畫冊中，有關書籍裝幀與插畫的，佔了不小的比重。他買過英國畫室出版社出版的幾集《書的藝術》，他固然喜歡莫里斯及比亞茲萊等人的裝飾風格，但也認為「捷克荷蘭等之排版及插圖，有時比習見之英美別具一格，甚為可觀」。作為一個愛書家和書籍裝幀家，葉靈鳳對於書籍插畫有着精深的見解，他認為：「至於插畫，尤其是文藝作品的插畫，它的作用決不在裝飾，說明，或解釋某一些章節。它必須是這一部作品另一個手法的表現。這樣的插畫才可以不與作品的精神游離，而它本身又不失為獨立的藝術品。」正因如此，有時候他對插畫的關注甚至超過了文學作品本身，頗有一些買櫝還珠的況味。在一九四六年三月的一天，他讀了福樓拜的《薩朗波》(*Salammbo*，舊譯《沙蘭波》)。讀後他說：「同法朗士的《黛絲》一樣，我不喜愛其中那些關於古代異國風俗裝飾的描寫。我的架上《沙蘭波》共有兩部，一部有吉賓斯的木刻插畫，一部是Mandrake press 的限定版，大本，有彩色插圖。後者有辛蒙斯的序，可是插圖並不怎樣好。」

羅伯特·吉賓斯（Robert Gibbings）是英國畫家，生於一八八九年，歿於一九五八年，不止精於木刻和雕塑，他自己也寫過旅遊和自然史方面的書籍，並自行繪製插圖。他曾發起創立木刻學會，對英國乃至美國木刻藝術的復興都產生了舉足輕重的影響。他還是著名的金雞出版社的創辦人，經手出版了許多有名家木刻作插圖的珍藏本。Simon 寫的 *500 Years of illustration*，從阿爾佈雷特．丟勒，到洛克威爾．肯特，五百年間的偉大插畫家一網打盡，當中就有一段介紹羅伯特．吉賓斯，並且收入他的三幅插繪。這三幅木刻作品全部出自《薩朗波》，黑白分明，刀法洗練，異域風濃，古意盎然，魯迅在《集外集拾遺》中對吉賓斯評價甚高：「他對於黑白的觀念常是意味深長而且獨創的。」可是因為「定價貴」，魯迅竟買不起他的《第七人》。相比之下葉靈鳳更為幸運，他不光擁有吉賓斯插圖的《薩朗波》，後來還以六元的超低價買到一冊吉賓斯木刻集。

進入五十年代，香港的書店漸漸多了起來，葉靈鳳除了照樣常去別發，另外愛逛的還有辰衝、哈里斯和三聯書店。據葉靈鳳講，哈里斯書店為猶太人所開，有一次他在哈里斯購西洋迷信詞典一冊，「老闆將封面包紙上之原有定價剪去，售我十八元五毫，但後來發現原來定價僅十六先令，彼多售二元五毫，此猶太人之所以終為猶太人也。」不過去處一多，撿到洋落兒的機會終究也就多了。有一次，「過別發書店，見前定之英國木刻集已到，但他們竟忘記留起來給我，若不是今天恰巧去，也許要錯過機會了。此書內容甚好，有一幅彩色的派克女士木刻極佳，價錢僅七先令半，可謂便宜」。

派克女士全名阿尼斯．米勒．派克（Agnes Miller Parker），她是英國著名的木刻畫家和書籍插繪家。早年蕭乾編選的《英國版畫集》，「派克和赫密士兩位英國女木刻家的作品選得很多」。葉靈鳳得到這書愛不忍釋，當即就在《星島日報》撰文評介，他認為：「她們兩人的作品成了本書最精彩的部分。派克女士所刻的動物，赫密士女士所刻的花卉，在當代英國木刻作品中早已成了令人欽佩和模仿的對象。」

葉靈鳳似乎只買畫集，幾乎看不到他購買西洋原畫的記載，這當然是經濟條件所限制的，他要靠寫稿賣文養活一個十幾口的大家庭，因此就連稍貴一些的畫冊也常常是望洋興歎。他喜歡買一些西洋名畫的複製品，有一次，「過哈里斯書店，見有鮑特差利畫冊。此書戰前曾見過，內有『委納斯誕生圖』，係彩印雙頁大幅。久擬購置，多年未得，亟購之，三十元。歸來細閱，始知係法文版而非英文版。這本無關係，但當時渴慕亟購取不暇細閱之神情，思之失笑」。不過他也經常為了價錢而「躊躇不能定」。例如，一九五二年八月十二日，「往別發書店付書賬，見有新到之果庚谷訶彩色複製品，皆係照原尺寸者，每幅要八十元，想買兩幅又嫌太費錢」。他喜歡在牆上掛一些西洋畫的複製品作點綴，由這些畫家畫作的選擇，我們也能稍稍看出他的偏嗜和欣賞的興趣。按照他在〈記畫〉一文中的描述，書房裏掛有四幅，分別是達．芬奇的《蒙娜麗莎》、惠斯勒的《母親》、畢卡索的〈鏡前的婦人〉，以及波提切利的《維納斯的誕生》。「還有幅畫，也是我在心裏想念了多年，可是至今仍不曾買得到。這是英國拉斐爾前派詩人畫家洛賽蒂的那幅《麗麗絲》。」這些畫作，無一例外地表達着一個共同的主題，那就是母愛和慈愛。在他家的另一個房間裏，還掛着三幅畫作，分別是梵高的〈阿爾裏斯的朗格洛伊橋〉、馬蒂斯的《有埃及窗簾的室內風景》，以及畢卡索的〈三個音樂家〉。

葉靈鳳最喜歡的還是《蒙娜麗莎》，他把她掛在正對書桌的位置，每天伏案執筆一抬頭就可看到。葉靈鳳承認，自己「正是世上無數的『莫娜麗莎狂』之一」。從上海到香港，他幾次設法求購這幅名作的複製品。一九五二年夏天，黃茅約他為《新中華》畫報寫一篇〈偉大的天才達文西〉，並借去他的《蒙娜麗莎》製版，雜誌出來時他們說原底製版時弄污了，不肯還給他，託他另買一部作賠償，他馬上再去書店訂購。他甚至說過這樣的話：「這幅畫曾於一九一一年失蹤過，當時法國政府正不知花了多少秘密偵查費，以兩年的光陰才獲合浦珠還，據說是盜匪從盧佛美術館偷了去向政府勒索贖款的。這幸虧是以金錢為目的的盜匪，設若到了我的手中，也許不是金錢所能為力的了。」他也道出過痴迷蒙娜麗莎的內中原委：「佛洛伊德說達文西的這張畫，是對於他母親的追念，他從莫娜麗莎夫人的微笑中看出了他母親的微笑，所以才有這樣的成功。如果佛洛伊德的精神分析論可靠，那麼，早年喪母的我，也許從這幅畫上尋出同樣可寶貴的記憶了。」

除去個人畫集之外，葉靈鳳對於西洋畫史和畫家傳記書翰一類的書籍也搜購甚巨，因為這類著述「頗能令人對古今美術進化衍變概況獲得一概念」。他還有一個從各類報刊上剪存美術資料的習慣，一九四九年十二月一日的日記就說：「這搜集工作已繼續了十多年，中間停頓過若干年，費在這上面的錢實在也不少。雜誌的畫有時印兩面，常常要買兩本。有時一塊錢買一冊舊雜誌，完全就為了一幅畫。今日檢點一過，大部分近得的皆未貼好襯紙，共有三四百幅，已洋洋大觀了。」一九五三年黃永玉離港北返前，特意來他家，以漢磚「千秋萬歲」及六朝造像的拓片四幅，來交換他剪存的畢卡索素描。

葉靈鳳的好友黃蒙田在他逝世後說：「沒有一個畫家像他擁有的中外畫集和美術參考書那樣豐富的。」所以很多喜歡書喜歡畫的人願意到他家裏來看書看畫，這當中既有畫家文人，更有港大等在校學習的學生，他不僅不以為煩，反而興致盎然。有一個歲夕的傍晚，他的好朋友苗秀、黃魯、黃茅，尊古齋潘氏弟兄，以及順記雪糕店主呂順，一起來他家拜年，少頃，鄭家鎮亦來，一同看新買的畫集。葉夫人特意炒了上海年糕，並以冷盆酒餚款客，至夜始散。

葉靈鳳豐富的美術收藏，為他的編輯工作提供了無盡的素材。戰後那幾年，他曾經為《星島日報》編過一個《藝苑》雙周刊，介紹過許多西洋名畫和名畫家。他在編輯《星座》的幾十年中，更是在刊頭使用過無數的西方名家的插圖和裝飾畫，更不時推出不同畫家的專題介紹。不僅向讀者普及了美術知識，也使得報紙的版面得到豐富和美化。

葉靈鳳雖然喜歡看畫，卻「一向不喜歡看畫評文字」，那是因為「很少見過寫得好的畫評」。「有時覺得有一篇畫評倒寫得不錯，後來往往發現那不過由於作者的意見和我自己的偶然相近而已。尤其是有些應酬之作，畫的本身既有問題，寫畫評的人自身欣賞能力也有問題，但卻在那裏一幅一幅的胡亂推薦（因為這類的「畫評」，事實上就是一篇「捧場」文字），將這兩者結合在一起，實在是文字的災難，是最要不得的。」他在〈蒙田三書〉一文中，談到他心目中理想的畫評文字：

藝術作品的產生，到底是供人欣賞而不是供人批評的。因此我覺得對於一位畫家或一件藝術品的介紹，最好是介紹一下他們的歷史、個性和作品的特點，然後說一說自己的意見，這樣已經很足夠，已經能適合一般美術愛好者的要求了。肯定的斷定某一件藝術品的「價值」，那是書畫商人的推銷伎倆，而真正嚴正的藝術批評文字，卻又不是一般人所能夠寫得出，也不是一般讀者有興趣去讀的。

黃蒙田近年在報章刊物上所發表的一些美術雜記文字，我覺得就頗能適合一般美術愛好者的要求，幫助他們對於一位畫家，或一些美術作品，獲得一些在美術欣賞上必須具備的知識。他們若是事先已看過了那些畫家作品的，會增加一點瞭解。若是不曾看過的，讀了之後也會引起想要看看這些作品的興趣。

這些話，既是他心目中的理想，也是他的具體實踐的夫子自道。他在《新中華》畫報、《文藝世紀》和《星島周報》等刊物，發表過許多西洋名畫的鑒賞文章，都踐行着他所提出的這些理念，不僅傳授給讀者以美術知識，更講述了許多妙趣橫生的畫裏畫外的逸聞掌故，本身又都是短小雋永的散文小品。他介紹的畫家非常多，既有經典大師，又有現代派先鋒，包括達·芬奇、丟勒、荷爾拜因、倫勃朗、維米爾、戈雅、路易·大衞、布萊克、德拉克洛瓦、杜米埃、米勒、馬奈、惠斯勒、德加、塞尚、羅丹、高更、梵·高、馬約爾、柯勒惠支、馬蒂斯、比亞茲萊、畢卡索、肯特、科柯施卡、麥綏萊勒、亨利·摩爾等等這些如雷貫耳的名字。

葉靈鳳在一九七三

時間來到一九七三年，年近七旬的葉靈鳳急遽衰老。血壓高，血糖高，只能靠增加藥量維持穩定。三月一日的日記這樣寫：「連日早睡，晨間早醒，不能安睡，白晝反而甚感疲倦。夜來遺尿在床，睡褲盡濕，老邁至此，真可歎也！」最要命的是眼睛壞了。上一年的十一月三十日曾經在養和醫院割除左眼的白內障，這年的十月二十六日第二次住院手術，「因又生了一層薄翳」。眼鏡換了一副又一副，還是看不清。放大鏡買了一隻又一隻，仍嫌倍數小。有一次，與女兒中敏又去商務購放大鏡，選擇許久，覺一小型者效果較佳，遂購下。誰知歸後始知與已有者一模一樣，不禁自道：「可發一笑。」

「香港的自然是美麗的，尤其是花木之盛。」這是葉靈鳳小品〈一月的野花〉開頭的一句話。他喜歡香港的自然，喜歡研究香港的花木蟲魚，也時常和幾個老友到離島、到山野結伴遠足。一月裏的一天，老友源克平恰好打來電話，約往長洲一遊，但這次他考慮了三天，破例致電婉拒了，「因歲暮天寒，視力不佳，不想多跋涉矣」。非但不能遠足，便是各種聚會，因為「皆要單獨一人前往，對此甚感躊躇」。三月間新華社請春茗，勉力而去，被邀者多工商財貿界人士，有七八桌，因「視力不佳，人又不熟，大窘」。席散後還要由在外間等候的女兒送他回家。

阮朗回憶說：「連續幾年裏，葉老和幾個朋友有一個先是定期，之後變成不定期的餐敘，天南地北聊聊。」「在我們中間，葉老當然是個老大哥，但他很風趣」，「我們的餐敘，用葉老的話來說，那是『蜻蜓吃尾巴，自吃自』」。在以往，這種餐敘差不多每周一次，但「這一年半來葉老經常不到，不是不舒服，便是由於白內障動手術」。一九七三年，見於葉靈鳳日記記載的，只有三兩次而已。三月二日記：「今晚與羅、黃、源、嚴等在新美利堅聚餐，此種餐聚至本次已曆九十九次，下次即一百次。」羅是羅承勳，又叫羅孚、絲韋、柳蘇，當時是《大公報》副總編兼《新晚報》總編，十五年後，正是他替故友編輯了三冊《讀書隨筆》，由三聯書店出版後，在故國大地一紙風靡。黃是黃茅，又叫黃蒙田，當時擔任集古齋顧問，是中國美術家協會在香港的唯一一個常務理事，與葉靈鳳一樣，都喜歡美術，都喜歡寫小品。源是源克平，寫詩的時候署名夏果。嚴是嚴慶澍，也就是寫《金陵春夢》的那個唐人，與葉靈鳳合出《新雨集》時，他的名字叫阮朗。

最痛苦的還是因視力不好，不能讀書作文。「每日午睡時間甚長，耗時甚多，因此往往終日無所事事」。以往每天手不釋卷的情形不復出現，就是偶爾翻閱比亞茲萊畫冊，也要佐以放大鏡才勉強可讀。三蘇也就是高雄，最瞭解作為一個「純粹的讀書人」的葉靈鳳，在他逝世後，三蘇曾在悼文中說：「我認識讀書與愛書的人不少，但很少像葉老那樣，把全部生活投入讀書之中，把讀書當作他生活的全部的。」「這幾年來他的眼睛患了白內障而致連用放大鏡也不能看書的期間，我想是他一生中最痛苦的時候了。」

寫字也愈來愈困難。按照老人自己的說法，「眼睛手指都不聽話，心情也差了」。阮朗也說：「平時他的字體秀麗，這時他的字體有大有小，而最小的一個字，也要佔一般稿紙的三四個格子大小。」那個時候，劉以鬯正在編《快報》，有一天，排字房的工友拿了葉靈鳳手稿走來，對他說：

「葉先生患了白內障，視力很差，作稿時寫的字愈來愈大，前些日子，一千字寫八百，我總在文末塞一塊小電版的。後來，一千字只寫六七百，必須塞以一塊較大的電版。但是這篇稿子，雖然寫滿兩張稿紙，排出來只得四百多！」歲梢源克平談及擬出版一套叢書，取名「南斗文叢」，邀請他參加一冊，但這樣的身體狀況使得寫作幾乎成為不可能，就是燈下整理舊稿，也「校讀甚難」，常常未果。一貫勤於筆耕的他時常暗下決心，「若視力繼續保持良好，當恢復寫作，惜此餘年。」不甘之下甚至還嘗試由他口述和提供資料，請女兒中敏代筆，並以這樣的方式完成了一篇紀念畢卡索逝世的短文。

寫作對於葉靈鳳，既是愛好，又是工作，更是養家糊口的來源。壯年的時候他一晚寫八九千字是常事，一旦不能寫作，僅靠報館的一點薪水，就有些「入不敷出」了。可屋漏偏逢連夜雨，「連日米價狂漲，每斤售一元者已漲至一元五毫」，「炭售至每斤四元（平時每斤在一元），且缺貨。」雖然已經參加工作的幾個兒女偶爾交來幾百元貼補家用，但仍屬杯水車薪。他沒有積蓄，正像他的女兒葉中敏所說：「金錢之於他似乎是毫無保留的價值，堆滿書架和地面的書本就是他畢生的積蓄，也是他最大的快樂和滿足。」

在這一年的春上，他提到了變賣藏畫：「黃（蒙田）又赴北京，幾次想向他提起託售書畫事，未果，待他這次返港一定要弄清楚，不想再拖下去了。」似乎他是為五斗米折腰，竟然出此下策，可是阮朗的〈葉靈鳳先生二三事〉透露了實情，他原來有着更高的追求。阮朗說：「朋友們感受到葉老『老而彌堅』的精神，他曾想辦一份雜誌，名字也定了，經費正在張羅，譬如賣掉藏畫之類，可是這計劃給日益高漲的物價扼殺了。」

葉靈鳳雖說是美術科班出身，終身喜歡美術，相熟的畫家朋友非常多，可他似乎並沒有太多書畫珍藏，搜羅最多的不外一些名畫的複製品。在他的藏書中倒是有一部鎮宅之寶，這就是清嘉慶刻本《新安縣志》。有一天，他燈下翻閱黃蔭普氏《廣東文獻書目知見錄》，又得知《新安縣志》僅美國及廣州（抄本）各有一部，「可知此志少見，我的一部甚難得也。」也有人惦記這部珍本。加拿大一所大學圖書館的胡女士，前曾任職香港馮平山圖書館，知道他藏有《新安縣志》，託黃蔭普詢問是否有意出讓。據說買方出價甚高，相當於如今的過百萬元，葉靈鳳明明生活非常窘迫，仍「告以不願外流」。

人至暮年，也到了回憶往事的時候。這一天，葉靈鳳在讀一本《四季》文學季刊，裏面有該社同人訪問他談穆時英的文章。「重讀一遍，往事不堪回首，思潮動盪，久不能止。」當時的《四季》編者沈西城在所著《本土文化圈滄桑史》中記述了當年在紅寶石餐廳訪談葉靈鳳的情形：「葉靈鳳那時已有目疾，出入不便，很少接受訪問，可為了老友穆時英，他還是由他的女兒中嫻攙扶着來見我們。席間，葉靈鳳暢論了當年日本新感覺派在上海發展的情況，提到穆時英和劉吶鷗這兩位老朋友，葉靈鳳的聲音開始哽咽，眼睛也紅了起來。」

那一天，寫過《酒徒》、《對倒》等小說的知名作家劉以鬯也在座，他還記得《四季》編者問葉靈鳳「有沒有穆時英的照片」，葉靈鳳說：「也許會有，不過找不到了。如果視力不這麼差的話，可以憑記憶畫一幅出來。」據說，《四季》訪談之後，葉靈鳳意猶未盡，又給編者寫了一封信，託黃俊東轉去，信中一段話委實能道出葉靈鳳的幾許心曲：「他們兩個人，都是我的好朋友，當年抗戰發生後，忽然都遇到了這樣的下場（指因附逆而遭暗殺）。當時在大義與私交之間，實在令我在感情上很難處理。過去是這樣，現在也仍是這樣。」

隔天，三育書店的車載青以曹聚仁的遺著兩種見贈，分別是《我與我的世界》和《國學十二講》。面對亡友的遺著，葉靈鳳「展卷愴然，眷念故人不已」。曹聚仁也是由滬來港的作家，當他還在上海辦《潮聲》，鼓吹烏鴉主義的時候，葉靈鳳就時常「見到他在望平街上出入於各書店之門」。在香港這些年，葉靈鳳與他雖然不能稱為摯交，但也惺惺相惜。曹聚仁曾經對人說：「朋友中，書讀得最多的，是葉靈鳳。」他甚至在一篇談魯迅的文章中認為，「魯迅也有不知之事，也會有錯處」。說他淵博之處，未必及得上葉靈鳳云云。葉靈鳳直說「這次未免贊得太過分了」，但他也懂得投桃報李，稱讚曹聚仁「讀過萬卷書，行過萬里路」。在葉靈鳳去世後的「三七」，羅孚和一班朋友特地到葉府憑弔，「大廳裏的一隻狗和另外的小廳裏的一隻狗此呼彼應地叫着」。羅孚說：「大廳裏的狗是有來歷的，老作家曹聚仁前幾年遷去澳門養病，不久就去世了，這只狗是他行前的託孤。」

由曹聚仁，他想起了更多的往事、更多的故人，想起了年輕時代的眼淚和歡笑，「想寫稿，在心中構思，擬以《記憶的花束》為總題，分段而寫」。可惜「視力差，快不能執筆也」。儘管如此，當香港的魯迅研究專家張向天要求他繪一草圖示意魯迅在虹口的各個住處時，他隨即表示「當奮力一試」，星期天即在家把草圖畫出。他說：「因我曾在『大陸新邨』對面的興業坊住過，所以對那些地方較清楚。」這又何嘗不是一種懷舊的舉動？

病痛纏身的葉靈鳳，「就是不承認有病，不肯看病」，可事實卻是，往醫院和醫生家跑得愈來愈多，往報館跑得愈來愈少。終於有一天，他再也不用去報館了，這一天是一九七三年七月十五日，他自《星島日報》退休。據報館計算，他在星島先後服務三十三年。在他退休後的第二天，他長期編輯的副刊《星座》出了最後一期。當晚他在日記簿上用大字寫下：「此副刊自《星島日報》創刊之日即有，三十餘年，至今日停刊！」寥寥二十餘字，極盡收斂，卻浸透了無盡的惋惜和悽愴。《星座》的生命戛然而止，那個陪伴《星座》幾十年的人，則像電影鏡頭一樣，漸漸地淡出，而淡欲無。

葉靈鳳的身後

葉靈鳳是在一九七五年十一月二十三日病逝於香港養和醫院的。他的忘年交黃俊東這樣記述入院搶救時的情形：

上月二十一日，老作家葉靈鳳先生，因為體弱受不了天氣轉涼的侵襲，竟然着涼，引致身體不適，呼吸困難，他的家人隨即送他進入養和醫院，聘請醫生為他急救。據他的家人說，當時身體很弱，葉先生已不能說話，情況十分危殆，雖然用氧氣筒，也不見好轉，醫生說他患的是急性肺炎，若不能捱過三天，恐怕不易生存，結果是過了兩天，即二十三日中午，葉先生不幸與世長辭。

由於他的急病來得突然，事前沒有人知道他會一病不起，因此一句話也沒有留下，彌留之際，有幾次稍微清醒，似乎要和他的家人說話，可是一個字都說不出來，就遽焉淹化了。

葉靈鳳遽然去世的直接病因固然是急性肺炎，但根本的問題還是「身體的長期衰弱和抵抗力的幾乎等於零」。他的女兒葉中敏說：「血壓高和糖尿病是長期的慢性病，對患者的體質是一種無形的消耗和削弱」,「這大半年來,我相信爸爸已經感覺到自己日漸衰弱這一事實,所以初期是一時執拗的不肯去看醫生,到後來他自己也知道藥物的作用已經不太有關係,就更加不肯去看醫生了。他去世前的幾個月,心情一定是很不好過的。」

身體不好,心情也不好,就連堅持了許多年的每周餐敘有時也不去了。他的好友夏果,也就是源克平說:「近十年來,每星期都依時相約聚會一次。最近一年多霜崖體弱多病,不常參加聚會,但有時還帶着小女兒赴席,他沒有表現出什麼病態,依然談笑如昔。大家還是關心他的病體,有時會連袂到他家裏相聚。」他的另一個好友阮朗,也就是寫《金陵春夢》的唐人嚴慶澍說:「連續幾年裏,葉老和幾個朋友有一個先是定期,之後變成不定期的餐敘,天南地北聊聊。這一年半來葉老經常不到,不是不舒服,便是由於白內障動手術,大家為他的健康擔憂。……直到葉老逝世前三幾天,幾個朋友還在互約時間,而因有幾位定十一月二十一日旅行桂林而延期,沒料到葉老恰巧在是日送進醫院,在朋友以為是生離,在葉老卻是死別了。」

十一月二十四日,《華僑日報》刊發新聞稿〈名作家葉靈鳳昨晨病逝廿五舉殯〉,全文是:

(港訊)著名作家葉靈鳳先生昨(二十三)日中午　病逝養和醫院,終年七十一歲。

葉靈鳳江蘇南京人,早歲來港。從事新聞工作三十多年,著作頗多,筆名有葉林豊、霜崖等。近年體弱,已經常臥病,本月二十一日上午因患肺炎送院,醫治無效,延至昨日中午十二時病逝。遺體已移香港殯儀館,定於本月二十五日下午二時半大殮,三時出殯,擇日在哥連臣角火葬場火化。

同日，葉靈鳳遺孀葉趙克臻率子女在《新晚報》刊發訃聞。落款的子女包括：男大偉（中凱）、中健、中輝，媳黃桂華、鍾仰順，女中絢、中明、中慧、中敏、中美、中嫻，婿招顯智、陳耀洪、巢國鈞，孫男超駿，外孫男招嘉智、招嘉業。他的次女中明六歲時就夭折了，得的也是肺炎，「得病僅二日」便告不治，「葬於跑馬地天主教墳場」。中明的死使葉靈鳳很傷心，日記中輟了將近兩年。孫男葉超駿雖然才九歲，卻很懂爺爺的心事，看到大人們選了一些書籍放進爺爺棺木時，他在旁邊說：「放一本《人民畫報》吧，爺爺喜歡從頭看到尾的。」

喪禮於十一月二十五日在香港殯儀館舉行，據《華僑日報》報道，前往弔唁的生前友好，以及新聞、文化、出版、電影、工商界人士多達數百人，尤其引人注目的是，出現了不分派別同來弔唁的奇觀。具有台灣地區背景的《萬人日報》對此還專門進行了報道，刊於十一月二十七日頭版的這篇題為〈「愛國」作家葉靈鳳喪禮出現了「左右一家」的奇觀〉的「本報訊」稱：

> 一名被左派報紙稱為熱愛「祖國」的新聞界人士葉靈鳳去世，左右派報人一同弔唁，於是在左派報紙上出現了左右兩派報人同列的簽名，成為香港報業的一個奇觀。
>
> 葉靈鳳雖在左派眼中是熱愛「祖國」的報人，但卻在被左派分子視為「反動報紙」的《星島日報》做了將近三十年的副刊編輯，主編星島日報當年頗受文化圈中注目的《星座》版，一年多前才從星島日報退休，拿了一筆頗為「豐厚」的退休金。
>
> 葉靈鳳在《星島日報》工作，所有熱愛中華民國的同仁都知道，葉雖在中華民國年號的報館支薪水，但思想卻很左傾，完全不是熱愛祖國的人，左派所謂的「祖國」，也就是指毛共政權而言。

根據昨天左派《新晚報》第三版的刊載，葉靈鳳的遺體移往香港殯儀館後，於昨日（二十五日）下午二時三十分大殮，三時出殯，隨即在火葬場火化。前往弔唁或致送花圈的有祁烽（新華社），黃光宇，費彝民（大公報社長），蘇務滋，李俠文（大公報編輯），馬廷棟（大公報），羅孚（新晚報），唐碧川（星島晚報總編輯），周鼎（星島日報總編輯），賈訥夫（星島日報主筆），李子誦（文匯報社長），王紀元等等（姓名甚多，不予細列）。

左報刊出這些左右派報人的姓名有什麼作用，無法詳知，是否在進行其「統一戰線」或「統一運動」？已引起新聞界人士注意。

另外，被中共指為中央情報局周邊組織的「亞洲協會」香港代表袁倫仁、邵氏電影公司元老朱旭華、前星系報業總編輯施祖賢、名作家徐訏、富商胡漢輝、專欄作家三蘇（即高雄）、佳視新聞部經理潘朝彥、來自台灣而左傾的作家蕭銅、中文大學的新左分子王德昭、屈志仁、馬蒙等等，也一律列在左派的送殯榜上。

葉靈鳳生前「愛國」，因此死後備極哀榮，為本港若干有興趣「投機」的報人，提供了一個「樣板」，這大概就是左派報紙刊出這些姓名的動機吧。

《萬人日報》還在十二月十七日發表了今聖歎的〈悼葉靈鳳先生〉，該文更在結尾處直言：「此公對人無忤，十分方正，學有專長，著作不苟。他死了，我是真心悲悼的。」這恐怕也代表了那些與葉靈鳳有交往的各派文人的共同心聲。三蘇在《成報》著名專欄「經紀拉與小新聞」中也寫了一篇〈送葉老之喪〉，文中也說：「葉先生一生淡薄，待人和氣，從不與人忤。」

關於「左中右」問題，葉靈鳳的好友羅孚和黃俊東都曾講到過。羅孚說：「至少在香港，他是並沒有『轉向國民黨方面』的，儘管和國民黨的人有所往來。一般被認為右或中間的作家以至左派的作家，他也都各有接觸。這樣，就成了左、中、右都有朋友的局面。而在左派之中，也有人認為他右，甚至在他去世之後，還有生前和他有來往的極個別的左派人士說他是『漢奸』的。真是難矣哉！」黃俊東則說：「葉靈鳳的晚年，適逢內地發生『文革』，雖然他身在香港，但多少也受影響最明顯是『含冤』未能平反，朋友逐漸疏於來往。……由於環境特殊，因他常在當時被認為『左派』的報刊上長期撰稿，所交朋友也多『左派』作家，因此與他同事的一些朋友不免視他為左派的作家，而左派報刊的朋友又因為他在『右派』的報刊工作，不免又視他為『右派』分子，處於這特殊政治氛圍的葉靈鳳，他是從來不表示什麼的，但內心的寂寞是愈來愈明顯的。」

黃俊東當年還感慨：「我覺得他死得不大合時，因為他的許多朋友都不在這裏，也不便寫悼念文章。」這句話既是知人之論，也是知世之論。「我記不得當時是否有報刊為他出版過逝世特輯（印象中好像沒有）。但是我與沈西城兄卻為他的死而出版過一個特輯，刊在沈兄編的《大任》周刊，葉先生死在當年十一月下旬，我們在十二月十一日出版的一期已經推出特輯。」他還說：「無論如何，當時在左右派報刊都無人敢為葉先生出一個逝世特輯之下，我們能夠借《大任》而推出圖文並茂的特輯，也算是很難得的事。」那一期的特輯，開篇是沈西城的〈寫在葉靈鳳特輯之前〉，接着便是黃俊東的〈老作家逝世了——悼葉靈鳳先生〉、翁靈文〈懷思葉靈鳳先生〉、區惠本〈葉靈鳳與香港史地的研究〉。三蘇的〈悼葉靈鳳先生〉則是轉載自《明報》副刊。區惠本筆名孟子微，是與黃俊東相熟的藏書家和作者，他第一次到葉靈鳳家拜訪就是由黃俊東相偕，葉靈鳳在一九六九年五月三日的日記中有詳細記載，從中也可看出葉靈鳳對於青年文藝愛好者的重視：

下午二時，黃俊東、劉一波，偕孟子微來。孟過去多年曾在《大公》《文匯》寫文史文章，甚獲好評，但大家卻不知他是誰，曾訪查邀約亦無結果。上次黃說與此人是好朋友，今日果然相偕見訪。始知近日在《星座》投稿之于徵也是他。他自稱姓區，名惠本，曾在新亞書院研究院畢業，現在一家出版社工作。記憶力甚好。對過去我在各處所寫文章，如數家珍，他說讀書亦受了我的影響，趣味是多方面的。談了一會，邀他們出去到紅寶石喝茶，至六時許始散。

黃俊東無疑是深受葉靈鳳影響的一個，許多年過去，仍然止不住對葉靈鳳的懷念，又寫下一篇〈葉靈鳳逝世二十周年〉的長文。在這篇文章中，他還透露了一個未及實現的與葉靈鳳的約定：「當年他答應過筆者談些文壇掌故、人物回憶，用錄音的方式錄下，以待將來發表，但是居住得太遠，且為生活奔波，一時無暇去做，後來他又身體不適，以致遲遲未曾實現，實在可惜。」

葉靈鳳的愛書是廣為人知的。三蘇在悼念文章中就說：「葉老是一個標準的讀書人，也可以說是一個純粹的讀書人……我不知道他究竟有多少藏書，不過每當我看到他的大書桌上堆滿了新書舊書，圍成一個城堡一樣，而這城堡的書又不時變換，我才想到這樣才算是一個讀書人。」葉靈鳳的女兒葉中敏深知，「堆滿書架和地面的書本就是他畢生的積蓄，也是他最大的快樂和滿足」。葉中敏有一點心願，「是希望和家人一道，把爸爸畢生心血所在的藏書好好處理，使這些書還能夠為更多的人服務」。她說：「爸爸病逝前沒有留下什麼囑咐，但是我想，我們這樣處理他的遺物，他是不會不同意的。」在葉靈鳳身後，他珍藏的無價之寶《新安縣志》被送回了他心心念念的祖國，其餘的近萬冊藏書則全部捐獻給香港中文大學圖書館。

葉靈鳳去世後二十二年，如他所願，香港回歸中國。

參考書目

期刊

《上海漫畫》
《六藝》
《幻洲》
《文藝世紀》
《文藝畫報》
《木刻界》
《北新》
《良友》
《星島周報》
《洪水》
《時代》
《海洋文藝》
《現代》

《現代小說》
《創造月刊》
《新中華畫報》

著作

〔日〕內山嘉吉、奈良和夫著，韓宗琦譯，周燕麗校：《魯迅與木刻》（上海：上海人美，一九八五年）
〔日〕齋藤昌三著，魏大海譯：《藏書票之話》（北京：金城出版，二〇一一年）
丁悚著，丁夏編：《四十年藝壇回憶錄》（上海：上海書店，二〇二二年）
丁潔：《〈華僑日報〉與香港華人社會研究》（香港：三聯書店，二〇一四年）
小林英夫、柴田善雅著，田泉、李璽、魏育芳譯：《日本軍政下的香港》（香港：商務印書館，二〇一六年）
小思：《香港文學散步》（香港：商務印書館，二〇〇七年）
小思：《香港故事》（山東：山東友誼，一九九八年）
小椋廣勝著，林超純譯：《日佔時期的香港簡史》（香港：商務印書館，二〇二〇年）
孔另境編：《現代作家書簡》（廣州：花城出版，一九八二年）
戈恬著，曇華譯：《木乃伊戀史》（上海：現代書局，一九三〇年）
方寬烈編：《葉靈鳳作品評論集》（香港：香港文學評論，二〇一一年）

王俊彥：《廖承志傳》（上海：上海人民，二〇〇六年）
王瑩：《衣羽》（北京：海豚出版，二〇一二年）
王瑩：《寶姑》（北京：中國青年，一九八二年）
王觀泉：《魯迅與美術》（上海：上海人美，一九七九年）
艾姝：《刀與木的召喚——新興版畫運動早期的藝術媒介與傳播：一九二九至一九三七》（北京：社會科學文獻，二〇二二年）
何楚熊：《陳殘雲評傳》（上海：上海文藝，二〇〇三年）
何寶民：《書衣二十家》（鄭州：海燕出版，二〇一七年）
餘翁等：《五十又集》（香港：三育圖書，一九六二年）
吳其敏：《園邊葉》（香港：三聯書店，一九八六年）
吳泰昌：《藝文軼話》（北京：中國工人，一九九一年）
吳興文：《我的藏書票之旅》（上海：三聯書店，二〇〇一年）
吳興文：《我的藏書票世界》（桂林：廣西師大，二〇〇八年）
李允經：《中國藏書票史話》（長沙：湖南美術，二〇〇〇年）
李允經：《魯迅與中外美術》（西安：陝西人民，一九九二年）
李成俊：《待旦集》（北京：作家出版，二〇一四年）
李育中：《南天走筆：李育中作品選》（廣州：廣州出版，二〇〇九年）
李洪華：《上海文化與現代派文學》（台北：秀威資訊，二〇〇八年）

李廣宇：《葉靈鳳傳》（石家莊：河北教育，二〇〇三年）

李廣宇：《南國紅豆最相思》（北京：法律出版，二〇一三年）

李廣宇：《鳳兮鳳兮》（北京：法律出版，二〇二三年）

李歐梵著，毛尖譯：《上海摩登：一種新都市文化在中國（增訂版）》（香港：牛津大學，二〇〇六年）

沈文沖：《民國書刊鑒藏錄》（上海：上海遠東，二〇〇七年）

阮朗：《海水的腥味》（香港：三聯書店，二〇一九年）

周佳榮：《香港報刊與大眾傳播》（香港：天地圖書，二〇一七年）

周家建：《濁世消磨——日治時期香港人的休閒生活》（香港：中華書局，二〇一五年）

房向東：《橫站——魯迅與左翼文人》（上海：三聯書店，二〇一四年）

邱陵：《書籍裝幀藝術史》（重慶：重慶出版，一九九〇年）

邵綃紅：《我的父親邵洵美》（上海：上海書店，二〇一三年）

金小明：《書裝零墨》（北京：人民日報，二〇一四年）

侶倫：《向水屋筆語》（香港：三聯書店，一九八五年）

侶倫著，張詠梅注：《向水屋筆語》（香港：三聯書店，二〇二三年）

侶倫著，許定銘編：《香港當代作家作品選集．侶倫卷》（香港：天地圖書，2014年）

俞子林主編：《百年書業》（上海：上海書店，二〇〇八年）

俞子林主編：《那時文壇》（上海：上海書店，二〇〇八年）

俞子林主編：《書的記憶》（上海：上海書店，二〇〇八年）
姜德明：《文苑漫拾》（銀川：寧夏人民，一九九九年）
姜德明：《書味集》（北京：三聯書店，一九八六年）
范用：《書香處處》（北京：三聯書店，二〇二〇年）
郁達夫、王映霞：《郁達夫日記九種及其他（增訂本）》（香港：宏業書局，一九八〇年）
香港中文大學中國語言及文學系、香港教育學院中國文學文化研究中心合編：《都市蜃樓：香港文學論集》（香港：牛津大學，二〇一〇年）
唐弢：《晦庵書話》（上海：三聯書店，一九八〇年）
唐訶《落英集》（太原：北嶽文藝，一九九四年）
唐薇、黃大剛：《追尋張光宇》（北京：三聯書店，二〇一五年）
唐薇、黃大剛編：《瞻望張光宇：回憶與研究》（上海：上海人美，二〇一二年）
夏衍：《夏衍自傳》（南京：江蘇文藝，一九九六年）
夏衍：《懶尋舊夢錄》（北京：三聯書店，二〇〇六年）
夏衍著，沈甯、沈旦華編：《春秋逝去的賢者：夏衍書信》（北京：中華書局，二〇一六年）
徐祖正著，陳子善編：《蘭生弟的日記》（北京：海豚出版，二〇一一年）
徐遲：《江南小鎮》（北京：作家出版，一九九三年）
殷塵：《郭沫若歸國秘記》（長沙：言行出版，一九四五年）
袁熙暘：《非典型設計史》（北京：北京大學，二〇一五年）

馬國亮：《良友憶舊：一家畫報與一個時代》（北京：三聯書店，二〇〇二年）
馬國亮：《命運交響曲》（桂林：灕江出版，一九八六年）
高寧：《烽火年代的呼喚——〈救亡日報〉史話》（重慶：重慶出版，一九八八年）
張千帆等：《五十人集》（香港：三育圖書，一九六一年）
張華：《姚蘇鳳和 1930 年代中國影壇》（北京：北京大學，二〇一四年）
張雲：《潘漢年傳奇》（上海：上海人民，一九九六年）
張澤賢：《民國版畫聞見錄》（上海：上海遠東，二〇〇六年）
張靜廬：《在出版界二十年》（上海：上海雜誌公司，一九三八年）
梁羽生：《筆花六照》（香港：天地圖書，二〇〇二年）
畢克官、黃遠林編著：《中國漫畫史》（北京：文化藝術，二〇〇六年）
盛佩玉：《盛氏家族．邵洵美與我》（北京：人民文學，二〇〇四年）
莫世祥、陳紅：《日落香江：香港對日作戰紀實》（香港：三聯書店，二〇一五年）
許定銘：《向河居舊事》（香港：初文出版，二〇一八年）
許定銘：《香港文學醉一生一世》（香港：練習文化實驗室，二〇一六年）
許定銘：《愛書人手記》（香港：天地圖書，二〇〇八年）
郭沫若：《少年維特之煩惱》（上海：現代書局，一九三一年）
郭沫若：《少年維特之煩惱》（上海：創造社，一九二八年）
郭沫若：《創造十年》（上海：現代書局，一九三二年）

郭沫若：《劃時代的轉變》（上海：現代書局，一九三二年）

陳子善：《撈針集——陳子善書話》（杭州：浙江人民，一九九七年）

陳子善：《識小錄》（桂林：廣西師大，二〇二三年）

陳子善編：《比亞茲萊在中國》（北京：三聯書店，二〇一九年）

陳君葆著，謝榮滾主編：《陳君葆日記》（香港：商務印書館，一九九九年）

陳志強：《七星集——版畫前輩訪談》（上海：三聯書店，二〇一四年）

陳國球主編：《重遇文學香港》（香港：商務印書館，二〇一八年）

陳國球主編：《香港文學大系一九一九——一九四九．文學史料卷一》（香港：商務印書館，二〇一六年）

陳國球主編：《香港文學大系一九一九——一九四九．評論卷一》（香港：商務印書館，二〇一六年）

陳智德：《板蕩時代的抒情：抗戰時期的香港與文學》（香港：中華書局，二〇一八年）

黃元編，黃蒙田、陳實等著：《刀筆　畫筆　文筆——黃新波在香港》（香港：天地圖書，二〇一一年）

黃可：《漫話海派漫畫》（上海：文匯出版，二〇一五年）

黃永玉：《比我老的老頭（新增補版）》（北京：作家出版，二〇〇八年）

黃永玉：《黃永玉全集．文學編》（長沙：湖南美術，二〇一三年）

黃俊東：《書話集》（香港：波文書局，二〇二〇年）

黃俊東：《獵書小記》（香港：明窗出版，一九七九年）
溫梓川著，欽鴻編：《文人的另一面》（廣西：廣西師大，二〇〇四年）
葉淺予：《細敘滄桑記流年》（北京：群言出版，一九九二年）
葉林豐：《香港方物志》（香港：上海書局，一九七三年）
葉林豐：《張保仔的傳說和真相》（香港：上海書局，一九七〇年）
葉靈鳳：《九月的玫瑰》（上海：現代書局，一九二八年）
葉靈鳳：《天竹》（上海：現代書局，一九三一年）
葉靈鳳：《文藝隨筆》（香港：南苑書屋，一九七九年）
葉靈鳳：《世界性俗叢談》（香港：南粵出版，一九八九年）
葉靈鳳：《世界短篇傑作選》（上海：大光書局，一九三五年）
葉靈鳳：《北窗讀書錄》（香港：上海書局，一九六九年）
葉靈鳳：《未完的懺悔錄》（上海：今代書店，一九三六年）
葉靈鳳：《永久的女性》（上海：大光書局，一九三六年）
葉靈鳳：《花木蟲魚叢談》（香港：南粵出版，一九八九年）
葉靈鳳：《紅的天使》（上海：現代書局，一九三三年）
葉靈鳳：《香島滄桑錄》（香港：中華書局，一九八九年）
葉靈鳳：《香海浮沉錄》（香港：中華書局，一九八九年）
葉靈鳳：《香港的失落》（香港：中華書局，一九八九年）

葉靈鳳：《晚晴雜記》（香港：上海書局，一九七一年）
葉靈鳳：《處女的夢》（上海：現代書局，一九三〇年）
葉靈鳳：《菊子夫人》（上海：光華書局，一九三一年）
葉靈鳳：《葉靈鳳小說全編》（上海：學林出版，一九九七年）
葉靈鳳：《讀書隨筆》（上海：三聯書店，一九九八年）
葉靈鳳：《靈鳳小品集》（上海：現代書局，一九三三年）
葉靈鳳：《靈鳳小說集》（上海：現代書局，一九三一年）
葉靈鳳等：《新雨集》（上海：上海書局，一九七七年）
葉靈鳳等：《新綠集》（香港：香港新綠，一九六一年）
葉靈鳳著，小思選編：《葉靈鳳書話》（北京：北京出版，一九九八年）
葉靈鳳著，姜德明編：《能不憶江南》（南京：江蘇古籍，二〇〇〇年）
葉靈鳳著，張偉編：《書淫豔異錄（增補本）》（福建：福建教育，二〇一七年）
葉靈鳳著，陳子善編：《文藝隨筆》（上海：文匯出版，一九九八年）
葉靈鳳著，陳子善編：《北窗讀書錄》（上海：文匯出版，一九九八年）
葉靈鳳著，陳子善編：《忘憂草》（上海：文匯出版，一九九八年）
葉靈鳳著，陳子善編：《霜紅室隨筆》（北京：海豚出版，二〇一二年）
葉靈鳳著，陳智德編：《香港當代作家作品選集．葉靈鳳卷》（香港：天地圖書，二〇一七年）
葉靈鳳著，絲韋編：《葉靈鳳卷（香港文叢）》（香港：三聯書店，一九九五年）

葉靈鳳著，盧瑋鑾、張詠梅箋注：《葉靈鳳日記》（香港：三聯書店，二〇二〇年）
葉靈鳳譯：《阿柏拉與哀綠綺思的情書》（香港：上海書局，一九五六年）
葉靈鳳譯：《故事的花束》（上海：萬葉出版，一九七四年）
葉靈鳳譯：《新俄短篇小説集》（上海：光華書局，一九二九年）
董啟章：《愛妻》（新北：聯經出版，二〇一八年）
賈植芳《老人老事》（蘇州：大象出版，二〇〇二年）
綠漪女士：《綠天》（上海：北新書局，一九三五年）
趙雨樂、鍾寶賢、李澤恩編注，王琪、張利軍譯：《軍政下的香港——新生的大東亞核心》（香港：三聯書店，二〇二〇年）
趙稀方：《報刊香港：歷史語境與文學場域》（香港：三聯書店，二〇一九年）
劉以鬯：《同道心影》（香港：中華書局，二〇二三年）
劉以鬯：《短綆集》（北京：中國友誼出版，一九八五年）
廣西日報新聞研究室編：《救亡日報的風雨歲月》（北京：新華出版，一九八七年）
慕容羽軍：《看路開路——慕容羽軍香港文學論集》（香港：初文出版，二〇一九年）
樊善標：《諦聽雜音：報紙副刊與香港文學生產（一九三〇至一九六〇年代》（北京：中華書局，二〇一九年）
歐陽文利：《販書追憶》（香港：中華書局，二〇二一年）
蔡登山：《一生兩世》（北京：北京出版，二〇一八年）

鄭明仁：《淪陷時期香港報業與「漢奸」》（香港：練習文化實驗室，二〇一七年）
鄭樹森、黃繼持、盧瑋鑾：《香港新文學年表》（香港：天地圖書，二〇〇〇年）
鄭樹森、黃繼持、盧瑋鑾編：《早期香港新文學作品選》（香港：天地圖書，一九九八年）
魯迅：《魯迅全集》（北京：人民文學，一九八一年）
魯迅博物館魯迅研究室編：《魯迅誕辰百年紀念集》（長沙：湖南人民，一九八一年）
魯迅著，許廣平編：《魯迅書簡》（上海：魯迅全集出版社，一九四六年）
盧瑋鑾、鄭樹森主編，熊志琴編校：《淪陷時期香港文學作品選——葉靈鳳、戴望舒合集》（香港：天地圖書，二〇一三年）
盧瑋鑾、鄭樹森主編，熊志琴編校：《淪陷時期香港文學資料選（一九四一至一九四五年）》（香港：天地圖書，二〇一七年）
盧瑋鑾：《香港文縱——內地作家南來及其文化活動》（香港：華漢文化，一九八七年）
蕭乾編選：《英國版畫集》（上海：晨光出版，一九四七年）
謝其章：《漫話漫畫》（北京：新星出版，二〇〇六年）
鍾紫主編：《香港報業春秋》（廣州：廣東人民，一九九一年）
霜崖：《香江舊事》（香港：益群，一九八六年）
霜崖等：《紅豆集》（香港：新綠出版，一九六二年）
羅孚：《南斗文星高——香港文人印象》（河南：大象出版，二〇一〇年）
羅孚著，馮偉才編：《香港當代作家作品選集．羅孚卷》（香港：天地圖書，二〇一五年）

羅海雷、高林編：《羅孚友朋書劄》（香港：天地圖書，二〇二一年）
羅隼：《香港文化腳印（一）》（香港：天地圖書，一九九四年）
羅隼：《香港文化腳印（二）》（香港：天地圖書，一九九七年）
羅隼：《羅隼短調》（香港：天地圖書，一九九一年）
羅曼羅蘭著，葉靈鳳譯：《白利與露西》（上海：現代書局，一九二八年）
羅琅：《香港文化記憶》（香港：天地圖書，二〇一七年）
關禮雄：《日佔時期的香港（增訂版）》（香港：三聯書店，二〇一五年）
饒鴻競等編：《創造社資料》（福州：福建人民，一九八五年）
顯克微支著，葉靈鳳譯：《蒙地加羅》（上海：光華書局，一九二八年）

葉氏簡譜

一九〇五年 生於中國江蘇南京。
一九二四年 就讀上海美術專科學校，投稿《創造週報》。
一九二五年 加入創造社，參與《洪水》編輯工作。
一九二六年 與潘漢年合編《幻洲》。
一九二八年 主編《現代小説》、《戈壁》。
一九三〇年 加入中國左翼作家聯盟（左聯）。
一九三一年 中國左翼作家聯盟開除葉靈鳳。
一九三二年 任職於現代書局。
一九三四年 與穆時英合辦《文藝畫報》。
一九三五年 加入邵洵美主持的時代圖書公司。
一九三六年 參與《六藝》編輯工作。
一九三七年 當選上海文化界救亡協會理事，並任《救亡日報》編委。
一九三八年 三月從上海抵廣州，參與《救亡日報》復刊工作。十月廣州淪陷後，定居香港。

一九三九年 當選中華全國文藝界抗敵協會香港分會（文協香港分會）幹事，主編《立報·言林》。

一九四〇年 與張光宇、戴望舒、郁風、葉淺予等創辦《耕耘》。

一九四三年 遭日軍逮捕入獄。主編《大眾週報》。

一九四四年 擔任《華僑日報》「文藝週刊」編輯。

一九四七年 主編《星島日報》「香港史地」、「藝苑」和「星座」。

一九五一年 擔任《星島週報》編輯委員。

一九五七年 應邀訪問北京，並到上海等地參訪。與陳君葆等一起促成蕭紅骨灰還葬廣州。

一九五九年 應邀到北京出席中華人民共和國建國十周年慶典。

一九七三年 自《星島日報》退休。

一九七五年 十一月二十三日，病逝於香港養和醫院。

後記

《葉靈鳳新傳》能在香港出版，對葉靈鳳來說，無異於回家。他雖然不生於此，卻長眠於此，在香港的三十七年裏，他深愛着香港的一草一木，追索着香港的前世今生。對於我本人來說，也是意義重大的，我喜歡葉靈鳳，也喜歡香港，在香港出一本書也是我多年的心願，在香港出版《葉靈鳳新傳》，更是一個再合適不過的選題。

我要感謝香港中華書局，特別是侯明女士，黎耀強先生、葉秋弦小姐。沒有他們的鼓勵和督促，就不可能有這本書。我要感謝葉靈鳳先生的後人，特別是葉中敏女士，給與我家人一般的信任。我要感謝小思老師、張詠梅教授對我的幫助，還有羅孚、侶倫、范用、黃蒙田、姜德明、黃俊東、陳子善、方寬烈、羅隼等等葉靈鳳研究的前輩們所做的開拓性工作。最後，我要感謝我的父母妻女對我的恩愛、包容與支持。

二〇二四年五月二十六日

葉靈鳳新傳

李廣宇 著

責任編輯　葉秋弦
裝幀設計　簡雋盈
排　　版　楊舜君
印　　務　劉漢舉

出版
中華書局（香港）有限公司
香港北角英皇道 499 號北角工業大廈 1 樓 B
電話：（852）2137 2338
傳真：（852）2713 8202
電子郵件：info@chunghwabook.com.hk
網址：http://www.chunghwabook.com.hk

發行
香港聯合書刊物流有限公司
香港新界荃灣德士古道 220 - 248 號
荃灣工業中心 16 樓
電話：（852）2150 2100
傳真：（852）2407 3062
電子郵件：info@suplogistics.com.hk

印刷
美雅印刷製本有限公司
香港觀塘榮業街 6 號海濱工業大廈 4 樓 A 室

版次
2024 年 7 月初版

規格
16 開（210mm x 150mm）

ISBN
978-988-8862-22-1

本書部分照片由香港中文大學
特別提拱檔案，特此鳴謝。